제3정정판

게임이론 길라잡이

신성휘

박영사

제3정정판 머리말

졸저자의 나태와 무능으로 본서의 제3판에 오탈자와 오류가 많이 있었습니다. 독자분들께 깊이 사과드립니다. 이번 정정판에서 기존에 발견된 오류들을 바로잡고자 노력하였습니다.

하나님께 감사드립니다. 박영사의 회장님을 비롯한 직원분들의 노고에 감사드립니다. 특별히 장규식 팀장님과 배근하 차장님께 감사드립니다. 아내의 내조와 가족들의 응원과 지지에도 감사드립니다. 지금까지 가르침을 주신 은사님들과 선후배 동료 분들께 감사드립니다. 이 책에 남은 오류들은 전적으로 졸저자의 잘못임을 밝혀둡니다.

2024년 9월

졸저자 신성휘

제3판 머리말

이 책의 개정판이 나온 지도 벌써 5년이 지났다. 졸저자의 나태로 인해 재개정이 늦어졌다.

이번 재개정에서는 책의 앞부분을 많이 수정하였다. 전반적으로 사례나 예화를 추가하려고 노력하였다. 적대적 게임에 관한 장에서는 손자병법에 관한 내용을 보강하였다. 전략형 게임에 관한 장에서는 내쉬 균형 개념에 관한 설명을 대폭 수정하였다. 내쉬 균형의 해석으로서 3가지 즉, 자기강제력이 있는 합의, 동태적 과정에서 형성된 관행, 자기실현적 예상을 제시하였다. 또한 조정의 실패 문제를 보다 심도깊게 다루었다. 꾸르노 균형과 베르뜨랑 균형 그리고 스타켈버그 균형 등 경제학 교과서에 나오는 내용들도 게임이론의 시각에서 다루었다. 책의 뒷부분에 나오는 라일리 균형의 정의에 오류가 있어 이를 바로잡았다.

개정판을 내는데 도움을 주신 많은 분들께 감사드린다. 편집을 담당한 박영사의 우석진 부장님께 감사드리고 안종만 회장님께도 감사드린다. 서울시립대 동료 교수님들께도 감사드린다. 많은 조언을 해주신 경희대학교의 김정유 교수님께도 감사드린다. 항상 든든한 후원자가 되어주시는 부모님, 내조해준 아내에게도 깊이 감사드린다. 하나님의 은혜에 감사드린다. 이렇게 많은 도움을 받았음에도 불구하고 졸저자의 천학비재로 인해 이 책에 많은 오류가 남아있을 것이다. 강호제현의 질정을 달게 받고 더 나은 책을 쓰도록 최선을 다할 것을 다짐한다.

2014년 2월
신 성 휘

개정판 머리말

　게임이론 길라잡이가 출판된 지 3년 반이 지났다. 출판한 뒤 저자의 천학비재로 인한 오류가 여러 군데 눈에 띄었고 보완할 부분이 적지 않았다. 독자들에게 죄송할 따름이다. 곧 개정판을 내야겠다고 마음먹고 있었지만 저자의 게으름으로 늦어졌다. 성을 취하는 것보다 성을 지키는 것이 더 어렵다는 옛말이 있다. 책을 쓰는 것도 어렵지만 계속 수정하고 보완하는 것도 쉽지 않은 작업인 것 같다. 다행히 이번 여름방학 기간을 이용하여 개정작업을 마칠 수 있게 되어 감사하다. 이번 개정판에서는 초판의 틀을 유지하되 보다 심도 깊은 내용을 추가하였고 논리 전개의 엄밀성을 강화하였다. 그 결과 책의 내용이 조금 어려워졌다. 제 1 장부터 10장까지의 내용은 5장을 제외하고는 대체로 학부생들이 읽기에 어렵지 않을 것으로 생각된다. 그러나 주로 불완비 정보하의 게임을 다루는 11장 이후의 부분들은 대학원생들이 읽기에 적합할 것으로 예상된다.

　원고를 수정 보완하는 것이 한편으로는 지리한 작업이었지만 다른 한편으로는 게임이론에 관한 지식을 다시 한번 정리할 수 있는 좋은 기회가 되었다.

　이번 개정판에서는 초판에서와 같이 게임이론의 주요한 해 개념들을 소개하고 이들 개념이 현실에 어떻게 적용되는지에 관해 설명하려고 노력하였다. 그 과정에서 특히 비대칭적 정보의 상황에서 나타나는 신호보내기와 선별하기와 같은 현상을 게임이론의 틀을 이용하여 깊이 있게 분석하였다.

　전략형 게임에서의 해 개념으로 우월전략, (약)열등전략의 연속배제, 합리화가능 전략, 상관균형, 내쉬균형, 완전균형, 적정균형 등을 소개하였다. 전개형 게임의 해 개념으로는 내쉬균형과 역진귀납법에 기초한 해 개념들(하부게임 완전균형, 완전 베이지안 균형, 순차균형, 완전균형) 그리고 전진귀납법에 기초한 몇 가지 해 개념을 소개하였다. 역진귀납법에 기초한 해와 전진귀납법에 기초한 해간에 괴리가 있을 수 있다는 것은 흥미롭다. 이 문제는 향후 게임이론이 해결해야 할 중요한 과제 중 하나라고 생각한다.

기존의 게임이론은 기본적으로 균형 상황을 분석한다. 왜냐하면 불균형 상황은 분석하기가 어렵기 때문이다. 내쉬균형은 균형분석의 대표적인 해 개념이다. 내쉬균형 개념을 보다 정밀하게 한 것이 하부게임 완전균형, 완전 베이지안 균형, 순차균형, 완전균형, 직관적 기준, 신성균형, 화렐-그로스만-페리 균형과 같은 것들이다. 이 중 가장 정밀하면서도 균형분석의 근본 원리에 가장 충실한 균형 개념을 꼽으라면 단연 화렐-그로스만-페리 균형이다. 그런데 이 균형은 신호보내기 게임에서 잘 나타나듯이 존재하지 않을 수도 있다. 균형이 존재하지 않는다면 균형분석의 의미가 퇴색된다. 가장 균형분석의 원리에 충실하도록 고안된 균형 개념을 사용할 때 균형이 존재하지 않아 균형분석의 존립기반을 잠식한다는 것은 아이러니가 아닐 수 없다.

금번 개정판에서 수정 보완한 주요 내용은 다음과 같다.

1. 동시진행 게임에 관한 해 개념으로, 경기자들의 확률적 선택을 감안하는 상관균형, 완전균형, 적정균형에 관한 내용을 추가하였다.
2. 동태적 게임에서 전략형 게임의 전략 개념에 대응하는 행동전략(behavioral strategy)의 개념을 명시적으로 도입하였다.
3. 반복게임 부분에서 단순한 전략과 최악 균형 형벌의 개념을 추가하여 설명하였다.
4. 협동의 진화에 관하여 액셀로드(Axelrod), 노왁(Nowak), 지그문트(Sigmund) 등에 의해 이루어진 모의실험 결과들을 정리하였

다. 또한 진화적 게임이론에 관한 내용을 추가하였다.

5. 보험시장에서의 쭉정이 선택과 선별하기에 관한 내용을 새로이 다시 썼다.

6. 베이지안 게임과 베이지안 내쉬균형에 관한 내용을 새로이 다시 썼다.

7. 전진 귀납법과 화렐-그로스만-페리 균형에 관한 부분은 지난번의 오류를 고치고 보다 심도 깊게 설명하였다.

개정판을 준비하면서 여러분의 도움을 받았다. 박영사의 안종만 회장님, 영업부의 조성호 차장님과 이원일 차장님, 편집부의 우석진 차장님을 비롯한 직원 여러분의 노고에 감사드린다. 협동의 진화와 진화적 게임이론 부분에 대해 꼼꼼하게 읽고 논평해 준 박사과정의 권오규 군에게도 감사드린다. 로체스터대학교에서 박사과정 시절부터 게임이론에 관해 같이 연구하면서 학문의 길을 가는데 큰 힘이 되어 주신 캐나다 윈저대학교의 서상철 교수님께도 감사드린다. 서울시립대 교통공학과의 이승재 교수님, 국민연금관리공단의 최기홍 박사님 그리고 서울시립대 경제학부의 동료 교수님들께도 감사드린다. 그 동안 많은 가르침을 주신 조순 교수님, 이성휘 교수님, 이승훈 교수님, 정운찬 교수님, 강광하 교수님, 이준구 교수님, 이지순 교수님, 배형 교수님, 이창용 교수님께 감사드린다. 미국에서 게임이론을 가르쳐 주신 William Thomson 교수님, Jeffrey Banks 교수님, David Austen-Smith 교수님께도 감사드린다. 개정판이 나올 수 있도록 사랑과 기도로 후원해 주신 부모님께 깊이 감사드린다. 옆에서 내조해 준 아내에게도 고맙다. 항상 선한 길로 인도하여 주시는 하나님께 감사드린다.

2006년 9월
신 성 휘

머 리 말

    음식점이 성공하려면 세 가지 요소를 갖추어야 한다고 한다. 음식이 맛이 있어야 하고, 영양가가 있어야 하며, 가게의 목이 좋아야 한다는 것이다. 이것을 책에 적용하면 다음의 세 가지가 될 것이다. 책이 재미있어야 하고, 내용이 유익해야 하며, 시의에 적절해야 한다.

    그 동안 다른 분야를 전공하시는 교수님들로부터 게임이론에 관한 질문을 여러 번 받았다. 게임이론에 관한 큰 관심을 느낄 수 있었다. 그런 분들께 좋은 참고서적을 소개해 주고 싶었지만 마땅히 추천할 만한 책이 없었다. 그 때만 해도 게임이론에 관한 참고서로서 초보자가 읽고 쉽게 이해할 수 있는 그런 책이 드물었던 것이다. 쉽고 재미있으면서도 게임이론의 깊이 있는 내용을 전달해 줄 수 있는 그런 책은 없을까? 이 질문은 이 책을 쓰는 동기가 되었다. 그러한 책을 쓰고 싶었다. 그러나 머리가 좋은 것도 아니고 글 솜씨가 있는 것도 아닌 사람으로서 그것은 과욕이었던 것 같다. 이 책은 그러한 목표를 향한 작은 한 걸음이라고 생각한다. 보다 쉽고 재미있으면서 유익한 책이 다음에 나오는 데 이 작은 책자가 도움이 되었으면 하는 바램이다.

    이 책은 크게 세 부분으로 나누어질 수 있다.
    처음 2장 게임의 구성요소와 표현방식부터 7장 반복게임에서는 게임이론의 기본을 설명하고 있다. 이 부분에서 내쉬균형의 개념을 독자들에게 보다 명확하게 전달하고자 노력하였다. 그리고 동태적 게임과 전략적 행위에 관한 장을 동시진행 게임의 논의로부터 반복게임의 논의로 넘어가는 중간에 넣어 논리적 연결이 부드럽게 되도록 노력하였다.

그 다음으로 8장 신호보내기, 9장 베이지안 게임부터 11장 경매까지는, 게임에 대한 정보가 완비되어 있지 못한 상황을 게임이론의 틀 안에서 어떻게 다루는지를 보여준다. 대표적인 예가 신호보내기 (signaling) 게임이다. 신호보내기는 게임이론이 가장 많이 응용되는 분야 중의 하나이다. 이를 스펜스(Spence)의 모형을 원용하여 자세히 설명하였다. 신호보내기는 베이지안 게임의 개념을 도입하기 위한 사전 준비로서 사용될 수 있다. 베이지안 게임에 관해서는 9장에서 하사니 (Harsayni)의 원전을 중심으로 근본 개념들을 명확하게 설명하는데 노력했다.

마지막으로 12장의 보다 정밀한 균형개념부터 14장까지는 여러 가지 정밀한 균형개념들을 다루고 있다. 여기서는 완전균형, 순차균형, 완전 베이지안 균형, 전진 귀납법, 화렐-그로스만-페리 균형 등 중요한 균형개념들을 체계적으로 정리하려고 노력하였다. 이 부분은 주로 대학원 수준에서 다루어지는 것이지만, 예를 위주로 설명하였으므로 학부생들도 기본적 개념을 이해하는 데는 큰 어려움이 없을 것이다.

이 책이 나오는데 많은 분들의 도움이 있었다. 한국통신 경영연구소의 김봉주 박사님, 한국과학기술원 테크노경영대학원의 석승훈 교수님, 고려대학교 경제학과의 윤기호 교수님께서는 초고에 대해 많은 조언을 해 주셨다. 서울시립대학교 학생인 송주훈 군, 손오헌 군, 그리고 박희재 군은 원고를 읽고 표현이 어색한 곳이나 잘못된 곳을 바로잡아 주었다. 이분들께 깊이 감사드린다. 여러 가지로 부족한 게임이론 강의를 들어준 서울시립대학교와 경희대학교의 학생들에게도 감사한다. 박영사의 직원분들께도 감사드린다. 특히 우석진 차장님과 기획부의 조성호 과장님, 그리고 인쇄소 직원들의 노고에 감사드린다.

또한 이 책을 집필하는데 많은 책들의 도움을 받았다. 전반적인 구성과 체제를 잡는데 딕시트와 네일버프(Dixit and Nalebuff)의 「Thinking Strategically」와 매스코렐, 윈스턴, 그린(Mas-Colell, Whinston, Green)의 「Microeconomic Theory」중 게임이론 부분이 많은 도움이 되었다. 인센티브 제도와 경매에 관한 10장과 11장 부분에서는 맥밀란(McMillan)의 「Games, Strategies, and Managers」와 크렙스 (Kreps)의 「A Course in Microeconomic Theory」의 도움을 많이 받았다. 그 밖에도 김영세 교수의 「게임이론」, 마이어슨(Myerson)의 「Game Theory」, 후덴버그와 티롤(Fudenberg and Tirole)의 「Game Theory」, 라스무센(Rasmusen)의 「Games and Information」, 빈모어(Binmore)의 「Fun and Games」, 모로우(Morrow)의 「Game Theory for Political Scientists」, 기본스(Gibbons)의 「Game Theory for Applied Economists」, 오스본과 루빈슈타인(Osborne and Rubinstein)의 「A Course in Game Theory」등의 도움을 받았다. 이분들께 감사드린다.

지금까지 학문의 길을 걷는데 여러 은사님들께서 많은 가르침을 주셨다. 특히 조순 교수님, 이성휘 교수님, 이승훈 교수님, 정운찬 교수님, 강광하 교수님, 이준구 교수님, 이지순 교수님, 배형 교수님께 머리 숙여 감사드린다. 미국에서 공부하는 동안 가르쳐 주신 William Thomson 교수님, Jeffrey Banks 교수님, David Austen-Smith 교수님께도 깊이 감사드린다. 그리고 이 책을 쓰도록 사랑과 관심으로 격려해주고 뒷바라지해 준 부모님과 가족들에게 깊이 감사드린다. 지금까지 도와주신 하나님께 감사드린다.

차 례

1 게임이론의 소개

삼국지를 보면 제갈량은 적벽대전에서 조조가 패전할 것을 예견하였다. 조조가 퇴각한다면 반드시 허창을 통과하여야 하였다. 허창으로 가는 길에는 두 가지 통로가 있었다. 한 통로는 멀지만 평탄한 대로였고 다른 통로는 거리가 짧지만 수풀이 우거진 소로였다. 제갈량은 복병을 소로에 배치해두고 병사들에게 연기를 피우라고 했다.

조조는 적벽대전에서 패한 후 이 갈림길에 이르렀을 때 어느 길을 택할까를 고민하였다. 이때 소로 쪽에서 연기가 피어 오르는 것을 보았다. 조조는 제갈량이 꾀가 많은 사람이므로 대로 쪽에 복병을 배치해두고 소로 쪽에는 연기를 피어 오르게 한 것이라고 생각했다. 그리하여 조조는 소로를 택했다가 제갈량의 복병을 만나 큰 낭패를 당하였다.

여기서 제갈량은 조조가 똑똑한 사람이고 자기가 꾀가 많다는 것을 알고 있다는 사실을 알고 있었다. 그래서 소로 쪽에 연기를 피워 올리면 조조는 자기를 대로 쪽으로 유인하기 위해 꾀를 낸 것이라고 생각하고 소로 쪽으로 올 것을 예상하였던 것이다.

위의 예는 전쟁이라는 게임 상황에서 두 지휘관이 전략을 선택할 때 상대방의 전략에 대한 예상이 얼마나 중요한 역할을 하는지를 잘 보여준다. 전쟁 상황은 게임 상황의 대표적인 예이다. 이 장에서는 먼저 게임 상황의 특성에 대하여 설명한다. 그리고 게임 상황의 몇 가지 사례를 살펴보도록 한다.

1.1 게임 상황과 전략적 사고

나무꾼이 벌채를 하는 경우, 나무를 베어낼 때 나무가 어떤 반응을 할지 예상할 필요가 없다. 나무는 가만히 있기 때문이다. 여기에는 상호작용이 없다. 반면 두 나라가 대치하고 있는 전쟁 상황에서는 그렇지 않다. 전쟁 상황에서는 상대편이 어떤 전략을 구사하느냐에 따라 우리편의 최선의 전략이 달라진다. 그러므로 지휘관은 상대편의 작전에 대해 주도면밀하게 검토하고 자신의 작전을 수립해야 한다. 상대편 군대는 가만히 있는 나무가 아니기 때문이다. 상대편 군대도 아군의 작전에 대해 검토하고 작전을 수립하는 것이다. 그러므로 지휘관은 이러한 사실들을 감안하여 작전을 짜야 한다. 강의하는 것이나 대화하는 것도 마찬가지다. 강사는 듣는 사람의 반응을 감지하면서 이야기해야 한다. 듣는 사람이 관심이 없거나 이해하지 못하는데 계속 이야기를 한다면 그 강의는 아무 의미가 없을 것이다.

게임 상황은 사람들 간의 상호작용(interaction)이 존재하는 상황을 말한다. 이러한 상황에서는 각 사람은 자신의 입장만 생각해서는 최적의 결과를 얻을 수 없다. 각 사람은 자신의 행동뿐만 아니라 상대방의 행동에 의해서도 영향을 받는다. 그러므로 의사결정을 할 때 상대방의 입장도 항상 염두에 두고 행동해야 한다. 게임이론은 이러한 상호작용이 존재하는 상황에서 어떤 결과가 나타날지에 관해 체계적으로 예측을 하기 위해 개발된 이론이라고 볼 수 있다. 또한 이러한 게임이론은 역으로 사회적으로 바람직한 결과가 나타나도록 게임 상황을 디자인하는데 이용될 수도 있다.

1.2 게임 상황의 몇 가지 사례

미국 최초의 흑인 대통령 버락 오바마의 부인이 기자와 인터뷰하면서 오바마 대통령에 대해 평한 말은 세 마디였다. 하나는 부지런하다(diligent)이고 다른 하나는 영리하다(smart), 그리고 나머지 하나는 재미있다(funny)는 것이었다. 미국 사람들은 스마트하다는 말을 무척 좋아한다. 스마트하다는 평을 듣는 것도 좋아하고 똑똑한 친구를 보면 스마트하다고 치켜세우기도 좋아한다.

게임 상황에서 나타나는 결과는 얼핏 상식적으로 생각되는 결과와 크게 다를 수 있다. 게임이론은 이러한 게임 상황에서 나타날 결과를 예측하는데 도움을 줄 수 있다. 그리고 이를 통해 사회생활에서 스마트한 선택을 하도록 도와준다.

삼인의 결투

황야의 무법자 세 사람, 선량한(the good), 포악한(the bad), 그리고 추잡한(the ugly)이 결투에 나섰다. 각각은 삼각형의 꼭지점에 위치해 있다. 결투는 최후의 일인이 살아남을 때까지 계속된다. 선량한의 사격솜씨는 형편없어 명중률이 30%이다. 포악한의 사격솜씨는 탁월하여 명중률이 100%이다. 추잡한의 명중률은 70%이다. 서로 상대방의 사격

솜씨에 대해 익히 알고 있는 상황이라고 하자. 이 경우 누가 살아남을 확률이 가장 높을까?

역설적이게도 명중률이 가장 낮은 선량한이 살아남을 확률이 가장 높다. 왜 그럴까? 결투 일회전에서 선량한의 최선의 선택은 무엇일지 생각해 보자. 선량한의 최적 선택은 포악한을 쏘는 것이다. 왜냐하면 명중률이 제일 높은 사람을 없애야 나중에 자신이 죽을 확률을 최소화할 수 있기 때문이다. 일회전에서 자신이 총에 맞아 죽는다면 어느 누구를 쏘든 상관이 없게 된다. 그렇지만 자신이 일회전에서 살아남는다면 명중률이 가장 높은 포악한을 쏘는 것이 유리하다. 그러므로 선량한의 일회전에서의 최적 선택은 포악한을 쏘는 것이다. 마찬가지로 추잡한의 최적 선택도 포악한을 쏘는 것이다. 한편 포악한의 최적 선택은 명중률이 상대적으로 높은 추잡한을 쏘는 것이다.

그러므로 1회전의 결과 추잡한은 죽게 된다. 선량한은 100% 살아남게 된다. 포악한이 살아남을 확률은 $(1-0.3)(1-0.7)=0.21$ 즉 21%에 지나지 않게 된다. 일회전에서 포악한이 살아 남았다면 2회전의 결투에서는 포악한의 명중률이 100%이므로 선량한은 죽게 된다. 그러므로 선량한이 2회전에서 죽을 확률은 포악한이 1회전에서 살아남을 확률인 21%이다. 따라서 선량한이 2회전에서 살아남을 확률은 79%이다. 한편 포악한이 2회전 이후까지 살아남을 확률은 $0.21(1-0.3)=0.147$ 즉 14.7%가 된다.

이 게임은 1회전이나 2회전에서 결판이 난다. 1회전에서 포악한과 추잡한이 죽는 경우에는 선량한이 살아남고 게임은 끝난다. 1회전에서 포악한이 살아남으면 2회전에서 선량한은 죽고 포악한은 선량한의 총에 죽을 수도 있고 살아남을 수도 있다.

이 게임의 결과는 명중률이 상대적으로 낮은 선량한과 추잡한이 명중률이 높은 포악한을 견제함에 따른 자연스러운 결과이다. 빠른 경주자라고 선착하는 것은 아니다. 명중률이 높다고 자랑하고 다니면 실전에서 경쟁자들의 타겟이 되는 것이다.

이와 비슷한 예는 대통령 선거와 같은 각종 선거에서 자주 관찰될 수 있다. 예컨대 A, B, C 세 사람의 대통령 후보가 출마하였다고 하자. 예상 득표율은 A, B, C의 순서로 높다고 하자. 이 경우 B와 C 후보가 A 후보를 견제하여 A 후보의 약점을 들추어 내려 할 것이다. 또한 A 후보는 B 후보를 견제하여 B 후보의 약점을 들추어 내려 할 것이다. 그 결과 예상 득표율이 제일 낮은 C 후보가 선거에 당선될 수 있다.

일 달러 경매 게임

일 달러 짜리 지폐가 경매에 붙여졌다. 최소 입찰가격은 1센트이다. 누구든 최고 입찰가격을 부른 사람이 일 달러 지폐를 가져간다. 이 경매가 보통의 경매와 다른 점은 최고 입찰자 뿐만 아니라 그 다음으로 높은 가격을 제시한 입찰자도 돈을 지불한다는 것이다. 최고 입찰자는 자신의 입찰가격을 지불하고 일 달러 짜리 지폐를 가져간다. 그 다음으로 높은 가격을 제시한 입찰자는 자신이 제시한 가격을 지불하고 아무 것도 얻지 못한다.

이 게임은 마틴 슈빅(Martin Shubik) (1971)에 의해 도입되었다. 사교 모임에서 이 게임을 여러 번 수행한 그의 경험에 따르면 일 달러 짜리 지폐가 평균 3.4달러에 팔렸다. 차 순위의 입찰자로부터의 수입을 합하면 일 달러 지폐의 판매수입은 거의 7달러에 달한다. 이 게임에 참여한 사람들은 이지적인 사람들이었다. 이들이 어떻게 일 달러를 얻기 위해 3 내지 4 달러를 지불하려고 하게 되었을까?

처음에 한 사람이 예컨대 1 센트의 입찰가를 불렀다고 하자. 다른 입찰자가 없다면 이 사람이 1센트를 주고 일 달러 짜리 지폐를 가져간다. 이제 다른 입찰자가 2센트의 입찰가를 불렀다고 하면 어떻게 될까? 다른 입찰자가 보다 높은 가격을 부르지 않는다면 이 입찰자가 2센트를 내고 일 달러 지폐를 가져갈 것이다. 그런데 이 경우 1센트의 입찰가를 부른 입찰자는 1센트의 손해를 보게 될 것이다. 그러므로 1센트 입찰자는 "가만히 있으면 1센트를 잃고 3센트의 입찰가를 부르면 일 달러 지폐를 얻을 수 있다"고 생각하여 3센트의 입찰가를 부를 유인이 있다. 그러면 이번에는 2센트 입찰자도 똑같이 생각하여 가만히 있지 않고 4센트의 입찰가를 부르게 된다. 이러한 에스컬레이션 과정이 계속되면 최고 입찰가는 일 달러를 초과하여 계속 커지게 될 것이다. 결국은 어느 한 사람이 가지고 있는 돈이 바닥날 때까지 이 과정은 계속될 것이다.[1]

이러한 현상은 맥베스 효과(Macbeth effect)라고도 불린다. 맥베스는 셰익스피어의 희곡의 제목이자 주인공의 이름이기도 하다. 맥베스는 스코틀랜드의 장군이었는데 마녀들의 요설에 속아 그의 사촌형인 던컨 왕을 살해하고 왕위에 오른다. 그렇지만 그 후 이를 은폐하려고 애쓰다가 결국 온 가족이 죽게 된다. 맥베스 효과는 일단 한번 나쁜 일에 발을 들여 놓으면 다시 돌이킬 수 없는 상황이 되어 더욱 나쁜 일을 하게 되는 현상을 일컫는다.

이러한 일은 사람들의 근시안적인 생각으로 인해 벌어진 것이다. 만약 이 게임 상황의 귀결에 대해 좀 더 깊이 생각한 사람이라면 이러한 게임에는 처음부터 참여하지 않았을 것이다.[2]

---

1) 이 게임에서 또 하나의 균형은 경매가 시작되었을 때 최초의 입찰 참여자가 1달러의 가격을 부르는 것이다. 이 경우 다른 사람들은 더 이상 경매에 참여할 유인이 없다. 따라서 1 달러의 가격을 부른 사람이 1 달러를 지불하고 1 달러를 가져가며 경매는 끝나게 된다.

2) 이 게임은 다음의 성경구절을 생각나게 한다.
"욕심이 잉태한 즉 죄를 낳고 죄가 장성한 즉 사망을 낳느니라.
내 사랑하는 형제들아 속지 말라.
각양 좋은 은사와 온전한 선물이 다 위로부터 빛들의 아버지께로서 내려오나니 그는 변함도 없으시고 회전하는 그림자도 없으시니라."
(야고보서 1장 15절-17절)

자동차 사고와 안전벨트 착용 의무화

매년 자동차 사고로 인해 사상자가 많이 발생한다. 1960년대 말에 미국의 유명한 소비자 운동가인 랄프 네이더(Ralph Nadar)는 "Unsafe at Any Speed"라는 책을 통해 자동차 안전에 관하여 미국민의 주의를 환기시켰다.

그래서 미 의회는 자동차 안전벨트 착용을 의무화 하였다. 그 결과 교통사고 사상자 수는 감소했을까?

그렇지 않았다. 안전띠를 착용하게 되자 사람들은 좀 더 거칠게 운전하게 되었다. 이에 따라 교통사고가 더 늘어났다. 경제학자 펠츠만(Sam Peltzman)의 1975년도 논문에 따르면 운전자의 경우 교통사고 발생 시 사망률은 줄어들었지만 교통사고 건수가 증가하여 사망률에 거의 변화가 없는 것으로 판명되었다. 반면 보행자의 경우에는 사망률이 높아진 것으로 판명되었다. 이에 따라 전체적인 사망률은 오히려 더 높아졌다.

비스마르크의 유년시절 일화

비스마르크와 그의 친구가 사냥을 갔다. 저녁 무렵 사냥에서 돌아오는 길에 친구가 늪에 빠졌다.

비스마르크는 "자네를 살리려다가는 나도 같이 빠져 죽게 될 터이니 도와줄 수 없네. 친구의 고통을 오래 지켜볼 수 없으니 자네를 생각해서 빨리 죽게 해주겠네."하고 엽총을 친구의 머리에 겨누었다.

친구는 기겁을 하여 죽을 힘을 다해 수렁에서 빠져나왔다.

우리 아들이 야동을 보는 데 어떻게 해요?

우리 아들은 중학교 2학년이다. 착하고 순진한 모범생인 줄 알았는데 아들의 컴퓨터에 야동이 깔려 있는 것을 발견했다. 어떻게 해야 할까?

음란물 차단 프로그램을 깔면 효과가 있을까? 소용이 없는 경우가 대부분이다. 방화벽을 뚫는 방법은 매우 많기 때문이다. 그리고 야동을 접할 수 있는 통로는 수없이 많다. 문제는 중독되지 않고 스스로 절제할 수 있도록 해야 한다. 그리고 성애에 대한 잘못된 인식이 심겨지지 않도록 해야 한다. 야동에 나오는 것은 변태적이고 반인륜적인 것들이 많기 때문이다.

부모와 자식 간에 성에 대하여 솔직하게 이야기를 나누는 것이 필요할 것이다. 청소년기의 왕성한 성적 에너지를 쏟아 부을 수 있는 다른 건전한 취미활동을 개발하는 것도 좋은 방안이다. 무엇보다 자라나는 학생들에게 건전한 가치관을 심어주어야 할 것이다.

유목민과 도적

옛날에 한 유목민 가족이 살고 있었다.

어느 날 새끼 양 한 마리가 없어졌다. 아버지는 왜 없어졌는지 알아보고 찾아오라고 했다. 아들들은 새끼 양 한 마리 가지고 뭘 그러느냐고 하며 천천히 찾아보겠다고 했다.

그 다음 주에는 낙타가 없어졌다. 아들들은 허둥대며 낙타가 어디 있는지 찾아보기 시작했다. 그 다음 주에는 딸들이 납치를 당했다.

우리는 다른 사람에게 친절히 대해야 한다. 그러나 다른 사람이 우리를 공격해왔다면 단호하게 대처해야 한다. 어수룩하게 대처하면 우리가 허약하다는 인식을 상대에게 심어주게 되고 이에 상대는 더 강력하게 공격해 올 것이기 때문이다.

지혜로운 사람의 7가지 습관

솔로몬이 지은 잠언에 따르면 지혜를 얻는 자는 생명을 얻고 부귀를 얻으며 장수한다고 한다. 어떻게 하면 지혜를 얻을 수 있을까? 성경 잠언의 구절을 통해 지혜를 얻는 길에 관하여 몇 가지 실마리를 얻어 보자.

1. 하나님을 두려워하며 겸손하다.
"겸손과 여호와를 경외함의 보응은 재물과 영광과 생명이니라." (잠언 22장 4절)
지혜를 얻으려면 먼저 겸손하여야 한다. 사람의 이성은 불완전하다. 반면에 지식과 지혜의 세계는 무한하다. 우리가 알고 있는 부분은 매우 적다. 무한대에 비할 때 유한한 우리의 지식과 지성은 무한소(無限小)인 것이다. 하나님의 전지하심과 자신의 무지함을 깨닫는 것이 지혜로의 첫 걸음이다.
"사람을 두려워하면 올무에 걸리게 되거니와 여호와를 의지하는 자는 안전하리라." (잠언 29장 25절)
이집트의 파라오 왕이 이스라엘 민족의 번성함을 보고 두려워하여 히브리 산파에게 히브리 여인의 아기가 남자이면 죽이라고 명하였으나 산파들은 하나님을 두려워하여 이집트 왕의 명을 어기고 남자들을 살려 두었다. 이에 하나님이 그 산파들에게 은혜를 베푸셨다고 한다 (출애굽기 1장 15−21).

2. 지혜를 간절히 구한다.
"나를 사랑하는 자들이 나의 사랑을 입으며 나를 간절히 찾는 자가 나를 만날 것이니라." (잠언 8장 17절)
솔로몬은 아버지 다윗의 뒤를 이어 왕이 된 후 하나님께 늘 제사를 드렸다. 제단에 번제물을 일천 마리나 바친 적이 있는데 그날 밤 꿈에 하나님이 나타나 "네 소원이 무엇이냐?"고 물으셨다. 그러자 솔로몬은 자신이 왕이 되었지만 어린 아이와 같아 어떻게 왕의 책임을 다할지 알지 못한다고 하면서 재판에서 선악을 분별하는 마음을 달라고 구하였다. 이것이 하나님의 마음에 들었다. 하나님은 솔로몬이 여느 다른 사람들처럼 장수나 부귀나 원수 갚는 것을 구하지 않고 선악을 분별하는 마음을 구하였다고 칭찬하면서 그에게 선악을 분별하는 지혜를 주었을 뿐만 아니라 그가 구하지 않은 부귀와 영광도 함께 주었다. (열왕기 상 3장)

3. 자기 마음을 다스릴 줄 안다.

"노하기를 더디 하는 자는 용사보다 낫고 자기의 마음을 다스리는 자는 성을 빼앗는 자보다 나으니라." (잠언 16장 32절)

4. 인자와 진리로 떠나지 않게 한다.

"인자와 진리로 네게서 떠나지 않게 하고 그것을 네 목에 매며 네 마음 판에 새기라 그리하면 네가 하나님과 사람 앞에서 은총과 귀중히 여김을 받으리라." (잠언 3장 3절-4절)

이기적인 사람은 소탐대실하기 쉽다. 다른 사람을 배려하는 사람이 되어야 한다. 다른 사람을 사랑해야 한다는 것이다. 다른 사람을 배려하고 사랑하는 마음이 있으면 시야가 넓어지고 올바른 의사결정을 내릴 가능성이 높아진다. 나뿐만 아니라 가족을, 가족뿐만 아니라 이웃을, 이웃뿐만 아니라 나라를, 나라뿐만 아니라 세계를 생각하는 자, 즉 소아(小我)가 아닌 대아(大我)로서 살 때 바른 판단을 할 수 있다.

또한 정직해야 한다. 세상의 거의 모든 일들은 혼자서 할 수 없으며 다른 사람들의 협력이 필요하다. 정직하지 않은 사람은 다른 사람과의 관계에서 신뢰를 얻을 수 없다. 그러면 다른 사람의 협력을 얻어낼 수 없고 큰일을 도모할 수 없다.

5. 다른 사람의 권고에 귀를 기울여 듣는다.

"너는 권고를 들으며 훈계를 받으라. 그리하면 네가 필경은 지혜롭게 되리라." (잠언 19장 20절)

세상에는 두 가지 부류의 사람이 살고 있다. 한 부류는 다른 사람의 권고와 훈계를 받으면 잔소리라고 생각하고 화를 낸다. 다른 부류는 권고와 훈계를 들으면 고맙게 여기고 받아들이며 자기의 잘못을 고친다. 첫 번째 부류의 사람들은 아집과 독선에서 헤어 나오지 못하며 발전하지 못한다. 두 번째 부류의 사람들은 계속 변신하고 발전할 수 있다.

6. 모임에 잘 참여한다.

"무리에게서 스스로 나뉘는 자는 자기 소욕을 따르는 자라 온갖 참 지혜를 배척하느니라." (잠언 18장 1절)

각 사람은 서로 다른 경험과 정보 그리고 노하우를 갖고 있다. 각 사람의 지혜는 부분적이고 불완전하지만 많은 사람들의 지혜가 모이면 덜 불완전하다. 사람들이 모이는 곳에 가면 유용한 정보를 많이 얻을 수 있다. 사람들과 협력하는 법도 자연스럽게 터득하게 된다. 분위기 파악도 하면서 대인 관계를 형성하는 법을 배우게 된다.

7. 지혜로운 친구들을 사귄다.

"지혜로운 자와 동행하면 지혜를 얻고 미련한 자와 사귀면 해를 받느니라." (잠언 13장 20절)

사람들의 모임에 참여하는 것에서 한 걸음 더 나아가 자신의 인적 네트워크를 형성하는 것이 필요하다. 문제가 생겼을 때는 주변 사람들과 의론하고 조언을 구할 수 있기 때문이다. 친구를 사귈 때에는 지혜로운 자를 잘 선택하여야 한다. 미련한 친구는 오히려 없느니만 못하기 때문이다.

"의론이 없으면 경영이 파하고 모사가 많으면 경영이 성립하느니라." (잠언 15장 22절)

"차라리 새끼 빼앗긴 암콤을 만날지언정 미련한 일을 행하는 미련한 자를 만나지 말 것이니라." (잠언 17장 12절)

| 참고문헌

Shubik, Martin, "The dollar auction game: A paradox in non-cooperative behavior and escalation," *Journal of Conflict Resolution* 15 (1971), pp. 109−111.

게임의 구성요소와 표현방식

이 장에서는 게임의 구성요소를 살펴본다. 그리고 게임을 나타내는 표현방식에 대해 알아본다.

2.1 게임의 구성요소

게임은 크게 다음의 세 요소로 구성된다.

1. 게임의 경기자(player): 게임의 이해 당사자를 말한다.
2. 게임의 규칙(rule): 게임이 진행되는 과정에서 경기자들이 어떠한 상황에 직면하는지, 그리고 각 상황에서 어떤 행동을 취할 수 있는지를 나타낸다.
3. 게임의 가능한 결과(outcome)와 보수(payoff): 경기자들이 취한

행동들의 결과와 이에 따른 경기자들의 보수는 어떻게 되는지를 나타낸다. 여기서 경기자들의 보수는 기대효용으로 측정된다.

위의 개념을 다음의 게임을 통해 예시해 보도록 하자.

홀짝게임

철수와 영희가 홀짝게임을 한다. 철수는 구슬을 손에 접는다. 영희는 철수가 접은 구슬이 몇 개인지 모르는 상태에서 철수가 접은 구슬의 수가 홀수인지 짝수인지를 맞춘다. 영희가 맞추면 영희는 구슬을 한 개 딴다. 그렇지 못하면 구슬을 한 개 잃는다.

이 게임의 구성요소는 다음과 같다.

1. 게임의 경기자: 철수와 영희
2. 게임의 규칙:
   - 처음 게임 시작 상황에서 철수는 구슬을 쥔다. (시작 상황에서 행동을 취하는 경기자는 철수이고 철수가 취할 수 있는 행동은 한 개 또는 여러 개의 구슬을 쥐는 것이다.)
   - 철수가 구슬을 몇 개 쥐었는지 모르는 상황에서 영희는 철수가 쥔 구슬의 수가 홀수인지 짝수인지를 맞춘다. (철수가 구슬을 쥔 상황에서 행동을 취하는 경기자는 영희이고 영희가 취할 수 있는 행동은 철수가 쥔 구슬의 수가 홀수인지 짝수인지를 맞추는 것이다.)
3. 게임의 가능한 결과와 보수: 영희는 철수가 쥔 구슬의 수가 홀수인지 짝수인지를 맞추면 구슬을 한 개 따고 못 맞추면 구슬을 한 개 잃는다. 이것이 게임의 결과이다. 영희의 보수는 세임의 결과로부터 얻는 기대효용을 의미한다. 편의상 영희가 구슬을 하나 딴 경우의 기대효용은 1이고 반대 경우의 기대효용은 −1이라고 상정한다. 철수의 경우

도 마찬가지이다.

　게임에 참여하는 경기자의 수가 몇 명이냐가 게임의 결과에 큰 영향을 미칠 수 있다. 이를 다음의 게임상황을 통해 알아보도록 하자.

휴대용 전화사업권 쟁탈전[1]

　1984년에 미국의 방송통신위원회(Federal Communications Commission)는 미국 전역을 306개의 시장으로 분할하고 각 시장 마다 두 개의 휴대용 전화사업 허가권을 배정했다. 이 허가권 중 하나는 지역전화회사에 주고 다른 하나는 추첨을 통해 배정했다.

　크레이그 매코(Craig McCaw)는 앞을 내다보는 식견을 가지고 있었다. 그는 2000년까지 미국인의 15%가 휴대전화를 사용할 것이며 그렇게 되면 잠재고객 한명 당 가치는 약 420달러에 이를 것으로 전망하였다. 반면 지역전화회사들은 보급률이 10%에 불과할 것이고 잠재고객의 일인당 가치는 280달러에 불과하리라고 전망했다. 매코는 여러 지역을 다니면서 추첨으로 허가권을 받은 사람들로부터 그 허가권을 사들였다. 그가 확보한 허가권 지역의 잠재적 고객은 5천만명에 이르렀다. 업계의 리더가 된 매코는 전국적인 사업권을 확보하길 원했다. 이를 위해서는 당시에 1800만 잠재고객을 갖고 있던 린 방송사(Lin Broadcasting Corp.)를 매수하는 것이 필수였다. 린 방송사는 뉴욕, 로스엔젤레스, 필라델피아, 휴스턴 및 댈러스의 휴대전화 사업권을 보유하고 있었다.

　문제는 린 방송사의 사장인 도널드 펠스(Donald Pels)는 매코와 사이가 좋지 않았다는데 있었다. 적대적 매수에 직면하게 된 린 방송사의 펠스는 다른 원매자를 물색했다. 지역전화회사 중 벨사우스(BellSouth)가 린의 요청에 응할 가능성이 가장 컸다. 린은 벨사우스가 입찰에 참

---

[1] 네일버프와 브란덴버거의 책「코피티션」pp. 121-6의 내용을 요약함.

여할 것을 요청했다.

벨사우스로서는 게임에 참여하는데 막대한 비용이 들었다. 변호사와 투자금융 전문가에 대한 수수료만도 2천만 달러가 넘을 뿐 아니라 회사 최고경영진들의 주의도 분산되어 기존 사업의 운영업무에 집중할 수도 없었다. 더욱이 경쟁에서 탈락하면 벨사우스의 명성에도 타격을 입을 수 있었다. 벨사우스는 입찰에서 매코가 승리할 경우 벨사우스가 입게 될 손실을 보상해달라고 요구했다. 벨사우스는 응찰조건으로 탈락할 경우 5400만 달러의 위로금과 1500만 달러의 경비 보상을 약속받았다. 그제야 벨사우스는 시장분석가들이 평가한 대로 주당 105-112달러의 매입가를 제의했다.

매코는 이에 맞서 주당 112-118달러의 매입가를 제시했다. 린은 벨사우스에게 응찰가를 높이라고 요구했다. 벨사우스는 이에 대해 재차 대가를 요구했다. 린은 벨사우스의 경비보상비를 2500만 달러로 높여주었고, 벨사우스는 다시 주당 115-125달러로 평가한 제안을 내놓았다.

매코는 주당 124-138달러로 평가한 매입가를 제시했고 동시에 벨사우스에게 게임에서 탈퇴하는 조건으로 2500만 달러를 지불했다. 이 최종가격으로 린 방송사의 평가액은 63억-67억 달러가 됐다. 린 방송사의 사장 펠스는 자신의 주식 선택권의 평가액이 1억 달러가 넘음을 알게 되어 만족하였다.

이 게임의 참여자들은 어떤 결과를 얻었는가? 린 방송사의 주식평가액은 약 10억달러 상승했다. 린사의 사장 펠스는 1억 달러를 벌었다. 매코는 전국적인 네트워크를 갖게 됐고 나중에 이를 AT&T에 매각해서 10억 달러대의 부자가 되었다. 벨사우스는 7900만 달러에 경비를 더한 금액을 벌었다.

게임의 절차도 당연히 게임의 결과에 영향을 미칠 수 있다. 이를 다음의 게임상황을 통해 알아보도록 하자.

카드 게임

철수는 검은색 카드를 갖고 있고 영희는 빨간색 카드를 갖고 있다. 검은 색 카드와 빨간색 카드 한 쌍이 있으면 10만원을 받을 수 있다. 철수가 영희로부터 빨간 카드를 살 수도 있고 영희가 철수로부터 검은 카드를 살 수도 있다. 두 사람이 흥정을 하는 경우 예상되는 각 카드의 가격은 얼마일까? 5만원이다. 두 사람 모두 대칭적인 상황에 놓여 있기 때문이다.

이제 게임의 규칙을 바꿔 철수만이 구입가격을 제안할 수 있다고 하자. 그리고 영희는 이 제안을 수락하거나 거절할 수 있다. 이 게임은 한 번의 제안과 수락 또는 거부로 끝난다. 이러한 게임을 최후통첩 게임(ultimatum game)이라 한다.

이 경우 철수는 얼마를 제안하는 것이 최적일까? 5만원을 제시하면 영희는 당연히 이 제안을 수락할 것이다. 거절하면 아무 돈도 받지 못하지만 수락하면 5만원을 받기 때문이다. 철수는 더 잘할 수 있다. 예컨대 3만원을 제안해도 영희는 그 제안을 수락할 가능성이 높기 때문이다. 일만원을 제안하면 어떨까? 이 경우에는 약간 위험하다. 철수는 9만원을 갖고 영희는 만원을 받는 것에 대해 영희가 불공평하다며 거절할 수도 있기 때문이다. 어쨌든 이 협상에서 철수는 매우 유리한 입장에 있는 것은 확실하다.

2.2 게임의 전개형 표현

홀짝게임은 다음과 같은 그림으로 나타낼 수 있다. 이를 홀짝게임의 전개형(extensive form)이라고 한다. 도표 2-1과 같은 전개형을 뒤집어 놓으면 꼭 나무와 같이 생겼다고 하여 게임나무(game tree)라 하기도 한다.

게임의 전개형인 게임나무는 마디(점)와 가지(선)로 구성된다. 최초의 마디를 뿌리(root)라고 하며 뿌리로부터 나무의 각 마디까지 유일한 연결 경로가 존재한다.

각 점은 게임의 상태를 나타낸다. 게임나무의 뿌리(root)는 게임의 시작 상태를 나타낸다. 도표 2-1에서 뿌리 바로 아래 좌측의 점은 철수가 홀을 접은 상태를 나타낸다.

각 점에서 뻗어 나온 선들은 경기자가 선택할 수 있는 행동을 나타낸다. 위 그림에서 맨 위의 점에서 두 개의 선이 뻗어 나와 있는데 각각 철수가 홀을 접는 행동과 짝을 접는 행동을 표시한다.

그 아래의 두 점은 각각 철수가 홀을 접은 상태와 철수가 짝을 접은 상태를 나타낸다. 이 두 점은 점선으로 연결되어 있는데 이는 철수가 홀을 접었는지 짝을 접었는지 잘 모른다는 정보상황을 나타낸다. 점들의 집합을 정보집합(information set)이라 한다. 정보집합에 속한 점(상태)이 여러 개인 것은 정보집합 내의 어떤 점(상태)에 자신이 놓여 있는지 잘 모름을 나타낸다. 각 경기자의 정보집합은 게임의 상태에 대

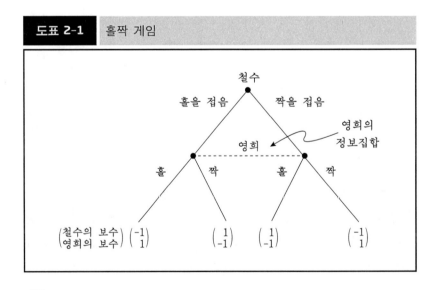

도표 2-1 홀짝 게임

한 그 경기자의 정보 또는 인식을 나타낸다. 각 경기자의 정보집합은 각 경기자가 직면하는 게임 상황을 표시한다.[2]

경기자의 행동선택은 그 경기자의 게임상태에 대한 정보 또는 인식에 기초하여 이루어진다. 즉 경기자의 행동선택은 정보집합 상에서 이루어진다. 각 정보집합에는 그 정보집합이 누구의 것인지가 표시된다. 예를 들어 맨 위의 점은 한 점으로 이루어진 정보집합으로 게임의 시작상황을 나타낸다. 이 정보집합 위에 철수의 이름이 적혀 있어 철수가 움직임을 표시한다. 그 아래의 두 점으로 구성된 정보집합은 철수가 먼저 접었는데 홀을 접었는지 짝을 접었는지를 모르는 게임상황을 나타낸다. 이 정보집합 상에 영희의 이름이 적혀 있다. 이는 이 게임상황에서 영희가 움직인다는 것을 표시한다. 각 경기자의 정보집합들을 모두 모아 놓으면 그것은 그 경기자가 직면할 수 있는 모든 상황들을 나타낸다.

게임나무의 맨 밑에는 게임의 결과로부터 각 경기자가 얻는 보수가 표시된다. 도표 2-1에서 마지막에 표시된 두 숫자 중 첫 번째 것은 철수의 보수를 두 번째 것은 영희의 보수를 나타낸다.

2.3 전략과 게임의 전략형

게임이론의 중심적 개념 중의 하나가 경기자의 전략이란 개념이다. 전략은 경기자가 게임을 하기 전에 미리 가능한 모든 상황을 상정하고 각 상황에서 어떻게 행동할 것인가를 계획한 것이다. 즉 경기자의 상황별 행동계획이다. 경기자의 입장에서 그가 구분할 수 있는 상황은 정보집합에 의해 표현된다. 그러므로 한 경기자의 전략은 그의 각 정보

---

[2] 우리는 게임 상태와 게임 상황을 구분하여 사용하도록 한다. 게임 상태는 게임나무의 점을 지칭하며 게임 상황은 게임나무의 정보 집합을 지칭한다.

집합에서 어떤 행동을 취하려 하는가를 나타낸다. 수학적으로 이야기하면 전략은 각 경기자의 정보집합에 행동을 대응시켜 주는 함수이다.

홀짝게임에서 철수의 정보집합은 하나이며 그것은 게임의 시작상황에 해당한다. 이때 철수의 전략은 이 시작상황에서 홀을 접든지 짝을 접든지 하는 것이다. 영희는 앞에서 철수가 무엇을 접었는지 알지 못하므로 영희가 직면하는 상황(즉 정보집합)은 철수가 무언가를 접었다는 상황 하나이다. 그러므로 영희의 전략은 이 정보집합에서 어떤 행동을 취할지를 계획하는 것이다. 즉 영희의 전략은 홀을 부르는 것과 짝을 부르는 것의 두 가지이다.

홀짝게임에서는 각 경기자의 전략은 행동과 동일하다. 일반적으로 전략과 행동은 다른 개념이다. 이를 알아보기 위해 다음과 같은 변형된 홀짝게임을 생각해 보자.

변형된 홀짝게임

철수가 먼저 구슬을 접는다. 영희는 철수가 몇 개의 구슬을 접는지 다 안다. 영희는 철수가 홀을 접었는지 짝을 접었는지 맞춘다. 영희가 맞추면 구슬을 한개 따고 영희가 못 맞추면 구슬을 하나 잃는다.

이상과 같은 게임을 전개형으로 나타내면 도표 2-2와 같다.

이 게임에서 영희의 정보집합은 두 개이다. 즉, 영희가 직면할 수 있는 상황은 철수가 홀을 접은 상황과 철수가 짝을 접은 상황의 두 가지이다.

따라서 영희의 전략은 그녀의 두 가지 상황에서 어떤 행동을 취할 것인가에 관한 행동계획이다. 영희는 각 상황에서 홀과 짝 중 하나를 선택할 수 있다. 따라서 영희의 전략은 철수가 홀을 접었을 때는 어떤 행동을 취하고 철수가 짝을 접었을 때는 어떤 행동을 취하겠다는 행동계획이다. 이러한 행동계획은 다음과 같은 두 항으로 구성된 괄호로 표

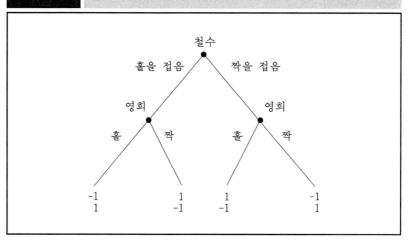

도표 2-2   변형된 홀짝 게임: 영희가 철수의 행동을 관측하는 경우

시할 수 있다:

철수가 홀을 접은 상황에서의   철수가 짝을 접은 상황에서의
행동선택   행동선택

    예를 들어 전략 (홀, 홀)은 철수가 홀을 접은 경우에 홀을 선택하
고 철수가 짝을 접은 경우에도 홀을 선택한다는 행동계획이다.

    이 게임에서 영희의 전략으로는 다음의 네 가지가 있다;

    (홀, 홀), (홀, 짝), (짝, 홀), (짝, 짝).

게임의 전략형 표현

    게임의 규칙은 경기자들의 전략 속에 요약되어 있다. 즉 경기자들
이 어떠한 상황에 처할 수 있으며 각 상황에서 어떤 행동을 취할 수 있

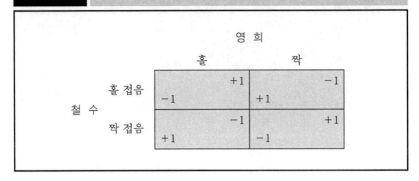

도표 2-3	홀짝게임의 전략형을 나타내는 표

영 희

		홀	짝
철 수	홀 접음	+1 / −1	−1 / +1
	짝 접음	−1 / +1	+1 / −1

도표 2-4	변형된 홀짝게임의 전략형을 나타내는 표

영 희

		(홀, 홀)	(홀, 짝)	(짝, 홀)	(짝, 짝)
철 수	홀 접음	1 / −1	1 / −1	−1 / 1	−1 / 1
	짝 접음	−1 / 1	1 / −1	−1 / 1	1 / −1

는지는 경기자들이 구사할 수 있는 전략들이 무엇인지를 알면 알 수 있다. 그러므로 게임은 경기자와 전략 그리고 게임의 보수로 구성된다고 볼 수 있다. 게임을 이렇게 세 가지 요소로 표현하는 것을 게임의 전략형(strategic form) 또는 정규형(normal form) 표현이라고 한다. 경기자의 집합을 N, 경기자 i가 구사할 수 있는 전략의 집합을 S_i, 경기자 i의 보수함수를 $u_i(\cdot)$로 나타내면 이 게임의 전략형 Γ_S은 $[N, \{S_i\}_{i \in N}, \{u_i(\cdot)\}_{i \in N}]$로 적을 수 있다. 게임을 전략형으로 표현하면 전개형으로 표

현할 때 보다 간편하다는 이점이 있다.

두 경기자가 참여하는 게임의 전략형은 간단한 표로 나타낼 수 있다. 예를 들어 홀짝게임과 변형된 홀짝게임은 도표 2-3과 2-4로 표현된다. 표의 왼쪽에는 철수의 전략이 표시되어 있고 표의 위쪽에는 영희의 전략이 표시되어 있다. 표 안의 숫자들은 철수와 영희의 보수를 나타낸다. 철수의 보수는 각 셀의 좌 하단에 영희의 보수는 각 셀의 우 상단에 표시되어 있다.

동시진행 게임(simultaneous move game)과 동태적 게임(dynamic game)

경기자들의 행동선택이 동시에 일어나느냐 시간적 순서를 가지고 동태적으로 일어나느냐에 따라 게임의 형태를 구분하기도 한다. 전자의 경우를 동시진행 게임, 후자의 경우를 동태적 게임이라고 한다. 예를 들어 자동차 운전자들이 동시에 좌측을 선택할 것인지 우측을 선택할 것인지를 결정하는 도로통행 게임은 동시진행 게임에 속한다. 반면에 앞에서 살펴본 홀짝게임은 경기자들의 선택이 순차적으로 이루어지므로 동태적 게임이라고 할 수 있다. 동시진행 게임을 표현하기에는 전략형 게임이 적합하며 동태적 게임을 표현하는 데는 전개형 게임이 적합하다.

2.4 합리적(rational)이고 이지적(intelligent)인 경기자

게임이론에서 경기자들은 합리적이고 이지적이라고 가정한다. 여기서 합리적이라 함은 경기자들이 자신의 보수를 극대화하기 위해 최적의 선택을 한다는 의미이다. 경기자의 보수는 보통 기대효용으로 표시된다. 따라서 경기자는 기대효용을 극대화하도록 행동을 선택한다. 경기자가 이지적이라 함은 경기자가 자신이 가진 모든 정보를 활용하여 추론하고 숙고한다는 의미이다. 여기서 경기자의 정보에는 상대방의 전략과 보수체계에 대한 정보도 포함된다. 즉 이지적인 경기자는 상대방은 어떤 전략을 선택할 지, 상대방은 나의 전략에 대해 어떻게 예상할지 등에 대해서 두루 심사숙고를 한 뒤에 자신의 전략을 선택한다.

합리적이지만 이지적이지 않은 경기자가 존재할 수 있다. 거시경제학에서는 사람들이 장래에 대한 예측을 할 때 적응적 기대를 형성한다고 가정하기도 하고 합리적 기대를 형성한다고 가정하기도 한다. 적응적 기대란 경제변수의 향후 움직임이 과거추세와 같을 것이라고 기대하는 것이다. 합리적 기대한 경제의 운행에 대한 모든 정보를 감안하여 경제변수의 향후 움직임에 대해 기대를 형성하는 것이다. 적응적 기대를 형성하는 사람은 합리적이기는 하지만 이지적인 사람은 아니다. 반면 합리적 기대를 형성하는 사람은 합리적이면서 이지적인 사람이다.

경기자들의 합리성에 대한 가정은 게임에 대한 체계적인 분석을 위해서 필요하다. 만약 경기자들이 합리적이지 않다면 주어진 게임에서 어떤 결과가 나타날지 예측하기는 쉽지 않다. 예를 들어 경기자들이 매우 변덕스러워 그때 그때의 기분에 따라 행동하는 사람들이라고 해보자. 이 경우 게임의 결과는 경기자들의 그때 그때의 기분에 따라 달라진다. 따라서 게임의 결과에 대한 예측은 사실상 불가능하게 된다. 경기자의 완벽한 이지성에 대한 가정도 마찬가지 이유로 필요하다. 경기자가 완벽하게 이지적이 아니라면 그가 주어진 정보를 얼마나 효과적으로 사용하며 어떤 방식으로 추론할지 정하기가 쉽지 않다. 따라서 게임의 결과에 대한 예측이 어렵게 된다.

남의 떡이 더 커보인다.

책상위에 두 개의 봉투가 놓여 있다. 각 봉투에는 5만원, 10만원, 20만원, 40만원, 80만원, 160만원 중 한 액수가 들어 있으며 한 봉투에 들어 있는 금액은 다른 봉투의 금액의 두 배이다. 이를 모든 사람이 알고 있다. 두 봉투 중 하나를 무작위로 추출하여 철수와 영희에게 나눠준다고 하자. 철수와 영희는 봉투를 받아 뜯어 본 뒤 서로 봉투를 바꿀 수 있다. 두 사람 모두 바꾸기를 원한다면 바꾸도록 한다고 하자.

이러한 상황에서 두 사람은 봉투를 바꾸기를 원할까?

두 경기자가 단순히 자신의 입장만을 고려한다면 대부분의 경우 봉투를 바꾸고자 할 것이다. 예를 들어 철수가 그의 봉투를 뜯어 보고 20만원이 들어 있음을 알았다고 하자. 이때 그는 다음과 같이 추론할 것이다. 영희는 10만원이 들었거나 40만원이 든 봉투를 받았을 것이다. 각각의 경우가 발생할 확률은 1/2로 같다. 봉투를 교환하는 경우에 얻는 기대금액은 $(10+40)/2=25$만원 으로 20만원 보다 크다. 그러므로 철수는 위험기피도가 작다면 봉투를 교환하려고 할 것이다. 마찬가지로 영희도 그녀가 10만원이 든 봉투를 받았든 40만원이 든 봉투를 받았든 봉투를 교환하려고 할 것이다. 왜냐하면 10만원이 든 봉투를 받은 경우 상대방은 5만원이 든 봉투와 20만원이 든 봉투를 각각 1/2의 확률로 가지고 있을 것이므로 봉투 교환시의 기대금액은 $(5+20)/2=12.5$만원으로 10만원 보다 크기 때문이다. 또한 40만원이 든 봉투를 받은 경우에도 봉투 교환시의 기대금액은 $(20+80)/2=50$만원으로 40만원 보다 크기 때문이다.

철수와 영희가 게임 상황에 대해 두루 두루 심사숙고 한다면 봉투 교환은 대부분의 경우 일어나지 않는다. 예를 들어 영희가 그녀의 봉투를 열어 보고 160만원이 들어 있음을 알았다고 해 보자. 이 경우 영희는 가능한 최고의 금액을 가진 봉투를 받았으므로 봉투를 교환하려고 하지 않을 것이다. 영희가 160만원이 든 봉투를 받았을 때는 봉투를 교환하려 하지 않을 것임을 앎으로 철수는 80만원이 든 봉투를 받았을 때 봉투를 교환하려 하지 않을 것이다. 왜냐하면 봉투 교환이 이루어지는 경우는 영희가 40만원이 든 봉투를 받았을 때 뿐이기 때문이다. 마찬가지 논리로 철수가 80만원이 든 봉투를 받았을 때 봉투를 교환하려 하지 않을 것이므로 영희는 40만원이 든 봉투를 받았을 때 봉투를 교환하려 하지 않을 것이다. 왜냐하면 봉투 교환이 이루어지는 경우는 철수가 20만원이 든 봉투를 받았을 때 뿐이기 때문이다.

영희가 40만원이 든 봉투를 받았을 때 봉투를 교환하려 하지 않을 것이므로 철수는 20만원이 든 봉투를 받았을 때 봉투를 교환하려고 하지 않을 것이다. 그리고 철수가 20만원이 든 봉투를 받았을 때 봉투를 교환하려 하지 않을 것임을 앎으로 영희는 10만원이 든 봉투를 받았을 때 봉투를 교환하려 하지 않을 것이다. 결국 봉투를 교환하고자 하는 사람이 있다면 그 사람은 5만원이 든 봉투를 받은 사람일 것이다.

철수와 영희가 단순히 자신의 입장만을 고려한다면 160만원이 든 봉투를 받은 경우를 제외하고는 봉투를 바꾸려고 한다. 그러나 철수와 영희가 상대방의 입장이 되어 게임 상황에 관하여 보다 심사숙고한다면 5만원이 든 봉투를 받은 사람만이 봉투를 교환하려고 할 것이다.

2.5 주지(周知)의 사실(common knowledge)

게임이론에서는 경기자들이 게임의 구성요소를 잘 알고 있다고 가정한다. 또한 모든 경기자들이 합리적이고 이지적임을 잘 알고 있다고 가정한다. 여기서 잘 알고 있다는 것은 다음과 같은 축차적(逐次的) 지식을 모두 갖고 있음을 의미한다.

모든 경기자들은 모든 경기자들이 합리적이고 이지적임을 알며 게임의 구성요소를 안다(제 1 차 지식).

모든 경기자들은 모든 경기자들이 제 1 차의 지식을 갖고 있음을 알고 있다(제 2 차 지식).

모든 경기자들은 모든 경기자들이 제 2 차의 지식을 갖고 있음을 알고 있다(제 3 차 지식).

...

모든 경기자들이 이와 같은 1차 지식으로부터 무한 차수의 지식에 이르는 축차적 지식을 갖고 있는 경우에 우리는 경기자들의 합리성 및 이지성과 게임의 구성요소가 주지의 사실이라고 한다.

만약 경기자들의 합리성 및 이지성과 게임의 구성요소가 주지의 사실이 아니라면 어떻게 될까? 각 경기자는 전략선택에 앞서 상대방이 어느 차수의 지식까지 가지고 있는지를 예측해야 한다. 뿐만 아니라 상대방은 자신의 지식의 정도에 대한 어떤 예측을 하고 있는지도 예측해야 한다. 그 결과 경기자들은 매우 커다란 불확실성에 놓이게 된다. 그리하여 경기자들이 극심한 불확실성하에서 어떻게 예상을 형성하느냐에 따라 게임의 결과는 달라질 것이다. 결국 게임 상황에서 어떤 결과이든 나타날 가능성이 있게 된다. 이에 따라 체계적으로 어떤 주어진 게임상황의 결과를 예측한다는 것은 거의 불가능해진다. 이러한 사태를 피하기 위해 우리는 사람들이 최소한 어느 정도의 지식을 갖고 있다고 가정하는 것이 필요하다. 이 가정이 바로 주지의 사실의 가정이다.

사례연구 | 바람난 마을

어느 마을에 10쌍의 부부가 산다. 이들 부부는 모두 합리적이고 이지적이다. 이 마을에는 특별한 관습이 있다. 매일 저녁에 마을의 남자들이 모닥불을 중심으로 원을 그리며 모여 앉아 자기 부인의 정절에 대해 이야기 한다. 모임에서 남자는 자기 부인이 자신에게 충실하지 않다는 증거가 없는 한 자기 부인의 정절을 칭찬한다. 증거가 발견되면 남자는 대성통곡하고 부인을 저주한다. 부인이 정절을 지키지 않으면 그 사실은 즉시 다른 남자들에게 알려지고 남편만 모른다고 한다. 그리고 이상의 사항은 주지의 사실이다.

이제 실상은 모든 부인들이 바람을 피운다고 하자. 그러면 모든 남편들은 다른 부인들이 바람피운다는 사실을 알고 있지만 자신의 부인이 바람을 피우는지는 모른다. 그래서 매일 저녁 모임에서 모든 남편들은 자기 부인의 정절을 칭찬한다.

이러한 상황은 수년간 지속되었다. 그러던 어느 날 한 천사가 이 마을을 방문하였다. 천사는 저녁모임에 참석했다가 마을사람들이 자기 부인을 칭찬하는 말을 듣고 나서, 일어나 큰 소리로 말했다. "이 마을에 한 부인이 바람을 피우고 있다." 그 후 9번의 저녁모임에서 남편들은 그들의 부인을 칭찬했다. 그러나 10번째 저녁모임에서 그들은 모두 대성통곡하고 부인들을 저주했다.

왜 이런 일이 벌어졌을까? 이를 이해하기 위해 먼저 마을에 바람난 부인이 한 명인 경우를 상정하자. 이 경우 그 부인의 남편은 천사가 다녀간 후 첫 번째 저녁에 대성통곡할 것이다. 왜냐하면 그는 천사의 말을 들은 후, 다른 남자들의 부인은 바람나지 않았다는 것을 알고 있으므로 바람난 부인이 자기 부인임을 깨닫기 때문이다.

이번에는 마을에 바람난 부인이 두 명인 경우를 상정해보자. 자기 부인이 바람나지 않은 남자는 두 명의 부인이 바람난 것을 안다. 자기 부인이 바람난 남자는 한 명의 부인이 바람난 것을 안다. 천사가 한 명의 부인이 바람났다고 하더라도 다른 사람의 부인 중 바람난 부인이 있으므로 자기 부인의 정절을 의심할 아무 증거가 없다. 따라서 천사가 떠난 후 첫째 날 모든 남자들은 자기 부인을 칭찬한다. 첫째 날이 지난 후에 바람난 부인의 남편은 자기 부인이 바람났음을 깨닫게 된다. 왜냐하면, 마을에서 바람난 부인의 수가 한 명이라면 첫째 날에 그 남편이 대성통곡할 것임을 안다. 그런데 첫째 날에 남자들은 모두 자기 부인을 칭찬한 것이다. 따라서 마을에 바람난 부인의 수가 둘 이상임을 깨닫게 된다. 그런데 그가 알고 있는 바람난 부인은 한 명이다. 그러므로 그는 자기 부인이 바람난 것을 알게 된다.

이런 식으로 논리를 전개해 가면 다음의 결과를 얻는다. 마을에 k 명의 바람난 부인이 있으면 남자들은 k−1번째 날까지는 자기 부인을 칭찬하다가 k 번째 저녁에 대성통곡한다.

이렇게 볼 때 천사의 말 한마디가 이 마을에 큰 변화를 가져온다. 천사의 말한 것은 마을 사람들이 이미 알고 있던 것이 아니었는가? 천사의 말이 있기 전에 마을 사람들은 이미 적어도 한 명의 부인이 바람난 것을 알고 있었다. 그러나 마을 사람들은 적어도 한 명의 부인이 바람났다는 것을 주지의 사실로 알지는 못했다. 바람난 부인이 두 명인 경우를 다시 상정해 보자. 이 경우 마을 사람들은 적어도 한 명의 부인이 바람났다는 것은 안다. 그러나 마을사람들이 그 사실을 알고 있다는 것을 모두 알고 있는 것은 아니다. 마을의 남자들을 1번부터 10번까지 번호를 매기고 1번과 2번의 부인이 바람났다고 해보자. 그러면 1번은 한 명의 부인 즉, 2번의 부인이 바람난 것을 안다. 그러나 1번은 2번이 1번의 부인이 바람났다는 것을 안다는 것을 알지 못한다. 즉, 2번이 한 명의 부인이 바람났다는 것을 안다는 것을 1번은 알지 못하는 것이다.

상기한 우화는 사람들이 어떤 것을 주지의 사실로 알고 있는 경우와 그렇지 못한 경우에 게임의 결과에 큰 차이가 있을 수 있음을 보여준다.

다섯 연으로 된 짧은 자서전

1.
난 길을 걷고 있었다.
길 한가운데 깊은 구멍이 있었다.
난 그 곳에 빠졌다.
난 어떻게 할 수가 없었다.
그건 내 잘못이 아니었다.
그 구멍에서 빠져나오는 데
오랜 시간이 걸렸다.

2.
난 길을 걷고 있었다.
길 한가운데 깊은 구멍이 있었다.
난 그걸 못 본체 했다.
난 다시 그 곳에 빠졌다.
똑같은 장소에 또다시 빠진 것이 믿어지지 않았다.
하지만 그건 내 잘못이 아니었다.
그 곳에서 빠져나오는 데
또다시 오랜 시간이 걸렸다.

3.
난 길을 걷고 있었다.
길 한가운데 깊은 구멍이 있었다.
난 미리 알아차렸지만 또다시 그 곳에 빠졌다.
그건 이제 하나의 습관이 되었다.
난 비로소 눈을 떴다.
난 내가 어디 있는가를 알았다.
그건 내 잘못이었다.
난 얼른 그 곳에서 나왔다.

4.
내가 길을 걷고 있는데
길 한가운데 깊은 구멍이 있었다.
난 그 둘레로 돌아서 지나갔다.

5.
난 이제 다른 길로 가고 있다.

　– 잠언 시집,『지금 알고 있는 걸 그때도 알았더라면』으로부터 –

| 참고문헌

배리 J. 네일버프, 아담 M. 브란덴버거 지음, 김광전 옮김, 코피티션, 한국경
    제신문사, 1996.
Dixit, Avinash and Barry Nalebuff, "13. Case Studies," in Thinking
    Strategically: The Competitive Edge in Business, Politics, and Everyday
    Life, W.W. Norton & Company, 1991.
Geanakoplos, John, "Common Knowledge," Journal of Economic
    Perspectives, Vol 6, No 4 (1992), pp. 53-82.
Mas-Colell, Andrew, Michael D. Whinston, and Jerry Green, "Chapter 7.
    Basic Elements of Noncooperative Games," Microeconomic Theory,
    Oxford University Press, 1995.
Myerson, Roger, Game Theory: Analysis of Conflict, Harvard University
    Press, 1997.

| 연습문제

1. 제 1 장의 도로통행 게임을 전개형 게임으로 나타내 보라.

2. 어떤 강도가 정환에게 1억원을 내놓으라고 하면서 만약 내놓지 않
    으면 손에 들고 있는 폭탄을 터뜨려 버리겠다고 위협한다. 폭탄이
    터지면 두 경기자 모두 죽는다. 이러한 게임 상황의 구성요소에
    대해 설명하시오. 그리고 이 게임을 전개형과 전략형으로 나타내
    보라.

"의인의 열매는 생명 나무라 지혜로운 자는 사람을 얻느니라"

(잠언 11장 30절)

두 사람간의 적대적 게임
(two person zero-sum game)

폰 노이만(John von Neuman (1903-1957))은 20세기 사상사에서
아주 매력적인 인물이다.[1] 독창적이고, 다산적이며, 다재다능했던, 그
러면서도 누군가가 말했듯이 악동과 같은 그러한 인물이었다. 그는 일
반인들에게 잘 알려진 인물은 아니다. 그러나 그의 몇 가지 아이디어들
은 현대사회의 특성을 형성하는데 큰 역할을 했다. 컴퓨터의 개발에 기
여한 몇몇 사람을 꼽으라면 폰 노이만을 빼놓을 수 없다.[2] 또 그의 "게
임이론"(theory of games)은 "영합 게임(적대적 게임)"(zero-sum game)
이라는 전문용어를 낳으면서 경제학과 군사학에 큰 영향을 주었다. 로

---

1) 폰 노이만에 관하여는 웹사이트 http://chaos.inje.ac.kr/Alife/note_menu.htm에 있는
W.Poundstone. The Recursive Universe 11장 발췌문을 많이 참고하였음.
2) 폰 노이만은 현대 범용 컴퓨터의 아버지라고 불리우기도 한다. 그가 프로그램-내장
개념을 바탕으로 하여 오늘날 범용 컴퓨터의 일반적 형태로 볼 수 있는 중앙처리장치-주
기억장치-입출력장치-보조기억장치의 구조를 확립한 것이다. 이러한 구조를 그의 이름을
따서 폰 노이만 구조(von Neumann architecture)라고 부른다.

스 알라모스에서 폰 노이만은 핵분열에 의한 "내파 방법"(implosion method)을 주장했는데 결국 이것이 원자폭탄의 표준적 설계방식으로 정착되었다.

폰 노이만은 1903년 12월 3일, 헝가리의 부다페스트에서 태어났다. 그의 아버지는 은행가였다. 그의 가족은 고향에 별장을 갖고 있고, 그의 아버지가 귀족 작위를 샀을 만큼 −이것은 그 시대의 관습이었다− 부유했다. 폰 노이만은 겨우 말을 시작했던 시기에 벌써 신동으로 알려졌었다. 어린 시절에 그는 8자리 수끼리의 나눗셈을 암산으로 할 수 있었다. 그는 전화번호부의 이름, 주소, 전화번호를 하나도 틀리지 않고 줄줄이 암송해서 방문객들을 놀라게 하기도 했다. 폰 노이만에 관한 일화 중의 하나로, 어느 날 그의 어머니가 뜨개질을 멈추고, 허공을 멍하니 바라보고 있는 것을 보고 폰 노이만은 그의 어머니에게 다음과 같이 물었다고 한다. "무슨 계산을 하고 있는 중이에요?"

1930년대와 40년대 초반에 걸쳐 그는 게임이론에 관해서 연구했다. 게임이론은 — 이상적 상황이지만 — 합리적으로 행동한다고 가정된 게임 당사자들 간의 상호작용에 대한 연구이다. 폰 노이만은 그것이 미래 경제학의 핵심이 되기를 희망했다. 게임이론하의 분석이 가능하기 위해서는 게임당사자들의 모든 동기가 미리 규정되어 있어야 한다. 그러한 의미에서 게임이론은 인간의 갈등양식에 대한 고도의 인공적인 모델이다. 그러나 폰 노이만은 대분분의 경우 동기는 중요하지 않다는 것을 깨달았다. 바둑, 장기 그리고 포커에서 유일한 목표는 승리하는 것이다. 게임 당사자가 이기고자 하는 것으로 충분하며 그 외의 동기를 규정할 필요가 없다.

폰 노이만과 그의 동료 모르겐슈테른(O. Morgenstern)은 적대적 게임상황에서 경기자들이 어떤 전략을 취하는 것이 좋은지에 대하여 한 가지 답을 제시하였다.

이 장에서는 폰 노이만과 모르겐슈테른이 연구한 두 경기자 간의 적대적 게임 또는 영합 게임(zero-sum game)에 관해 살펴보도록 한다. 적대적 게임에서 두 경기자의 이해관계는 완전히 상반된다. 한 사람이 따면 다른 사람은 그만큼 잃는다. 따라서 두 경기자의 보수를 합하면 항상 0 또는 일정한 상수가 된다. 축구나 야구와 같은 스포츠나 전쟁 등이 적대적 게임의 일종이라고 볼 수 있다.

3.1 안전 제일주의 전략: 최소극대화 전략

적대적 게임상황에서 경기자들은 어떤 전략을 선택할 것인가?

이를 알아보기 위해 다음의 예를 생각해 보자. 다음 도표 3-1은 적대적 게임을 나타낸다. 경기자 1은 '위'나 '아래' 중 하나를 선택한다. 경기자 2는 '왼쪽'이나 '오른쪽' 중 하나를 선택한다. 두 경기자의 전략 선택에 따른 보수는 각각 셀의 좌하단과 우상단에 표시되어 있다.

적대적 게임에서 한 경기자에게 최선의 결과는 다른 경기자에게는 최악의 결과가 된다. 그러므로 경기자들은 서로 상대방에게 가장 불리

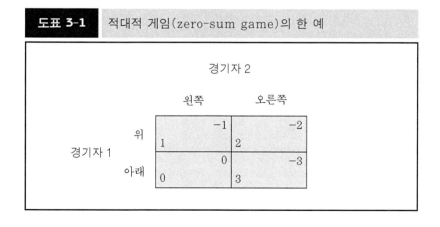

도표 3-1 적대적 게임(zero-sum game)의 한 예

한 전략을 선택하고자 한다.

원래의 게임을 분석하기 전에, 이 게임의 규칙이 변형되어 경기자 1이 먼저 전략을 선택하고 이를 관측한 뒤 경기자 2가 전략을 선택하는 경우를 생각해보자. 이 경우 경기자 1은 어떤 전략을 선택할까? 경기자 1이 한 전략을 선택하면 그 다음에 경기자 2는 경기자 1에게 가장 불리한 전략을 선택할 것이다. 그러므로 경기자 1은 각 전략을 선택했을 때의 최악의 결과를 비교하여 이 중 최선의 결과를 가져오는 전략을 선택할 것이다. 이러한 전략을 최소극대화 전략(maximin strategy)이라 한다. 그리고 이때 얻는 보수를 최소극대화 보수라 한다. 위의 게임에서 경기자 1이 '위'를 선택할 때 얻는 최소의 보수는 1이다. 반면 '아래'를 선택할 때 얻는 최소의 보수는 0이다. 그러므로 경기자 1의 최소극대화 전략은 '위'이고 최소극대화 보수는 1이 된다.

원래 게임의 규칙이 바뀌어 경기자 2가 먼저 전략을 선택하고 이를 관측한 뒤 경기자 1이 전략을 선택하는 경우에도 마찬가지의 논리

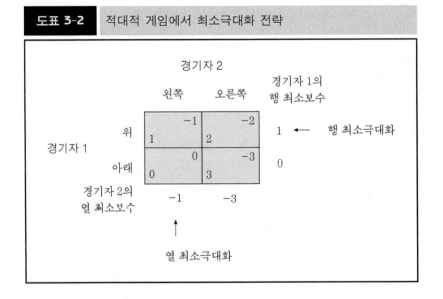

도표 3-2 적대적 게임에서 최소극대화 전략

가 적용된다. 즉 경기자 2도 최소극대화 전략을 선택할 것이다. 위의 예에서 경기자 2가 '왼쪽'을 선택할 때 얻는 최악의 보수는 −1이고 '오른쪽'을 선택할 때 얻는 최악의 보수는 −3이다. 그러므로 경기자 2의 최소극대화 전략은 '왼쪽'이고 최소극대화 보수는 −1이다.

경기자 1이 먼저 전략을 선택하는 경우 경기자 1은 적대적 상황에서 자신의 전략이 노출되기 때문에 상대적으로 불리한 위치에 놓이게 된다. 마찬가지로 경기자 2가 먼저 전략을 선택하는 경우 경기자 2가 상대적으로 불리한 위치에 있게 된다.

경기자 1의 전략이 노출되는 경우 경기자 1은 최소극대화 보수를 얻고 경기자 2는 경기자 1의 최소극대화 보수에 −를 붙인 보수를 얻게 된다. 반대로 경기자 2의 전략이 노출되는 경우 경기자 2는 최소극대화 보수를 얻고 경기자 1은 경기자 2의 최소극대화 보수에 −를 붙인 값에 해당하는 보수를 얻는다. 자신의 전략이 노출되는 것이 불리하므로 경기자 1의 최소극대화 보수는 항상 경기자 2의 최소극대화 보수에 −를 붙인 것 보다 같거나 작다. 이 두 값의 차이 즉 '− 경기자 2의 최소극대화 보수−경기자 1의 최소극대화 보수'는 누구의 전략이 노출되느냐에 따라 발생하는 보수의 차이이다.

이 두 값의 차이가 없다면 이는 전략의 노출 여부가 중요하지 않다는 것을 의미한다. 앞의 예는 그러한 경우를 보여준다. 경기자 1의 최소극대화 보수는 1이고 경기자 2의 최소극대화 보수에 −를 붙인 값도 −(−1)=1인 것이다. 따라서 이 경우에는 두 경기자가 동시에 움직이는 원래의 게임에서도 동일한 결과가 나올 것이라고 예측할 수 있다. 즉 두 경기자는 모두 최소극대화전략을 사용하는 것이다.

이를 다른 시각으로 설명할 수도 있다. 경기자 1의 최소극대화 보수는 경기자 1이 경기자 2의 전략과 상관없이 확보할 수 있는 최소한의 보수이다. 마찬가지로 경기자 2의 최소극대화 보수는 경기자 2가 확보할 수 있는 최소한의 보수이며 따라서 이에 −를 붙인 것은 경기자 1의 보수로서 경기자 1이 확보할 수 있는 최대한의 보수가 된다. 왜냐하면 경기자 1이 이 값보다 더 높은 보수를 얻는다면 그것은 경기자 2가 그의 최소극대화 보수보다 더 낮은 보수를 얻는 경우에만 가능하기 때문이다. 그러므로 최소한의 보수와 최대한의 보수가 같다면 각 경기자는 최소극대화 전략을 사용하여 최소극대화 보수(=최대한의 보수)를 얻을 것이다.

누구의 전략이 노출되는지에 따라 실현되는 보수가 달라지는 경우

두 경기자 중 누구의 전략이 노출되는지에 따라 실현되는 보수가 다를 수 있다. 이 경우 각 경기자가 얻을 수 있는 최소한의 보수와 최대한의 보수가 다르게 된다. 이 경우에는 각 경기자가 최소극대화 전략을 쓸 것이라고 자신있게 예측할 수 없다.

홀짝 게임은 그러한 경우에 해당한다. 다음의 표는 철수와 영희 간의 홀짝 게임을 나타낸 것이다. 이 게임에서 두 경기자의 최소극대화 전략과 보수를 구해보자.

철수가 홀을 접은 경우의 최소보수는 −1이고 짝을 접은 경우의 최소보수도 −1이다. 그러므로 철수의 최소극대화 보수는 −1이고 최소극대화 전략은 홀 접음, 짝 접음의 두 가지이다.

이 게임이 철수와 영희에 대해 대칭적인 구조를 갖고 있으므로 영희의 최소극대화 보수도 −1이고 최소극대화 전략은 홀 부름, 짝 부름의 두 가지이다. 이 경우 철수는 +1의 보수를 얻는다. 철수가 얻을 수 있는 가장 높은 보수는 1인 것이다.

따라서 이 게임에서는 철수가 확보할 수 있는 최소한의 보수(최소극대화 보수)와 철수가 얻을 수 있는 최대보수가 다르다. 그러므로 철수가 최소극대화 전략을 쓰리라고 장담할 수 없다.

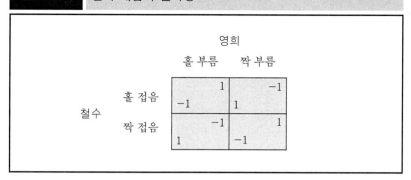

도표 3-3 홀짝 게임의 전략형

영희

홀 부름   짝 부름

	홀 부름	짝 부름
홀 접음	1 / −1	−1 / 1
짝 접음	−1 / 1	1 / −1

철수

3.2 예측불허의 전략: 혼합전략

그렇다면 위의 게임에서 경기자들은 어떤 전략을 사용할 것이라고 예측하는 것이 타당할까?

이 게임에서 각 경기자는 자신의 전략이 상대방에게 노출되는 것을 꺼린다는 것에 주의하자. 예를 들어 철수가 짝을 접으려고 하는데 이를 영희가 간파한다면 철수의 보수는 −1이지만 영희가 잘못 예상하여 홀이라고 한다면 철수의 보수는 1이 된다. 그러므로 철수는 자신이 무엇을 접을지 영희가 간파하지 못하도록 함으로써 최소 기대보수를 높일 수 있다. 영희가 자신의 전략을 간파하지 못하도록 하는 효과적인 방법은 철수 자신도 잘 모르도록 확률적인 선택을 하는 것이다. 이렇게 전략의 선택을 확률적으로 하는 것을 혼합전략(mixed strategy)이라고 한다.[3]

---

[3] 전략의 선택이 확률적으로 이루어지지 않는 경우 그때 사용되는 전략을 순수 전략(pure strategy)이라고 한다.

수학적으로 보면, 한 경기자의 혼합전략은 그 경기자가 구사할 수 있는 순수전략들의 집합상의 확률분포이다. 경기자 i의 순수 전략의 집합을 S_i이라 할 때, 이 집합 상에 정의되는 혼합전략 즉 확률분포들의 집합은 Σ_i로 표시한다. 경기자 i의 혼합전략은 각 순수전략에 확률을 부여하는 함수로 생각할 수도 있다. 경기자 i의 혼합전략은 σ_i로 표시하고 $\sigma_i(s_i)$는 경

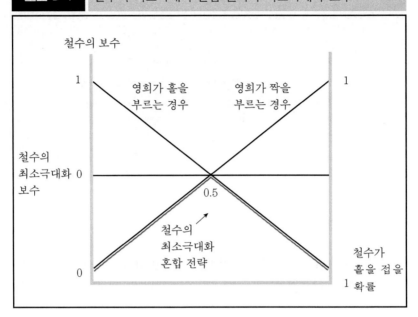

예를 들어 0.5의 확률로 홀을 접고 나머지 0.5의 확률로 짝을 접는다고 하자. 이 경우 영희가 홀을 부른다면 철수는 0의 보수를 얻는다. 영희가 짝을 부르는 경우에도 0의 보수를 얻는다. 따라서 철수가 0.5의 확률로 홀을 접는 경우에 최소보수는 0이다. 이는 전략을 확률적으로 선택하지 않는 경우의 최소극대화 보수 −1 보다 높은 값이다. 보수 0은 철수가 확률적으로 전략을 선택하는 경우에 얻을 수 있는 최소극대

기자 i가 순수전략 s_i를 선택할 확률을 나타낸다. 혼합전략의 조합은 $\sigma = (\sigma_i)_{i \in N}$로 표시한다. 혼합전략의 구사로부터 각 경기자가 얻는 보수는 기대효용이 된다. 즉,

$$U_i(\sigma) = \sum_{s = (s_1, \cdots, s_n) \in S} \sigma_1(s_1)\,\sigma_2(s_2)\,\cdots\,\sigma_n(s_n)u_i(s_1, \cdots, s_n).$$

게임의 전략형 Γ_S이 $[N, \{S_i\}_{i \in N}, \{u_i(\,\cdot\,)\}_{i \in N}]$로 주어졌을 때 혼합전략이 도입되면 경기자가 구사할 수 있는 전략이 확장되고 보수체계도 기대보수가 된다. 경기자의 혼합전략을 독립된 전략으로 간주하는 경우 게임의 전략형은 $[N, \{\Sigma_i\}_{i \in N}, \{u_i(\,\cdot\,)\}_{i \in N}]$로 표현되며 이를 전략형의 혼합 확장(mixed extension)이라 한다.

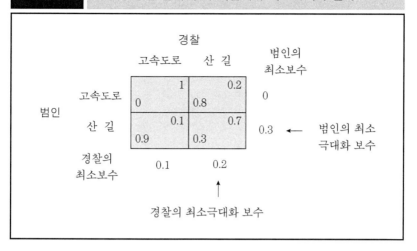

범인과 경찰 간의 추적 게임에서 최소극대화 전략

화 보수임을 다음과 같이 보일 수 있다.

철수가 p의 확률로 홀을 접는다고 하자. 이 경우 영희가 홀을 부른다면 철수는 $p \times (-1) + (1-p) \times 1 = 1-2p$의 보수를 얻는다. 영희가 짝을 부르는 경우에는 $p \times 1 + (1-p) \times (-1) = 2p-1$의 보수를 얻는다. 따라서 철수의 최소보수는 $\min[1-2p, 2p-1]$이다. 따라서 철수의 최소보수는 $p < 0.5$일 때는 $2p-1$이고 $p > 0.5$일 때는 $1-2p$이며 $p = 0.5$일 때는 0이다. 이를 그래프로 나타내면 도표 3-4와 같다. 이로부터 철수의 최소극대화 혼합전략은 $p = 0.5$이고 최소극대화 보수는 0임을 알 수 있다.

철수와 영희가 직면한 상황이 대칭적이므로 영희의 최소극대화 혼합전략도 $q = 0.5$의 확률로 홀을 부르는 것이며 최소극대화 보수는 0임을 알 수 있다. 따라서 철수가 얻을 수 있는 최대보수도 0이며 이는 철수의 최소극대화 보수와 일치한다. 그러므로 철수는 최소극대화 혼합전략을 구사하는 것이 최적이다. 철수와 영희가 직면한 상황이 대칭적이므로 영희의 경우도 마찬가지이다.

앞에서 살펴본 홀짝 게임은 두 경기자에 대해 대칭적인 게임이었다. 이번에는 두 경기자가 직면한 게임상황이 대칭적이지 않은 경우를 살펴보자. 두 경기자 범인와 경찰 간에 도주와 추적이 벌어지고 있다. 범인은 도주로로 고속도로나 산길 중 하나를 이용할 수 있다. 경찰은 추적을 위해 고속도로나 산길 중 하나를 선택할 수 있다. 이 게임을 전략형으로 나타내면 다음 표와 같다. 이 표의 셀 안의 숫자는 각각 범인이 도주에 성공할 확률과 경찰이 검거에 성공할 확률을 나타낸다.[4] 예를 들어 범인이 고속도로를 이용해 도주했는데 경찰이 고속도로를 선택하여 추적하는 경우 범인이 도주에 성공할 확률은 0이고 경찰이 검거에 성공할 확률은 1이다. 범인이 고속도로를 이용해 도주했는데 경찰이 산길을 추적하는 경우에는 범인이 도주에 성공할 확률은 0.8이고 경찰이 검거에 성공할 확률은 0.2이다.

이 게임에서 각 경기자는 혼합 전략을 구사하여 최소 기대보수를 높일 수 있다. 예를 들어 범인이 동전을 던져서 앞면이 나오면 고속도로를 이용하고 뒷면이 나오면 산길을 이용하는 혼합전략을 사용한다고 하자.

이 경우 경찰이 고속도로를 추적한다면 범인이 도주에 성공할 기대확률은 고속도로를 선택하는 경우의 도주성공확률 0과 산길 선택시의 도주성공확률 0.9의 기대값인

$$0 \times \frac{1}{2} + 0.9 \times \frac{1}{2} = 0.45$$이다.

반면 경찰이 산길을 추적한다면 범인이 도주에 성공할 기대확률은

$$0.8 \times \frac{1}{2} + 0.3 \times \frac{1}{2} = 0.55$$이다.

---

[4] 따라서 표 안의 두 숫자를 합하면 항상 1이 된다. 이 게임도 적대적 게임 (영합 게임)이 된다. 범죄자가 도주에 성공할 확률에서 0.5를 빼주고 경찰관이 검거에 성공할 확률에서 0.5를 빼주면 두 경기자의 보수의 합은 항상 0이 되기 때문이다.

만약 경찰이 고속도로와 산길을 각각 q와 $1-q$의 확률로 추적한다면 범인이 도주에 성공할 기대확률은

$$\frac{1}{2}(q \times 0 + (1-q) \times 0.8) + \frac{1}{2}(q \times 0.9 + (1-q) \times 0.3) = \frac{1}{2}(1.1 - 0.2q)$$

이 되고 q가 확률로서 0과 1 사이의 값을 가지므로 0.45와 0.55 사이에 있게 된다.

따라서 범인이 고속도로와 산길을 각각 1/2의 확률로 선택하는 전략을 구사하는 경우 얻게 되는 최소보수는 0.45가 된다. 이 보수는 비확률적으로 전략을 구사하는 경우에 얻을 수 있는 최소극대화 보수 0.3보다 높다. 범인이 혼합전략을 사용하게 되면 경찰이 범인의 혼합전략을 간파하더라도 잘못된 선택을 할 가능성을 만들 수 있다. 이를 통해 범인은 자신의 최소 보수를 높일 수 있는 것이다.

이러한 혼합전략 중 범인의 최소보수를 극대화하는 혼합전략을 찾을 수 있다. 또한 경찰의 최소보수를 극대화하는 혼합전략도 찾을 수 있다. 이를 찾아보면 범인은 3/7의 확률로 고속도로로 도주하고 경찰은 5/14의 확률로 고속도로를 추적하는 것임을 확인할 수 있다(자세한 계산과정은 〈보론〉을 참조하시오).

이제 범인과 경찰의 최소극대화 보수를 비교해 보자. 범인이 최소극대화 혼합전략을 사용하는 경우 도주에 성공할 확률은 36/70이다. 또한 경찰이 최소극대화 혼합전략을 사용하는 경우 도주에 성공할 확률도 36/70이다. 범인과 경찰이 합리적일 때, 범인이 도주에 성공할 최소확률과 최대확률이 같은 것이다. 따라서 이 게임에서는 범인은 최소극대화 혼합전략을 사용할 것이라고 확신을 가지고 예측할 수 있다. 경찰에 대해서도 마찬가지이다. 즉 경찰도 최소극대화 혼합전략을 사용할 것을 확신할 수 있다.

이러한 결과는 추적 게임의 예에만 적용되는 것이 아니다. 일반적

으로 두 경기자가 참여하는 적대적 게임에서 항상 성립한다. 폰 노이만은 두 경기자가 참여하는 적대적 게임에서 혼합전략이 도입되면 한 경기자가 자신의 최소극대화 전략으로부터 최소한 확보할 수 있는 기대보수가 그의 최대 기대보수와 일치함을 보였다. 이를 최소극대화 정리(minimax theorem)라 한다. 이로부터 우리는 두 경기자가 참여하는 적대적 게임에서는 각 경기자가 합리적이라면 최소극대화 혼합전략을 사용할 것임을 확신할 수 있다. 이는 놀라운 사실이다. 왜냐하면 일반적으로 게임상황에서는 상대방의 전략에 대한 예상과 상대방의 나의 전략에 대한 예상에 대한 예상 등이 중요한데 최소극대화 전략을 사용하는 경우에는 상대방의 전략에 대한 예상을 할 필요가 없기 때문이다.

비적대적 게임에 대해서는 최소극대화 정리가 성립하지 않는다. 즉 혼합전략을 도입하더라도 한 경기자가 확보할 수 있는 최소 보수와 최대 보수가 다를 수 있는 것이다. 이러한 경우에는 더 이상 경기자들이 최소극대화 전략을 쓸 것이라고 확신할 수 없다. 비적대적 게임에서의 경기자들의 전략선택에 관한 분석은 다음 장에서 다루기로 한다.

보 론 최소극대화 혼합전략의 계산

혼합전략을 사용하는 경우, 범인의 최소극대화 전략과 최소극대화 보수는 얼마일까? 이를 알아보기 위해 범인이 고속도로를 선택할 확률을 p라 하고 산길을 선택할 확률을 $(1-p)$라 하자.

범인이 고속도로를 선택할 확률 p가 작다면 경찰은 산길을 선택할 것이다. 이 경우 범인이 도주에 성공할 기대확률은 $p \times 0.8 + (1-p) \times 0.3 = 0.3 + 0.5p$으로 p가 커질수록 도주성공확률이 커진다.

범인이 고속도로를 선택할 확률 p가 점차 커져 일정 수준 p^*에 이르면 경찰관은 산길과 고속도로간에 무차별해진다. 확률 p가 p^*보다 커지면 경찰관은 고속도로를 선택할 것이다. 이때 범인이 도주에 성공

범인의 최소극대화 전략과 최소극대화 보수

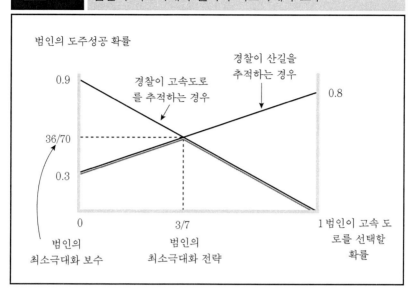

할 기대확률은 $p \times 0 + (1-p) \times 0.9 = 0.9(1-p)$으로 p가 작아질수록 도주성공확률이 커진다.

그러므로 범인의 도주성공확률은 고속도로를 선택할 확률 p가 p^*일 때 최대가 된다. 이 확률 p^*는 경찰이 산길을 선택하는 경우의 도주성공 확률과 경찰이 고속도로를 선택하는 경우의 도주성공 확률이 같아지는 수준에서 결정된다. 즉, $0.3 + 0.5p = 0.9(1-p) \rightarrow p^* = \dfrac{3}{7}$.

범인이 도주에 성공할 확률은 경찰이 고속도로를 선택하는 경우와 산길을 선택하는 경우로 나누어 도표 3-4와 같이 나타낼 수 있다.

위 그림에서 p가 3/7 보다 작은 경우 이를 간파한다면 경찰은 산길을 추적할 것이다. 이 경우의 범인의 도주성공 확률은 $0.3 + 0.5p$이다. 반면 p가 3/7 보다 큰 경우에는 이를 간파한다면 경찰은 고속도로를 선택할 것이다. 이 경우의 범인의 도주성공 확률은 $0.9(1-p)$이다. 위 그림에서 보면 범인의 최소보수는 $p=3/7$을 기점으로 왼편에서는 $0.3 +$

0.5p를 나타내는 선을 따라 결정되고 오른편에서는 $0.9(1-p)$를 나타내는 선을 따라 결정되는 것으로 나타난다. 그러므로 범인의 최소극대화 전략은 $p=3/7$의 확률로 고속도로를 선택하는 것이며 이때의 도주 성공 확률은 36/70이다.

경찰관의 최소극대화 전략과 최소극대화 보수도 마찬가지 방법으로 구할 수 있다. 경찰관의 전략이 범죄자에게 노출되는 상황을 상정하자. 그리고 경찰관이 고속도로를 추적할 확률을 q라 하고 산길을 추적할 확률은 $(1-q)$라 하자.

경찰이 고속도로를 선택할 확률 q가 작다면 범인은 고속도로를 선택할 것이다. 이 경우 경찰이 검거에 성공할 기대확률은

$$q \times 1 + (1-q) \times 0.2 = 0.2 + 0.8q$$

으로 q가 커질수록 커진다.

경찰이 고속도로를 선택할 확률 q가 점차 커져 일정 수준 q^*에 이르면 범인은 고속도로와 산길간에 무차별해진다. 확률 q가 q^*보다 커지면 범인은 산길을 선택할 것이다. 이때 경찰의 검거 확률은 $q \times 0.1 + (1-q) \times 0.7 = 0.7 - 0.6q$으로 q가 작을수록 커진다.

그러므로 경찰의 검거성공확률은 경찰이 고속도로를 선택할 확률이 q^*일 때 최대가 된다. 이 확률 q^*는 범인이 고속도로를 선택하는 경우의 검거성공 확률과 범인이 산길을 선택하는 경우의 검거성공 확률이 같아지는 수준에서 결정된다. 즉, $0.2 + 0.8q = 0.7 - 0.6q \rightarrow q^* = \dfrac{5}{14}$.

경찰관이 검거에 성공할 확률은 범인이 고속도로를 이용하여 도주하는 경우와 산길을 이용하여 도주하는 경우로 나누어 도표 3-5와 같이 나타낼 수 있다.

그러므로 q가 5/14 보다 작은 경우 범인은 고속도로를 이용하여 도주할 것이다. 이 경우의 경찰의 검거성공 확률은 $0.2 + 0.8q$이다. 반면 q가 5/14 보다 큰 경우에는 범인은 산길을 선택할 것이다. 이 경우의 경

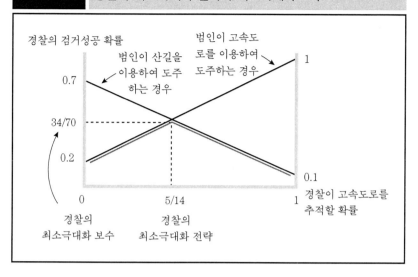

경찰의 검거성공 확률

범인이 고속도로를 이용하여 도주하는 경우

범인이 산길을 이용하여 도주하는 경우

0.7

34/70

0.2

1

0.1

0   5/14   1   경찰이 고속도로를 추적할 확률

경찰의 최소극대화 보수   경찰의 최소극대화 전략

찰의 검거성공 확률은 $0.7 - 0.6q$이다. 위 도표에서 보면 범인의 최소보수는 $q = 5/14$ 을 기점으로 왼편에서는 $0.2 + 0.8q$를 나타내는 선을 따라 결정되고 오른편에서는 $0.7 - 0.6q$를 나타내는 선을 따라 결정된다. 그러므로 경찰의 최소극대화 전략은 $q = 5/14$의 확률로 고속도로를 따라 추적하는 것이며 이때의 검거성공 확률은 $34/70$이다. 이때 범인의 도주 성공 확률은 $36/70$이 된다.

손자병법

　　손자(B.C. 541－482)는 고대 중국의 병법가로 이름은 손무(孫武)이다. 손무는 춘추시대 제(齊)나라 사람으로 병법 13편을 저술하였는바 이를 손자병법이라 한다. 그는 오왕 합려(B.C. 514－496 재위)에게 가 그의 장군이 되어 초(楚)나라를 무찔렀다. 사기(史記)에 나오는 손무의 열전에 보면 오왕은 손자의 병서는 읽어 보았지만 실제 용병술이 뛰어날지 궁금해 했다. 이에 궁녀 180명을 조련할 수 있겠는지 손자에게 물어보았다. 손자는 궁녀들을 2대로 나누고 '앞으로', '좌로', '우로', '뒤로' 등의 기본 동작을 설명하고 북소리에 맞추어 움직이도록 했다. 각각의 명령을 5번 반복 설명한 후 '우로'라고 명령했지만 궁녀들은 웃기만 했다. 이에 손자는 명령과 호령이 분명치 않은 것은 장군의 책임이라며 다시 한 번 반복하여 명령을 설명한 후 군고를 치고 '좌로'라고 명령하였다. 이때에도 궁녀들은 웃기만 했다. 이에 손자는 명령이 분명한데도 이에 따르지 않는 것은 지휘관인 대장의 책임이라고 하면서 각 대의 대장을 베려하였다. 오왕이 당황하여 베지 말 것을 부탁하였으나 손자는 "장군은 진중에 있는 한, 임금의 명령이라 할지라도 들을 수 없는 경우가 있습니다."하고 두 궁녀의 목을 베었다. 그 후 궁녀들은 명령에 잘 따랐다고 한다. 이를 보고 오왕은 손자를 장군으로 기용했다. 오나라는 서쪽으로 초를 꺾고 북쪽으로는 제와 진(晉)을 위협하여 제후들 사이에 명성을 떨쳤는데 여기에는 손자의 힘이 컸다. 다음은 손자병법에 나오는 주요한 병법의 원리를 간략히 소개한 것이다.

1. 전쟁을 하기 전에 미리 승산을 달아보라(不可不察也). (始計篇)

　　손자가 말했다. 전쟁은 국가의 큰일이다. 전쟁터는 병사의 생사가 달려있는 곳이며, 나라의 존망이 달려있는 길이므로 세심히 살펴야 한다.

　　孫子曰 : 兵者, 國之大事. 死生之地, 存亡之道, 不可不察也.
　　손자왈 : 병자, 국지대사. 사생지지, 존망지도, 불가불찰야.

고로 다섯 가지 요소를 근본으로 삼고, 일곱 가지 계산으로 비교하여 피아의 상황을 정확히 탐색해야 한다. 첫째는 도, 둘째는 하늘, 세째는 지형, 네째는 장군의 능력, 다섯째는 법 제도이다.

故經之以五事, 校之以七計, 而索其情. 一曰道, 二曰天, 三曰地, 四曰將, 五曰法.
고경지이오사, 교지이칠계, 이색기정. 일왈도, 이왈천, 삼왈지, 사왈장, 오왈법.

그러므로 적을 알고 나를 알면 백번 싸워도 위태롭지 않다.
적을 모르고 나를 알면 승부가 반반이며
적도 모르고 나도 모르면 싸울 때마다 위태롭게 된다.

故曰, 知彼知己, 百戰不殆.
고왈, 지피지기, 백전불태.
不知彼而知己, 一勝一負.
부지피이지기, 일승일부.
不知彼不知己, 每戰必殆.
부지피부지기, 매전필태.

2. 싸우지 말고 이겨라(不戰而屈人之兵). (謀攻篇)

무릇 용병하는 방법에 있어, 적국을 온전히 놓아둔 채 이기는 것이 상책이며 적국을 깨뜨리는 것은 차선책이다. 적의 군대를 온전히 놓아둔 채 이기는 것이 상책이며 적군을 깨뜨리는 것은 차선책이다. ...

그러므로 백번 싸워 백번 이기는 것이 최상이 아니다. 싸우지 않고 적을 굴복시키는 것이 최상이다.

그러므로 최상의 전략은 적의 침공의도를 꺾어버리는 것이며 그 다음은 외교적으로 고립시키는 것이다. 그 다음은 적의 야전군을 격파하는 것이다. 그 다음은 적의 성을 공격하는 것이다.

凡用兵之法, 全國爲上, 破國次之, 全軍爲上, 破軍次之, ...
범용병지법, 전국위상, 파국차지, 전군위상, 파군차지,...
是故, 百戰百勝, 非善之善也, 不戰而屈人之兵, 善之善也.
시고, 백전백승, 비선지선야, 부전이굴인지병, 선지선야.
故上兵伐謀, 其次伐交, 其次伐兵, 其下攻城.
고상병벌모, 기차벌교, 기차벌병, 기하공성.

3. 이겨 놓고 싸우라(先勝而後求戰). (軍形篇)

소위 전쟁을 잘한다는 것은 승리를 취하되 쉽게 이기는 것이다. 그러므로 전쟁을 잘하는 사람이 승리할 때는 교묘한 점도 없어 보이고 용맹한 무공도 없어 보인다.

이는 싸워 승리하는데 어긋남이 없기 때문이다. 어긋남이 없는 것은 반드시 이길 수 있게 미리 조치하여 이미 패한 적에 대해 승리하기 때문이다.

그러므로 전쟁을 잘하는 사람은 먼저 패하지 않도록 조치를 취하고 적의 패할 만한 점을 놓치지 않는다.

그러므로 승리하는 군대는 우선 승리의 조건을 갖추고 전쟁을 시작하고 패배하는 군대는 일단 전쟁을 시작한 연후에 승리를 구한다.

古之所謂善戰者, 勝於易勝者也.
고지소위선전자, 승어이승자야.
故善戰者之勝也, 無智名, 無勇功.
고선전자지승야, 무지명, 무용공.
故其戰勝不忒.
고기전승불특.
不忒者, 其所措勝, 勝已敗者也.
불특자, 기소조승, 승이패자야.
故善戰者, 立於不敗之地, 而不失敵之敗也.
고선전자, 입어불패지지, 이부실적지패야.

是故, 勝兵, 先勝而後求戰. 敗兵, 先戰而後求勝.
시고, 승병, 선승이후구전. 패병, 선전이후구승.

4. 속전속결하라(拙速). (作戰篇)

그 군대를 이용하여 전쟁을 할 때는 승리처럼 귀중한 것이 없다. 전쟁이 오래 지속되면 병사가 둔해지고 예기가 꺾인다. 성을 공격하면 아군의 힘이 소진된다. 오랫동안 군사를 노출시키면 국가의 재정이 부족해진다.

其用戰也貴勝, 久則鈍兵挫銳, 攻城則力屈, 久暴師則國用不足,
기용전야귀승, 구즉둔병좌예, 공성즉력굴, 구폭사즉국용지족,

그러므로 전쟁을 함에 있어서는, 서둘더라도 재빨리 결말을 지어야 한다는 말은 들었어도, 썩 잘하더라도 오래 끌어 성공한 예는 아직 보지 못하였다

故兵聞拙速, 未睹巧之久也.
고병문졸속, 미도교지구야.

5. 이득과 손실을 고려하고 이용하라(必雜於利害). (九變篇, 虛實篇)

고로 지혜로운 사람은 반드시 이로움과 해로움을 두루 생각해야 한다. 이로운 것은 믿을만한 것이 되도록 힘쓰고 해로운 것은 해소될 수 있도록 애써야 한다.

是故智者之慮, 必雜於利害. 雜於利, 而務可信也 雜於害, 而患可解也
시고지자지려, 필잡어리해. 잡어리, 이무가신야 잡어해, 이환가해야.

고로 해(害)를 이용하여 제후를 굴복시킬 수 있고, 업(業)을 이용하여 제후를 노역시킬 수 있고 이(利)을 이용하여 제후를 유인할 수 있다.

是故屈諸侯者以害, 役諸侯者以業, 趨諸侯者以利
시고굴제후자이해, 역제후자이업, 추제후자이리.

6. 한쪽으로 치우치지 마라. (九變篇)

고로 장군에게는 다섯 가지의 위태로움이 있다.

필히 죽기만을 생각한다면 죽을 것이고, 필히 살기만을 생각하면 포로가 될 것이며 분노하여 조급하면 수모를 당할 것이고, 청렴과 결백만을 생각하면 치욕을 당할 것이며 백성을 사랑하면 번민에 빠진다.

故將有五危 : 必死可殺也, 必生可虜也, 忿速可侮也, 廉潔可辱也,
愛民可煩也.
고장유오위 : 필사가살야, 필생가로야, 분속가모야, 염결가욕야,
애민가번야.

7. 정으로 대치하고 기로 승리를 얻어라(正奇). (兵勢篇)

전쟁을 하는 자는 정석의 원칙으로 대적하고 기발한 변칙으로 승리한다. 고로 기책을 잘 내는 자는 천지와 같이 다함이 없고 강물과 같이 고갈되지 않는다.

凡戰者, 以正合, 以奇勝. 故善出奇者, 無窮如天地, 不竭如江河.
범전자, 이정합, 이기승, 고선출기자, 무궁여천지, 불갈여강하.

8. 적의 형은 드러내고 나의 형은 알 수 없게 만든다(無形). (虛實篇)

고로 공격을 잘 하는 자는 적이 수비해야 할 장소를 알지 못하게 한다. 수비를 잘하는 자는 적이 공격해야 할 장소를 알지 못하게 한다.

故善攻者, 敵不知其所守. 善守者, 敵不知其所攻.
고선공자, 적부지기소수. 선수자, 적부지기소공.

고로 군대를 운영하는 극치는 무형의 경지에 이르는 것이다. 무형이므로 적의 간첩이 심연처럼 깊게 침투해도 아군의 허실을 엿볼 수 없고 지혜로운 적이라 해도 모략이 불가능하다.

故形兵之極, 至於無形, 無形則深間不能窺, 智者不能謀.
고형병지극, 지어무형, 무형즉심간불능규, 지자불능모.

| 참고문헌

손자 지음, 김광수 해석, 손자병법, 1999, 책세상

Davis, Morton D., *Game Theory: A Nontechnical Introduction,* revised edition, Basic Books, Inc. 1983.

Mero, Laszlo, *Moral Calculations: Game Theory, Logic, and Human Frailty*, Copernicus, An Imprint of Springer-Verlag, 1998.

von Neuman, John and Oskar Morgenstern, *Theory of Games and Economic Behavior*, Princeton University Press, 1944.

| 연습문제

1. 축구에서 페널티킥이 주어졌다. 이 상황은 골키퍼와 키커 간의 게임상황으로 볼 수 있다. 키커의 전략은 왼쪽으로 공을 차는 것과 오른쪽으로 공을 차는 것의 두 가지이다. 골키퍼의 전략도 왼쪽을 막든지 오른쪽을 막든지 하는 두 가지이다. 키커의 보수는 공을 넣을 확률이고 골키퍼의 보수는 공을 막을 확률이라 하자. 이 게임을 전략형으로 나타내면 다음 표와 같다. 표의 셀 좌하단의 숫자는 킥의 성공률을 우상단의 숫자는 방어율을 나타낸다. 이 게임에서 두 경기자의 최소극대화 전략을 구하라.

	골키퍼	
	좌측	우측
키커 좌측	0.6 0.4	0.9 0.1
키커 우측	0.9 0.1	0.7 0.3

"겸손과 여호와를 경외함의 보응은 재물과 영광과 생명이니라."

(잠언 22장 4절)

4 전략형 게임

　전쟁이나 스포츠 경기는 적대적 게임이지만 일상생활에서 우리가 접하는 게임 상황은 적대적 게임 상황이 아닌 경우가 많다. 사회 생활에서 많은 경우, 한 사람의 이득이 반드시 다른 사람의 손실을 의미하지는 않기 때문이다. 이 장에서는 비적대적 게임을 포함하는 일반적인 전략형 게임에서 경기자들이 어떻게 행동할 것인지에 관해 살펴보도록 한다. 전략형 게임에서 경기자들의 행동을 예측하는데 사용되는 개념으로는 크게 세 가지가 있다. 하나는 우월 전략, 열등 전략의 개념이고 다른 하나는 합리화 가능 전략이며 나머지 하나는 내쉬균형의 개념이다. 이하에서는 이들에 대해 차례대로 살펴보도록 한다.

4.1 우월성, 열등성의 기준

4.1.1 명백 우월전략

다음과 같은 게임을 생각해 보자. 이 게임은 용의자들의 딜레마 (the prisoners' dilemma)라고 불리운다.

대형 절도 사건의 용의자로 두 명을 붙잡았다. 이들은 각각 독방에 감금되었다. 범행에 대한 심증은 있지만 물증은 없는 상황이라 검사는 이들로부터 자백을 받아내려고 한다. 이를 위해 검사는 두 사람 모두 자백하는 경우에는 두 사람 모두 5년이 구형되지만 한 명만 자백하는 경우에는 자백한 사람이 범행 입증에 공헌한 것을 감안하여 무죄 방면 하는 대신 자백하지 않은 사람에게 10년이 구형됨을 말해준다. 두 사람 모두 자백하지 않으면 다른 경범죄를 이유로 1년형이 구형됨을 모두 알고 있다고 하자.

이러한 상황에서 각 용의자는 어떤 전략을 선택할까? 도표 4-1을 통해서 살펴보자. 상대방이 자백을 하지 않는 경우, 내가 자백을 하지 않으면 1년을 구형받고 자백하면 방면된다. 상대방이 자백하는 경우에

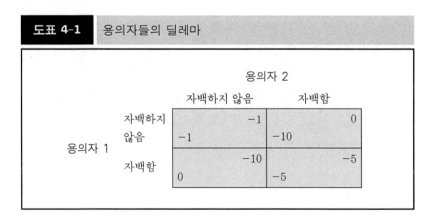

도표 4-1 용의자들의 딜레마

		용의자 2	
		자백하지 않음	자백함
용의자 1	자백하지 않음	−1 / −1	−10 / 0
	자백함	0 / −10	−5 / −5

는 내가 자백을 하지 않으면 10년을 구형받고 자백하면 5년을 구형받는다. 즉, 각 사람에 있어, 상대방이 자백을 하든 하지 않든 자백하는 것이 최선의 전략이다. 그러므로 이 게임에서는 두 용의자가 모두 자백을 할 것이라고 예측할 수 있다.

위 게임에서와 같이 상대방이 무슨 전략을 선택하든 상관없이 항상 최적인 전략을 명백 우월전략(strictly dominant strategy)이라고 한다.

용의자들의 딜레마 게임은 그 결과가 흥미롭다. 두 사람 전체의 입장에서 보면 두 사람 모두 자백하지 않는 것이 가장 좋다. 이 사실을 두 사람은 잘 알고 있다. 그럼에도 불구하고 이 두 사람은 모두 자백하는 것을 선택한다. 자백하는 것이 각자의 최선의 선택이기 때문이다. 그러므로 이것은 딜레마이다. 용의자들이 상호 대화를 통해 서로 자백하지 않기로 약속을 할 수 있다고 해도 이 딜레마는 해결되지 않는다. 왜냐하면 그 약속은 지켜지지 않을 것이기 때문이다. 서로 자백하지 않기로 약속했다 하더라도 이 약속을 깨뜨리고 자백하는 것이 더 유리한 것이다.

용의자들의 딜레마는 개인적으로는 자애적이고 합리적인 행동이 사회적으로는 최적의 결과를 가져오지 못할 수 있다는 사실을 보여준다. 이러한 결과는 각 용의자의 행동이 상대방에게 위해효과를 갖기 때문이다. 즉 자백하지 않는 것에서 자백하는 것으로 행동을 바꾸면 자신의 보수는 증가하지만 상대방의 보수는 감소시키는 것이다. 용의자들의 딜레마와 비슷한 상황은 사회 경제적인 맥락에서 여러 가지 형태로 나타난다. 많이 거론되는 것으로 조직에서의 팀원들 간의 협동과 도덕적 해이의 문제나 공유지의 비극의 문제가 있다.

다음과 같은 협동생산 게임을 상정해 보자. 이 게임은 용의자들의 딜레마와 동일한 유형의 게임이다. 철수와 영희 두 사람이 협력을 하면 200만원의 순수입을 올리고 이를 양분하여 가지면 각각 100만원씩 벌게 된다. 한 사람은 협력을 했는데 한 사람은 협력을 하지 않으면 협력

		영 희	
		협력	비협력
철 수	협력	100 / 100	150 / −50
	비협력	−50 / 150	0 / 0

한 사람은 50만원 손해보고 협력하지 않은 사람은 150만원의 순수입을 얻게 된다. 두 사람 모두 협력하지 않으면 둘 다 아무런 순수입을 얻지 못한다. 이 게임의 전략형은 도표 4−2로 나타내어진다. 이 게임에서 사회적으로 가장 바람직한 것은 두 사람이 서로 협력하는 것이다. 그러나 이 게임에서 각 경기자의 우월전략은 협력하지 않는 것이고 따라서 두 사람 모두 협력하지 않는 결과가 나타날 것이라고 예측된다.

공유지의 비극(the tragedy of the commons)

옛날에 한 마을이 공유지를 소유하고 있었다. 마을 사람들은 이 공유지에 소를 방목하여 키웠다. 처음에 소가 얼마 되지 않을 때는 모든 마을 사람들은 소를 키워 우유도 얻고 고기도 얻을 수 있었다. 소의 수가 점점 많아짐에 따라 공유지가 비좁게 되었다. 공유지가 부양할 수 있는 것 보다 더 많은 소들이 방목되게 된 것이다. 결국은 지나치게 많은 소가 방목됨으로 인해 공유지는 황폐화되었고 소들을 더 이상 키울 수 없게 되었다.

이러한 현상을 공유지의 비극이라고 한다. 마을주민은 각각 소의 수를 조절하여 조금만 풀어 놓을 수도 있고 소의 수를 조절하지 않고 모든 소를 풀어 놓을 수도 있다. 각 마을 주민의 입장에서 보면 소의 수를 억제하면 자신의 우유생산량과 장래 고기 생산량을 줄이게 된다. 반면 다른 사람들은 보다 넓은 초지를 이용할 수 있게 되어 많은 우유와 고기를 생산할 수 있게 된다. 자신의 소의 번식을 억제하는 것은 자기를 희생하고 남을 이롭게 하는 이타적인 행동인 것이다. 이러한 이타적인 행동은 합리적인 행동이 아니다. 거꾸로 소의 번식을 억제하지 않는 것은 다른 사람들에게는 피해를 주지만 자신에게는 유익을 가져다주는 행동이다. 일종의 부정적 외부성(externalities)을 갖는 행동인 것이다. 이 경우각 사람은 다른 사람들이 어떤 행동을 취하든 소의 번식을 억제하는 것보다 억제하지 않는 것이 유리하다. 즉 소의 번식을 억제하지 않는 것이 우월전략인 것이다. 이렇게 볼 때 공유지의 비극은 여러 명이 참여하는용의자들의 딜레마 게임에서 나타나는 현상의 일종이다. 사람들이 자신의 유익을 추구하는 합리적인 사람들이라면 그들은 모두 소의 번식을억제하지 않을 것이다. 결국 모든 사람들은 소의 수가 늘어나는 것을 방치하게 되고 이에 따라 공유지는 황폐화된다.

이러한 논리는 비단 공유지에만 적용되는 것이 아니다. 사람들이 공동으로 소유하는 것이면 어느 것이든 동일하게 적용된다. 비근한 예로 연안 해역의 수산자원이 남획되어 씨가 말라버리는 것도 이에 속한다고 볼 수 있다. 또한 깨끗한 물이나 공기와 같은 환경재도 그러한 예에속한다. 깨끗한 물이나 공기는 모든 사람들이 공유하는 자산이다. 그렇지만 사람들은 자동차를 타고 다니기 위해 석유나 가스를 연소시킴으로써 물과 공기를 오염시키게 된다. 각 사람은 자동차를 타고 다닐 때 편리함을 누리지만 그에 따른 비용인 오염된 공기나 물은 그 사람 혼자 부담하는 것이 아니고 모든 사람들이 나누어 가지게 된다. 그렇기 때문에 각사람이 자동차를 타고 다니는 것을 스스로 억제하지 않고 마음껏 타고다니는 것이 우월전략이 된다.[1]

---

1) 앞에서 공유자원의 경우에는 모든 사람들의 과도한 사용으로 공유자원이 고갈되어버릴 수 있음을 살펴보았다. 그러나 어떤 공유자원의 경우에는 고갈이 되지 않는 경우가 있다. 과학 기술에 관한 지식은 그러한 공유자원의 대표적인 예이다. 과학 기술 지식은 아무리써도 고갈되지 않는다. 그리고 많은 사람들이 이 정보와 지식을 사용할수록 사회가 발전한다. 이는 공유자원의 희극이라 할 수 있다.

반대-공유지의 비극(Tragedy of the Anti-commons)

어떤 사유 부지에 공장을 지으려고 한다. 그런데 이 부지에 공장을 지으려면 이와 관련된 정부부처들의 승인을 얻어야 한다. 지방자치단체의 허가를 받아야 하고, 건설교통부의 건설승인과 교통영향평가를 거쳐야 하며, 환경부의 환경영향 평가 등을 거쳐야 한다. 이렇게 받아야 하는 인·허가의 수가 10개가 넘는다. 이에 따라 공장 건설의 비용이 늘어나고 기간도 지연된다. 공장 건설이 아예 이루어지지 않을 수도 있다. 인 허가와 관련되어 공무원들의 부정부패가 있는 경우 비용은 더욱 가중된다. 이런 현상은 공산당 몰락 후의 러시아나 개발도상국에서 자주 관찰된다. 쓰레기 소각장과 같은 혐오시설을 설치하려고 할 때 인근 주민들의 반대로 설치하지 못하는 경우도 이에 해당한다고 볼 수 있다.

어떤 공간이나 자원의 이용에 대하여 거부권을 행사할 수 있는 사람들이 많이 있으면 그 공간이나 자원은 원활히 이용되지 못한다. 이를 반대-공유지의 비극이라 한다. 공유지의 비극이 모든 사람이 자원 이용권을 가진데서 기인하는데 반해 반대-공유지의 비극은 모든 사람이 자원 이용에 대한 거부권을 가지는데 기인한다. 공유지의 비극에서는 자원이 고갈되는 비극이 발생하는 반면 반대-공유지의 비극에서는 자원이 이용되지 못하는 비극이 발생한다.

자진신고 감면제도와 용의자들의 딜레마

지난 2012년 1월 12일 공정거래위원회는 삼성과 엘지가 2008년 7월에서 2009년 9월기간 동안 세탁기, 텔레비전, 노트북 등의 소비자판매가격을 일정 수준으로 유지하거나 인상하기로 담합하였다고 발표하였다. 세탁기, 엘시디(LCD)와 같은 평판 텔레비전 시장에선 두 회사가 90% 이상의 시장을 나눠먹고 있었던 탓에, 가격 담합이 손쉽게 이뤄졌다. 노트북의 경우, 삼성과 엘지는 2008년 센트리노2 칩이 탑재된 노트북을 나란히 출시했다. 그런데 당시는 세계 금융위기로 환율이 크게 올라 노트북 제조업체들의 적자폭이 커진 상황이었다. 이에 두 회사는 제품 출시를 앞두고 두 차례에 걸쳐 담합하여 140여종의 노트북 가격을 2만9000원~20만원씩 인상하였다.

이러한 담합행위를 밝혀내는데 자진신고 감면제도(Leniency Program)가 큰 도움이 되었다. 담합에 참여한 엘지가 자진신고를 한 것이다. 기업들의 담합행위는 적발하기가 무척 어렵다. 최근 IT기술 발달로 담합은 갈수록 교묘해지고 있다. 이러한 상황에서 담합의 적발을 큰 비용 들이지 않고 손쉽게 할 수 있는 방법이 있다. 담합에 참여한 기업이 자백하도록 하는 것이다. 이러한 취지로 도입된 제도가 자진신고 감면제도이다. 자진신고 감면제도는 말 그대로 먼저 자백하는 기업의 과징금을 면제해주는 것이다. 이렇게 하면 담합에 공모한 기업들은 용의자들의 딜레마 상황에 빠지게 된다. 다른 기업들이 침묵하면 공정위의 적발 확률이 낮아져 기대비용이 낮지만 자백하면 100% 면제되므로 자백이 유리하게 된다. 따라서 다른 기업이 언제 자진 신고를 할지 모르기 때문에 서로 앞 다퉈 자진 신고를 하게 된다. 이는 일종의 동태적인 용의자들의 딜레마 상황인 것이다.

이 제도는 1997년 국내에 도입됐고, 2005년부터 활성화됐다. 제도 도입 초기엔 기업 입장에서 메리트가 적어 활성화되지 않았다. 당시 공정위는 과징금을 어떻게 깎을지를 사안별로 결정해 자의성이 컸다. 기업들은 자진신고를 해도 과징금을 얼마나 감면받을 수 있는지 예측할 수 없었기에 별로 활용하지 않았던 것이다. 그러나 2005년 들어 1순위로 자진 신고한 기업에는 과징금을 전액 감면해 주고, 2순위로 자진 신고한 기업은 50% 감면해주는 내용으로 법이 개정되자 자진신고가 급증했다.

그러나 최근 들어 자진신고 감면제에 대한 비판 여론이 거세다. 대기업들이 담합을 하고도 이 제도를 악용해 돈을 거의 안 내고 빠져나간다는 것이다. 앞서 살펴본 예에서도 공정위는 삼성전자에 258억원, 엘지전자에 188억원 등 총 446억원의 과징금을 부과하였지만 자진신고 감면제도의 적용을 받아, 1순위로 담합 행위를 신고한 엘지는 전액을, 2순위로 신고한 삼성은 50%의 과징금을 감면받았다. 영국과 일본은 원칙적으로 1순위 기업에 대해서만 과징금을 면제해주되 정부의 판단에 따라 혜택을 축소할 수 있도록 한다고 한다. 우리나라도 1순위 신고 기업에게만 100% 면제혜택을 주도록 하되 담합을 단독으로 주도한 대기업인 경우에는 과징금 면제에 대한 추가 심의를 하는 것이 바람직할 것으로 사료된다. 어찌되었든 자진신고 감면제도는 현실문제에 게임이론을 적절하게 적용하여 제도를 설계한 성공적인 사례이다.

4.1.2 명백 열등전략

명백 우월 전략이 존재한다면 경기자들은 이 전략을 선택할 것이다. 그러나 명백 우월 전략이 존재하는 게임은 그리 많지 않다. 홀짝 게임에서 알 수 있듯이, 많은 경우 한 사람의 최선의 전략은 다른 사람들이 어떤 전략을 선택하느냐에 따라 달라진다. 이런 경우에도 열등성의 개념에 입각하여 어떤 전략들은 가능한 선택대상에서 제외될 수 있다.

도표 4-3	명백 열등전략의 예: 경기자 1의 전략 '아래'는 '중간'에 비해 명백 열등전략이다.

경기자 2

		왼쪽	오른쪽
	위	−1 / 1	1 / −1
경기자 1	중간	1 / −1	−1 / 1
	아래	5 / −2	2 / −3

경기자 2

		왼쪽	오른쪽
	위	−1 / 1	1 / −1
경기자 1	중간	1 / −1	−1 / 1
	아래	5 / −1/2	2 / −1/2

도표 4-3에 나타낸 게임을 생각해 보자. 이 게임에서 경기자 1에게 명백 우월 전략은 존재하지 않는다. 그러나 경기자 1의 전략 '아래'는 전략 '중간'에 비해 상대방의 전략선택에 상관없이 항상 적은 보수를 준다. 전략 '아래'는 전략 '위'에 비해서도 더 적은 보수를 준다. 따라서 경기자 1은 아래 전략을 선택하지 않을 것이고 이 사실을 경기자 2도 추론할 수 있다. 그러므로 경기자 1의 '아래' 전략은 경기자 1의 선택대상에서 제외될 수 있다. 일단 경기자 1의 '아래' 전략이 제외되면 이 게임은 홀짝 게임과 같은 구조를 갖는다. 따라서 경기자 1은 위와 중간을 각각 1/2의 확률로 선택하는 최소극대화 혼합전략을 사용할 것이라고 예측할 수 있다.

어떤 전략이 명백히 열등한지를 판단할 때 비교 대상이 되는 전략은 혼합전략이 될 수도 있다. 도표 4-4에서 표시된 게임에서 경기자 1의 전략 '아래'는 '위'나 '중간' 전략에 비해 명백히 열등하지 않다. 그러나 '위'와 '중간'을 각각 0.5의 확률로 선택하는 혼합전략에 비해서는 명백열등하다.

이와 같이 어떤 경기자의 한 전략 A에 대해 다른 경기자들의 전략에 상관없이 항상 더 나은 보수를 주는 다른 전략 B가 존재한다고 하자. 이 경우 전략 A는 전략 B에 비해 명백하게 열등한 전략이라고 하며 간략히 명백 열등전략(strictly dominated strategy)이라고 한다.[2] 명백 열등전략은 경기자에 의해 선택되지 않을 것이고 상대방 경기자도 이를 안다. 따라서 게임의 결과를 예측할 때 명백 열등 전략은 배제하고 분석할 수 있다.

명백 열등전략의 연속 배제

명백 열등 전략의 연속 배제는 게임의 결과를 예측하는데 도움을 줄 수 있다. 다음의 예를 살펴보자.

축사 안에 큰 돼지와 작은 돼지가 산다. 이 두 마리 돼지는 각각 동쪽과 서쪽에 떨어져 지낸다. 돼지들이 사료를 먹으려면 북쪽에 있는 발판을 누르고 남쪽에 있는 사료 통으로 달려가야 한다.

두 돼지는 두 가지 전략 중 하나를 선택할 수 있다. 자신이 발판을 밟거나 다른 돼지가 발판을 밟기를 기다리는 것이다. 발판을 밟으면 사료가 열 개 떨어진다. 발판을 밟으려면 달려가는 수고를 감수해야 한다. 이 수고의 비용은 사료 두 개에 해당한다. 더구나 발판과 사료 통이 떨어져 있기 때문에 발판을 밟으면 사료 통에 다른 돼지 보다 늦게 도착한다. 따라서 발판을 밟는 돼지가 얻는 사료는 감소한다.

작은 돼지가 발판을 밟는 경우 큰 돼지가 사료 통에 먼저 도착해 아홉 개의 사료를 먹고 작은 돼지는 한 개를 먹는다고 하자. 발판을 밟는 수고를 감안하면 작은 돼지의 순수익은 사료 −1개에 해당한다. 큰 돼지가 발판을 밟으면 작은 돼지가 먼저 도착해 네 개의 사료를 먹고 큰 돼지는 여섯 개의 사료를 먹는다. 발판을 밟는데 소요된 노고(사료 2

---

2) 전략형 게임 $\Gamma_S = [N, \{\Sigma_i\}, \{u_i(\cdot)\}]$에서 다음 조건을 만족하는 경기자 i의 전략 $s_i \in S_i$는 명백 열등전략이다: 경기자 i에게 다른 혼합전략 $\sigma_i' \in \Sigma_i$이 존재하여, 다른 경기자들의 임의의 전략 조합 $s_{-i} \in S_{-i}$에 대하여 $u_i(\sigma_i', s_{-i}) > u_i(s_i, s_{-i})$이다.

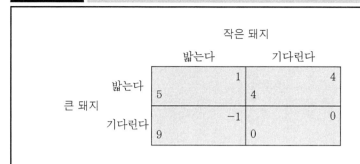

도표 4-5 ── 큰 돼지의 딜레마

		작은 돼지	
		밟는다	기다린다
큰 돼지	밟는다	5 / 1	4 / 4
	기다린다	9 / −1	0 / 0

개)를 빼면 큰 돼지의 순수익은 사료 4개에 해당한다. 두 돼지가 모두 발판을 밟으면 큰 돼지는 7개 작은 돼지는 3개의 사료를 먹는다. 따라서 순수익은 큰 돼지 5개, 작은 돼지 1개가 된다. 두 돼지 모두 발판을 밟지 않고 기다린다면 둘 다 사료를 먹지 못하게 된다. 이 게임의 보수 체계는 다음 표와 같이 표시된다.

이 게임에서 작은 돼지는 큰 돼지가 무얼 하든 상관없이 기다리는 것을 선호한다. 밟는 것이 기다리는 것에 비해 명백 열등 전략인 것이다. 반면 큰 돼지는 작은 돼지가 밟는다면 기다리는 것이 최선이고 작은 돼지가 기다린다면 밟는 것이 최선이다.

이제 작은 돼지가 명백 열등 전략을 선택하지 않을 것이라는 사실을 큰 돼지도 알고 있으므로 원래 게임은 사실상 도표 4−6과 같이 작은 돼지의 전략 중 '밟는다' 전략이 제거된 게임과 대등하게 된다. 이 단순화된 게임에서 큰 돼지에게는 '기다린다'는 '밟는다'에 비해 명백 열등 전략이다. 따라서 '기다린다'를 큰 돼지의 전략에서 배제하면 남는 전략은 '밟는다' 뿐이다. 즉 큰 돼지는 '밟는다'를 선택할 것이다. 그러므로 이 게임에서는 명백 열등 전략을 두 번 연속 배제함으로써, 작은 돼지는 기다리고 큰 돼지는 발판을 밟는다고 예측할 수 있다.

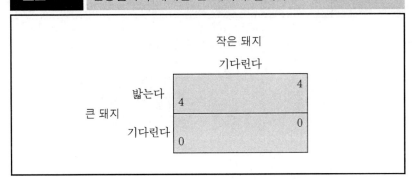

도표 4-6	열등전략이 배제된 큰 돼지의 딜레마

여기서 명백 열등 전략의 연속적 배제가 가능하려면 큰 돼지는 작은 돼지가 명백 열등 전략을 선택하지 않는다는 사실을 알고 있다고 가정하여야 함에 주의하자. 큰 돼지가 작은 돼지의 보수체계를 모른다면 작은 돼지에게 있어 어떤 전략이 열등전략인지 큰 돼지는 알지 못할 것이다. 또한 큰 돼지는 작은 돼지의 보수체계를 알더라도 작은 돼지가 비합리적이어서 보수와는 상관없이 어떤 때는 기다리고 어떤 때는 발판을 밟는다면 작은 돼지가 명백 열등 전략을 선택하지 않는다고 확신할 수 없다. 따라서 이 경우에는 작은 돼지의 열등전략 '밟는다'가 배제될 수 없게 된다. 그러므로 위의 가정이 성립하기 위해서는 큰 돼지가 작은 돼지의 보수체계를 알고 있고 또한 작은 돼지가 합리적인 경기자임을 알고 있다는 전제가 필요하다. 앞에서 살펴본 용의자들의 딜레마 게임에서는 각 경기자가 상대방의 보수체계나 상대방의 합리성에 대해 안다고 가정할 필요가 없었음을 상기하자. 이는 게임의 결과를 예측할 때, 열등전략의 연속적 배제를 사용하는 것은 우월전략을 사용하는 것보다 경기자들이 가지고 있는 정보와 지식에 대해 더 많은 것을 요구함을 의미한다.

이 게임은 큰 돼지의 딜레마라고 불리운다. 이 게임에서 발판을 밟는 것은 자신 뿐만 아니라 상대방을 이롭게 하는 행동이다. 이런 의미에서 발판을 밟는 행동은 공동선을 추구하는 행동이라 볼 수 있다. 힘이 약한 작은 돼지는 공동선을 추구할 여력이 없다. 발판을 밟는데 들어가는 비용을 부담하기가 버거운 것이다. 따라서 작은 돼지는 공동선을 추구하지 않게 되고 여력이 있는 큰 돼지가 공동선을 추구하게 된다. 그 결과 작은 돼지는 큰 돼지의 노고의 결과에 무임승차하는 격이 된다.

이와 유사한 현상은 국제관계나 사회생활에서 많이 관찰될 수 있다. 20세기에 미국은 세계의 경찰로서의 역할을 수행하였다. 자국의 자유주의 가치관을 전 세계에 전파하는 데 노력하였으며 공산권에 대한 방어를 위해 막대한 군사비를 지출하여 서유럽과 일본의 안보를 보장하여주었다. 이것은 미국이 다른 나라를 사랑하여 자기 희생적으로 헌신한 것이라기 보다 소련의 세력확산을 막기 위한 어쩔 수 없는 선택이었다고 볼 수 있다.

동아리 모임에서도 회장을 맡은 사람이 동아리 활동을 주도하고 대다수 회원은 가만히 앉아 차려준 밥상에 숟가락만 얹는 경우가 많이 있다. 회장은 자신의 명예를 위해 열심을 다한다. 반면 일반 회원들은 열심히 봉사할 필요가 없다. 회장이 해주기를 기다리면 되는 것이다.[3]

상점 위치 선정 게임

일직선의 도로 상에 도시가 형성되어 있다. 사람들은 이 도로 상에 골고루 분포하여 살고 있다. 도로의 총 길이는 1킬로미터이고 10미터 간격으로 한 사람 씩 총 101명이 살고 있다. 사람들은 자신의 집에서 가장 가까운 상점으로 가서 상품을 구매한다. 두 상점의 거리가 같다면 0.5의 확률로 둘 중 하나를 선택한다고 하자. 두 명의 상인이 상점을 열

---

[3] 그렇지만 회장으로서 활동을 주도하다 보면 없던 리더십도 생길 수 있고 새로운 경험을 통해 많은 것을 배우게 되어 자신의 성장에 큰 도움이 될 수 있다.

도표 4-7	상점 위치 선정 게임

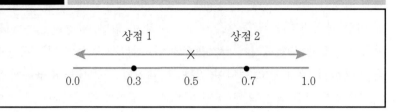

려고 한다고 하자. 두 장사는 101군데의 거주지 중 하나에 상점을 차리려고 한다. 상점 위치를 동시에 결정해야 한다고 할 때 두 상인은 어디에 상점을 차릴까?

도표 4-7은 상점 1이 0.3 지점에 상점 2는 0.7 지점에 위치하는 경우를 나타내고 있다. 이 경우 상점 1은 그의 왼편에 거주하는 소비자와 두 상점 사이에 거주하는 소비자 가운데 절반에게 상품을 판매할 것이다. 그러므로 상점 1의 시장점유율은 50%이다. 상점 b의 시장 점유율도 50%이다.

이 게임의 결과는 명백 열등 전략의 연속적 배제를 통해 확정될 수 있다. 상점 1의 입장에서 상점 위치로 0을 선택하는 것과 0.5를 선택하는 것을 비교하여 보자.[4] 상대방 상점이 0과 0.5 사이를 선택한다면 0보다 0.5를 선택하는 것이 낫다. 상대방 상점이 0.5와 1 사이를 선택하는 경우에도 0보다 0.5를 선택하는 것이 낫다. 그러므로 상점 1이 0을 선택하는 것은 0.5를 선택하는 것에 비해 명백 열등 전략이다. 똑같은 논리가 상점 1이 0.5와 1 간에 선택하는 것에도 적용된다. 그러므로 상점 1이 0이나 1을 선택하는 것은 0.5를 선택하는 것에 비해 명백 열등 전략이며 이 전략들은 배제될 수 있다. 상점 2에 대해서도 마찬가지 논리가 적용되어 상점 2가 0과 1을 선택하는 것도 명백 열등 전략이 되어 배제될 수 있다.

---

4) 0과 1이 아닌 임의의 내부의 점을 선택하여 0점과 비교해도 마찬가지 결과를 얻는다.

그 다음 단계로 각 상점이 0.01과 0.99를 선택하는 것도 0.5를 선택하는 것에 비해 명백 열등 전략임을 보일 수 있다. 그러므로 0.01과 0.99도 게임의 선택 가능한 전략에서 배제될 수 있다. 이러한 과정을 계속해 나가면 오직 0.5만이 상점위치로 남게 된다.

4.1.3 약 열등전략

명백 열등 전략보다 약간 약한 개념으로 약 열등 전략(weakly dominated strategy)이 있다. 어떤 한 전략 A에 대해, 다른 경기자들의 전략에 상관없이 항상 같거나 더 나은 보수를 주는 다른 전략 B가 존재한다고 하자. 이때 전략 A를 전략 B에 비해 약하게 열등한 전략이라고 하며 간략히 약 열등 전략이라고 한다.[5]

다음의 게임은 약 열등 전략이 존재하는 경우를 예시하여 준다. 예

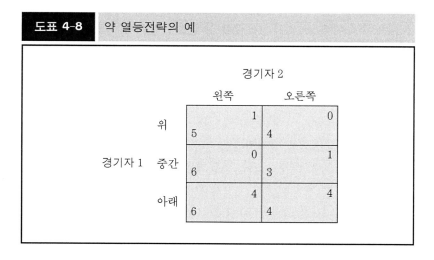

도표 4-8   약 열등전략의 예

---

5) 전략형 게임 $\Gamma_s=[N, \{\Sigma_i\}, \{U_i(\cdot)\}]$에서 다음 조건을 만족하는 경기자 i의 전략 $s_i \in S_i$는 약 열등전략이다. 경기자 i에게 다른 전략 σ'_i이 존재하여, 다른 경기자들의 임의의 전략 조합 $s_{-i} \in S_{-i}$에 대하여 항상 $U_i(\sigma'_i, s_{-i}) \geq U_i(s_i, s_{-i})$이고 적어도 어떤 한 전략 조합 s'_{-i}에 대해 $U_i(\sigma'_i, s'_{-i}) > U_i(s_i, s'_{-i})$.

를 들어 경기자 1의 전략 '중간'과 '아래'를 비교해보자. 경기자 2가 어떤 전략을 선택하든 상관없이 '중간'을 선택하는 것 보다는 '아래'를 선택하는 것이 더 유리하거나 무차별하다. 이런 경우 '중간'은 '아래'에 비해 약 열등 전략이라 한다. 경기자 1에 있어 전략 '위'와 '중간'은 전략 '아래'에 비해 약 열등전략이다.

명백 열등 전략과는 달리 약 열등 전략은 경기자의 선택 대상에서 배제될 수 없다. 약 열등 전략은 상대방 경기자들의 어떤 전략 조합에 대해서는 최선의 선택이 될 수 있기 때문이다. 예컨대 위의 게임에서 경기자 2가 '왼쪽'을 선택한다고 경기자 1이 확신한다면, 경기자 1이 전략 '중간'을 선택하는 것은 최적의 선택 중 하나가 된다.

그러나 만일 경기자 2가 '오른쪽' 전략을 선택할 확률이 조금이라도 있다면 경기자 1은 '중간' 전략보다 '아래' 전략을 선호할 것이다. 일반적으로 각 경기자는 상대 경기자들이 어떻게 행동할 지 확실하게 알지 못한다. 특히 경기 상대방이 실수로 비합리적인 선택을 할 가능성도 있다고 생각할 수 있다. 즉 경기 상대방의 어떤 전략도 약간의 확률로 사용될 가능성이 존재한다고 생각할 수 있다. 예를 들어 경기자 2가 ε의 확률로 '오른쪽'을 선택하고 $1-\varepsilon$의 확률 '왼쪽'을 선택한다고 하자. 이 경우 경기자 1이 '중간'을 선택하는 경우의 보수는 $(1-\varepsilon) \cdot 6+\varepsilon \cdot 3=6-3\varepsilon$이고 '아래'를 선택하는 경우의 보수는 $(1-\varepsilon) \cdot 6+\varepsilon \cdot 4=6-2\varepsilon$이다. 그러므로 경기자 1은 '아래'를 선택하는 것이 최적이다. 이와 같이 상대방이 실수할 가능성을 염두에 두는 경우, 약 열등전략은 상대방의 어떠한 전략(실수를 포함하는 전략)에 대해서도 자신의 최적 전략이 되지 못한다. 따라서 경기자는 약 열등 전략을 선택하지 않을 것이라고 예상할 수 있다. 그러므로 경기 상대방의 실수가능성을 도입하게 되면, 게임의 결과를 예측할 때 약 열등 전략을 고려대상에서 배제할 수 있게 된다.

약 열등전략의 연속 배제

약 열등전략의 연속 배제는 명백 열등전략의 연속배제보다 정당화하기가 더 어렵다. 앞에서 본 바와 같이 약 열등전략을 배제하기 위해서는 상대방이 실수할 가능성이 있어 상대방의 모든 전략이 사용될 수 있음을 상정한다. 그런데 약 열등전략을 연속 배제하는 경우에는 일단 배제된 전략은 사용되지 않을 것임을 암묵적으로 가정한다. 이렇게 약 열등전략의 배제와 연속 배제 간에는 기본가정 상의 상충이 있다. 이에 따라 약 열등전략의 연속배제로부터 얻는 게임의 결과는 약 열등전략을 배제하는 순서에 따라 달라진다.

앞에서 살펴본 도표 4-8의 게임은 이를 예시해 준다. 이 게임에서 경기자 1의 전략 '위'와 '중간'은 전략 '아래'에 비해 약 열등전략이다. 만약 경기자 1의 전략 '위'를 약 열등전략으로 먼저 배제하면 경기자 2의 입장에서는 '왼쪽'이 약 열등전략이 된다. 따라서 계속해서 '왼쪽'을 배제하면 경기자 1에게는 '아래'가 명백 우월전략이 된다. 그러므로 이 경우에는 (아래, 오른쪽)의 전략조합이 선택될 것이라고 예측할 수 있다. 반면 경기자 1의 '중간'을 먼저 배제하면, 그 다음에 경기자 2의 '오른쪽'이 약 열등전략으로 배제되고 그 다음에는 경기자 1의 '위'가 배제된다. 그러므로 이 경우에는 (아래, 왼쪽)의 전략조합이 선택될 것이라고 예측된다.

베르뜨랑 복점(Bertrand duopoly) 모형

어느 시장에 두 기업 1, 2가 존재한다. 두 기업은 동일한 재화를 생산하고 있는데 가격을 얼마로 책정할까 생각하고 있다. 두 기업이 선택할 수 있는 가격은 0원에서 1원 사이의 0.1 간격의 액수 즉, 0.0원, 0.1원, …, 0.9원, 1.0원이다. 시장 수요함수는 $D(p) = 1 - p$로 주어졌고 각 기업의 생산비는 0이다. 두 기업은 어떤 가격을 선택할까?

이러한 상황은 다음과 같은 전략형 게임으로 나타낼 수 있다. 게임의 경기자는 두 기업 1, 2이다. 각 기업 i가 구사할 수 있는 전략은 가격 p_i로서 0.0부터 1.0까지의 값을 갖는다. 각 기업 i의 보수는 다음과 같은 이윤함수로 표현된다.

$$\pi_i(p_i, p_{-i}) = \begin{cases} (1-p_i)p_i, & p_i < p_{-i} \\ 1/2\,(1-p_i)p_i, & p_i = p_{-i} \\ 0 & p_i > p_{-i} \end{cases}$$

여기서 p_{-i}는 i가 아닌 상대 기업이 책정한 가격을 표시한다.

여기에서 각 기업이 가격을 1원으로 설정하는 것은 0.9원으로 설정하는 것에 비해 약 열등전략이다. 이는 다음 보수 표를 보면 알 수 있다.

가격 1원을 고려 대상에서 배제하고 나면 이번에는 가격을 0.9원으로 책정하는 것이 0.8원으로 책정하는 것에 비해 약 열등전략이다. 이런 식으로 0.2원까지 배제된다. 마지막으로 0원은 0.1원에 비해 약 열등전략이 된다. 그러므로 이 게임에서 약 열등전략을 연속적으로 배제할 때 남는 전략은 가격을 0.1원으로 책정하는 것이다. 가격을 책정할 수 있는 액수의 간격이 0.01로 작아지면 약 열등전략의 연속적 배제를 통해 남는 가격도 0.01원이 된다. 액수의 간격이 점차 작아져 0으로 수렴하면 약 열등전략의 연속적 배제 후 남는 가격도 0으로 수렴한다.

도표 4-9	상대기업의 가격 책정에 따른 당해 기업의 보수(이윤)	
	책정 가격이 1원	책정 가격이 0.9원
상대기업의 가격=1원	0	$(1-0.9)0.9=0.09$
상대기업의 가격=0.9원	0	$(1-0.9)0.9/2=0.045$
상대기업의 가격≤0.8원	0	0

4.2 합리화가능 전략(rationalizable strategies)

다음과 같은 게임을 생각해 보자.

두 명의 젊은이 정환과 남일이 누가 담력이 큰지를 겨룬다. 둘은 각각 자신의 차를 몰고 직선 도로의 양 끝에서부터 전속력으로 마주보고 달려간다. 둘 중 충돌을 피하기 위해 먼저 자동차 핸들을 돌리는 사람은 겁쟁이(chicken)으로 판정되어 웃음거리가 되며 계속 직진한 사람은 용맹한 사람으로 인정받는다. 두 사람 모두 계속 직진하면 서로 충돌하여 심각한 부상을 입게 된다. 두 사람 모두 핸들을 돌리면 무승부가 된다. 이 게임은 담력 시험 게임(game of chicken)이라고 불리우며 다음과 같은 표로 표현된다.[6]

도표 4-10	담력 시험 게임

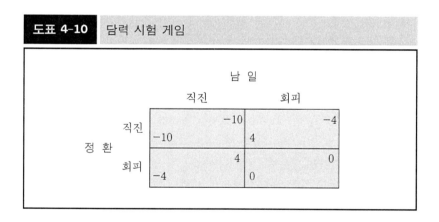

6) 영화 '이유 없는 반항'에서 술을 마시고 경찰서에 잡혀간 지미(제임스 딘)는 자신과 비슷한 처지의 주디(나탈리 우드)를 만난다. 주디를 좋아하게 된 지미가 그녀에게 접근하자 이미 그녀와 사귀고 있던 버즈가 지미에게 시비를 걸며 절벽에서 자동차 게임을 하자고 제안한다. 이 게임도 일종의 치킨 게임으로 두 사람이 각자의 차로 절벽을 향해 달리다가 먼저 차에서 뛰어내리는 사람이 지는 게임이다.

사회적 지위의 열망과 위계질서 정하기

담력시험 게임은 위계질서를 정하는 방안 중의 하나이다. 깡패들의 세계에서는 담력이 중요하므로 이를 측정하기 위해 이러한 게임이 고안된 것이다. 비슷한 목적의 게임들이 동물의 세계나 인간 사회에 많이 존재한다. 이는 진화론적인 관점에서 다음과 같이 설명되기도 한다.

수컷은 생식이 거의 무한히 가능하고 암컷은 제한되어 있다. 따라서 수컷들은 암컷을 두고 경쟁을 하게 된다. 이 경쟁의 우승자는 높은 사회적 지위를 얻고 생식의 기회도 얻게 된다. 우두머리 수컷은 여러 암컷으로부터 자식을 수십 마리나 볼 수 있지만 지위가 낮은 수컷은 자식을 보지 못할 수 있다. 수컷의 사회적 지위는 생식과 깊은 관계가 있다. 따라서 수컷은 사회적 지위에 대한 갈망이 크다.

반면 암컷은 지위로부터 얻을 수 있는 생식적 이득이 적다. 예를 들어 배란기에 있는 암컷 침팬지는 지위와 상관없이 늘 구혼자로 넘쳐나기 때문이다. 암컷은 자식의 양육에 도움을 줄 수 있는 짝이 필요하다. 수컷들은 대부분 짝짓기만 하고 양육은 하고 싶어 하지 않기 때문이다. 이에 따라 여성은 양육을 도와줄 수 있는 신뢰할만한 짝을 얻고 싶어 한다. 그리고 이를 위해 다른 여성과 경쟁한다.

성행위를 하기 위해 남성들이 벌이는 경쟁이 양육 도우미를 얻기 위한 여성들의 경쟁보다 더 치열한 것으로 보인다. 수컷들의 사회적 지위는 보통 싸움을 통해 결정된다. 침팬지의 사회에서는 싸움에서 승리한 침팬지만이 존경을 받는다. 침팬지는 힘이 센 놈에게 고개를 숙이기도 하고 심지어 발에 입을 맞추기까지 한다. 어떤 종에서는 싸움 보다는 덜 위험한 방법을 통해 위계질서가 확립된다. 암탉들은 하나가 다른 하나를 쪼면 지위가 결정된다. 쫀 닭이 쪼임을 당한 닭보다 높은 지위를 차지한다. 노르웨이의 생물학자 시엘데룹에베(Thorleif Schielderup-Ebbe)는 이를 '쪼기 서열'이라고 명명했다. 쪼기 서열은 임의로 형성되는 것이 아니다. 애초부터 상대편을 쫀 닭은 싸움에서도 이길 가능성이 높았다. 쪼임을 당하는 닭은 어쨌거나 승리를 할 닭에게 복종하는 것이 싸움을 벌여 더 큰 해를 입는 것 보다 나은 것이다.

사람의 경우 사회적 지위를 부여하는 기제가 여러 가지로 다양화하였다. 수렵사회에서는 사냥 솜씨가 훌륭한 사람이 사회적으로 존경을 받았다. 여러 가지 주문으로 병을 고치거나 귀신을 쫓아내는 사람은 주술사, 제사장으로서 존경을 받았다. 중앙 아프리카의 아카 피그미 족에서는 부족의 의사결정에 은근하면서도 강력한 영향력을 행사하는 콤베티라는 지위를 가진 사람이 있다. 콤베티 직은 사냥에서 무용을 발휘한 사람들이 차지한다. 콤베티는 맛난 음식을 차지하며 예쁜 아내를 얻을 수 있다. 나바호 족에서는 권력을 노골적으로 추구하는 사람은 신뢰를 받지 못한다. 지도자는 그의 행실을 토대로 경쟁을 통해 선출된다.

어떤 사람이 옥수수 재배에 성공을 거두었다면 다른 사람들은 그를 본받는다. 어떤 사람이 병 치료에 효험이 있는 주문들을 많이 알고 있다면 그는 그 재능으로 인해 존경을 받고 주술사로서 입지를 굳힌다. 어떤 사회에서는 노골적으로 지위를 추구하는 사람에게는 지위를 주지 않고 그렇지 않은 사람에게 지위를 줄 수도 있다. 루스 베네딕트에 따르면 나바호 족 근처의 주니 족에게 있어서 가장 이상적인 사람은 한 번도 앞에 나서려고 하지 않았던, 위엄과 상냥함을 겸비한 사람이다. 비록 그가 모든 권리를 쥐고 있다고 해도 그를 상대로 싸움을 걸어오는 사람이 없었다. '그는 예의가 바르고 멋진 사람이야' 라는 말이 그들 사이에서는 최선의 칭찬이었다.

유전자는 사람으로 하여금 높은 사회적 지위를 열망하게 만든다. 사람들은 다른 사람들의 존경을 받기 원한다. 유전자는 사람으로 하여금 복종을 혐오하게 만든다. 사람들은 이를 두고 "명예가 훼손되었다," 또는 "자존심이 상처를 받았다."라는 표현을 쓴다. 사회적 지위에 대한 열망은 사람들 간의 경쟁을 부른다. 담력시험 게임은 이러한 지위 경쟁 게임의 일종이다. 이 게임을 통해 사회내의 위계질서가 확립된다.

이 게임에는 명백 우월 전략이나 명백 열등 전략이 존재하지 않는다. 이 게임에서는 모든 전략이 다음과 같은 의미에서 합리화가 가능하다. 예를 들어 정환이 회피하는 전략을 생각해 보자. 이 전략은 남일이 직진할 것이라고 정환이 예상하기 때문이라고 합리화할 수 있다. 남일이 직진할 것이라는 정환의 예상은 다시 정환이 회피할 것이라고 남일이 예상한다는 정환의 예상에 의해 합리화된다. 그리고 정환이 회피할 것이라는 남일의 예상은 남일이 직진할 것이라고 정환이 예상하기 때문이라고 합리화할 수 있다. 이렇게 정환의 마음속에서 이루어지는 누적적인 합리화 과정은 무한히 계속될 수 있다.

마찬가지로 정환이 직진하는 전략도 합리화가 가능하다. 정환이 직진하는 것은 남일이 회피할 것이라고 정환이 예상하기 때문이라고 합리화할 수 있다. 남일이 회피할 것이라는 정환의 예상은 다시 정환이 직진할 것이라고 남일이 예상한다는 정환의 예상에 의해 합리화된다. 그리고 이러한 정환의 예상은 남일이 회피할 것이라고 정환이 예상한다고 남일이 예상한다는 정환의 예상에 의해 합리화된다. 이러한 합리화 과정은 무한히 계속될 수 있으며 따라서 정환의 직진 선택은 합리화될 수 있다.

이 게임에서 직진과 회피의 두 전략 모두 합리화가 가능하다. 이렇게 상대방의 전략에 대한 예상에 기초하여 합리화가 가능한 전략을 합리화가능 전략(rationalizable strategy)이라고 한다.

상대방 경기자들이 취할 것으로 예상되는 (혼합)전략들의 조합을 $\sigma^e_{-i} = (\sigma^e_1, \cdots, \sigma^e_{i-1}, \sigma^e_{i+1}, \cdots, \sigma^e_n)$라 하자. 이 예상 전략조합에 대해 각 경기자 i의 최선의 전략 $\sigma^*_i(\sigma^e_{-i})$을 구할 수 있다. 이를 상대방 경기자들의 전략조합(σ^e_{-i})에 대한 각 경기자 i의 최적대응 전략이라 한다.

어떤 전략이 합리화가능 전략이 되려면 적어도 상대방 경기자들의 어떤 한 전략조합에 대해 최적대응이 되어야 한다. 만약 그렇지 않으면 그 전략은 합리화될 수 없다. 명백 열등전략은 상대방의 어떠한 전략조합에 대해서도 최적대응이 되지 못한다. 명백 열등전략 보다 더 나은 전략이 존재하기 때문이다. 그러므로 명백 열등전략은 합리화가능 전략이 되지 못한다. 명백 열등 전략을 배제하기 전에는 명백 열등 전략이 아니었지만 배제하고 난 후에는 명백 열등 전략인 전략도 합리화가능 전략이 되지 못한다. 명백 열등 전략을 (연속적으로) 배제하고 남는 전략 중에도 합리화가 가능하지 않은 전략이 존재할 수 있다. 다음 예는 그러한 경우를 보여준다. 즉 어떤 전략이 열등전략이 아니더라도 합리화가 가능하지 않을 수 있음을 보여준다.

다음과 같은 3인 게임을 생각해 보자. 경기자 1은 '위'와 '아래' 중 하나를 선택하고 경기자 2는 '왼쪽'과 '오른쪽' 중 하나를 선택한다. 경기자 3은 표 A, B, C 중 하나를 선택한다. 이를 도표로 나타내면 도표 4-11과 같다.

도표 4-11에서 경기자 1의 보수는 셀의 좌하단에, 경기자 2의 보수는 셀의 우상단에, 그리고 경기자 3의 보수는 셀의 중앙에 표시하였다.

여기서 경기자 3의 전략 B가 합리화가능 전략인지를 살펴보자. 이

도표 4-11 3인 게임에서의 합리화 가능 전략

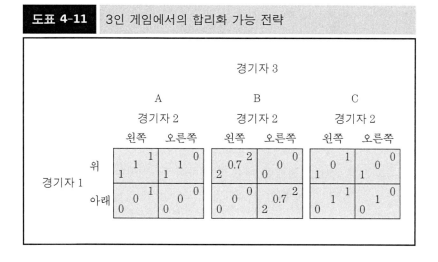

를 위해 셀의 중앙에 표시된 경기자 3의 보수에 주목하자. 경기자 1이 '위'를 선택할 확률이 1/2 보다 클 때 경기자 3의 최적 대응은 A이다. 반면 경기자 1이 '아래'를 선택할 확률이 1/2 보다 크면 경기자 3의 최적대응은 C이다. 따라서 경기자 3의 전략 B는 어떤 경우에도 최적 대응이 되지 못하므로 합리화가능 전략이 아니다.

그런데 경기자 3의 전략 B는 열등전략이 아니다. 상대방 경기자들이 (아래, 오른쪽)을 선택할 때에는 전략 B가 전략 A보다 나으며 상대방 경기자들이 (위, 왼쪽)을 선택할 때에는 전략 B가 전략 C 보다 낮기 때문이다.

4.3 내쉬균형(Nash equilibrium)

일반적으로 전략형 게임에서 각 경기자는 상대방 경기자들의 행동을 예측하고 이에 대해 최선의 전략을 선택한다고 볼 수 있다. 이제 경기자들이 취할 것으로 예상되는 전략들의 조합을 $\sigma^e = (\sigma_1^e, \cdots, \sigma_n^*(\sigma^e))$라 하자. 이 예상 전략조합에 대해 각 경기자 i의 최적대응 전략 $\sigma_i^*(\sigma^e)$을 구할 수 있다. 이 최적대응 전략의 조합을 $\sigma^*(\sigma^e) = (\sigma_1^*(\sigma^e), \cdots, \sigma_n^*(\sigma^e))$라 하자. 만약 예상 전략조합 σ^e와 이에 대한 최적대응 전략조합 $\sigma^*(\sigma^e)$가 같지 않다면 경기자들이 취할 것으로 예상되는 전략과 실제로 경기자들이 선택한 전략이 일치하지 않음을 의미한다. 이 경우 만약 경기자들이 다시 한 번 이 게임에 참여하게 된다면 경기자들은 그들의 예상을 수정할 것이다. 그리고 경기자들은 이 수정된 예상 하에서 새로운 최적대응 전략을 다시 선택하려 할 것이다. 이러한 과정은 예상 전략조합과 이에 대한 최적대응 전략조합이 일치하지 않는 한 계속될 것이다.

내쉬는 예상 전략조합과 이에 대한 최적대응 전략조합이 일치하여 더 이상 수정할 필요가 없는 경우를 상정하고 이때의 전략조합을 게임의 균형이라고 정의했다. 이를 후대의 경제학자들은 내쉬균형(Nash equilibrium)이라 부른다.

이렇게 볼 때 내쉬균형은 두 가지 요건을 충족시켜야 함을 알 수 있다. 첫째로는 사람들은 상대방 경기자들의 전략선택에 대한 어떤 예상 하에서 최적의 전략을 선택해야 한다(최적대응). 둘째로 상대방 경기자들의 전략선택에 대한 사람들의 예상이 상대방의 실제 전략과 부합하여야 한다(자기확인적인 예상).[7]

이러한 성질을 만족시키는 내쉬균형은 서로 상대방의 전략조합에 대해 최적대응이 되는 그러한 전략들로 구성된 전략조합이 된다.[8] 따라서 내쉬균형에서는 어느 경기자도 균형전략으로부터 이탈할 유인이 없다.

예를 들어 앞에서 살펴본 담력시험 게임에서 정환과 남일이 모두 직진을 선택하는 것은 합리화가 가능한 전략이었다. 그렇지만 이 전략조합은 내쉬균형은 아니다. 왜냐하면 남일이 직진을 선택할 것을 정환이 정확히 예측한다면 정환은 회피를 선택하는 것이 최적이기 때문이다. 정환의 전략 '직진'은 상대방 경기자의 전략을 정확히 예측할 때의 최적대응이 되지 못하는 것이다. 한편 정환은 직진하고 남일은 회피하는 것은 내쉬균형이다. 남일이 회피를 선택한다는 것을 정확히 예측할 때 정환은 직진을 선택하는 것이 최적대응인데 정환은 바로 이 직진을 선택한다. 그리고 남일도 마찬가지로 정환의 직진에 대해 최적대응인 회피를 선택하는 것이다. 정환이 회피하고 남일이 직진하는 것도 내쉬균형이 됨을 확인할 수 있다.

---

7) 자기확인적 예상의 특성으로 인해 내쉬균형에서 경기자들이 실제 선택한 전략조합과 예상된 전략조합이 일치한다. 따라서 내쉬균형을 실제 전략들의 조합이 아니라 예상 전략들의 조합으로 볼 수도 있다. 즉 균형을 예상 전략들의 균형상태로 보는 것이다.

8) 내쉬균형은 수학적으로는 다음과 같이 정의될 수 있다. 혼합확장 전략형 게임 $\Gamma_S = [N, \{\Sigma_i\}, u_i(\cdot)]$에서 다음 성질을 만족하는 (혼합)전략 조합 $\sigma = (\sigma_1, \cdots, \sigma_n)$은 내쉬균형이다: 모든 $i = 1, \cdots, n$에 대해, $U_i(\sigma_i, \sigma_{-i}) = \max_{\sigma_i'} U_i(\sigma_i', \sigma_{-i})$.

내쉬 균형이 게임 상황에서 항상 실현되어야 할 이유는 없다. 예를 들어 담력시험 게임의 경우 내쉬 균형 보다는 합리화 가능 전략이 실현될 가능성이 더 높다. 내쉬 균형은 각 경기자의 예상이 자기 확인적이 될 것을 요구한다. 이를 위해서는 경기자들 간의 상당한 정도의 사전 조율이 있어야 한다. 이에 따라 내쉬 균형은 다음과 같은 상황에 적용될 수 있는 해 개념으로 해석될 수 있다.

4.3.1 자기강제력이 있는 합의와 내쉬균형

철수와 영희는 부부 사이이다. 이들은 주말에 여가를 같이 즐기려고 한다. 여가선용 대안으로 야구 경기 관람과 영화관람이 있다. 영희는 영화관람을 선호하고 철수는 야구 경기 관람을 선호한다. 그러나 두 사람 모두에 있어 혼자 관람하는 것보다 같이 관람하는 것을 좋아한다. 이러한 상황을 전략형 게임으로 나타내면 다음 도표 4-12와 같다.

이 게임에서 명백 우월 전략이나 명백 열등 전략은 존재하지 않는다. 둘 모두에게 '야구 경기'나 '영화' 모두 합리화가 가능한 전략이다. 따라서 이 게임에서는 모든 결과가 가능하다고 볼 수 있다. 철수는 야

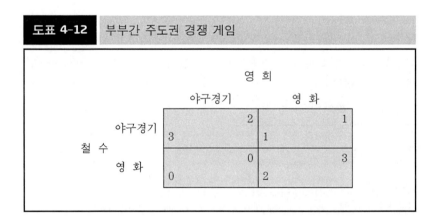

도표 4-12 부부간 주도권 경쟁 게임

		영 희	
		야구경기	영 화
철 수	야구경기	3 / 2	1 / 1
	영 화	0 / 0	2 / 3

구 경기장에 가고 영희는 극장에 가는 결과가 발생할 수도 있다. 이러한 결과는 두 사람 모두에게 바람직한 결과가 아니다. 그러므로 두 사람은 이러한 최악의 결과가 나타나지 않도록 노력할 것이다. 현실적으로 부부간에는 대화가 가능하다. 이 게임을 하기 전에 서로 야구 경기를 같이 보자고 하던지 영화관람을 같이 하자고 사전에 의견을 조율할 수 있다면 최악의 결과를 예방할 수 있지 않을까? 답은 "그렇다"이다. 예컨대 둘이 모두 영화관람을 하기로 사전에 합의하였다고 하자. 그리고 나서 헤어진 뒤 이 게임을 한다고 하자. 이 게임에서는 각 경기자는 상대방의 선택을 알지 못하는 상황에서 자신의 전략을 선택해야 한다는 점을 상기하자. 이 경우 철수는 자연스럽게 영희가 극장에 갈 것이라고 예상할 수 있다. 이러한 예상 하에서 철수의 최적의 선택은 극장에 가는 것이다. 영희의 경우도 마찬가지이다. 즉 사전 합의는 각 경기자들의 예상에 영향을 주고 이 예상하에서 둘은 사전 합의를 깰 유인이 존재하지 않는다. 그러므로 이 게임의 결과는 둘이 모두 영화 관람을 하는 것이라고 예측할 수 있다.

만약 둘이 사전 합의를 할 때 철수는 야구장에 가고 영희는 극장에 가기로 하였다면 게임의 결과는 어떻게 될까? 철수는 영희가 사전 합의를 지켜 극장에 간다고 예상한다면 사전합의를 깨고 극장에 가는 것이 최선의 선택이다. 영희도 비슷한 상황에 처하게 된다. 따라서 이러한 사전 합의는 지켜질 것이라고 보기 힘들게 된다. 둘 다 모두 상대방이 사전 합의를 지킬 것이라고 예상하면 둘 다 모두 사전 합의를 깨는 것이 최선의 선택이 되는 것이다. 이러한 사전 합의는 자기 강제력이 없다고 볼 수 있다.

부부간 주도권 경쟁 게임에서는 둘 모두 극장에 가는 것과 둘 모두 야구장에 가는 것이 자기 강제력이 있는 합의이다. 이 둘 중 어느 것이 실제로 실현되는 가는 경기자 간의 협상능력에 의해 좌우될 것이다.

경기자간에 사전 대화가 가능한 경우 어떤 전략 조합(strategy

profile)이 자기 강제력이 있는 사전 합의(self-enforcing agreement)의 결과가 되려면, 각 경기자의 전략은 어떤 조건을 만족시켜야 할까? 먼저 경기 상대방들이 사전 합의를 지킨다고 예상할 때, 각 경기자는 이 합의로부터 이탈할 유인이 없어야 할 것이다. 즉 각자의 전략은 서로 상대방의 전략에 대해 최선의 선택이 되는 전략이어야 한다. 내쉬균형이 되어야 하는 것이다. 사전 대화를 통한 경기자들 간의 합의는 상대방 전략에 대한 예상이 자기 확인적인 되도록 하는 메커니즘이 된다.[9]

4.3.2 동태적 과정에서 형성된 관행과 내쉬균형

내쉬균형은 역사적 과정을 통해 형성된 사회적 관행(social convention)으로 해석될 수도 있다. 다음의 출근 게임을 통해 이 문제를 생각해 보자.

두 사람 A와 B가 있다. 두 사람은 매일 차를 몰고 아침 출근을 한다. 이들이 취할 수 있는 출근길은 고속도로를 이용하는 것과 강남대로를 이용하는 것의 두 가지이다. 두 사람 모두 똑 같은 길을 선택하면 길이 막혀 지체되지만 두 사람이 서로 다른 길을 선택하면 소통이 원활하여 짧은 시간에 출근할 수 있다. 이 두 사람은 서로 잘 모르는 사이이다. 따라서 사전에 대화를 할 수도 없다. 이러한 상황은 다음의 전략형 게임으로 표현될 수 있다.

이 게임에서 A와 B가 서로 다른 길을 선택하면 출근시간이 짧아지므로 각각 1의 보수를 얻는 것으로 표시했다. 그리고 두 사람이 서로 같은 길을 선택하면 출근시간이 길어지므로 0의 보수를 얻는 것으로 표

---

9) 게임 상황에서 외부의 전문가가 게임의 해로서 전략 조합을 권고하는 상황을 상정하자. 이 경우 이 전문가의 권고가 무시되지 않고 받아들여지려면 그 권고는 내쉬균형이어야 한다. 이런 의미에서 내쉬균형은 받아들여지는 권고(acceptable recommendation)가 되기 위한 필요조건으로 해석될 수도 있다. 이 경우 외부 전문가가 권고하는 것이 경기자들 간의 예상을 조율하는 메커니즘의 역할을 한다.

시했다.

이 게임이 한 번에 끝나지 않고 계속 반복되는 상황을 상정하자. 그리고 여기서 A와 B는 상대방의 전략 선택에 관해 예상을 형성할 때 상대방의 과거 전략 선택 빈도를 반영한다고 하자. 예를 들어 B가 과거에 10번은 고속도로를 선택했고 5번은 강남대로를 선택했다면 A는 이번 게임에서 B가 10/15=2/3의 확률로 고속도로를 선택할 것이라고 예상한다. 이러한 예상 형성은 정태적 예상 형성이라고 한다. 이러한 상황에서 게임이 계속 반복됨에 따라 경기자들의 전략이 어느 한 전략으로 수렴해 가는 경향이 있을 수 있다. 이때 수렴하는 전략의 조합은 일종의 사회적 관행이나 관습으로 해석할 수 있다. 이 수렴하는 전략의 조합은 내쉬 균형 중의 하나가 될 것이다. 왜냐하면 만약 이 전략이 내쉬 균형이 아니라면 경기자들이 이 전략으로부터 이탈하려고 하고 이에 따라 이 전략으로의 수렴 현상이 나타날 수 없기 때문이다.

이러한 정태적 기대형성과 최선의 전략선택과정이 어떠한 내쉬균형으로 수렴하느냐는 초기 게임에서의 경기자들의 행동선택에 의해 좌우된다. 예를 들어 최초의 게임에서 A는 고속도로를 선택하고 B는 강남대로를 선택했다면 그 후에도 계속 A는 고속도로를 선택하고 B는 강남대로를 선택하는 관행이 성립할 것이다. 반면 최초의 게임에서 A가

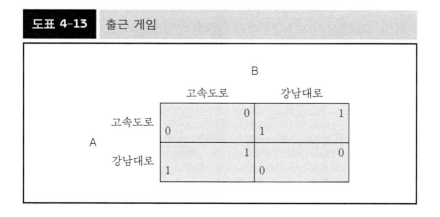

도표 4-13 출근 게임

		B	
		고속도로	강남대로
A	고속도로	0 / 0	0 / 1
	강남대로	1 / 1	1 / 0

강남대로를 선택하고 B는 고속도로를 선택했다면 그 후에도 계속 A는 강남대로를 선택하고 B는 고속도로를 선택하는 관행이 성립할 것이다.[10)]

내쉬 균형은 역사적, 동태적 과정에서 형성되는 관행으로 간주할 수 있다. 경기자들의 예상이 자기 확인적이 되도록 하는 메커니즘으로 작용하는 것이 바로 역사적, 동태적 과정이다.

4.3.3 자기 실현적 예상과 내쉬 균형

앞에서 우리는 내쉬균형이 예상의 정확성(자기 확인적 예상)과 이 정확한 예상 하에서의 최적대응성을 충족시킴을 알아보았다. 여기서 이 자기 확인적 예상이라는 요건은 내쉬 균형을 규정짓는 본질적인 요소이다. 내쉬 균형이 사전 대화를 통해 도달한 합의라는 것도 경기자들의 예상이 자기 확인적이 되도록 하는 기제의 하나이다. 동태적 과정을 통한 관행의 형성도 경기자들의 예상이 자기 확인적이 되도록 하는 기제이다.

다음과 같은 은행 쇄도(bank run) 게임을 생각해보자.

두 경기자 A, B가 은행에 예금을 하였다. 두 사람 모두 금융 불안으로 예금을 인출할지의 여부를 고려하고 있다. 은행이 고객의 예금을 기업에 대출한 상황에서 두 경기자 모두 예금을 인출하면 현금부족으로 지급불능사태에 빠져 파산하게 되고 경기자 A, B는 은행의 잔존 자산을 나누어 갖게 된다. 그 결과 두 경기자는 손실을 입는다. 한 경기자는 예금을 인출하고 다른 경기자는 예금을 유지하는 경우에도 은행은

---

10) 최초의 게임에서 A와 B 모두 강남대로를 선택했다면 어떻게 될까? 이 경우에는 다음 기에 A는 B가 강남대로를 선택할 것을 예상하고 고속도로를 선택하고 B도 A가 강남대로를 선택할 것으로 예상하고 고속도로를 선택할 것이다. 그 다음 기에는 A는 B가 절반의 확률로 강남대로를 선택할 것으로 예상하게 되고 고속도로와 강남대로 간의 선택에 대해 무차별하게 될 것이다. B도 마찬가지이다. 이 무차별 상태에서 A와 B가 어떤 전략을 선택하느냐에 따라 그 후의 게임의 결과가 달라지게 될 것이다.

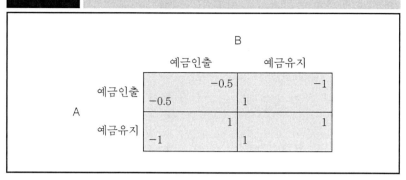

도표 4-14	은행 쇄도(bank run) 게임

		B	
		예금인출	예금유지
A	예금인출	−0.5 / −0.5	−1 / 1
	예금유지	1 / −1	1 / 1

지급불능사태에 빠져 파산하게 된다. 하지만 이 경우 예금을 인출한 경기자는 원금을 되돌려 받는다. 반면 예금을 유지한 경기자는 큰 손실을 입는다. 두 경기자 모두 예금을 유지하는 경우에는 원금 손실을 보지 않고 이자까지 챙길 수 있다. 두 경기자의 선택에 따른 보수체계는 도표 4−14와 같이 정리된다. 이 게임에서 순수전략 내쉬 균형은 2가지이다. 하나는 두 경기자 모두 예금을 인출하는 것이고 다른 하나는 두 경기자 모두 예금을 유지하는 것이다. 두 균형 중 어느 것이 실제로 실현되느냐는 경기자들의 예상에 달려 있다. 경기자들이 다른 경기자가 인출할 것이라고 예상한다면 자신도 인출하려고 하고 그 결과 모든 경기자가 인출하는 내쉬 균형이 실현된다. 반면 다른 경기자가 예금을 유지할 것이라고 예상한다면 자신도 예금을 유지할 것이다. 그 결과 모든 경기자가 예금을 유지하는 내쉬 균형이 실현된다.

이 게임에서 내쉬 균형의 실현은 경기자들의 예상에 의해 좌우된다. 그런 의미에서 경기자들의 예상이 게임 결과를 결정하는데 주도적인 역할을 한다.

그러한 예로 주식 가격의 결정을 들 수 있다. 모든 사람이 삼성전자 주식의 가격이 200만원이 될 것이라고 예상한다면 실제 주가는 그렇게 된다. 주식시장에서의 가격결정에 사람들의 예상이 결정적 역할을 하는 것이다. 주식투자도 일종의 게임이라고 볼 수 있다. 이 게임의 내쉬 균형의 결과로 주가가 형성되는 것이라 볼 수 있다.

예상의 주도성을 강조하기 위해 이러한 예상을 자기 실현적 예상(self-fulfilling expectation)이라고 부르도록 한다. 앞서 언급한 자기 확인적인 예상은 게임 결과에 순응해가는 예상의 수동적 측면을 강조할 때 사용하도록 한다.

담력시험 게임에서와 같이 두 경기자 간에 대화나 동태적인 반복과정이 없는 경우에는 합리화가능 전략이 게임의 결과를 예측할 때 유용하다. 반면 부부간 주도권 경쟁 게임이나 출근 게임에서와 같이 경기자들 간에 사전 대화가 가능하거나 동태적인 반복과정이 있는 경우에는 내쉬 균형 개념이 유용하다. 내쉬 균형 개념에는 예상이 자기 확인적이라는 요건이 내포되어 있는데 게임 전 사전 대화나 동태적인 과정은 경기자들의 상대방의 전략선택에 대한 예상이 실제 선택과 일치하도록 도와주는 역할을 하기 때문이다.

은행쇄도 게임에서 알 수 있듯이 경기자들간의 사전대화나 동태적 과정이 없는 경우에도 경기자들의 예상은 게임의 결과를 결정하는데 주도적인 역할을 한다. 순전히 경기자들의 예상에 의해서만 게임의 결과가 결정될 수 있는 것이다.

내쉬 균형은 순전히 예상 개념만을 이용하여 정의할 수 있다. 자기 확인적 또는 자기 실현적 예상의 특성으로 인해 내쉬 균형에서 경기자들이 실제 선택한 전략조합과 예상된 전략조합이 일치한다. 따라서 내쉬균형을 실제 전략들의 조합이 아니라 상대방의 전략에 대한 예상의 조합으로 볼 수도 있다. 이러한 관점은 균형을 상대방 전략에 대한 경기자들의 예상의 균형 상태로 보는 것이다.

혼합전략 내쉬균형과 자기확인적 예상

두 명의 경기자가 있다고 하자. 두 경기자는 우연히 강도사건을 목격했다. 각 경기자는 다른 경기자가 경찰에 신고해주길 바란다. 다른 사람이 신고하여 강도사건이 저지된다면 10의 보수를 얻는다고 하자. 반면 자신이 신고를 하면 3의 신고비용이 들어 7의 보수를 얻는다고 하자. 다음 표는 이러한 게임상황을 나타낸다.

이 게임의 순수전략 내쉬균형은 (경기자 1: 신고, 경기자 2: 비신고)와 (경기자 1: 비신고, 경기자 2: 신고)이다. 첫 번째 균형은 경기자 2에게 유리하고 두 번째 균형은 경기자 1에게 유리하다. 한편 우리는 혼합전략을 고려할 수도 있다. 혼합전략을 고려하는 경우 혼합전략 내쉬균형이 존재하며 그것은 두 경기자 모두 0.7의 확률로 신고하는 것이다.

혼합전략 균형은 다음과 같은 방식으로 구할 수 있다.

경기자 1은 p의 확률로 신고하고 경기자 2는 q의 확률로 신고하는 혼합전략을 구사한다고 하자. 이 혼합전략이 균형전략이 되려면 상대방의 전략이 주어진 하에서 신고할 때의 보수나 신고하지 않을 때의 보수나 같아야 한다. 예를 들어 경기자 1은 신고할 때의 보수가 신고하지 않을 때의 보수 보다 크다면 혼합전략을 사용하지 않고 신고를 선택할

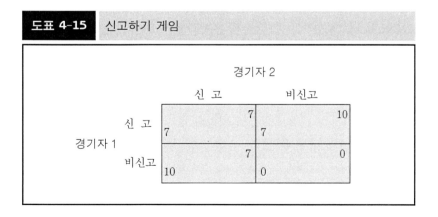

도표 4-15 신고하기 게임

경기자 2

		신 고	비신고
경기자 1	신 고	7 / 7	7 / 10
	비신고	7 / 10	0 / 0

것이다. 따라서 혼합전략은 균형전략이 되지 못한다. 이 조건으로부터 다음을 얻는다.

경기자 1: $7 = q \cdot 10 + (1-q) \cdot 0 \rightarrow q = 7/10$
경기자 2: $7 = p \cdot 10 + (1-p) \cdot 0 \rightarrow p = 7/10$

즉 각 경기자가 0.7의 확률로 신고하고 0.3의 확률로 비신고하는 것이 이 게임의 균형이 된다. 이때 각 경기자가 얻는 보수는 7이다.[11]

이 혼합전략 균형에서 상대방 경기자가 0.7의 확률로 신고를 하리라고 예상한다면 각 경기자는 신고를 하거나 하지 않거나 동일한 기대보수를 얻는다. 이 경우 경기자들은 실제로 확률적인 선택을 할까? 어차피 같은 보수를 받는다면 순수전략을 선택하지는 않을까?

적대적 게임에서의 혼합전략은 안전제일주의 전략 즉, 최소극대화 전략이므로 경기자들이 실제로 이러한 전략을 쓸 것이라고 쉽게 이해할 수 있다. 그러나 비적대적 게임의 혼합전략 균형에서 경기자들이 혼합 전략을 실제로 사용할 것인가라는 의문이 들 수 있다. 왜냐하면 혼합전략 균형에서는 그 혼합전략을 사용하든, 혼합전략을 구성하는 순수전략을 사용하든 동일한 보수를 받기 때문이다. 경기자들이 순수전략을 사용할 가능성이 큰 것이다.

내쉬균형을 자기확인적인 전략이 아니라 자기확인적인 예상들의 조합으로 해석하면 이런 개념상의 곤란함이 해소된다. 혼합전략 내쉬균형을 구성하는 혼합전략은 그 경기자가 실제로 선택하는 전략이 아니라 상대방 경기자들이 그 경기자가 사용할 것이라고 예상하는 전략이다. 이러한 예상이 자기확인적이면 내쉬균형을 구성한다. 이 균형 예상 하에서 각 경기자는 최적대응을 선택한다. 이때 최적대응으로 선택되는 전략은 순수전략이 될 수 있다. 이 순수전략의 선택이 자기확인적 예상

---

11) 이 게임에서 경기자의 수 즉 목격자의 수가 늘어날수록 대칭적 균형에서 각 목격자가 신고할 확률은 작아진다. 예를 들어 목격자의 수가 10명인 경우에는 각 목격자가 신고할 확률은 약 0.13에 불과하다.

을 깨뜨리지 않기만 하면 가능한 것이다. 즉, 상대 경기자들이 이 경기자가 구사할 것이라고 예상하는 혼합전략에서 이 순수전략이 사용될 확률이 0이 아니라면 실제로는 혼합전략이 아니라 순수전략이 균형에서 구사된다 해도 혼합전략 균형과 배치되지 않는다.

존 내쉬 (1928-2015)[12]

존 내쉬는 1928년 6월 13일 웨스트 버지니아 주의 블루필드에서 아버지 존 내쉬와 어머니 마가렛 버지니아 마틴의 장남으로 태어났다. 그의 아버지의 가문은 남부 주에서 이주해온 스코틀랜드 침례교 목사 집안이었으며 아버지는 전력회사의 엔지니어였다. 그의 어머니는 의사 집안의 딸로 교사생활을 했다. 존 내쉬는 어려서부터 또래 친구들과 어울려 놀기 보다는 혼자 장난감을 가지고 놀거나 책을 읽는 것을 더 좋아했다. 그의 자전적 에세이에 의하면 벨의 「수학의 사람들」(*Men of Mathematics*)라는 책을 읽고 큰 감명을 받았다고 한다. 그는 카네기 공과대학을 우수한 성적으로 졸업하고 1948년 프린스턴 대학교 대학원에 입학하였다. 이때부터 그의 천재성은 사람들의 주목을 받기 시작했다. 2년 뒤 그는 "비협조적 게임"이라는 논문으로 박사학위를 받았다. 이 논문에서 그는 비 적대적(non-zero sum) 게임에서의 게임의 해(解) 문제를 다루었다. 게임이론의 창시자 격인 폰 노이만과 모르겐슈테른은 주로 두 사람이 참여하는 적대적 게임(two person zero-sum game)에 대해서만 다루었다. 반면 내쉬는 여러 사람이 참여하는 비 적대적 게임에서의 게임 해로서 균형(equilibrium)의 개념을 제안하고 그것이 항상 존재함을 증명하였다. 그의 균형 개념은 적대적 게임에서는 폰 노이만과 모르겐슈테른의 해와 일치한다. 그의 논문을 읽어 보면 그의 독창성과 빼어남에 감탄하게 된다.

그는 오만했으며 이기적이었고 허영심이 강했다. 자기가 다쳐서 병원에 있을 때 만난 간호사와 사랑에 빠져 아들까지 낳고 나 몰라라 했다.

---

12) 보다 자세한 내용은 실비아 네이사(Sylvia Nasar) 지음, 신현용, 이종인, 승영조 옮김, 아름다운 정신(A Beautifu Mind)을 보기 바란다.

그가 쓴 수학분야의 논문들은 대부분 뭇 사람들의 찬사를 받기 위해 쓰기 시작한 것이었다. 네이사의 "아름다운 정신"을 읽어보면 그는 마치 찬사라는 보수를 얻기 위해 수학계의 난제들을 하나씩 제거해 나가는 청부업자 같다는 느낌을 준다. 그는 다양체 매장 문제(embedding problem for manifolds) 그리고 편미분 방정식의 해의 존재, 유일성, 연속성 등의 문제에서 큰 업적을 이룩하여 학계에서 명성을 얻었다. 수학계의 노벨상이라 할 수 있는 필즈 메달(fields medal) 수상후보에 오르기도 하였다. 그의 연구의 특징은 책이나 다른 사람의 업적은 전혀 참고하지 않고 자신만의 아이디어와 방법을 이용한다는데 있었다. 말하자면 무에서부터 시작하여 남들이 생각하지 못한 독창적인 문제해결방식을 제시한 것이다.

내쉬는 그를 숭배한 물리학 전공의 아름다운 여학생과 결혼했다. 그렇지만 그의 명성이 절정에 오른 때인 서른 살을 갓 넘긴 59년 초에 정신분열증에 걸렸다. 그는 자신이 세상을 구할 임무를 띤 요원이라든지 또는 남극의 제왕이라고 생각하는 과대 망상증에 시달렸다. 이후 약 30년 동안 이 병에서 헤어나오지 못하였다. 중간에 조금 나아진 적도 있지만 다시 악화되었다. 그러나 프린스턴 대학교 당국과 여러 수학자들 그리고 가족의 인내와 배려 속에 프린스턴 대학교에서 의식주의 걱정없이 자유롭게 지낼 수 있었다. 그 과정에서 1990년 경에는 회복되었다. 그리고 1994년에는 노벨 경제학상을 수상하였다.

존 내쉬의 게임이론 관련 주요 저작
"Equilibrium points in N-Person Games", 1950, Proceedings of
  NAS.
"The Bargaining Problem", 1950, *Econometrica*.
"A Simple Three-Person Poker Game", with L.S. Shapley, 1950,
  Annals of Mathematical Statistics.
"Non-Cooperative Games", 1951, *Annals of Mathematics*.
"Two-Person Cooperative Games", 1953, *Econometrica*.

예제: 한 시장에 두 기업 A, B가 있다. 각 기업은 생산량 수준으로 L(적음)과 H(많음) 중 하나를 선택한다. 두 기업의 전략 선택에 따른 보수는 도표 4-16과 같다. 이 게임의 내쉬 균형을 구하시오.

답: 이 게임의 내쉬 균형은 (L, L), (H, H)의 두 개다. 이 중 균형 (H, H)를 구성하는 전략 H는 전략 L에 비해 약 열등전략이다. 이 예는 약 열등전략도 내쉬균형을 구성할 수 있음을 보여준다.

　　이 예에서 내쉬 균형 (H, H)는 내쉬 균형 (L, L)에 비해 파레토 열등하다. 이 경우 두 기업이 담합하여 이 균형으로부터 균형 (L, L)로의 이탈에 합의한다면 (H, H)는 깨지게 된다. 각 경기자가 개별적으로 이탈할 유인은 없지만 두 경기자가 담합하여 이탈할 유인은 있는 것이다. 이 예는 어느 한 경기자도 합의된 전략조합으로부터 개별적으로 이탈할 유인이 없어야 한다는 내쉬 균형의 조건이 자기 강제력이 있는 합의가 되기 위해 충분하지는 않음을 보여준다.

예제: 다음과 같은 게임을 생각해 보자. 책상위에 아버지가 백만원을 올려 놓았다. 그리고 철수와 영희에게는 원하는 금액을 밀봉한 봉투에 써넣으라고 하였다. 만약 철수와 영희가 써넣은 금액의

도표 4-16 두 기업 A, B의 생산량 결정 게임

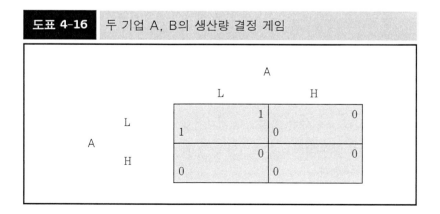

합이 백만원과 같거나 이보다 적으면 철수와 영희는 자신이 써넣은 금액을 받는다. 반면 둘이 써넣은 금액의 합이 백만원 보다 많으면 둘은 아무 돈도 받지 얻지 받지 못한다.

a) 이 게임에서 철수와 영희가 봉투에 써넣은 금액을 각각 x원과 y원 이라 하면 $x+y=100$만원이 되는 모든 (x, y), $x \geq 0$, $y \geq 0$는 내쉬균형이 됨을 설명하라.

b) 이 게임에는 (a)에서 제시된 내쉬균형 외에 다른 내쉬균형이 존재한다. 이를 찾아보라.

답: a) $x+y=100$, $x \geq 0$, $y \geq 0$이면 철수는 x, 영희는 y를 받는다. 어느 누구도 이로부터 이탈할 유인이 없다. 예를 들어 철수는 x보다 큰 금액을 적으면 $x' > x$이 되어 0을 받게 되는데 이는 x보다 작다. 철수가 x보다 적은 금액 $x'' < x$을 적으면 x''을 받는데 이는 x보다 작다.

b) 철수와 영희 모두 100 이상의 금액을 적는 것 $(x \geq 100, y \geq 100)$도 내쉬균형이다. 이로부터 두 사람 모두 이탈할 유인이 존재하지 않기 때문이다. 예를 들어 철수가 100만원, 영희가 100만원을 적었다고 하자: $x=100$, $y=100$. 이 경우 철수는 이로부터 이탈할 유인이 없다. 영희가 100을 적어낸 상황에서 100 보다 큰 금액을 적든 작은 금액을 적든 어차피 보수가 0이기 때문이다.

이 게임의 내쉬 균형은 철수와 영희의 최적대응을 생각해보면 보다 체계적으로 구할 수 있다.

영희의 전략 y에 대한 철수의 최적대응을 $BR_{철수}(y)$라 하고 철수의 전략 x에 대한 영희의 최적대응을 $BR_{영희}(y)$라 하면 이는 가로축에 x를 세로축에 y를 표시하는 좌표 상에 도표 4-17, 4-18과 같이 나타내진다.

이 게임의 내쉬 균형은 두 경기자의 최적대응이 겹치는 영역

철수의 최적대응 $BR_{철수}(y)$

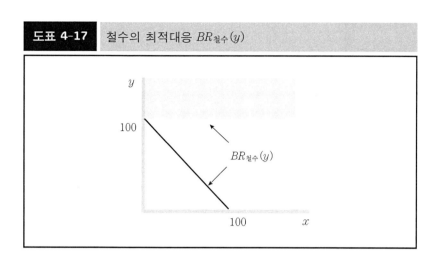

영희의 최적대응 $BR_{영희}(x)$

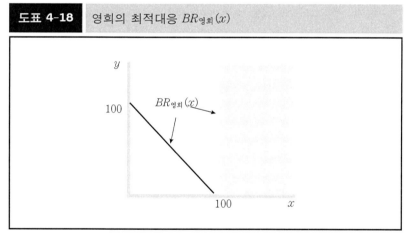

에 해당한다. 따라서 내쉬 균형은 도표 4-19에서 $x+y=100$, $x≥0$, $y≥0$을 나타내는 직선과 $x≥100$, $y≥100$인 영역의 두 부분으로 구성된다.

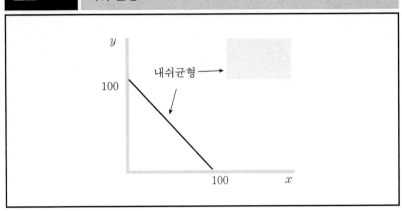

예제: 꾸르노 복점 모형

시장 내에 두 기업 1, 2가 존재한다. 각 기업은 동질적인 제품을 생산하고 있다. 각 기업 $i=1, 2$은 자신의 생산량 q_i을 결정해야 한다. 각 기업의 한계 생산비는 c로 일정하다. 시장 수요 D가 가격의 감소함수로서 $D=1-p$로 주어졌다. 각 기업의 보수(이윤) π_i은 판매 수입에서 비용을 차감한 것으로 다음과 같이 표현된다: $\pi_i=pq_i-cq_i$.

각 기업의 이윤은 상대 기업의 생산량이 얼마 만큼인가에 따라 달라진다. 그런 의미에서 이 상황은 기업들 간의 상호작용이 존재하는 게임 상황이다. 이 게임 상황에서의 내쉬 균형을 무엇인가?

각 기업이 취할 수 있는 전략이 생산량 q_i로 연속적인 값을 갖는다. 따라서 이 게임을 표로 나타낼 수 없다. 이 게임의 내쉬 균형을 구하기 위해 각 기업의 최적대응을 찾자. 이 최적대응이 교차하는 영역의 전략 조합이 내쉬 균형이다.

기업 1의 최적대응 $BR_1(q_2)$는 이윤을 극대화하는 q_1이다: $\max_{q_1} pq_1-cq_1$. 그런데 가격 p는 상대방 기업의 생산량에 따라 바뀐다. 즉 시장의 수요공급이 일치한다는 조건으로부터 시장 균형가격은 다음

과 같이 결정된다:

$$D=q_1+q_2,\, D=1-p \rightarrow 1-p=q_1+q_2 \rightarrow p=1-q_1-q_2$$

따라서 기업 1의 이윤 극대화 문제는 $\max_{q_1}(1-q_1-q_2)q_1-cq_1$가 된다. 그러므로 최대화의 1계 조건으로부터 $q_1{}^*=\dfrac{1-c-q_2}{2}$를 얻는다. $q_2>1-c$이면 가격이 c보다 작아져 생산하면 손해를 본다. 그러므로 이 경우의 최적 생산량은 $q_1{}^*=0$이다. 이상을 종합하면 기업 1의 최적대응은 다음과 같다.

$$q_1{}^*=BR_1(q_2)=\begin{cases} \dfrac{1-c-q_2}{2} & q_2<1-c \\ \\ 0 & q_2 \geq 1-c \end{cases}$$

게임 상황이 기업 1과 2에 대해 대칭적이므로 기업 2의 최적대응도 기업 1의 최적대응과 같다.

$$q_2{}^*=BR_2(q_1)=\begin{cases} \dfrac{1-c-q_1}{2} & q_1<1-c \\ \\ 0 & q_1 \geq 1-c \end{cases}$$

두 기업의 전략이 서로의 전략에 대해 최적대응이 되는 전략조합은 두 최적대응이 교차하는 전략조합이다. 두 기업의 최적대응을 q_1, q_2 좌표 상에 표시하면 도표 4-20과 같다.

최적대응 식에서 $q_1=q_1{}^*$, $q_2=q_2{}^*$로 놓고 $q_1{}^*$, $q_2{}^*$에 관하여 풀면 다음 해를 얻는다.

$$q_1{}^*=\frac{1-c-q_2{}^*}{2},$$
$$q_2{}^*=\frac{1-c-q_1{}^*}{2}$$

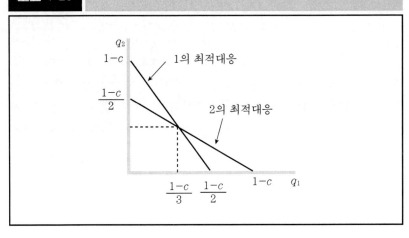

$$q_1{}^*=q_2{}^*=\frac{1-c}{3}$$

4.4 조정(Coordination)의 문제

게임에서 내쉬 균형은 유일하지 않고 여러 개일 수 있다. 내쉬 균형이 여러 개인 경우에 그 중 어느 것이 실제로 실현될 것인지가 관심의 대상이 된다. 이를 균형 선택 또는 조정의 문제라 한다. 왜냐하면 내쉬 균형 개념 안에는 경기자들의 자기 확인적 예상이 내포되어 있는데 자기 확인적인 예상은 사전 대화나 역사적 과정과 같은 조정과정을 거쳐 형성되는 것이기 때문이다.

4.4.1 순수 조정 게임

도로통행 게임

철수와 영수가 차를 몰고 도로를 통행하려고 한다. 도로는 2차선으로 되어 있다. 도로의 한쪽에는 철수가 있고 반대쪽에는 영수가 있다. 철수는 도로의 우측으로 갈 수도 있고 좌측으로 갈 수도 있다. 영수도 마찬가지이다. 둘 다 같은 측을 선택하면 무사히 이 도로를 통과할수 있다. 두 사람이 서로 다른 측을 선택하면 두 사람의 자동차는 충돌하게 된다. 이 상황은 도표 4-21로 요약된다.

이 경우 철수는 영수와 같은 측을 선택하길 원한다. 영수도 마찬가지이다. 영수의 선택을 사전에 알지 못하는 경우에는 전략적 상황에 기인한 불확실성의 문제가 발생한다. 즉 상대방의 선택을 예측해야 하고 상대방의 나에 대한 예측을 예측해야 하는 예측의 연쇄고리가 발생하는 것이다.

만약 게임을 하기 전에 두 경기자가 사전에 통신이 가능하다면 두 사람이 좌측이나 우측으로 선택을 통일할 것이다. 만약 이러한 게임 상황이 계속 반복된다면 두 사람은 사전에 좌측통행이나 우측통행을 사회적 규칙 또는 관행으로 정할 수 있다.

| 도표 4-21 | 도로 통행 게임 |

		영 수	
		좌측 통행	우측 통행
철 수	우측 통행	통과	충돌
	좌측 통행	충돌	통과

실제로 미국과 캐나다, 그리고 대다수 유럽국가에서는 사람이나 자동차의 우측통행이 규칙으로 정해져 있다. 반면 영국, 호주, 일본에서는 좌측통행이 규칙으로 정해져 있다. 우리나라의 경우 대한제국 시절에 보행자와 차마의 우측통행이 시행되었었다. 일제강점 후 1921년부터 일본식을 따라 좌측통행이 규정되었다. 해방 후 미 군정 하에서 자동차의 우측통행이 규정되어 사람은 좌측통행, 자동차는 우측통행이라는 규칙이 정해졌었다. 그러다가 이명박 정부 때 2009년 10월 1일부터 보행자의 우측통행이 시범 시행되었다가 2010년 7월 1일부터 정식으로 시행되었다. 한국교통연구원의 조사에 따르면 우측통행이 자리잡을 경우 맞은편에서 달려오는 차량을 바로 볼 수 있고, 횡단보도에 진입하는 차량과도 거리를 유지할 수 있어 교통사고의 약 20%가 감소하는 효과가 있다. 우측보행시 짐이나 가방을 든 오른손끼리 부딪힐 확률이 현저히 낮아짐으로써 보행자들이 심리적으로 안정감을 얻을 수 있을 뿐만 아니라 보행 속도가 빨라지고 충돌횟수는 줄어드는 효과도 있는 것으로 알려져 있다.

4.4.2 평균 의견 게임과 초기 선택

신문사에서 미인선발대회를 개최한다. 이 대회는 기존의 미스코리아 선발대회와는 다르다. 여기서는 후보가 되는 미인들의 사진 100장이 신문에 게재된다. 독자들은 이 사진을 보고 누가 제일 미인인지 한 명을 뽑아 투표한다. 가장 많은 표를 얻은 미인이 최고의 미인으로 선정된다. 그리고 이 최고의 미인을 맞힌 사람에게 상이 수여된다. 이 대회에 참가하는 사람들은 어떤 미인에게 투표할까? 자신이 생각하기에 제일 아름답다고 생각되는 미인에게 투표할까? 그럴 수도 있다. 그렇지만 이런 사람은 가장 평균적인 안목을 지닌 사람이 아닌 이상 상을 타기 어려울 것이다. 모든 사람들이 자신이 생각하기에 제일 아름다운 미인에게 투표한다면 사람들이 평균적으로 가장 아름답다고 생각할 미인을 예상하고 그에게 투표하는 것이 가장 현명한 선택이 된다. 상을 탈가능성이 제일 높아지기 때문이다. 자 이제는 사람들이 이러한 투표에 익숙해져 각 사람이 사람들이 평균적으로 가장 아름답다고 생각할 미인에게 투표한다고 해 보자. 이 경우에는 사람들이 평균적으로 가장 아름답다고 생각할 미인이 누구라고 평균적으로 예상할지를 예상하고 투표하는 것이 현명한 선택이 된다. 이러한 과정은 한없이 계속될 수 있다. 이렇게 보면 각 사람은 다른 사람의 예상의 예상을 예상하는 누적적인 예상의 연쇄고리에 휩싸이게 된다는 것을 알 수 있다.

존 메이나드 케인즈(John Maynard Keynes)는 주식 투자를 하는 것이 이러한 미인선발대회에 참여하는 것과 같다고 보았다. 주식시장에 참여하는 사람들은 자신이 생각하기에 가장 좋은 주식에 투자하지 않는다. 그들은 시장의 주가에 관한 평균적 예상의 중요성을 잘 알고 있다. 따라서 사람들은 시장의 평균적인 예상이 얼마가 될지에 관하여 예상하고자 한다는 것이다.

신문사의 미인선발 대회나 주식 시장의 상황에서는 사람들의 예상이 매우 중요한 역할을 한다. 예를 들어 모든 사람들이 삼성전자의 주가가 100만원이 되리라고 예상한다면 실제 주가가 100만원이 된다. 주가는 사람들의 예상을 반영하기 때문이다.

다음과 같은 게임을 생각해 보자. 이 게임에 1, 2, 3의 세 명이 참여한다고 하자. 각 경기자 i는 예상 주식가격으로 p_i를 선택한다. 즉, 경기자 i의 전략은 p_i이다. 각 경기자 의 전략선택에 따른 보수는 그의 예상 주가와 평균 예상 주가와의 차이에 반비례한다. 이러한 보수체계는 다음과 같은 보수함수로 표현될 수 있다: 경기자 i의 보수 $u_i(p_i, p_{-i}) = -|(\frac{1}{3} \sum_{i=1}^{3} p_i) - p_i|$. 이 게임의 내쉬 균형은 무엇인가? 그것은 세 경기자 모두 동일한 예상 주가를 선택하는 것이다: $p_i = p$, $i = 1, 2, 3$

Van Huyck, Battalio and Beil(1991)은 상기한 게임 보다 약간 복잡

하지만 유사한 보수함수를 갖는 게임을 상정하고 실험 연구를 수행하였다. 이제 경기자 i의 전략 x_i는 경기자 i가 어떤 주제에 대해 피력하는 의견을 나타낸다고 하자. 그리고 x_i는 1, 2, …, 7 중 한 값을 갖는다고 하자. 각 경기자의 보수는 경기자들의 중간 의견(median)이 커지면 커지고, 중간 의견과의 차이가 작을수록 보수가 커진다. 각 경기자의 보수함수는 다음과 같다:

$$u_i(x_i, x_{-i}) = aM(x_i, x_{-i}) - b[M(x_i, x_{-i}) - x_i]^2 + c$$
$$a = 0.1,\ b = 0.05,\ c = 0.6$$

여기서 $M(x_i, x_{-i})$는 의견들의 중간값(median)을 나타낸다.

이 게임의 내쉬 균형은 여러 가지이다. 순수전략 내쉬 균형은 모든 경기자가 의견 1을 내는 것으로부터 모든 경기자가 의견 7을 내는 것까지 7가지이다. 이 7가지 균형은 모두 의견 1을 내는 경우에 보수가 가장 낮고 모두 의견 7을 내는 경우에 보수가 가장 높다. 따라서 파레토 효율적인 균형은 모든 경기자가 의견 7을 내는 것이다. 이 게임에서 안전한 전략으로서 최소극대화 전략을 생각해볼 수 있다. 각 경기자의 최소극대화 전략은 의견 3을 내는 것이다.

도표 4-22	의견들의 중간값과 당신의 의견 선택에 따른 보수						
		의견들의 중간값						
		7	6	5	4	3	2	1
당신의	7	1.30	1.15	0.90	0.55	0.10	−0.45	−1.10
의견	6	1.25	1.20	1.05	0.80	0.45	0.00	−0.55
선택	5	1.10	1.15	1.10	0.95	0.70	0.35	−0.10
	4	0.85	1.00	1.05	1.00	0.85	0.60	0.25
	3	0.50	0.75	0.90	0.95	0.90	0.75	0.50
	2	0.05	0.40	0.65	0.80	0.85	0.80	0.65
	1	−0.50	−0.05	0.30	0.55	0.70	0.75	0.70

실험에서 27명의 학생들이 참가하여 이 게임을 10회에 걸쳐 반복 시행하였다. 매 회 말에 그 회 선택의 중간값(median)이 공표되었다. 실험의 주요 결과는 다음과 같다.

첫째, 첫 회 게임의 결과는 최소극대화 전략 3에서부터 전략 7에 이르기 까지 골고루 분포하였다. 다음 표는 각 의견을 낸 사람들의 수를 나타낸다.

도표 4-23 첫 회 게임에서 의견 선택의 분포

의견	1	2	3	4	5	6	7
사람 수	0	0	3	8	8	3	5

이는 각 경기자들이 이러한 게임상황에서의 상대방의 의견 선택이 전략적 불확실성으로 말미암아 3에서 7 사이에서 다양하게 분포할 것으로 예측하고 그 사이의 한 값을 선택하였다고 해석할 수 있다.

둘째, 첫 회의 의견 선택이 그 후의 의견 선택을 좌우한다. 첫 회의 중간 의견이 발표되는데 그 후의 중간값은 첫 회의 중간값과 동일하였다. 초기에 선택된 의견의 중간값으로 의견이 수렴하는 것이다.

첫인상이 중요하다

알을 깨고 나온 새끼 거위는 처음 본 사물 가운데 움직이는 것에 애착을 갖게 된다. 보통 자신의 어미 거위가 그 대상이다. 그리고 계속해서 어미 거위를 따르게 된다. 이와 비슷한 현상이 인간에게도 적용된다. 이를 행동경제학에서는 닻(anchor)이라 한다.

MIT 경영 대학의 MBA과정 학생들을 대상으로 다음과 같은 실험을 하였다. 사회보장번호 끝에 2자리를 적으라고 한 후 물건들에 대한 경매를 실시하였다. 경매를 분석한 결과 사회보장번호 끝의 2자리가 매우 높

은 학생들(80-99)은 아주 높은 가격을 매긴 반면 끝 두 자리가 매우 낮은 학생들(1-20)은 아주 낮은 가격을 매겼다. 예를 들어 끝 두 자리가 상위 20%에 드는 학생들은 무선 키보드에 평균 56달러를 매긴 반면 하위 20%에 드는 학생들은 평균 16달러를 매겼다.

이렇게 물품가격을 매기는 것이 그것과 상관없는 사회보장번호와 상관관계가 있었다. 이런 의미에서 사람들의 선택은 임의적이다. 그럼에도 불구하고 서로 관련이 있는 물품들에 대해서는 나름대로 논리적 일관성을 띠고 있었다. 예컨대 트랙볼마우스와 키보드에 있어 모든 사람이 전자 보다 후자에 더 높은 가격을 매겼다. 앞선 선택에 기초하여 비교를 통해 현재의 선택 대상 물품에 평가 금액을 정하는 것이다. 이러한 현상을 임의적 일관성(arbitrary coherence)이라 한다.

또 한 가지 예로 소음에 대한 지불용의비용을 측정하는 실험이 있다. 소음을 들려준 후 한 그룹의 사람들에게는 "10센트를 받고서 그 소리를 다시 들으시겠습니까?"라는 질문을 하였고 다른 그룹의 사람들에게는 90센트를 받고 다시 듣겠는지 여부를 물었다. 그리고 나서 소음을 다시 듣는데 필요한 최소금액을 적으라고 하였다. 실험 결과 첫 번째 그룹은 평균 33센트를 적어냈고 두 번째 그룹은 평균 73센트를 적어냈다. 여기서 10센트나 90센트를 언급하는 질문은 실험대상자가 그 금액에 닻을 내리도록 하는 유도 질문이다. 이 질문이 닻 내리기에 성공한 것이다. 추후의 유도 질문은 최초에 내려진 닻을 변경시키지 못한다. 첫인상이 끝까지 가는 것이다. 예를 들어 "50센트를 받고 이 소리를 다시 들으시겠습니까?"와 같은 질문을 원래 실험에 추가해도 지불용의금액에 큰 변화가 없었다.

성공적인 주식투자 전략

주식가격은 어떻게 결정되는가에 관하여 크게 보아 두 가지 견해가 공존한다. 하나는 주식가격은 기업의 가치를 반영한다는 것이다. 이 견해에 따르면 주가는 장래 배당금의 흐름을 현가화한 것과 같다. 다른 하나는 주가는 투자자의 심리를 반영한다고 본다. 주가는 인간의 두려움과 희망, 탐욕의 결정체라는 것이다. 후자의 견해는 앞에서 본 케인즈의 견해와 일맥상통한다.

예를 들어 보자. 벤처기업인 새롬기술은 1994년 8월에 설립되었다. 이 회사는 상장 전에 이미 새롬 데이터맨 프로라는 통신 프로그램으로 유명하였다. 1999년 8월 코스닥 상장 후에는 인터넷 국제 무료전화 서비스를 제공하는 다이얼 패드 라는 그 당시로는 기상천외한 프로그램으로 세간을 놀라게 했다. 미국 등 외국 유수 기업과의 제휴, 특허 출원 등으로 시장에서는 기업의 성장성에 대한 기대감이 고조되었다. 그 결과 액면가가 500원인 새롬기술의 주식 가격은 곧 280,000원 대 까지 상승하였다. 여기에는 기업의 수익성과 성장성에 대한 예상이 반영된 측면도 있다. 그러나 대박에 대한 막연한 희망, 일확천금을 바라는 탐욕이 작용한 것도 사실이다. 그러나 이 주식에 투자했던 사람들은 곧 두려움과 좌절을 겪어야만 했다. 실제로 주가는 얼마 지나지 않아 5,000원 대 까지 하락한 것이다. 무료 국제전화를 위한 인터넷 접속료를 이 기업이 지불하는 상황에서는 사람들이 국제 무료전화를 사용하면 사용할수록 적자가 커지게 되어 있었다. 비록 광고료 수입을 올릴 수는 있었으나 이는 비용에 비하면 보잘 것 없는 수준이었던 것이다. 2001년에 자회사인 다이얼 패드 커뮤니케이션즈(Dialpad Communications)는 결국 파산하였다. 이는 주식시장 거품(bubble)의 전형적인 예라 할 수 있다.

주가가 기업의 가치를 반영한다고 보는 사람들은 해당 기업의 수익성이나 성장성에 관심을 두고 여러 가지 정보에 기초하여 기업을 분석한다. 그리고 기업의 가치에 비해 저평가된 우량주를 장기 보유한다. 전설적인 투자자인 워렌 버펫(Warren Buffet)은 이러한 주식투자 전략으로 경이적인 수익을 올린 바 있다.

　한편 주가는 심리라고 보는 사람들은 주가의 추세와 흐름을 잘 읽고 이를 통해 최적의 매매 타이밍을 잡으려고 노력한다. 유명 투자자문가로 활동하고 있는 김지민 님은 주식투자시의 기본적인 자세와 전략에 대해 다음과 같이 이야기 하고 있다.

　첫째, 돈을 벌려는 욕심을 버려야 한다.

　주식투자를 할 때는 두려움과 불안에 휩싸이기 쉽다. 주식을 사고 나서는 가격이 떨어지면 어쩌나 하는 불안감에 시달린다. 조금 이익을 보면 그 이익이 달아날 것 같은 불안감에 시달린다. 손실을 보고 팔라치면 다시 오를 것 같아 팔지 못한다. 이러한 불안감을 극복하는 방법 중의 하나는 욕심을 버리는 것이다. 주식을 하고 싶으면 돈 적게 잃는 것을 목표로 삼으라고 한다. 돈을 벌려고 주식투자를 하면 두려움과 불안에 휩싸여 매매시기를 놓치기 쉽다. 반면 돈을 적게 잃는다는 생각으로 투자를 하면 두려움에서 벗어날 수 있다는 것이다. 그리하여 팔아야 할 때 팔고 사야할 때 살 수 있게 된다고 한다.

　둘째, 시장에 순응해야 한다.

　대한해협 횡단에 재도전하는 조오련 감독이 제자들에게 이렇게 외쳤다.

　"수영장에서 배운 것같이 손은 이렇게 젓고 발은 이렇게 젓고 하면서 발버둥을 치면 공연히 힘만 다 빼버린단 말이여. 신경을 꺼버리랑께. 그리고 바다에 몸을 맡겨 버려. 바다와 함께 호흡을 하란 말이여."

　주가가 내린다는 것은 많은 사람들이 주가가 내릴 것이라고 생각한다는 것이다. 이럴 때 주식을 사는 것은 마치 흐르는 물을 거슬러 헤엄치는 것과 같다. 반대로 주가가 오른다는 것은 시장의 대세가 상승 쪽이라는 말이다. 이때 주식을 파는 것은 잘 자라는 나무를 베어버리는 것과 같다. 투자는 시장을 역행하고선 성공할 수 없다. 교만과 아집을 버리고 내 몸을 시장에 맡겨야 한다. 주가에는 추세가 있다. 잘 올라가는 주가는 너무 놀라 입이 딱 벌어질 정도로 올라가기도 한다. 반면 하락하는 주가는 우리의 공포심을 넘어 죽고 싶을 정도로 빠지기도 한다. 그러므로 주가가 오를 때 사고 내릴 때 팔아야 한다.

셋째, 손실은 짧고 작게 이익은 길고 크게.

이것 저것 사보고 나서 손해가 나는 종목은 팔고 나와야 한다. 소위 손절매이다. 이유는 작은 손실이 곧 엄청난 손실로 이어질지 모르기 때문이다. 반면 이익 보는 종목은 길게 가져가야 한다. 왜냐하면 지금의 작은 이익이 큰 이익으로 이어질 수 있기 때문이다. 지금이 상승의 초기일 수 있는 것이다.

손실은 짧게 이익은 길게 만드는 방법은 '주가가 내릴 때 주식을 팔겠다'고 작정하는 것이다. 그러면 주식을 샀는데 주가가 내릴 경우 그때 바로 팔아 버려 손실이 작아지고 주가가 오를 경우에는 계속 보유하며 기다려 이익은 커지게 된다.

여기서 한 걸음 더 나가 벌면 늘리고 잃으면 줄여야 한다. 이익이 나는 종목의 보유분은 늘리고 손해가 나는 종목의 보유분은 줄이는 것이다. 그렇게 함으로써 손실은 작게 이익은 크게 만들 수 있다.

넷째, 위험관리이다. 수익보다 생존이 우선이다.

미국 애틀랜틱 시티는 라스베가스에 이은 제2의 카지노 도시다. 각 카지노에서 운영하는 슬롯머신의 기대치를 보면, 최소 단위인 25센트를 넣고 당기는 기계의 기대치는 대부분 92%정도다. 50센트, 1달러, 5달러로 올라갈수록 기계의 기대치는 올라간다. 한번에 100달러를 넣는 기계의 경우 기대치가 103%에 이르는 것도 있다. 이는 100달러를 넣고 열 번 베팅하면 평균적으로 여덟 번은 기계가 꿀꺽 삼키고 200달러 한 번, 830달러 한 번을 돌려준다는 얘기다. 손님의 입장에서는 1,000달러를 투자해 30달러를 버는 것이니까 기대치가 103%라는 말이다.

왜 유독 이 기계에 대해서 카지노는 손해를 자처하는 것일까? 언뜻 납득이 가지 않지만 찬찬히 뜯어보면 그럴만한 이유가 있다. 액수가 낮은 게임은 확률적으로 유리하니까 손님이 오래 눌러앉아 놀아만 주면 돈은 절로 들어온다. 액수가 큰 100달러 짜리 게임은 확률적으로 불리하지만 수지맞을 수 있다. 손님이 게임도중 도태될 확률이 크기 때문이다. 3%의 단 꿀에 홀려 100달러씩 용감하게 베팅하다가 대부분 자금력의 한계로 깡통을 차는 것이다. 점당 1,000원짜리 고스톱에서 실력이 좀 떨어지더라도 10만 원을 갖고 치는 사람이 단돈 1만 원으로 치는 사람을 이길 확률이 높은 것과 같은 이치다.

원금 100원으로 동전 던지기 게임을 한다. 동전의 어느 한 면에 돈을 걸어서 맞히면 건 돈만큼을 따고 못 맞히면 잃는 게임이다. 앞 뒤 면이 나올 확률은 반반이다. 이러한 게임에서 갑이라는 사람이 매번 일정하게 50원씩 베팅을 한다고 해보자. 동전을 백 번 던지고 나면 갑에겐 돈이 평균적으로 얼마가 남을까? 답은 100원이다. 확률 반반의 게임이니 당연히 기대치는 본전인 것이다. 그런데 중요한 것은 백 번 던질 때까지 갑이 과연 생존할 수 있느냐는 거다. 실제로 이 문제에서 백 번 뒤에 한푼이라도 돈이 수중에 남아 있을 확률은 15%에 불과하다. 85%의 확률로는 깡통을 차고 게임에서 물러난다는 것이다. 하지만 운이 좋아 백 번을 다 맞히면 돈은 5,100원이 된다. 비록 확률이 낮지만 최대 50배 수익도 가능하다는 말이다.

이제 여기서 50원이 아닌 10원씩을 베팅하는 을의 경우를 한 번 살펴보자. 백 번 뒤의 기대치는 얼마일까? 앞서와 마찬가지로 100원이다. 그렇다면 백 번 뒤의 생존 확률은 어떤가? 68%다. 50원 베팅 때보다 훨씬 높다. 다만 백 번 다 따 봐야 1,000원이니 최대 가능 수익은 10배 밖에 안 된다. 종합하면 을은 갑에 비해 전체적으로 실현 가능한 수익은 적지만 생존확률은 높은 것이다.

주식투자도 이와 비슷하다. 오르기 아니면 내리기의 확률 반반의 게임이다. 이런 게임에서 어째서 누구는 떼돈을 벌고 누구는 깡통을 차는가? 무리하게 베팅을 한 사람 중에 운좋은 몇 명만 부자가 되고 나머지는 다 털리는 것이다. 한편 큰 돈은 못 벌지만 깡통을 차지도 않으면서 꾸준히 시장에 남아 있는 사람들이 있다. 바로 베팅을 보수적으로 하는 사람들이다.

위험관리를 위해서는 또한 분산투자가 필요하다. 오르는 주식이더라도 여러 종목에 분산해서 투자해야 한다. 왜냐하면 그 주식들 중에 어떤 것이 상승추세를 타고 어떤 것이 하락추세를 탈지 모르기 때문이다.

－『김지민의 성공 투자 클리닉』의 내용을 참조하여 씀－

4.4.3 조정의 실패와 위험우월전략[13]

화창한 어느 봄날의 일요일 오전, 용감무쌍씨는 직장에서 받은 스트레스를 풀기 위해 북한산을 오르고 있었다. 같은 날, 같은 시간, 같은 장소에서 또 한 명의 사나이 터프가이씨는 고시 공부를 위한 체력 단련을 위해 산을 오르고 있었다. 두 사람은 서로 안면이 전혀 없는 사람들이다. 우연히도 두 사람은 약 1미터 간격으로 산을 오르고 있었다. 산행약 30분이 되던 때에 앞을 보니 용 두 마리가 꿈틀거리는 문신을 하고 있는 한 건장한 남자가 한 여자를 희롱하고 있다. 이 광경을 목격한 두 사람은 여자를 도와주고 싶지만 깡패의 건장하고 우락부락한 모습에 압도되어 섣불리 나설 수가 없다. 용감무쌍씨와 터프가이씨 모두 1 대 1로 싸워서는 깡패를 제압할 수 없다는 것이 거의 확실하다. 그러나 터프가이씨와 용감무쌍씨가 힘을 합쳐 동시에 덤빈다면 승산이 있다. 이 상황을 표로 나타내면 다음과 같다.

용감무쌍씨와 터프가이씨가 깡패에게 동시에 덤빈다면 승산이 있기 때문에 두 사람의 보수는 각각 100의 보수를 받는다. 두 사람 중 한 사람은 깡패에게 덤비고 다른 사람은 그냥 지나가면 덤빈 사람은 큰 부상을 당하여 −100의 보수를 얻고 그냥 지나가는 사람은 50의 보수를 얻는다. 두 사람 모두 지나가는 경우에는 두 사람 모두 50의 보수를 얻는다.

이 게임에는 두 개의 순수전략 내쉬균형이 있다. 하나는 두 사람이

---

13) 이하의 예는 경희대 학부생인 변성준 군의 보고서에서 발췌한 것임.

		터프가이	
		덤빈다	그냥 지나간다
용감무쌍	덤빈다	100 / 100	50 / −100
	그냥 지나간다	−100 / 50	50 / 50

모두 깡패에게 덤비는 것이다. 다른 하나는 두 사람이 모두 그냥 지나 가는 것이다. 첫번째 균형에서 두 사람은 모두 100의 보수를 얻는다. 이 균형을 파레토 효율적인 균형이라고 한다. 왜냐하면 다른 내쉬 균형 에서 보다 두 사람 모두 더 큰 보수를 얻기 때문이다. 두 번째 균형에서 는 두 사람 모두 50의 보수를 얻는다. 이 균형을 위험우월전략 균형이 라 한다. 왜냐하면 그냥 지나가는 전략은 안전하고 위험이 적은 전략이 기 때문이다. 이 두 가지 균형 중 어느 것이 실제로 실현될까?

용감무쌍씨와 터프가이씨 간에 의사소통이 가능하다면 용감무쌍 과 터프가이는 첫번째 균형인 함께 덤비기로 합의할 것이다. 왜냐하면 이것이 두 사람 모두에게 더 높은 보수를 주기 때문이다. 정의의 사나 이는 정의의 사나이를 알아본다고 하지 않았는가! 용감무쌍씨가 터프 가이씨의 정의에 불타는 듯한 눈빛을 보고 터프가이씨에게 다가가 '이 런 그릇된 행동을 그냥 놔 둘 수는 없지 않습니까? 우리 함께 저 여자를 도와 줍시다'라고 말한다면 두 사람 모두 덤벼 여자를 구해내는 첫번 째 균형이 실현될 것이다.

그러나 만약 용감무쌍과 터프가이 간에 대화가 가능하지 않다면 어떠한 결과가 나타날 것이라고 예측할 수 있을까? 각 경기자는 덤비는 것을 선택하는 경우 상대방도 덤빈다면 매우 높은 보수 100을 얻지만 상대방이 그냥 지나간다면 낮은 보수인 50을 얻는다. 즉 덤비는 것을 선택하면 위험부담이 크다. 반면 그냥 지나가는 것을 선택한다면 상대방이 덤비든 그냥 지나가든 관계없이 50의 보수를 얻는다. 그러므로 각 경기자는 그냥 지나가는 것을 선택할 것이라고 예상할 수 있다.[14]

파레토 효율적인 균형이 실현되지 못하고 위험우월전략 균형이 실현되는 경우 조정 실패(coordination failure)가 발생하였다고 한다.

팀 생산 게임

두 사람 철수와 영희가 팀이 되어 일한다. 각 사람은 열심히 일하든지 슬슬 일하든지 양자택일할 수 있다. 슬슬 일하는 것이 노력의 수준 1(태만)에 해당하고 열심히 일하는 것은 노력 수준 2(근면)에 해당한다고 하자. 이 팀의 성과는 두 사람의 노력수준의 최저 값의 2배라고 한다. 노력에는 고통이 수반되는데 이를 비용으로 환산하면 노력수준에 비례한다. 따라서 각 경기자의 보수함수는 다음과 같다:

$$U_i(e_i, e_j) = \min(e_i, e_j) - ce_i$$

여기서 e_i는 경기자 i의 노력수준을 표시하며 1이나 2의 값을 갖는다. 상수 c는 노력의 한계비용을 나타낸다.

이러한 게임 상황을 전략형 표로 나타내면 도표 4-25와 같다.

이 게임에는 순수전략 내쉬균형이 2개 있다. 하나는 두 사람 모두 근면을 선택하는 것이고 다른 하나는 두 사람 모두 태만을 선택하는 것이다. 전자는 파레토 효율적 균형이고 후자는 위험우월전략 균형이다.

이 게임은 2명 이상의 경기자가 팀 생산 게임에 참여하고 각 경기자가 선택할 수 있는 노력의 수준도 다양한 게임으로 일반화할 수 있

---

14) 이와 비슷한 경우로 비행기 납치범에게 붙들린 인질들을 들 수 있다. 여러 인질들이 힘을 합치면 납치범을 제압할 수 있지만 한 두 명만 저항하면 납치범에게 사살될 위험이 있는 경우에도 동일한 논리가 적용된다.

		영 희	
		태만(1)	근면(2)
철 수	태만(1)	$1-c$ $1-c$	$1-2c$ $1-c$
	근면(2)	$1-c$ $1-2c$	$2-2c$ $2-2c$

다. 각 경기자가 선택할 수 있는 노력 수준이 1부터 7까지 인 경우에 각 경기자의 보수함수는 다음과 같다:

$$U_i(e_i, e_{-i}) = \min(e_i, e_{-i}) - ce_i$$
$$e_i = 1, 2, \cdots, 7$$

여기서 e_{-i}는 i 이외의 경기자들의 노력수준을 나타낸다.

이러한 팀 생산 게임에서 순수 전략 내쉬 균형은 7개가 있다. 모든 경기자가 1의 노력을 하는 균형으로부터 모든 경기자가 7의 노력을 하는 균형의 7개인 것이다. 여기서 파레토 효율적인 균형은 모든 경기자가 7의 노력을 하는 균형이고 위험우월 전략 균형은 모든 경기자가 1의 노력을 하는 균형이다.

Van Huyck, Battalio and Beil(1990)은 이러한 팀 생산 게임을 실험에 부쳤다. 약 15명의 경기자가 10기에 걸쳐 반복적으로 이 게임을 수행하였다. 여기서 $c = 0.5$로 놓았다. 경기자들은 매기 말에 그 기의 최저 노력수준이 얼마인지 통보를 받았다. 실험 결과, 첫 기에는 대다수 경기자들이 4 이상의 노력수준을 선택하지만 기간이 지남에 따라 모든 경기자들이 1의 노력을 하는 균형으로 수렴하였다. 조정 실패의 현상이 나타난 것이다.

조정 실패의 문제를 해결하는 방법은 없는지 알아보기 위해 경기자의 수를 2로 줄여 보았다. 그러자 초기 선택에서 7의 노력을 기울인 경기자가 한 실험에서는 16명 중 5명이었고 다른 실험에서는 14명 중 6명이나 되었다. 4이상의 노력을 기울인 경기자는 한 실험에서는 16명 중 10명이었고 다른 실험에서는 14명 중 9명이었다. 확률적 팀원 구성 (random pairing)하에서 마지막 기에서 한 실험에서는 16명 중 8명이 7의 노력을 기울였으며 다른 실험에서는 14명 중 5명이 7의 노력을 기울였다. 4이상의 노력을 기울인 경기자는 한 실험에서는 16명 중 13명이었고 다른 실험에서는 14명 중 10명이었다. 이를 볼 때 팀 규모를 작게 잡으면 조정 실패의 문제가 상당히 완화되는 것으로 판단된다.

팀의 규모가 2명일 때에 두 명의 팀원이 기간이 지나도 계속 같이 일을 하는 경우(fixed pairing)에는 초기에는 다양한 전략들이 1부터 7까지 골고루 나타났지만 기간이 지남에 따라 모두 7의 노력을 하는 효율적 균형으로 수렴하였다. 이를 볼 때 팀 구성원이 계속 같이 일하도록 하는 것이 조정실패의 문제를 해결할 수 있음을 알 수 있다.

Cooper et al.(1992)는 팀 생산 게임과 유사한 구조를 갖는 게임에서 팀원간의 의사소통을 도입하면 조정실패의 문제가 크게 개선될 수 있음을 실험을 통해 확인하였다. 아무런 의사소통이 없을 때는 조정실패가 발생하지만 한 경기자가 다른 경기자에게 메시지를 전달할 수 있는 경우 (일방향 의사소통: one-way communication) 효율적인 균형의 발생 빈도가 크게 증가하였다. 총 165번의 실험에서 전략 조합 (2,2)가 88번이나 나타났다. 반면 (1,1)은 26번 나타났으며 (1,2)나 (2,1)은 51번 나타났다. 두 경기자가 상대방에게 동시에 메시지를 보내고 나서 게임을 수행하는 양방향 의사소통(two-way communication)의 경우에는 총 165번의 실험에서 전략 조합 (2,2)가 150번 나타났으며 (1,1)은 한번도 나타나지 않았고 (1,2)나 (2,1)은 15번 나타났다.

Goeree and Holt(2005)는 노력에 따른 비용 c가 바뀌면 게임의 결과도 바뀔 수 있음을 실험을 통해 보여주었다. 두 명의 경기자가 110에서 170 사이의 연속적인 값(노력 수준) 중 하나를 선택할 수 있다. 그들은 비용 c가 1/4인 경우(저 비용의 경우)와 3/4인 경우(고 비용의 경우)를 설정하였다. 실험 결과 초기의 평균적인 노력 수준은 중간 값인 140 근처였다. 제 3기가 되자 저 비용의 경우에 보다 높은 노력 수준이 나타나기 시작하였다. 마지막 기에 평균적인 노력은 저 비용의 경우 159였고 고 비용의 경우에는 126이었다.

케인즈의 거시경제이론과 조정 실패

고전파 거시경제학자들은 경제가 균형에서 항상 완전고용 상태에 놓여 있으며 따라서 비자발적 실업은 존재하지 않는다고 생각하였다. 왜냐하면 임금의 신축적으로 움직여 노동시장에서 수요 공급이 균형을 이루도록 하기 때문이다. 불완전 고용이 발생하는 것은 임금의 경직성 때문이다. 반면 케인즈는 재화시장에서의 수요에 맞추어 생산이 이루어지고 이 생산에 필요한 만큼 고용이 이루어진다고 보았다. 즉, 고용량이 실질적으로는 재화시장에서의 유효수요에 의해 결정된다는 것이다. 한편 유효수요는 소비자들의 소비지출과 기업의 투자지출로 구성되는데, 소비지출은 소득수준에 의존하고 소득수준은 다시 고용수준에 따라 달라진다. 기업의 투자지출은 장래 경기전망에 따라 바뀌지만 일정 부분 소비자의 소비지출에 의존하고 따라서 고용수준에 따라 달라진다. 이렇게 볼 때 고용은 유효수요에 의해 결정되고 유효수요는 다시 고용에 의해 결정된다. 고용과 유효수요는 상호 연관되어 있는 것이다.

이러한 거시경제의 균형은 일종의 내쉬 균형으로 해석할 수 있다. 예를 들어 소비자와 기업이 모두 낙관적으로 경기를 전망한다고 하자. 그러면 소비자는 소비지출을 늘리고 기업도 투자지출을 늘려 유효수요가 늘어나게 된다. 그 결과 실제로 생산이 증가하고 고용이 높은 수준을 유지한다. 소비자와 기업의 경기전망이 실제 경기와 일치하게 되는 자기확인적 예상의 상태가 되는 것이다. 이는 일종의 내쉬 균형 상태이다.

　이번에는 소비자와 기업 모두 비관적으로 경기를 전망한다고 하자. 그러면 소비자는 소비지출을 줄이고 기업도 투자지출을 줄여 유효수요가 감소하게 되고 그 결과 생산이 감소하고 고용도 감소하여 실제로 경기가 나빠지게 된다. 이 상태도 소비자와 기업의 경기전망이 실제경기와 일치하게 되는 자기 확인적인 예상의 상태로 일종의 내쉬 균형상태이다.

　그렇다면 소비자는 경기를 낙관적으로 보고 기업은 비관적으로 보는 경우에는 어떻게 될까? 이 경우 소비자는 소비지출을 늘리고 기업은 투자지출을 줄인다. 이에 따라 유효수요에는 큰 변화가 없고 생산량과 고용에도 큰 변화가 없게 된다. 소비자는 소득에 비해 과다지출을 하였으므로 장래 소비를 조정하고자 할 것이다. 기업은 유효수요가 생각 보다 줄지 않아 투자지출을 상향 조정할 것이다. 이러한 상황은 자기 확인적 예상의 요건을 충족시키지 못하므로 내쉬 균형 상태가 아니다. 어쨌든 이 상황에서 소비자는 손해를 보고 기업은 큰 손실을 보지는 않을 것이다. 소비자가 경기를 비관적으로 보고 기업은 낙관적으로 보는 경우에도 비슷한 논리로 소비자는 큰 손실을 보지 않는 반면 기업은 손해를 보게 된다. 이렇게 볼 때 경기를 비관적으로 보고 이에 맞추어 투자를 하거나 소비를 하는 것은 위험우월 전략에 해당한다.

　거시경제의 균형은 다수의 소비자들과 기업들이 벌이는 게임 상황에서의 내쉬 균형에 해당한다. 이 게임에는 다수의 균형이 존재한다. 소비자와 기업이 경기를 낙관적으로 전망하는 경기 호황 균형이 있는가 하면 소비자와 기업이 모두 경기를 비관적으로 보는 경기 불황 균형이 있다. 이 게임에는 위험 우월 전략이 존재한다. 그것은 안전 위주로 경기를 가급적 비관적으로 보고 투자와 소비를 결정하는 것이다. 소비자와 기업이 위험 우월 전략을 선택하면 유효수요가 감소하고 이에 따라 실업이 만연하는 경기침체가 도래하게 된다. 경기 침체 균형은 일종의 조정 실패 현상인 것이다.

앞 장에서 우리는 두 사람이 참여하는 적대적 게임에서는 각 경기자가 최소극대화 전략을 취하는 것이 최적이며 균형이 된다는 것을 보았다. 또한 최소극대화 전략의 특징은 그것이 경기 상대방의 전략에 관한 예상과 관계없이 결정된다는 데 있음을 언급한 바 있다.

본 장에서는 적대적 게임 뿐만 아니라 비적대적 게임도 포괄하는 일반적인 전략형 게임을 살펴보았다. 비적대적 게임에서는 경기자들이 최소극대화 전략을 취하는 것은 일반적으로 균형상태가 되지 못한다. 비적대적 게임에서도 특수한 경우에는 상대방 경기자의 전략에 대한 예상과 관계없이 경기자들의 전략선택이 결정될 수 있다. 우월 전략과 열등 전략이 존재하는 경우가 그러한 경우이다. 그렇지만 일반적으로 각 경기자의 전략선택은 상대방 경기자의 전략에 대한 예상이 어떠하냐에 따라 달라진다. 대부분의 전략은 상대방 경기자가 어떤 한 전략을 취할 것이라고 예상을 하는 경우 이 예상하의 최적 선택으로서 합리화될 수 있다. 이렇게 상대방 경기자의 어떤 예상 전략에 대한 최적 대응으로 합리화가 가능한 전략을 합리화 가능 전략(rationalizable strategy)이라고 한다. 한 경기자의 합리화 가능 전략은 보통 유일하지 않으며 매우 많은 것이 일반적이다. 따라서 게임의 결과를 예측하는 데는 큰 도움이 되지 못한다. 합리화 가능 전략 중 실현될 가능성이 높은 것을 추려내는데 사용되는 개념으로 대표적인 것이 내쉬균형(Nash equilibrium)이다. 내쉬균형은 합리화 가능 전략조합 중 상대방 경기자의 전략에 대한 예상과 상대방 경기자가 선택하는 실제 전략이 일치하는 전략조합을 지칭한다.

내쉬균형은 다음의 세 가지로 해석될 수 있다. 첫째는 사전 대화가 가능한 경우에 자기 강제력이 있는 합의가 되기 위한 조건으로 보는 것이다. 둘째는 동태적 과정에서 형성되는 관행이 되기 위한 조건으로 보는 것이다. 셋째는 내쉬 균형을 실제 사용되는 전략조합이 아니라 경기자들의 머릿속에 존재하는 자기 실현적인 예상 전략조합으로 보는 것이다.

사례연구 ｜ '최고', '최초' 보다 '최다'가 중요하다

스티브 케이스(Steve Case)는 26세 때인 1985년에 아메리카온라인(America on Line: AOL) (당시 퀀텀 컴퓨터)을 창업하였다. 아메리카온라인(AOL)은 인터넷 접속, 콘텐츠, 전자상거래라는 3대 인터넷 비즈니스를 취급하는 회사이다. 지난 92년 회장으로 취임한 케이스는 AOL의 접속 프로그램을 잡지나 일상 생활용품에 끼워 무료로 배포하였다. 이러한 무료 배포 전략은 컴퓨터·인터넷 관련 사업에서는 마케팅의 고전으로 통한다. 왜 그럴까?

그것은 이 산업에서는 생산과 소비 양 측면에서 '규모의 경제' 현상이 작용하기 때문이다. AOL의 인터넷 접속 프로그램은 많이 생산할수록 생산단가가 더 싸진다. 프로그램 디스켓을 생산하는 데는 시설비, 개발비 등 고정투자비가 많이 들어간다. 한 장을 생산하건 100장을 생산하건 고정투자비는 똑같이 들어가므로 한 장 생산하는 것 보다 100장 생산하는 경우에 생산단가가 낮아진다. 즉, 생산량이 많아질수록 생산단가는 작아지는 것이다. 이를 생산측면의 규모의 경제라 한다. 한편 AOL 회원 가입자가 많을수록 각 회원들은 더욱 편리하게 프로그램을 사용할 수 있다. 회원수가 많을수록 더 많은 사람들과 이메일이나 채팅을 보다 손쉽게 할 수 있다. 이를 소비측면의 규모의 경제라고 할 수 있다.[15] 생산측면과 소비측면의 규모의 경제로 인해 많은 회원을 가진 업체가 절대적으로 유리해진다. 회원이 많은 업체는 평균 생산단가가 낮

---

15) 이를 네트워크 외부성(network externality)이라고 하기도 한다.

을 뿐 아니라 소비자들도 회원수가 많은 업체의 서비스를 더 선호한다. 이에 따라 회원이 많은 업체에는 점점 더 많은 회원이 몰리게 되고 더 많은 수익을 올릴 수 있다. 반면 회원이 적은 업체는 점점 회원들이 빠져나가게 되고 결국 시장에서 퇴출당하게 된다.

애플 컴퓨터가 몰락한 것도 이런 맥락에서 설명될 수 있다. 애플사의 스티브 잡스는 1984년 맥킨토시라는 컴퓨터를 출시하였다. 이 컴퓨터는 GUI(Graphic User Interface) 운영체제를 최초로 도입한 것이었다. 이 컴퓨터에서는 마우스를 아이콘에 클릭하기만 하면 프로그램이 작동되었다. 반면 MS-DOS 운영체제를 장착한 IBM의 퍼스널 컴퓨터에서는 모든 작업을 일일이 타이핑해 주어야 했다. 편리성 측면에서 IBM의 퍼스널 컴퓨터(PC)는 맥킨토시에 상대가 되지 않은 것이다. IBM과 마이크로소프트사는 곧 망하는 것 같았다. 그런데 그렇게 되지 않았다. 애플사 내부에서 경영진간에 갈등이 불거지면서 스티브 잡스가 쫓겨난 것이다. 그 대신 애플사의 사령탑을 맡게 된 사람은 전문 경영인으로 새롭게 영입된 존 스컬리였다. 존 스컬리는 추락하던 펩시콜라 사에 획기적인 마케팅 전략을 도입해 구사일생으로 살려놓은 사람이었다. 그렇지만 그는 콜라와 컴퓨터의 차이를 이해하지 못하였다. 당시 애플사 내부에서는 매킨토시를 라이선스화 할 것인지를 놓고 논란이 있었다. 일부에서는 MS사의 도스 운영체제에 제동을 걸 수 있는 유일한 방책은 매킨토시 운영체제를 PC 클론 플랫폼에 적용시키는 방법 뿐이라고 주장하였다. 반면 다른 한 쪽에서는 매킨토시의 독과점을 주장하였다. 그 이유는 크게 두가지로 정리할 수 있다. 첫째, 매킨토시라는 컴퓨터는 PC 클론과 달리 설계 과정에서부터 하드웨어와 소프트웨어가 미세한 조화를 이루며 제작된 컴퓨터로서 매킨토시 운영체제를 따로 떼어내어 PC 클론에 접목시킨다는 것은 혈액형이 다른 사람에게 수혈하는 결과를 초래할 것이다. 둘째, 매킨토시로 애플사가 한 해 올리는 매출액은 20억 달러로 70만 대를 판매할 수 있는 시장 점유율을 확보하고 있다.

라이선스가 단행되어 PC 클론 시장의 연 판매 대수인 400만대에 PC 전용 매킨토시 운영체제가 탑재되더라도, 로열티를 한 대 당 100 달러로 추정한다 해도, 4억 달러의 매출액에 지나지 않으며 이 경우 매킨토시 하드웨어의 판매는 붕괴된다는 것이다. 결국 후자의 주장이 받아들여 졌다. 애플사는 매킨토시 운영체제를 라이선스화를 통해 시장에 공개하는 대신 매킨토시의 독점을 통해 마진률을 극대화시키는데 힘을 썼다. 동시에 신기술 개발에 매진하여 독점적 부가가치의 극대화에 노력하였다. 그러나 이것은 컴퓨터 산업의 특성 즉 생산과 소비 측면의 규모의 경제를 무시한 처사였다. 컴퓨터 생산 특히 소프트웨어 생산에는 규모의 경제가 존재한다. 예를 들어 MS-DOS 운영체제 프로그램은 디스켓 한 장에 담긴다. 프로그램의 개발에는 막대한 개발비 등 고정투자비가 들어가지만 일단 개발되고 나면 추가적인 생산비는 디스켓 한 장 값에 불과하다. 그러므로 생산량이 많으면 많을수록 평균 단가는 낮아지는 것이다. 소비측면에도 규모의 경제가 존재한다. IBM의 PC와 PC 클론이 많이 사용되면 될수록 매킨토시 보다 PC를 사용하는 것이 소비자 입장에서는 더 편리하다. 왜냐하면 사용하다가 모르는 부분이 있으면 다른 사용자에게 쉽게 물어 볼 수 있으며 여러 가지 응용 프로그램 파일을 PC 사용자들 간에 교환할 수 있기 때문이다.

매킨토시의 GUI 운영체제가 매력적이긴 하지만 가격차이가 많이 났다. 이에 따라 대부분의 사람들은 PC를 사용하였고 매킨토시 컴퓨터는 고급 서비스를 필요로 하는 일부 소비자 층에게만 높은 가격에 판매되었다. 컴퓨터 사용인구가 기하급수적으로 증가함에 따라 생산과 소비측면의 규모의 경제가 더욱 강력하게 작용하였고 매킨토시의 시장점유율은 점점 하락하였다. 1995년 윈도 95가 출시된 이후에는 GUI라는 기술적 우위도 상실하였고 애플사는 결국 가사상태에 빠지게 된다. 애플사의 매킨토시는 당시 최고의 제품이었고 GUI를 구현한 최초의 컴퓨터였지만 시장에서 최다를 점한 PC에 무릎을 꿇고 만 것이다. 애플사

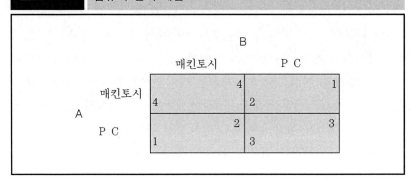

	도표 4-26	컴퓨터 선택 게임

의 몰락은 최고 최초 보다 최다가 중요하다는 것을 극적으로 보여주는 예에 해당한다.

이러한 상황은 다음과 같은 조정(調整) 게임(coordination game)으로 나타낼 수 있다. 단순화를 위해 두 명의 경기자만 있다고 하자. 각 경기자는 매킨토시와 PC 중 하나를 선택할 수 있다. 두 경기자가 모두 매킨토시를 선택하면 두 사람 모두 높은 보수를 얻는다. 왜냐하면 매킨토시의 기술적 우수성을 누릴 수 있고 두 사람 간에 파일의 교환 등이 가능하므로 편리성이 증대되기 때문이다. 한 사람은 매킨토시를 선택하고 다른 한 사람은 PC를 선택하는 경우에는 두 사람 모두 상대적으로 낮은 보수를 얻는다. 두 사람 모두 PC를 선택한 경우에는 두 사람 모두 매킨토시를 선택한 경우보다는 낮지만 두 사람이 각각 다른 제품을 선택한 경우 보다는 높은 보수를 얻는다. 이러한 게임 상황은 다음과 같은 표로 나타낼 수 있다.

이 게임에는 두 개의 순수전략 내쉬균형이 존재한다. 하나는 두 사람 모두 매킨토시를 선택하는 것이고 다른 하나는 두 사람 모두 PC를 선택하는 것이다. 본문에서와 같이 사람들이 정태적 기대를 가지고 근시안적으로 행동한다고 상정해 보자. 이 경우 이 두 균형 중 어느 균형으로 수렴하느냐 하는 것은 초기의 시장상태에 달려있다. 따라서 시장 형성 초기에 어느 한 회사가 싼 값으로 제품을 공급하게 되면 처음에는 손해를 보겠지만 시장 균형이 이 회사에 유리하게 결정된다. 그 후에 시장을 독점할 수 있으므로 이 시장의 규모가 점점 커짐에 따라 이 회사는 이득을 볼 수 있을 것이다. 이것이 바로 IBM PC가 라이선스 료를 받고 PC 기술을 공개한 이유이다. 이는 또한 AOL의 스티브 케이스가 무료로 디스켓을 배포한 이유이기도 하다.

– 하형일 님이 HowPC지 1999년도 각 월호에 연재한
"실리콘 밸리 이야기" 중 일부를 발췌함 –

보 론 혼합전략 내쉬균형의 계산

두 경기자가 각각 두 전략을 가진 일반적인 전략형 게임을 생각해 보자. 이 게임을 표로 나타내면 다음과 같다

이 게임의 혼합전략 내쉬균형은 무엇일까? 이를 찾아보기 위해 경기자 1의 혼합전략은 U를 확률 p로 선택하고 D를 $(1-p)$의 확률로 선택하는 것이라 하자. 그리고 경기자 2의 혼합전략은 확률 q로 L을 선택하고 $(1-q)$의 확률로 R을 선택하는 것이라 하자.

경기자 1의 혼합전략이 내쉬균형이 되려면 경기자 1이 U를 선택할 때 얻는 기대보수와 D를 선택할 때의 기대보수가 같아야 한다. 만약 같지 않아서 예를 들어 U를 선택할 때의 기대보수가 D를 선택할 때의 기대보수 보다 크다고 해보자. 그러면 경기자 1의 최적대응은 U를 100%의 확률로 선택하는 것이 된다. 그러므로 혼합전략을 사용하는 것은 내쉬균형을 구성할 수 없는 것이다.

경기자 2가 q의 확률로 L을 선택하는 상황에서 경기자 1이 U를 선

두 경기자가 두 전략을 가진 게임

경기자 2

		L		R
경기자 1	U	A	a	D	b
	D	B	d	C	c

택할 때 얻는 기대보수는 $qA+(1-q)D$이다.

경기자 2가 q의 확률로 L을 선택하는 상황에서 경기자 1이 D를 선택할 때 얻는 기대보수는 $qB+(1-q)C$ 이다.

이 두 보수가 같다는 조건은 $qA+(1-q)D=qB+(1-q)C$ 이다.

이 식을 에 관해 정리하면 $q=\dfrac{C-D}{(A-B)+(C-D)}$를 얻는다.

마찬가지로 경기자 2의 혼합전략이 내쉬균형이 되려면 경기자 2가 L을 선택할 때 얻는 기대보수와 R을 선택할 때의 기대보수가 같아야 한다.

경기자 1이 p의 확률로 U를 선택하는 상황에서 경기자 2가 L을 선택할 때 얻는 기대보수는 $pa+(1-p)d$ 이다.

경기자 1이 p의 확률로 U를 선택하는 상황에서 경기자 2가 R을 선택할 때 얻는 기대보수는 $pb+(1-p)c$ 이다.

이 두 보수가 같다는 조건은 $pa+(1-p)d=pb+(1-p)c$ 이다.

이 식을 p에 관해 풀면 $p=\dfrac{c-d}{(a-b)+(c-d)}$를 얻는다.

위험 우월성(risk dominance)과 잠재력 함수(potential function)

두 명이 참여하는 2인 팀 생산 게임에서 위험 우월 전략은 이탈 손실의 크기 비교에 의해 결정된다. 이탈 손실이 큰 전략이 위험 우월 전략이다. 위험 우월 전략으로 구성된 전략조합이 위험 우월 균형이다.[16)] 이탈 손실이란 균형에서 이탈하는 경우에 입는 손실을 말한다. 예를 들어 팀 생산 게임에서 두 사람 모두 1을 선택하는 균형으로부터 일방적으로 2로 이탈시 입는 손실은 c이다. 한편 두 사람이 모두 2를 선택하는 균형으로부터 이탈시 입는 손실은 $1-c$이다.

따라서 $c > 1/2$이면 두 사람 모두 1을 선택하는 균형으로부터의 이탈 손실이 모두 2를 선택하는 균형으로부터의 이탈 손실 보다 크다. 그러므로 모두 1을 선택하는 균형이 위험 우월 균형이다. 반면 $c < 1/2$이면 모두 2를 선택하는 균형이 위험 우월 균형이다.

경기자의 수가 3명 이상이거나 각 경기자가 사용할 수 있는 전략의 수가 3개 이상인 경우에는 위험 우월성의 개념을 적용할 수 없다. 위험 우월성의 개념을 이런 경우에 적용할 수 있도록 일반화한 개념이 잠재력의 최대화라는 개념이다. 이는 게임의 잠재력 함수를 상정하고 이를 최대화하는 내쉬 균형을 찾는 것이다.

예를 들어 팀원이 2명 이상인 팀생산 게임에서 잠재력 함수(V)는 총생산에서 각 경기자의 노력에 따른 비용의 합을 빼 준 것으로 정의할 수 있다.

$$V(e_i, \cdots, e_n) = \min\{e_1, \cdots, e_n\} - c \sum_{i=1}^{n} e_i$$

모든 노력 비용을 포함시키면 $\frac{dV}{de_i} = \frac{dU_i}{de_i}$가 되어 개별 경기자의 최적화 한계 조건은 잠재력 함수의 최적화 조건과 합치하게 된다. 잠재력의 최대화를 위해서는 모든 경기자의 노력수준이 같아야 함은 명백하다. $e_i = e$, $i = 1, \cdots, n$. 공통의 노력 수준 e를 상정하면 잠재력 함수는 $V = e - nce$가 된다. 이 함수는 $nc > 1$인 경우에는 가장 낮은 노력 수준에

---

16) 비대칭적인 2×2게임에서의 위험우월균형은 두 경기자의 이탈 손실의 곱이 최소가 되는 균형을 위험 우월 균형이라 한다.

서 최대가 되고 $nc<1$인 경우에는 가장 높은 노력 수준에서 최대가 된다. 팀원이 2명이고 가용 전략이 2개인 경우 이 조건은 위험 우월성의 조건과 일치한다. 즉 $c>1/2$이면 가장 낮은 노력을 기울이는 것이 최적 균형이며 그 반대의 경우 가장 높은 노력을 기울이는 것이 최적 균형이다. Van Huyck, Battalio and Beil(1990)의 2인 팀 생산 게임 실험에서는 $c=1/2$로 설정하였다. 따라서 이 게임에서는 모든 경기자가 공통의 노력 $e=1, 2, \cdots, 7$을 기울이는 것이 잠재력을 최대로 해준다. 이는 실험 결과에서 여러 노력 수준이 혼재되어 나타나는 것과 부합된다.

Goeree and Holt(2005)에서 고 비용의 경우에는 $c=3/4>1/2$으로 가장 낮은 노력을 기울이는 것이, 저 비용의 경우에는 $c=1/4<1/2$으로 가장 높은 노력을 기울이는 것이 잠재력을 최대로 해준다. 실험 결과에서 가장 낮거나 가장 높은 노력이 나타나지 않고 비교적 낮거나 비교적 높은 노력 수준이 나타났는데 이는 확률적인 요소의 도입을 통해 설명할 수 있음을 Goeree and Holt(2005)는 보이고 있다.

위험우월성(pareto dominance)의 결정

다음과 같은 전략형 게임을 생각해보자.
이 게임에서 전략 조합 (L,L)과 (H,H)가 순수 전략 내쉬균형이다.

도표 4-28 2인 조정 게임($A > B$, $a > b$, $C > D$, $c > d$)

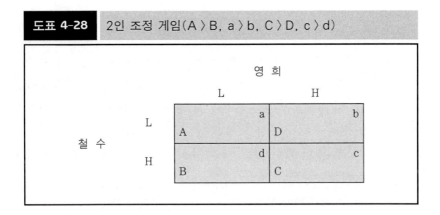

이 중 어떤 균형이 다른 균형 보다 안전한지 판단하는 방법은 없을까? 있다. 그것은 각 경기자가 생각하는 균형의 위험도를 측정하는 것이다.

균형 (L,L)의 위험인자

영희가 p의 확률로 L을 선택하는 경우 철수의 전략 L과 H의 보수가 같아지도록 하는 p값을 균형 (L,L)에서의 철수의 위험인자(risk factor)라 한다. 철수가 L을 선택하도록 하기 위해서는 최소한 이 확률 p로 영희가 L을 선택해야 함을 의미한다. 이 확률 p가 클수록 철수 입장에서 보았을 때 균형 (L,L)의 위험도가 커진다고 볼 수 있다. 이 p를 구해보자.

$$pA+(1-p)D=pB+(1-p)C \rightarrow p=\frac{C-D}{A-B+C-D}$$

균형 (L,L)에서의 영희의 위험인자도 마찬가지 방식으로 계산할 수 있다. 철수가 L을 선택할 확률을 q라 놓고 계산을 하면

$$qa+(1-q)d=pb+(1-q)c \rightarrow q=\frac{c-d}{a-b+c-d}$$

균형 (L,L)의 위험도는 철수와 영희의 위험인자를 곱해준 것으로 정의된다. 따라서 균형 (L,L)의 위험도는 다음과 같다.

$$\frac{(C-D)(c-d)}{(A-B+C-D)(a-b+c-d)}$$

이번에는 균형 (H,H)에 대해 각 경기자의 위험인자를 계산해 보자.

이 경우 영희가 p의 확률로 H를 선택하는 경우 철수의 전략 L과 H의 보수가 같아지도록 하는 p값을 균형 (H,H)에서의 철수의 위험인자라 한다.

$$(1-p)A+pD=(1-p)B+pC \rightarrow p=\frac{A-B}{A-B+C-D}$$

균형 (H,H)에서의 영희의 위험인자도 마찬가지 방식으로 계산할

수 있다. 철수가 H를 선택할 확률을 q라 놓고 계산을 하면

$$(1-q)a+qd=(1-q)b+qc \rightarrow q=\frac{a-b}{a-b+c-d}$$

따라서 균형 (H,H)의 위험도는 다음과 같다.

$$\frac{(A-B)(a-b)}{(A-B+C-D)(a-b+c-d)}$$

이렇게 계산된 위험도가 상대적으로 낮은 균형을 위험우월 균형이라 한다. 두 균형의 위험도를 나타내는 식에서 분모는 동일하므로 분자의 크기만 비교하면 된다. 균형 (L,L)의 위험도를 나타내는 식에서 분자는 $(C-D)(c-d)$인데 여기서 $C-D$와 $c-d$는 각각 철수와 영희가 균형 (H,H)로부터 이탈하는 경우의 이탈 손실에 해당한다. 균형 (H,H)의 경우도 마찬가지이다. 그러므로 두 내쉬 균형 (L,L)과 (H,H)의 위험도를 비교하는 것은 $(C-D)(c-d)$와 $(A-B)(a-b)$를 비교하는 것으로 귀착된다. 따라서 각 균형의 위험도는 다른 균형에서의 두 경기자의 이탈 손실의 곱에 비례한다. 그러므로 두 경기자의 이탈 손실의 곱이 상대적으로 큰 균형이 위험우월 균형이다. 위험 우월 균형에서 사용되는 전략을 위험우월 전략이라 한다.

예를 들어 다음 게임에서 위험우월 균형을 찾아보자.

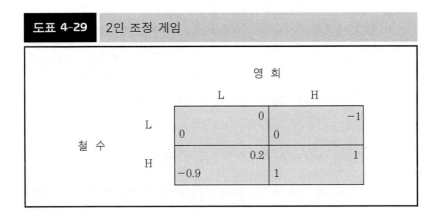

도표 4-29 2인 조정 게임

		영 희	
		L	H
철 수	L	0 / 0	0 / −1
	H	−0.9 / 0.2	1 / 1

이 게임에서 순수 전략 내쉬균형은 (L,L)과 (H,H)의 두 가지이다. 균형 (L,L)에서의 이탈 손실의 곱은 0.9이고 균형 (H,H)에서의 이탈손실의 곱은 0.8이다. 따라서 위험우월 균형은 (L,L)이다.

참고문헌

김지민, 「김지민의 성공투자 클리닉」, 중앙 M&B, 2001.

하형일, "실리콘 밸리 이야기," HowPC, 1999년도 각 월호.

Cooper, Russell, Douglas V. DeJong, Robert Forsythe, Thomas W. Ross, "Communication in Coordination Games," *The Quarterly Journal of Economics*, Vol 107, (1992), pp. 739-771.

Goeree, Jacob K. and Charles A. Holt, "An experimental study of costly coordination," Games and Economic Behavior, Vol 51 (2005), pp. 349-364.

Kreps, David, "Nash equilibrium", in *The New Palgrave: Game Theory*, edited by John Eatwell, Murray Milgate, Peter Newman, 1989.

Mas-Colell, Andreu, Michael D. Whinston, and Jerry R. Green, "Chapter 8. Simultaneous-Move Games," Microeconomic Theory, Oxford University Press, 1995.

Nash, John F. Jr., "Equilibrium Points in N-Person Games", *Proc. Nat. Acad. Sci.* U.S.A. 36 (1950) pp. 48-49.

_____, "Non-Cooperative Games", *Annals of Mathematics Journal 54* (1951) pp. 286-295.

John B. Van Huyck, Raymond C. Battalio, and Richard O. Beil, "Tacit Coordination Games, Strategic Uncertainty, and Coordination Failure," The American Economic Review, vol 80, no. 1, (1990) pp. 234-248.

_____, "Strategic Uncertainty, Equilibrium Selection Principles, and Coordination Failure in Average Opinion Games," The Quarterly Journal of Economics, vol. 106 no. 3, (1991) pp. 885-911.

1. 다음 전략형 게임에 내쉬균형이 존재하는가? 있다면 그것은 무엇인가?

   경기자 집합 $N = \{1, 2\}$

   전략 집합, $S_1 = S_2 = [0, \infty]$

   보수함수, $u_i(s_i, s_{-i}) = \begin{cases} 100, & s_i > s_{-i} \\ 0, & s_i \leq s_{-i} \end{cases}, \ i = 1, 2$

2. 두 사람이 두 가지 전략을 구사할 수 있는 경우를 상정하자. 그리고 이 게임의 내쉬균형이 유일하다고 하자. 이 게임에 명백 우월 전략이 존재하는가?

3. (의장의 역설(Chairman's paradox)) 세 명의 투표자 1, 2, 3이 세 개의 대안 a, b, c에 대해 투표를 한다. 투표 결과 과반수 득표한 대안이 채택되는 것으로 한다. 투표자 1이 의장이며 투표결과 과반수가 없는 경우 의장이 투표한 대안을 채택한다.

   각 경기자의 선호는 다음과 같다. 경기자 1은 대안 a를 가장 선호하고 그 다음에 b, c의 순서로 선호한다. 경기자 2는 대안 b를 가장 선호하고 그 다음으로 a, c의 순서로 선호한다. 경기자 3은 대안 c를 가장 선호하고 그 다음으로 b, a의 순서로 선호한다.

   a) 이 게임을 전략형 게임으로 나타내 보라.

   b) 이 게임의 내쉬균형을 구하여 보라.

   c) 이 게임에서 약 열등전략을 연속적으로 배제하는 경우 남는 전략조합은 무엇인지 생각해 보라.

4. 한 시장에 두 기업 A, B가 존재한다. 각 기업은 두 가지 생산 수준 L(적음), H(많음) 중 하나를 선택할 수 있다. 두 기업의 생산 전략 선택에 따른 보수는 다음 표와 같다.

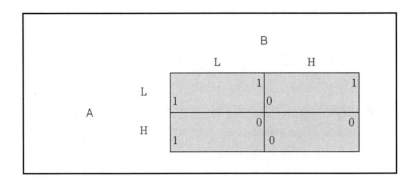

a) 이 게임에 명백 열등전략이나 약 열등전략이 존재하는가?
b) 이 게임의 내쉬 균형을 구하시오.

5. 두 기업 A, B가 시장내에서 경쟁을 하고 있다. 각 기업은 가격전쟁 전략이나 평화공존 전략 중 하나를 선택해야 한다. 두 기업의 전략 선택에 따른 보수는 다음 표에 정리되어 있다. 이 게임의 내쉬 균형을 구하시오.

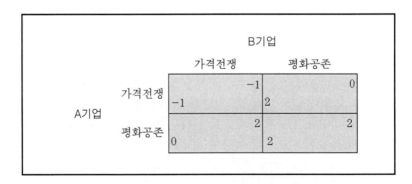

6. 다음의 2인 게임이 순수전략, 혼합전략을 모두 고려하는 경우에도 유일한 내쉬균형을 가짐을 보여라.

경기자 2

		a	b	c
경기자 1	A	1, -2	-2, 1	0, 0
	B	-2, 1	1, -2	0, 0
	C	0, 0	0, 0	1, 1

7. 두 명의 사냥꾼이 사슴을 잡으러 나섰다고 하자. 이들이 사냥하러 가는 도중에 토끼를 만날 수 있다. 각 사냥꾼은 사슴을 잡으러 계속 사냥할 것인지 아니면 토끼를 잡을 것인지를 결정해야 한다고 하자. 만약 두 사냥꾼이 공동으로 사슴을 잡기 위해 계속 협력한다면 한 마리의 사슴을 잡아 반반씩 나눠가질 수 있다. 만약 두 사냥꾼 모두 토끼를 잡는 것을 선택한다면 각 사냥꾼이 한 마리씩 잡을 수 있다. 만약 한 사람은 토끼를 잡고 한 사람은 사슴 사냥을 계속한다면 전자는 토끼를 한 마리 잡을 수 있고 후자는 아무 것도 잡을 수 없게 된다. 각 사냥꾼은 토끼 한 마리보다 사슴 반 마리를 더 선호한다.

이러한 상황을 전략형 게임으로 나타내면 다음 표와 같다.

a) 이 게임의 내쉬균형을 찾아보라.

b) 만약 사냥꾼들간에 게임전 사전대화가 가능하다면 이 게임의 결과는 어떠할 것이라고 예측할 수 있을까?

c) 만약 사냥꾼들간에 사전대화가 가능하지 않다면 어떠한 결과가

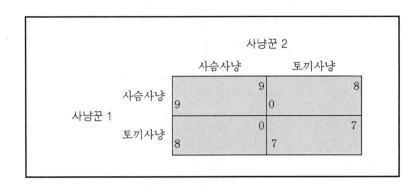

나타날 것이라고 예측할 수 있을까?

8. 다음과 같은 시장 진입 게임을 상정하자.

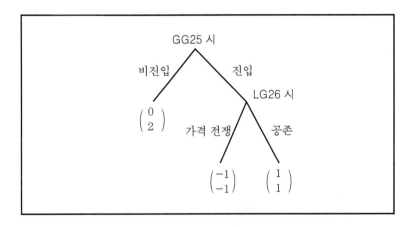

ㄱ) 이 게임의 전략형을 표로 나타내시오.
ㄴ) 이 게임의 순수전략 내쉬균형을 구하시오.
ㄷ) 이 게임의 혼합전략 내쉬균형을 구하시오.

"선을 행하는 자에게는 하늘이 복을 내려주고 불선(不善)을 행하는 자에게는 하늘이 화를 내려준다." (爲善者, 天而報之以福, 爲不善者, 天而報之以禍) (명심보감)

5 상관균형, 완전균형, 적정균형

5.1 상관균형 (correlated equilibrium)

혼합전략 균형에서 각 경기자는 상대방 경기자의 전략과는 상관없이 자신의 전략을 확률적으로 선택하였다. 경기자들이 확률적으로 전략을 선택할 때 다른 경기자의 전략선택과 독립적으로 하지 않고 서로 상관되도록 할 수도 있다. 예를 들어 경기자들이 사전대화를 통하거나 중개자(mediator)를 통해 서로의 확률적 선택이 조율되도록 할 수 있다. 이렇게 사전 조율된 확률적 전략조합으로부터 각 경기자가 이탈할 유인이 없으면 이 전략조합을 상관균형이라 한다. 상관균형에서는 경기자들의 선택이 조율되어 경기자들의 균형보수가 혼합전략 균형에 비해 더 높아질 수 있다. 예를 들어 다음과 같은 담력시험 게임을 생각해 보자.

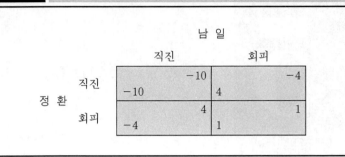

		남 일	
		직진	회피
정 환	직진	−10 / −10	4 / −4
	회피	−4 / 4	1 / 1

이 게임의 내쉬균형은 세 가지이다. 이 중 두 가지는 순수전략 균형으로 다음과 같다: (정환: 직진, 남일: 회피), (정환: 회피, 남일: 직진). 나머지 하나는 혼합전략 균형으로 정환과 남일 모두 1/3의 확률로 직진을 선택하는 것이다. 이때 정환과 남일 모두 −2/3의 기대보수를 얻는다. 이 게임은 정환이나 남일에게 모두 동일한 구조를 갖는다. 즉 게임이 대칭적이다. 따라서 게임의 결과에 대한 예측으로는 두 경기자가 동일한 전략을 사용하는 대칭적인 균형인 혼합전략 내쉬균형이 유망하다고 볼 수 있다.

만약 정환과 남일이 사전 대화를 통해 동전 던지기의 결과에 따라 각각의 전략을 선택하기로 합의하였다고 하자. 예컨대 동전의 앞면이 나오면 (정환은 직진, 남일은 회피)를 선택하기로 하고 동전의 뒷면이 나오면 (정환은 회피, 남일은 직진)을 선택하기로 하였다고 하자. 그러면 각 경기자는 이렇게 합의된 전략조합으로부터 이탈할 유인이 없으며 따라서 이 확률적 전략조합은 균형이 된다. 그리고 이때 정환과 남일의 기대 보수는 0이 된다. 이는 혼합전략 내쉬균형에서 얻을 수 있는 −2/3 보다 높은 보수이다. 여기서 동전 던지기는 두 경기자의 전략선택을 상호 연관시켜 주는 매개체 역할을 하며 이를 통해 두 경기자의 기대보수가 증가된다.

정환과 남일은 이 게임을 더 잘 할 수도 있다. 정환과 남일이 다음과 같은 상관 중개장치를 이용한다고 하자. 주사위를 던져서 1이나 2가 나오면 중개장치는 (정환: 회피, 남일: 회피)를 선택하라고 지시하고, 3이나 4가 나오면 (정환: 직진, 남일: 회피)를 선택하라고 지시하며, 5나 6이 나오면 (정환: 회피, 남일: 직진)을 선택하라고 한다고 하자. 정환과 남일은 각각 중개장치가 자신에게 지시한 내용만 알 뿐이다. 주사위의 눈이 얼마가 나왔는지 상대방은 어떤 지시를 받았는지는 모른다. 그들은 다만 중개자의 지시만 듣고 상대방의 전략에 대한 예상을 형성한다. 그리고 이에 기초하여 자신의 최적대응전략을 선택한다.

　　예를 들어 중개장치가 정환에게 '회피'하라고 지시했다고 하자. 이 경우 정환은 주사위의 눈이 1, 2이거나 5, 6일 것이라고 예측할 수 있다. 이때 남일은 전자의 경우 회피를 지시받고 후자의 경우 직진을 지시받는다. 따라서 이 장치가 자기강제력이 있다고 믿는다면 남일이 직진할 확률은 1/2이다. 이 경우 정환은 회피를 선택하는 것이 최적이다. 따라서 정환은 이 장치가 자기강제력이 있다고 믿는다면 중개장치의 지시에 따라 회피를 선택할 것이다. 이번에는 중개장치가 정환에게 '직진'하라고 지시한 경우를 생각해 보자. 이 경우 정환은 주사위의 눈이 3이나 4일 것임을 깨닫고 남일이 회피를 지시받았을 것임을 안다. 이 경우 정환은 직진을 선택하는 것이 최적이다. 따라서 정환은 이 장치가 자기강제력이 있다고 믿는다면 중개자의 지시에 따라 직진을 선택할 것이다. 남일의 경우도 마찬가지이다. 결국 정환과 남일이 중개장치가 자기강제력이 있다고 믿을 때 실제로 이 장치는 자기강제력을 갖게 된다. 이 경우 중개장치에 의해 매개되는 확률적 전략 조합을 상관균형이라 한다. 상관균형에서 정환과 남일의 기대보수는 1/3이다. 이는 혼합전략 균형에서 얻는 보수 −2/3 보다 높으며 두 순수전략 균형을 번갈아 가며 구사하는 앞의 단순한 상관균형에서 얻는 보수 0 보다도

도표 5-2	원래 게임에 확률적 중개장치가 부가된 게임

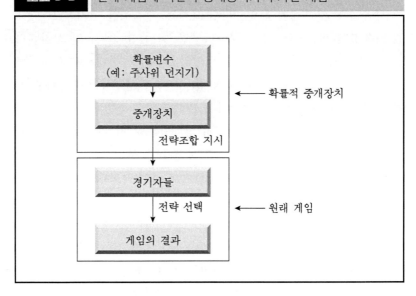

높다.[1]

원래 게임에 확률적인 중개장치가 부가되었다고 하자. 그리고 중개장치는 어떤 주어진 확률변수의 값에 따라 각 경기자에게 어떤 전략을 선택할 것인지를 지시한다고 하자. 이 중개장치의 작동방식은 경기자들이 모두 잘 알고 있다고 상정한다.

이제 이 중개장치의 지시를 받은 각 경기자가 경기 상대방이 중개

---

1) 상관 중개장치는 수학적으로는 전략조합 상의 확률분포 $p(s)$이다. 이 확률분포는 모든 경기자에게 주지의 사실이다. 중개장치는 이 확률분포에 따라 각 경기자의 전략선택을 지시한다. 어떤 전략 s_i를 선택할 것을 지시받은 경기자 i는 상대방 경기자의 전략선택에 관하여 사후예상을 형성한다. 이 예상은 조건부 확률 $p(s_{-i}|s_i)$에 해당한다. 이 사후예상에 기초하여 각 경기자는 최적의 전략을 선택한다. 이때 지시받은 전략 s_i가 최적 전략이면 이 중개장치 $p(s)$는 상관균형이다.

즉, 모든 $i{\in}N$와 확률분포 $p(\cdot)$에서 양의 확률로 구사되는 모든 s_i에 대해 $\sum_{s_{-i}{\in}S_{-i}} p(s_{-i}|s_i)u_i(s_{-i}, s_i) \geq \sum_{s_{-i}{\in}S_{-i}} p(s_{-i}|s_i)u_i(s_{-i}, s_i')\forall s_i'{\in}S_i$이 성립하면 $p(\cdot)$은 상관균형이다.

장치의 지시를 충실히 따를 것이라고 예상한다고 하자. 이 경우 각 경기자는 자신이 받은 지시에 기초하여 상대방은 어떤 지시를 받았을지에 관하여 예상을 형성한다. 그리고 이 예상에 기초하여 자신의 최적대응전략이 무엇인지 판단한다. 만약 중개장치에 의해 각 경기자에게 지시된 전략이 각 경기자의 최적대응전략이면 이 중개장치에 의해 결정되는 확률적 전략조합을 상관균형이라 한다. 상관균형에서는 중개장치가 없을 때에 비해 경기자들의 의사결정을 더 잘 조율함으로써 경기자들의 기대보수가 더 높아질 수 있다.

5.2 완전균형(perfect equilibrium)

경기자들이 전략을 선택할 때 실수로 의도하지 않았던 전략을 선택할 가능성이 있다고 하자. 이 경우 경기자들은 상대방이 실수할 가능성을 염두에 두고 자신의 전략을 선택할 것이다. 이러한 상황에서 나타나는 균형은 어떠할지를 생각해 보자. 균형 후보가 되는 전략조합 $\sigma = (\sigma_i)_{i \in N} \in \times_{i \in N} \Sigma_i$을 상정하자. 그리고 이 전략조합과 유사한 실수할 가능성을 내포하는 온전한 혼합전략 조합(completely mixed strategy profile)을 상정하자. 여기서 경기자의 온전한 혼합전략이란 모든 순수전략이 양의 확률로 구사되는 혼합전략을 말한다. 이 전략조합이 다음의 조건을 만족시키면 이를 ε−완전균형이라 하고 $\sigma^\varepsilon = (\sigma_i^\varepsilon)_{i \in N}$으로 표시한다.

경기자가 실수로 최적대응이 아닌 전략을 선택할 최대 확률을 ε이라 하자. 각 경기자 i는 어떤 순수전략 s_i가 상대방의 실수를 내포한 전략 조합 σ^ε_{-i}에 대해 최적 대응이 아니면 일정 확률 ε보다 작지만 0보다는 큰 확률로 그 전략을 선택한다. 즉, 어떤 순수전략 $s_i' \in S_i$이 있어

$U_i(\sigma^\varepsilon_{-i}, s_i) < U_i(\sigma^\varepsilon_{-i}, s_i')$ 이면 $\sigma^\varepsilon_i(s_i) < \varepsilon$ 이다.

이 조건은 각 경기자가 실수로 최적대응이 아닌 전략을 선택할 확률이 ε 보다 작음을 의미한다.

이제 ε 이 0으로 접근함에 따라 σ^ε 이 σ 에 수렴하는 그러한 일련의 ε 과 ε-완전 균형 σ^ε 이 존재하면 원래 상정한 전략조합 σ 는 완전균형이라 한다. 다음의 예는 내쉬균형이 언제 완전균형이 되지 못하는지를 보여준다.

도표 5-3에 표시된 전략형 게임에는 두 개의 내쉬 균형이 존재한다. 하나는 (정환: 위, 남일: 왼쪽)이고 다른 하나는 (정환: 아래, 남일: 오른쪽)이다. 이 중 (정환: 아래, 남일: 오른쪽)은 완전균형이 되지 못한다. 이를 알아 보기 위해 두 번째 균형을 상정하자. 그리고 정환이 어떤 일정 확률 ε 보다 작은 실수 확률 p 로 위를 선택하는 혼합전략을 구사한다고 하자. 이에 대한 남일의 최적 대응은 왼쪽을 선택하는 것이다. 이는 원래 상정한 남일의 균형전략 오른쪽과 다르다. 따라서 ε-완전균형에서 정환이 ε 보다 작은 확률로 위를 선택한다면 남일의 오른쪽 전략은 ε 보다 작은 확률로 선택된다. 따라서 ε 이 0으로 수렴할 때 두

도표 5-3	(정환: 위, 남일: 왼쪽)은 완전균형이다. 반면 (정환: 아래, 남일: 오른쪽)은 완전균형이 아니다. 완전 균형은 약열등 전략의 사용을 배제한다.

		남 일	
		왼쪽	오른쪽
정 환	위	1 1	0 0
	아래	0 0	0 0

전략조합(정환: 아래, 남일: 오른쪽)은 완전균형이 아니다. 반면 전략조합(정환: 중간, 남일: 가운데)는 완전균형이다.

		남 일		
		왼쪽	가운데	오른쪽
정 환	위	1 1	0 0	-9 -9
	중간	0 0	0 0	-7 -7
	아래	-9 -9	-7 -7	-7 -7

번째 균형으로 수렴하는 σ^ε은 존재할 수 없다. 그러므로 두 번째 균형은 완전균형이 될 수 없다.

사실 정환의 전략 아래와 남일의 전략 오른쪽은 약 열등전략이다. 약 열등전략은 완전균형의 기준을 적용할 때 배제된다. 상대방이 실수로 다른 전략을 선택할 확률이 조금이라도 있으면 상대방의 그러한 온전한 혼합전략에 대해 약 열등전략은 더 이상 최적대응이 되지 못하기 때문이다.

어떤 내쉬균형이 완전균형이 됨을 보이려면 그 내쉬균형으로 수렴하는 ε-완전균형을 하나만 찾을 수 있으면 된다. 가능한 모든 ε-완전균형이 문제의 내쉬균형으로 수렴하는 것을 요구하는 것은 아니다.[2]

다음 도표 5-4의 예를 통해 이를 살펴보자.

이 게임에는 세 개의 내쉬균형이 존재한다. 하나는 (정환: 위, 남일: 왼쪽)이고 다른 하나는 (정환: 중간, 남일: 가운데)이며 나머지 하나는 (정환: 아래, 남일: 오른쪽)이다. 여기서 정환의 아래 전략과 남일

---

[2] 가능한 모든 ε-완전균형이 문제의 내쉬균형으로 수렴하면 그 내쉬균형은 안정균형(stable equilibrium)이라 한다(보다 자세한 내용은 제15장을 참조할 것).

의 오른쪽 전략은 약 열등전략이다. 따라서 다른 경기자가 실수할 확률이 있으면 최적대응이 되지 못한다. 따라서 (정환: 아래, 남일: 오른쪽)은 완전균형이 되지 못한다.

전략조합 (정환: 중간, 남일: 가운데)는 완전균형일까? 이를 알아보기 위해 정환이 $1-p-p^2$의 확률로 중간을 선택하고, 실수 확률 p로 위를 선택하며, 실수 확률 p^2로 아래를 선택하는 혼합전략을 구사하고, 남일도 동일하게 실수 확률 p로 왼쪽을 선택하며, 실수 확률 p^2로 오른쪽을 선택하는 혼합전략을 구사한다고 하자. 이 경우 정환이 중간을 선택하면 $-7p^2$을 얻고 위를 선택하면 $1 \cdot p + (-9) \cdot p^2 = p - 9p^2$을 얻는다. 따라서 p가 작을 때 위를 선택하는 것이 더 유리하므로 상정된 혼합전략에서 이탈할 유인이 존재한다. 따라서 이 전략조합은 ε-완전균형이 되지 못한다.

그러나 다음의 혼합전략 조합은 ε-완전균형이다. 정환과 남일이 각각 중간과 가운데 전략을 $1-2p$의 확률로 선택하고 다른 전략을 각각 p의 확률로 선택하는 온전한 혼합전략 조합을 상정하자. 이때 정환은 중간을 선택하면 $-7p$을 얻고 위를 선택하면 $1 \cdot p + (-9) \cdot p = -8p$을 얻는다. 따라서 중간을 선택하는 것이 최적이다. 남일의 경우도 마찬가지이다. 그러므로 위의 전략 조합은 p보다 큰 ε에 대해 ε-완전균형이다. p와 ε이 0에 접근하면 ε-완전균형은 (정환: 중간, 남일: 가운데)에 수렴한다. 완전균형이 되기 위해서는 완전균형으로 수렴하는 ε-완전균형을 하나만 찾아낼 수 있으면 된다. 그러므로 전략조합 (정환: 중간, 남일: 가운데)는 완전균형이다.

내쉬균형이 약 열등전략으로 구성되어 있지 않다고 항상 완전균형이 되는 것은 아니다. 다음의 예는 이를 예시하여 준다.

도표 5-5에서 경기자 1의 보수는 셀의 좌 하단에, 경기자 2의 보수는 셀의 우 상단에, 그리고 경기자 3의 보수는 셀의 중앙에 표시하였다.

전략조합 (아래, 왼쪽, 왼쪽)은 내쉬균형이며 이를 구성하는 전략

| 도표 5-5 | 내쉬균형 (아래, 왼쪽, 왼쪽)은 열등전략으로 구성되어 있지 않지만 완전균형이 아니다. |

경기자 3

		왼쪽			오른쪽	
		경기자 2			경기자 2	
		왼쪽	오른쪽		왼쪽	오른쪽
경기자 1	위	1, 1, 1	1, 0, 1		1, 0, 1	0, 0, 0
	아래	1, 1, 1	1, 0, 0		0, 1, 1	0, 0, 0

들은 열등전략이 아니다. 그렇지만 이 전략조합은 완전균형이 아니다. 경기자 2와 3이 실수로 오른쪽을 선택할 확률이 약간이라도 있으면 경기자 1은 '위'를 선택하는 것이 더 유리하기 때문이다.

5.3 적정균형(proper equilibrium)

완전균형에서 경기자들의 실수는 아무런 제약 없이 어떤 형태로든 일어날 수 있다. 그 중 주어진 후보 균형을 합리화해 주는 것을 찾을 수 있으면 그 후보 균형은 완전균형이다. 적정균형에서는 경기자들의 실수 가능성에 제약을 가한다. 그 제약은 경기자가 어떤 순수전략을 실수로 선택했을 때 입는 손해가 클수록 그런 실수를 할 확률은 작아야 한다는 것이다. 따라서 후보 균형을 합리화해 줄 수 있는 실수 확률을 찾기가 더 어려워진다. 그러므로 어떤 균형이 적정균형이면 완전균형이지만 그 역은 성립하지 않는다. 이런 의미에서 적정균형은 완전균형 개념보다 더 정밀한 균형개념이다.

적정균형은 수식을 이용하면 다음과 같이 정의된다.

균형 후보가 되는 전략조합 $\sigma = (\sigma_i)_{i \in N} \in \times_{i \in N} \Sigma_i$을 상정하자. 그리고 이 전략조합에 실수 가능성을 부가하여 얻은 온전한 혼합전략 조합 $\sigma^\varepsilon = (\sigma_i^\varepsilon)_{i \in N}$을 상정하자. 이 전략조합이 다음의 조건을 만족시키면 이를 ε-적정균형이라 한다.

각 경기자 i의 임의의 두 순수 전략 s_i, s_i'에 대해 $U_i(\sigma^\varepsilon_{-i}, s_i) < U_i(\sigma^\varepsilon_{-i}, s_i')$이면 $\sigma_i^\varepsilon(s_i) < \varepsilon \sigma_i^\varepsilon(s_i')$이다.

이제 ε이 0으로 접근함에 따라 σ^ε이 σ에 수렴하는 그러한 일련의 ε과 ε-적정균형 σ^ε이 존재하면 원래 상정한 전략조합 σ는 적정균형이라 한다.

앞의 예에서 전략조합 (정환: 중간, 남일: 가운데)는 적정균형이 아니다. 전략조합 (정환: 중간, 남일: 가운데)가 적정균형이 되려면 ε-적정균형에서 각 경기자가 실수로 차차선의 전략을 선택할 확률은 차선의 전략을 선택할 확률보다 훨씬 작아야 한다. 이를 만족시키는 실수를 내포한 전략조합은 앞에서 살펴본 전략조합 즉, 실수 확률 p로 위를 선택하며, 실수 확률 p^2으로 아래를 선택하는 유의 혼합전략 밖에는 없다. 그런데 이 때에는 정환은 위로 이탈할 유인이 있다. 따라서 이 전략조합은 ε-적정균형이 되지 못한다. 그러므로 우리가 상정한 전략조합 (정환: 중간, 남일: 가운데)은 적정균형이 아니다.

이 게임에서 유일한 적정균형은 (정환: 위, 남일: 왼쪽)이다. 이를 알아보기 위해 실수를 내포한 다음의 혼합전략을 생각해 보자. 정환은 p의 실수 확률로 중간을 선택하고 p^2의 실수 확률로 아래를 선택하며 남일은 p의 실수 확률로 가운데를 선택하고 p^2의 실수 확률로 오른쪽을 선택하는 혼합전략을 상정하자. 이 혼합전략은 ε-적정균형임을 보일 수 있으며 이것은 ε이 0으로 접근함에 따라 전략조합 (정환: 위, 남일: 왼쪽)으로 수렴한다. 그러므로 전략조합 (정환: 위, 남일: 왼쪽)은 적정균형이다.

마을에 가로등 설치하기[3]

어느 마을에 가로등을 설치하려고 한다. 가로등 설치에는 비용이 소요된다. 문제는 마을 사람들은 모두 다른 사람이 가로등을 설치해주길 바란다는 것이다. 소위 무임승차를 하고 싶어 하는 것이다. 이 문제를 해결하기 위해 마을 사람들의 자발적인 기여금으로 가로등 설치비용을 마련하고자 한다. 자발적 참여를 통해 효율적인 자원배분이 이루어질 수 있을까? 여기서 효율적인 자원배분이란 가로등 설치비용보다 가로등 설치의 편익이 클 때는 가로등을 설치하고 그렇지 않을 때는 설치하지 않는 것을 의미한다. 이를 알아보기 위해 다음과 같은 게임상황을 상정하자.

마을에 n명의 사람이 살고 있다. 각 사람 i은 w_i원의 재산을 가지고 있으며, 각 사람이 가로등으로부터 얻는 혜택을 현금으로 환산한 금액은 v_i원이라 하자. 여기서 $v_i < w_i$라고 가정한다. 가로등 설치 비용은 c원이고 이 비용을 마련하기 위해 다음과 같은 규칙을 마련했으며 이상의 사실은 모두 주지의 사실이라 하자.[4]

각 사람이 자신이 지불할 금액을 적어 이장에게 제출한다. 이 금액을 합계한 것이 c원을 넘으면 가로등을 설치한다. 남는 돈은 마을의 기금으로 예치한다. 이 금액을 합계한 것이 c원에 미치지 못하면 가로등을 설치하지 않고 돈을 거두지 않는다.

이 게임에서 경기자의 집합은 n명의 마을사람이다. 즉, $N = \{1, 2, \cdots, n\}$. 각 사람 i의 전략은 자발적인 기여금의 액수 $s_i \in [0, w_i]$를 결

---

[3] 아래의 논의는 Bagnoli and Lipman(1989)의 논문에서 다루고 있는 내용 중 일부이다.

[4] 이 모형에서 금액을 나타내는 변수들은 연속적인 값을 취하지 않고 이산적인 값을 취하는 이산변수(discrete variable)라고 가정한다. 금액의 단위는 원이다.

정하는 것이다. 사람들의 보수체계는 다음과 같이 결정된다.

만약 $\sum_{i \in N} s_i \geq c$이면, 가로등이 설치되고 s_i원을 지불하므로 $u_i(s_i, s_{-i})$ $= v_i - s_i$이다. 만약 $\sum_{i \in N} s_i < c$이면, 가로등이 설치되지 않고 기여금을 지불하지 않으므로 $u_i(s_i, s_{-i}) = 0$이다.

이 게임 상황을 두 가지 경우로 나누어 살펴보자.

첫째는 가로등이 설치되지 않는 것이 효율적인 상황이다. 즉, $\sum_{i \in N} v_i < c$인 경우이다. 이 경우 내쉬균형에서 $\sum_{i \in N} s_i \geq c$가 되는 상황은 나타나지 못한다. 왜냐하면 그러한 상황이 나타나려면 적어도 한 명은 가로등의 가치 v_i 보다 많은 기여금을 내야 하기 때문이다. 그러므로 내쉬균형에서 $\sum_{i=1}^{n} s_i < c$가 되고 가로등은 설치되지 않는다.

둘째는 가로등이 설치되는 것이 효율적인 상황이다. 즉, $\sum_{i \in N} v_i \geq c$인 경우이다. 이 경우 내쉬균형은 어떤 형태일까? 우선 $\sum_{i \in N} s_i > c$인 상은 내쉬균형이 될 수 없음에 유의하자. 왜냐하면 이 경우에는 각 사람은 자신의 약정액을 줄이려고 할 유인이 존재하기 때문이다. 따라서 가능한 내쉬균형으로는 두 가지 형태가 있다. 하나는 내쉬균형에서 약정액의 합이 c와 같은 경우이다: $\sum_{i \in N} s_i = c$. 다른 하나는 약정액의 합이 c 보다 작은 경우이다: $\sum_{i \in N} s_i < c$.

전자의 경우에 내쉬균형에서 각 사람 i의 약정액은 가로등의 가치 v_i와 같거나 이 보다 작으므로 다음이 성립한다. 모든 i에 대해 $0 \leq s_i \leq v_i$이고 $\sum_{i \in N} s_i = c$. 이 경우 가로등은 설치되고 각 효율적인 자원배분이 이루어진다.

후자의 경우 즉 $\sum_{i \in N} s_i < c$인 경우가 내쉬균형 상황이 되려면 모든 i에 대해 $\sum_{j \neq i} s_j + v_i \leq c$이 성립하여야 한다. 왜냐하면 $\sum_{j \neq i} s_j + v_i > c$이면 경기자 i는 v_i 보다 약간 작으면서 $\sum_{j \neq i} s_j + s_i' = c$가 성립하는 약정액 s_i'을 선택할 유인이 있기 때문이다. 이 유형의 내쉬균형에서는 가로등이 설치되지 않으므로 효율적인 자원배분이 이루어지지 못하다.

비효율적인 자원배분이 이루어지는 내쉬균형은 완전균형도 된다.

예를 들어 마을 사람이 2명이고 각 사람에 대한 가로등의 가치가

60만원이며 가로등의 설치비용은 100만원이라 하자: 즉, $c=100$만원, $v_1=v_2=60$만원이다. 이 경우 전략조합 $s_1=s_2=0$은 완전균형이다. 이 균형을 완전균형으로 성립하게 해 주는 실수 확률은 다음과 같다. 각 사람이 $1-\varepsilon$의 확률로 0원을 선택하고 $k\varepsilon/(1+k)$의 확률로 100만원을 선택하며 나머지 확률로 다른 기여금을 선택한다고 하자. 여기서 k가 크면 각 사람의 기여금은 거의 확실하게 0원이나 100만원을 선택한다. 상대방의 기여금이 0원이건 100만원이건 0원의 기여금을 약정하는 것이 최선이다. 특별히 상대방의 기여금이 100만원일 때는 0원의 기여금을 약정하는 것이 유일한 최적금액이다. 상대방이 가로등 비용을 전부 부담한다고 약정하였으므로 나는 기여금을 더 약정할수록 손해이기 때문이다.

그러나 이 예에는 약간 문제가 있다. 실수로 구사하는 전략(100만원)이 약하게 열등한 전략이어서 개연성이 떨어지는 것이다. 실수로 구사되는 전략에 열등한 전략이 포함되지 않는다고 가정하면 어떻게 될까? 이 경우 비효율적 자원배분이 이루어지는 내쉬균형은 완전균형이 되지 못하고 효율적 자원배분이 이루어지는 내쉬균형만이 완전균형이 됨을 보일 수 있다. 이렇게 실수로 구사될 수 있는 전략을 비열등전략에 국한시킨 경우의 완전균형을 비열등 완전균형(undominated perfect equilibrium)이라 한다. 비효율적 자원배분이 이루어지는 내쉬균형은 비열등 완전균형이 되지 못함은 다음과 같이 증명될 수 있다.

먼저 마을 사람이 두 명인 경우를 살펴보자. 약열등전략이 배제된다면 균형전략 s_1^*, s_2^*은 다음 조건을 만족시킨다: $s_1^* \leq v_1-1$, $s_2^* \leq v_2-1$. 따라서 $s_1^*+s_2^* \leq v_1+v_2-2$이 성립한다. 만약 $v_1+v_2 \leq c+1$이면 $s_1^*+s_2^* < c$이 되어 비열등 내쉬균형에서 가로등은 건설될 수 없다. 우리는 $v_1+v_2 \geq c+2$라고 가정하고 비열등 균형에서 가로등이 건설되지 않을 수 있는지 살펴본다.[5] 가로등이 건설되지 않는 비열등 내쉬균형 (s_1^*, s_2^*)은 다음과 같은 조건을 만족시킨다.

---

5) 이 가정은 그리 큰 문제가 되지 못한다. 왜냐하면 금액 단위를 아주 작게 잡으면 조건 $v_1+v_2 \geq c+2$은 $v_1+v_2 \geq c$에 근사하기 때문이다.

$$s_1^* + s_2^* < c, \; s_1^* + v_2 \le c, \; s_2^* + v_1 \le c, \; s_1^* \le v_1 - 1, \; s_2^* \le v_2 - 1.$$

논의의 편의상 가로등의 가치와 균형 약정액 간의 차이가 큰 순서로 마을 사람을 번호매기기로 하자. 즉, $v_1 - s_1^* \ge v_2 - s_2^*$.

여기서 각 사람 i가 자신에 대한 가로등의 가치 v_i와 같거나 이보다 큰 금액을 약정하는 것은 열등전략이다. 따라서 마을 사람들은 실수를 하더라도 v_i 보다 작은 금액을 약정한다.

마을 사람 1이 기여금으로 s_1^*을 약정할 때에 마을 사람 2는 실수를 하더라도 v_2 보다 작은 금액을 약정할 것이므로 가로등이 설치될 가능성은 없다. 왜냐하면 비효율적 자원배분을 가져오는 내쉬균형의 성질로부터 $s_1^* + v_2 \le c$이 성립하기 때문이다.

이제 마을 사람 1이 균형 기여금 s_1^* 대신 $s_1' = v_1 - 1$을 약정한다고 해보자. 이때 마을 사람 2가 약간의 실수 확률로 $v_2 - 1$을 약정하면 약정액의 합이 $v_1 + v_2 - 2 \ge c$가 되고 가로등은 설치된다. 따라서 마을 사람 2가 실수로 기여금 $v_2 - 1$을 약정할 가능성이 있는 경우에는 마을 사람 1은 s_1^*을 약정하는 것 보다는 $s_1' = v_1 - 1$을 약정하는 것이 유리해진다. 그러므로 상정한 균형은 비열등 완전균형이 되지 못한다.

이번에는 마을 사람이 3명인 경우를 살펴보자. n명인 경우도 마찬가지로 증명할 수 있다. 이 경우 비효율적 자원배분이 이루어지는 비열등 내쉬균형 (s_1^*, s_2^*, s_3^*)은 다음 조건을 만족시킨다.

$$s_1^* + s_2^* + s_3^* < c,$$
$$\sum_{j \ne i} s_j^* + v_i \le c, \qquad i = 1, 2, 3.$$
$$s_i^* \le v_i - 1, \qquad i = 1, 2, 3.$$
$$v_1 + v_2 + v_3 \ge c + 3$$

전과 같이, 가로등의 가치와 균형 약정액 간의 차이가 큰 순서로 마을 사람을 번호매기기로 하자. 즉, $v_1 - s_1^* \ge v_2 - s_2^* \ge v_3 - s_3^*$.

마을 사람 1이 기여금으로 s_1을 약정할 때에 가로등이 설치되도록

하는 마을 사람 2와 3의 기여금의 집합을 $A(s_1)$이라 하자: $A(s_1) = \{s_{-1} | \sum_{i \neq 1} s_i \geq c - s_1\}$. 그리고 $A^* = A(s_1^*)$, $A' = A(s_1')$으로 표시하자.

이제 $s_1' = v_1 - 1$로 놓자. 그리고 A^*에 속한 마을 사람 2와 3의 임의의 기여금 조합 $\widehat{s_{-1}} = (\widehat{s_2}, \widehat{s_3}) \in A^*$를 상정하자. 그러면 $(\widehat{s_2}, \widehat{s_3}) \in A^*$는 분명히 $(s_2^*, s_3^*) \notin A^*$와 다르다. 일반성을 상실함 없이 $\widehat{s_2} \neq s_2^*$라 하자. 이제 $\widehat{s_2}$를 s_2^*로 대체하고 s_1^*를 s_1'으로 대체하면, $\widehat{s_2} - s_2^*$만큼 기여금이 감소하는 대신 $s_1' - s_1^*$만큼 기여금이 증가한다. 그런데 $\widehat{s_2} - s_2^* \leq v_2 - 1 - s_2^* \leq v_1 - 1 - s_1^* = s_1' - s_1^*$이 성립하므로 총 기여금은 증가하게 된다. 그러므로 $(s_2^*, \widehat{s_3}) \in A'$이다.

마을 사람 1이 s_1^*를 약정할 때 얻는 기대보수는 $Pr^\varepsilon (s_{-1} | \sum_{i \neq 1} s_i \geq c - s_1^*)(v_1 - s_1^*)$이다. 여기서 Pr^ε은 상대방 경기자들이 실수를 하여 혼합전략을 구사하되 균형에 가까운 온전한 혼합전략(completely mixed strategy)을 구사하는 경우에 가로등이 건설될 확률을 나타낸다. 이 온전한 혼합전략은 ε이 0으로 수렴할 때 균형 $s^* = (s_1^*, \cdots, s_n^*)$로 수렴한다. 마을 사람 1이 s_1'을 약정할 때 얻는 기대보수는 $Pr^\varepsilon (s_{-1} | \sum_{i \neq 1} s_i \geq c - s_1')(v_1 - s_1')$이다.

그런데 임의의 $(\widehat{s_2}, \widehat{s_3}) \in A^*$에 대해 $(s_2^*, \widehat{s_3}) \in A'$이고 균형전략 s_2^*가 구사될 확률이 실수로 구사되는 전략 $\widehat{s_2}$이 구사될 확률보다 훨씬 크다. 그러므로 ε이 0으로 수렴할 때, 임의의 작은 확률 $\overline{\varepsilon}$에 대해 $Pr^\varepsilon (s_{-1} | \sum_{i \neq 1} s_i \geq c - s_1^*) \leq \overline{\varepsilon} Pr^\varepsilon (s_{-1} | \sum_{i \neq 1} s_i \geq c - s_1')$이 성립한다. 따라서 마을 사람 1의 기대보수는 s_1^*보다 s_1'을 선택할 때 훨씬 더 크다. 그러므로 상정한 균형은 비열등 완전균형이 되지 못한다.

| 참고문헌

Aumann, Robert J., "Subjectivity and Correlation in Randomized Strategies," *Journal of Mathematical Economics* vol 1 (1974), pp. 67−96.

Aumann, Robert J., "Correlated Equilibrium as an Expression of Bayesian Rationality," *Econometrica* vol 55 (1987), pp. 1−18.

Bagnoli, Mark and Barton L. Lipman, "Provision of Public Goods: Fully Implementing the Core through Private Contributions," *The Review of Economic Studies*, vol 56, no 4 (1989), pp. 583−601.

Myerson, Roger B., "Refinements of the Nash Equilibrium Concept," *International Journal of Game Theory*, vol 7 (1978), pp. 73−80.

Selten, Reinhard, "Reexamination of the Perfectness Concept for Equilibrium Points in Extensive Games," *International Journal of Game Theory*, vol. 4 (1975), pp. 25−55.

| 연습문제

1. 다음 게임의 내쉬균형을 구하라. 또한 상관균형을 구하라. 그리고 내쉬균형에서 경기자들이 얻는 보수와 상관균형에서 얻는 보수를 비교하라.

		남 일		
		왼쪽	가운데	오른쪽
정 환	위	0 / 0	2 / 1	1 / 2
	중간	1 / 2	0 / 0	2 / 1
	아래	2 / 1	1 / 2	0 / 0

2. 다음과 같은 2인 전략형 게임을 상정하자.

		남 일		
		왼쪽	가운데	오른쪽
정 환	위	1 ＼ 2	3 ＼ 0	0 ＼ 3
	중간	1 ＼ 1	2 ＼ 2	2 ＼ 0
	아래	1 ＼ 2	0 ＼ 3	3 ＼ 0

ⓐ 이 게임의 모든 내쉬균형을 찾으라.

ⓑ 전략조합 (0.5위＋0.5아래, 왼쪽)은 이 게임의 완전균형이 아님을 보여라.

ⓒ 전략조합 (0.5위＋0.5중간, 왼쪽)은 이 게임의 완전균형임을 보여라.

ⓓ 전략조합 (0.4위＋0.6중간, 왼쪽)은 이 게임의 적정균형임을 보여라.

동태적 게임의 분석: 전개형 게임

바둑을 두는 대국자는 각 수를 놓을 때마다 상대편이 어떤 식으로 대응수를 둘지를 깊이 생각하고 나서 바둑을 둔다. 10수 앞을 본다느니 100수 앞을 본다느니 하는 말들은 다 이를 두고 하는 말이다. 이러한 수 읽기는 바둑에만 적용되는 것이 아니다. 일반적으로 시간의 순서를 두고 순차적으로 진행되는 게임에는 항상 수읽기의 원리가 적용된다. 이 장에서는 순차적으로 행동을 선택하는 동태적 게임상황에서 경기자 들이 어떠한 행동을 선택하는 것이 합리적인지에 관하여 살펴본다.

6.1 상대방의 반응 예측하기: 역진 귀납법

철수와 영희가 케이크를 나누어 먹으려 한다. 둘이 서로 많이 먹으려고 싸울 것 같아 아버지는 다음과 같이 게임의 규칙을 정했다. 즉 철수가 먼저 케이크를 두 조각으로 나누고 그 다음에 영희는 두 조각 중 하나를 선택한다. 영희는 선택한 것을 갖고 나머지 조각은 철수에게 돌아간다. 이 게임의 결과는 어떻게 될까? 철수가 한 조각이 다른 조각보다 더 크게 나눈다면 영희는 더 큰 조각을 선택할 것이다. 이 사실을 아는 철수는 두 조각의 크기가 모두 같게 케이크를 이등분할 것이다. 이 게임을 전개형으로 나타내면 도표 6−1과 같다.

이 게임에서 철수는 먼저 자신의 행동에 대한 영희의 반응을 예상한 후 자신의 최적의 행동을 선택하는 것이 합리적이다. 이는 게임나무에서 아래 쪽에 위치해 있는 영희의 의사결정 마디에서 어떤 선택을 할지를 고려한 뒤 이를 바탕으로 철수의 의사결정 마디에서의 최적 선택을 결정하는 것이다. 이 방식에 따르면 경기자들은 게임나무의 끝에서부터 위로 올라가면서 최적 의사결정을 판단하게 되므로 이를 역진 귀

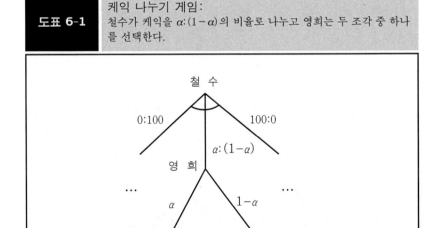

도표 6-1 케익 나누기 게임:
철수가 케익을 $\alpha:(1-\alpha)$의 비율로 나누고 영희는 두 조각 중 하나를 선택한다.

납법(backward induction)이라 한다.

순차적 흥정(sequential bargaining)

역진 귀납법을 이용하는 또 다른 예로 순차적 흥정이 이루어지는 다음과 같은 게임상황을 들 수 있다.

테이블 위에 아이스크림이 하나 놓여 있다. 철수와 영희는 이 아이스크림을 나눠 먹으려고 한다. 이를 위해 다음과 같은 규칙이 정해졌다고 하자. 철수가 먼저 어떻게 아이스크림을 나눠먹을 것인지를 제안한다. 영희는 이 제안을 수락하든지 거부하든지 할 수 있다. 영희가 수락하면 철수의 제안대로 아이스크림을 나눠먹는다. 영희가 거부하면 아이스크림은 곧 녹아 없어지기 때문에 둘다 못 먹고 만다. 이러한 상황에서 철수와 영희는 어떤 행동을 취할 것인가? 역진 귀납법을 적용하여 이를 예측하여 보자. 먼저 영희는 철수가 어떤 제안을 하든, 자기에게 아이스크림을 조금이라도 주는 한, 그 제안을 수락하는 것이 거부하여 전혀 못먹는 것보다는 낫다. 그러면 철수는 무한히 작은 양만을 영희에게 배분한다고 제안할 것이다. 왜냐하면 영희는 이 제안을 수락할 것이기 때문이다. 무한히 작은 양은 0으로 수렴하므로 이러한 극한에서 철수는 영희에게 아이스크림을 전혀 주지 않는 배분을 제안하고 영희는 이 제안을 수락한다. 이렇게 볼 때 이 게임에서는 제안자인 철수가 협상에서 압도적으로 우월한 위치에 있다.

이번에는 아이스크림이 좀더 천천히 녹아 2번의 제안이 이루어지는 상황을 상정해 보자. 철수의 제안을 영희가 거부하는 경우에는 아이스크림이 절반 남아 있고 이 절반을 어떻게 나눠먹을 것인가에 대해 영희가 다시 제안할 수 있다고 하자. 이 제안을 철수가 수락하면 영희의 제안대로 아이스크림을 나눠먹는다. 철수가 거부하면 아이스크림은 곧 녹아 없어지기 때문에 둘 다 못 먹고 만다.

이 게임에서 각 경기자가 어떤 행동을 취할지를 역진 귀납법을 적용하여 예측해 보자. 먼저 아이스크림이 절반 남아 있고 영희가 배분을 제안하는 경우를 생각해보자. 이 경우 영희는 협상에서 우월한 위치에 있어 남은 절반의 아이스크림을 다 차지할 것이다. 따라서 처음에 철수가 나눠먹기를 제안할 때 영희에게 절반 이하의 아이스크림을 줄 것을 제안하면 영희는 그 제안을 거부할 것이다. 그러므로 철수는 이를 예상하고 처음에 나눠먹기를 제안할 때 반반씩 나눠먹기를 제안할 것이다. 그리고 이 제안을 수락하는 것은 최적대응이다.

이제는 이 게임에서 아이스크림이 녹는 속도가 좀더 느려져서 3번의 제안이 이루어질 수 있다고 해보자. 즉 처음에 철수의 제안이 있고 이 제안이 거부되면 아이스크림은 2/3만 남아 있게 되고 두 번째 영희의 제안이 거부되면 원래 아이스크림의 1/3만 남아 있으며 이를 놓고 세 번째로 철수가 제안하는 상황을 상정하자. 이러한 게임상황에 역진 귀납법을 적용하여 각 경기자들의 행동을 예측해보자. 이 경우 세 번째 제안을 하는 철수는 적어도 아이스크림의 1/3을 확보할 수 있다. 이를 알고 두 번째 제안을 하는 영희는 남아 있는 원래 아이스크림의 2/3를 똑같이 나눠먹자고 제안함으로써 적어도 1/3의 아이스크림을 확보할 수 있다. 이를 알고 있는 철수는 처음에 제안할 때 자신이 2/3를 그리고 영희가 1/3을 갖자고 제안할 것이다.

이를 일반화하여 n번의 제안이 가능하고 제안이 거부될 때 마다 아이스크림이 $1/n$ 만큼 감소하는 경우에 경기자들의 행동을 역진 귀납법을 이용하여 예측할 수 있다. 이 경우 n이 짝수이면 철수는 반반씩 나눠가질 것을 제안하고 영희는 이를 수락한다. 그리고 n이 홀수로 $n=2k-1$으로 표시되는 경우에는[1] 철수는 자기 몫으로 $\dfrac{k}{2k-1}$, 영희의 몫으로 $\dfrac{k-1}{2k-1}$씩 나눠가질 것을 제안하고 영희는 이 제안을 수락한다.

---

1) 짝수와 홀수의 개념을 일반화시키면 임의의 상수 k에 대해 $2k$는 짝수가 되고 $2k-1$은 홀수가 된다.

이로부터 가능한 제안의 횟수인 n이 무한히 커지면 순차적 흥정에서 철수와 영희의 몫은 각각 $\frac{1}{2}$로 수렴하게 됨을 알 수 있다.

협상의 3 계명

다음은 전성철님과 최철규님이 지은「협상의 십계명」(2009)의 내용을 3가지로 요약한 것이다.

1. 요구 뒤에 숨겨진 욕구를 읽고 창조적 대안을 개발하라.

어떤 사람이 테이크 아웃 찻집에 와서 오미자 차 한 잔을 달라고 했다. 그런데 마침 가게에 오미자 차가 다 떨어졌다. 당신이 가게주인이라면 어떻게 하겠는가? 그의 요구(position)에 초점을 맞춘다면 "오미자 차가 다 떨어졌습니다." 라고 할 것이다. 그러면 흥정은 여기에서 끝나고 말 것이다. 그러나 건강에 좋은 차를 마시면서 갈증을 해소하고 싶다는 그의 욕구(interest)에 초점을 맞춘다면 "오미자 차는 다 떨어졌습니다. 그런데 몸에 좋은 매실 차는 있습니다." 라고 함으로써 서로에게 유익한 방향으로 거래가 이루어질 가능성을 높일 수 있다.

사람들은 어떤 욕구를 만족시키고 싶을 때 그것을 만족시킬 수 있는 한 가지 방안을 생각해 내고 그것을 요구하는 경우가 많다. 상대방의 요구에만 초점을 맞추면 요구를 수용하거나 거부하는 양자택일 밖에 없다. 그러나 상대방의 욕구에 초점을 맞추면 그 욕구를 만족시킬 방안은 다양하다. 당신이 상대방의 욕구를 만족시킬 다양한 대안들을 생각한다면 서로에게 유익이 되는 방안을 제시할 수 있고 이 방안은 상대방에게 받아들여질 가능성이 높다.

예를 들면 남대문 시장에 옷을 사러 갔는데 마침 마음에 드는 옷이 한 벌 눈에 띄었다고 하자. 가격을 물어보니 생각 보다 비싸다면 어떻게 할까? 옷 값이 비싸니 사지 않고 지나갈 수도 있다. 그렇지만 이 경우 다음과 같이 흥정을 계속 할 수도 있다. "앞으로 자주 올테니 좀 깎아 주세요." 또는 "제 친구들이 많은데 좀 깎아주면 제 친구들한테 소개시켜 줄

께요." 이러한 말은 고객 확보를 원하는 장사의 욕구를 환기시킴으로써 서로에게 유익이 되는 방향으로 거래를 성사시킬 수 있다.

2. 객관적인 기준을 정하고 합리적인 논거를 활용하라.

아파트를 한 채 장만하려고 한다고 하자. 마음에 드는 집이 6억원에 매물로 나왔다. 집주인을 만나 흥정을 하였다. 아파트 구입가로 5억원을 제시하자 집 주인은 안 된다고 하였다. 이천만원 더 드리겠다고 했다. 집 주인은 안 된다고 하면서 이천만원 깎아 주겠다고 하였다. 이러한 흥정 과정을 통해 5억 5천만원 주고 샀다고 하자. 이러한 협상은 숫자로 하는 협상이다. 집을 팔려는 사람과 사려는 사람이 판매가와 구매가를 부르 고 난 후 숫자 조정에 들어가는 것이다.

이러한 협상은 수준 낮은 협상이다. 보다 수준이 높은 협상은 원칙 에 입각한 협상이다.

사는 사람이 동네 시세를 알아 보니 아파트 평당 5백만원 정도이고 이 아파트가 백 평이므로 5억원 정도가 시가라고 할 수 있다고 말하였다 고 하자. 집주인이 여기에 동의한다면 이 가격에 거래는 성사될 것이다.

이렇게 협상을 위한 논의의 출발점이 되는 기준(standard)을 정하 는 것이 원칙에 입각한 협상의 특징이다. 일단 객관적인 협상 기준이 정 해지면 추가적인 조정이 합리적인 논거(rationale and data: R&D)에 입 각해서 이루어질 수 있다. 예를 들어 위의 흥정에서 아파트 주인은 남향 이고 전망이 좋으며 깨끗이 수리되어 있고 지하철도 가까우므로 더 높 은 가격을 받아야 겠다고 말할 수 있다.

3. 배트나를 개선하고 활용하라.

배트나(BATNA: Best Alternative To Negotiated Agreement)란 협 상이 결렬되었을 때 확보할 수 있는 최상의 대안을 말한다. 다음 예는 괜 찮은 배트나가 있을 때 협상 상대방의 협상력은 급격히 떨어짐을 보여 준다.

하버드 법대의 로저 피셔 교수는 도요타 코롤라 라는 일제 차를 사 기 위해 보스턴 시내의 7개 도요타 딜러들을 찾아갔다. 그들에게 자신이 모든 도요타 딜러 매장을 찾아다니고 있으며 그들이 제시하는 가격을 알아본 후 최저가격을 제시하는 곳에서 구매할 것이라고 말하였다. 그리고 난 후 그들이 제시할 수 있는 최저가격을 밀봉된 봉투에 넣어 알려 달라고 하였다. 나중에 봉투를 열어보고 그는 깜짝 놀랐다. 가장 낮은 가격이 공장도 가격에도 미치지 않았기 때문이다.

청계천 협상 사례도 배트나의 위력을 보여주는 좋은 사례이다. 서울시는 노후된 청계고가를 철거하고 청계천을 복원하겠다는 계획을 2002년 7월 발표하였다. 이에 이만여 노점 상인들은 크게 반발하였다.

서울시는 노점 상인들에게 황학동 만물시장과 문정동 물류단지 등에 점포 부지를 제공하고 업종 전환을 지원하겠다는 등의 유인책을 제시했다. 반면 노점 상인들은 10조원의 영업 손실 보상금을 요구하였다. 이때 서울시가 내놓은 것은 고가도로 보수공사라는 카드였다. 청계고가가 안전검사 결과 붕괴위험이 있어 이번 협상이 결렬되면 법에 따라 2년간 고가도로 보수공사를 할 수 밖에 없다고 통보한 것이다. 노점상 대표들은 공사기간 동안은 어차피 장사를 할 수 없으므로 이주 및 업종 전환에 대한 지원을 받는 것이 낫다는 판단을 했고 그 결과 협상은 서울시가 원하는 대로 타결됐다.

6.2 행동전략

동태적 게임은 전개형 게임으로 나타내기 쉽다. 전개형 게임에서의 전략은 상황(정보집합)별로 어떤 행동을 취할지를 계획한 상황별 행동 계획이다. 혼합전략은 이러한 전략을 확률적으로 선택하는 것이다. 혼합전략과 대비되는 것이 행동전략이다. 행동전략(behavioral strategy)은 매 상황에서 어떤 혼합행동을 취할지를 나타낸다. 즉 상황별 혼합 행동 계획이다.

혼합전략은 각 경기자가 게임이 시작되기 전에 사전적으로 전략을 확률적으로 선택한다고 상정한다. 그리고 게임이 시작되면 경기자는 선택된 순수 전략에 따라 게임을 수행한다고 상정한다. 반면 행동전략은 각 경기자가 상황(정보집합)이 발생한 후에 사후적으로 행동을 확률적으로 선택한다고 상정한다.

도표 6-2에서 경기자 1은 두 번 연속 움직인다. 전략(L, r)과 (R, r)을 각각 $\frac{1}{2}$의 확률로 선택하는 경기자 1의 혼합 전략 $\sigma = (\frac{1}{2}(L, r) + \frac{1}{2}(R, r))$을 상정하자. 이 혼합전략에 따르면 경기자 1은 그의 두 번째 정보집합에 도달했을 때 1의 확률로 r을 선택한다. 이 혼합전략이 발생시키는 행동전략 b은 첫 번째 정보집합에서 1/2의 확률로 L을 선택하고 두 번째 정보집합에서 1의 확률로 r을 선택하는 것이다: $b = (\frac{1}{2}L + \frac{1}{2}R, r)$.

서로 다른 혼합전략이 동일한 행동전략을 발생시킬 수도 있다. 도표 6-3에 표시된 전개형 게임에서 경기자 2는 4가지 순수전략을 갖는다: $s_1 = (A, C)$, $s_2 = (A, D)$, $s_3 = (B, C)$, $s_4 = (B, D)$. 다음의 두 혼합 전

도표 6-2
경기자 1의 혼합전략 $\sigma = \frac{1}{2}(L, r) + \frac{1}{2}(R, r)$은 행동전략 $b = (\frac{1}{2}L + \frac{1}{2}R, r)$을 발생시킨다.

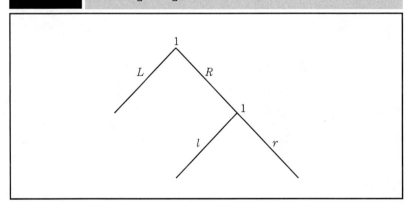

략 $\sigma_1 = (\frac{1}{4}s_1 + \frac{1}{4}s_2 + \frac{1}{4}s_3 + \frac{1}{4}s_4)$, $\sigma_2 = (\frac{1}{2}s_1 + \frac{1}{2}s_4)$은 모두 다음과 같은 행동전략을 발생시킨다: $b(A|h) = b(B|h) = \frac{1}{2}$, $b(C|h') = b(D|h') = \frac{1}{2}$. (여기서 $b(A|h)$는 행동전략 b를 따를 때 정보집합 h에서 행동 A를 선택할 확률을 나타낸다.) 경기자 1의 어떠한 전략에 대해서도 경기자 2의 전략 σ_1, σ_2과 경기자 2의 행동전략 b는 동일한 게임의 결과를 가져온다.[2]

일반적으로 경기자가 게임 도중에 전에 어떤 선택을 했는지 기억하지 못하는 경우에는 혼합전략과 이 혼합전략이 발생시키는 행동전략은 동일한 결과를 가져오지 않는다. 도표 6-4에 표시된 전개형 게임을 생각해 보자. 이 게임에서 경기자 1은 그의 두 번째 정보집합에 도달했을 때 첫 번째 정보집합에서 A를 선택했는지 B를 선택했는지 기억하지 못한다. 이 게임에서 경기자 1은 4가지 순수전략을 갖는다. $s_1 = (A, C)$,

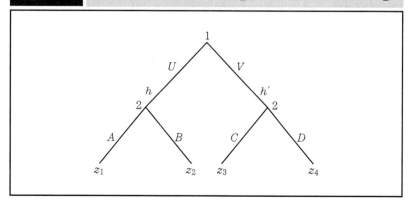

도표 6-3

경기자 2의 혼합전략 $\sigma_1 = (\frac{1}{4}s_1 + \frac{1}{4}s_2 + \frac{1}{4}s_3 + \frac{1}{4}s_4)$, $\sigma_2 = (\frac{1}{2}s_1 + \frac{1}{4}s_4)$ 모두 다음과 같은 행동 전략을 발생시킨다: $b(A|h) = b(B|h) = \frac{1}{2}$, $b(C|h') = b(D|h') = \frac{1}{2}$.

---

[2] 동일한 게임 결과를 가져온다는 것은 게임의 마지막 점(마디)들에 대하여 동일한 확률분포를 발생시킨다는 것을 의미한다.

$s_2 = (A, D)$, $s_3 = (B, C)$, $s_4 = (B, D)$. 이제 혼합전략 $\sigma = (\frac{1}{2}s_1 + \frac{1}{2}s_4)$를 상정하자. 이 혼합전략은 행동전략 $b = \{(\frac{1}{2}A + \frac{1}{2}B), (\frac{1}{2}C + \frac{1}{2}D)\}$를 발생시킨다. 그러나 b는 σ와 동일한 게임의 결과를 가져오지 않는다. 예를 들어 경기자 2가 L을 선택한다고 해보자. 이 경우 전략조합 (σ, L)은 1/2의 확률로 경로 (A, L, C)를 발생시키고 나머지 1/2의 확률로 경로 (B, L, D)를 발생시킨다. 반면 행동전략조합 (b, L)은 4경로 (A, L, C), (A, L, D), (B, L, C), (B, L, D)를 각각 1/4의 확률로 발생시킨다.

경기자 1의 전략은 사전에 행동 선택에 관한 모든 의사결정을 내리므로 상이한 정보집합에서의 행동 선택이 서로 상관되도록 할 수 있다. 위의 예에서 경기자 1이 첫 번째 정보집합에서 A를 선택했을 때는 그 다음 정보집합에서 항상 C를 선택하고 첫 번째 정보집합에서 B를 선택한 경우에는 그 다음 정보집합에서 항상 D를 선택한다. 반면 이 예에서 행동전략은 이러한 행동 선택상의 연관이 이루어지도록 할 수 없다. 왜냐하면 경기자 1이 C와 D 중에서 행동을 선택해야 할 상황이 이

도표 6-4 불완전 기억의 게임에서 혼합전략과 이것이 발생시키는 행동전략은 서로 다른 결과를 가져올 수 있다.

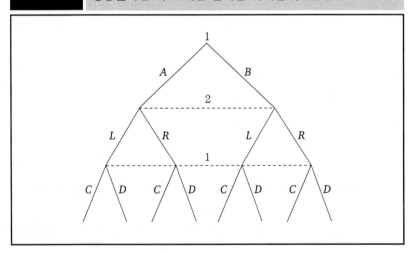

르렀을 때 그는 그전에 A를 선택했는지 B를 선택했는지 잊어버렸기 때문이다.

이 예에서와 같이 경기자가 경기 도중 전에 선택한 행동이 무엇인지 기억하지 못하는 게임을 불완전 기억(imperfect recall)의 게임이라 한다. 경기 도중 경기자가 전에 선택한 행동이 무엇인지 기억하는 게임은 완전 기억(perfect recall)의 게임이라 한다. 완전 기억의 게임의 경우 혼합전략과 이 혼합전략이 발생시키는 행동전략은 동일한 게임의 결과를 가져옴이 알려져 있다. 이를 쿤의 표현정리(Kuhn's Representation Theorem)라 한다.

단순한 포커 게임과 허세부리기(bluffing)

포커에서 경기자는 좋은 카드를 가졌을 때 콜하기도 하지만 좋은 카드를 갖지 않은 경우에도 콜을 한다. 이를 통해 상대방이 나의 카드에 대해 잘못된 추론을 하기를 기대한다. 이를 허세부리기라고 한다. 허세부리기는 거짓말과는 다르다. 허세부리는 사람은 나쁜 카드를 가졌으면서도 좋은 카드를 가졌다고 거짓말하는 것이 아니다. 다만 좋은 카드를 가진 사람이 취하는 행동을 모방하면서 좋은 카드를 가진 척 할 따름이다. 허세부리기의 본질은 자신의 본체를 감추는 행동에 있다. 포커에서 포커 페이스는 허세부리기 전략의 특징을 나타낸다. 좋은 카드를 가졌어도 좋은 내색을 하지 않고 나쁜 카드를 가졌어도 우울한 내색을 하지 말아야 한다. 그리고 나쁜 카드를 가졌어도 때때로 콜을 함으로써 나의 카드에 대한 상대방의 예상을 혼란하게 만들어야 한다.

다음의 단순화된 포커 게임을 생각해 보자. 철수와 영희가 경기를 한다. 게임의 규칙은 다음과 같다.

1. 처음에 판돈으로 철수는 10만원을 영희는 30만원을 건다. 철수

는 1부터 6까지의 숫자가 쓰인 카드 중에서 하나를 무작위로 뽑
는다. 철수는 카드에 적힌 숫자를 자기만 본다. 영희는 철수의
카드에 적힌 숫자가 무엇인지 모른다.

2. 철수는 스톱을 하든지 고를 할 수 있다. 고를 하려면 추가로 판
돈을 50만원을 걸어야 한다. 여기서 스톱을 하면 처음에 건 판
돈 10만원을 잃는다. 철수가 고를 하면 다음 단계로 넘어가 영
희가 선택할 차례가 된다.

3. 영희는 스톱을 하든지 고를 할 수 있다. 고를 하려면 추가로 판
돈을 50만원을 걸어야 한다. 스톱을 하면 처음에 건 판돈 30만
원을 잃는다. 고를 하면 다음 단계로 넘어간다.

4. 철수의 카드를 공개하고 철수의 카드에 적힌 숫자가 1이면 철
수가 이기고 지금까지 영희가 건 판돈 80만원을 딴다. 철수의
카드에 적힌 숫자가 1이 아니면 영희가 이기고 지금까지 철수
가 건 판돈 60만원을 영희가 딴다.

도표 6-5	단순한 포커게임의 전개형

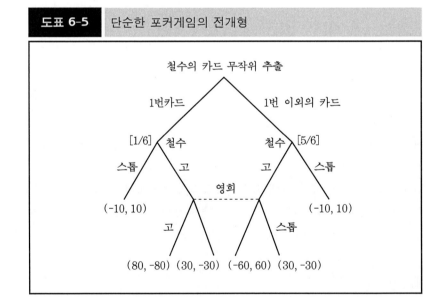

제 6 장 동태적 게임의 분석: 전개형 게임

이 게임을 게임나무로 나타내면 도표 6-5와 같다.

여기서 철수의 전략은 1번 카드를 뽑은 상황에서 어떤 행동을 선택하고 1번 이외의 카드를 뽑은 상황에서는 어떤 행동을 선택한다는 상황별 행동계획이다. 따라서 철수의 전략은 두 항으로 구성된 순서쌍으로 표시할 수 있으며 다음의 네 가지이다: (고, 고), (고, 스톱), (스톱, 고), (스톱, 스톱). 이 순서쌍에서 처음 항은 1번 카드를 뽑은 상황에서의 행동선택을 표시하고 다음 항은 1번 이외의 카드를 뽑은 상황에서의 행동선택을 표시한다. 영희의 전략은 철수가 고를 한 상황에서 고나 스톱 중 하나를 선택하는 것이다. 철수가 (고, 고)를 선택하고 영희가 고를 선택한 경우에 철수의 보수는 다음과 같다: $1/6 \cdot 80 + 5/6 \cdot (-60) = -220/6$. 이 게임이 영합게임이므로 영희의 보수는 철수의 보수에 $-$를 붙인 것이다. 그 밖의 경우에도 같은 방식으로 보수를 계산할 수 있다. 단순한 포커 게임을 전략형으로 나타내면 도표 6-6과 같다.

도표 6-6	단순한 포커게임의 전략형

		영 희	
		고	스톱
철 수	(고, 고)	220/6 −220/6	−30 30
	(고, 스톱)	−30/6 30/6	20/6 −20/6
	(스톱, 고)	310/6 −310/6	−140/6 140/6
	(스톱, 스톱)	10 −10	10 −10

전개형 게임에서 철수의 행동전략은 1번 카드를 뽑은 경우에 어떤 혼합행동을 선택하고 1번 이외의 카드를 뽑은 경우에는 어떤 혼합행동을 선택할지를 나타낸다. 예를 들어 철수가 1번 카드를 가진 경우에 고를 선택하고 1번 이외의 카드를 가지는 경우에는 1/2의 확률로 고를 선택하는 것은 하나의 행동전략이다. 이는 전략형 게임에서 철수가 (고, 고) 전략과 (고, 스톱) 전략을 각각 1/2의 확률로 구사하는 혼합전략과 동일하다.

6.3 행동전략 내쉬균형

행동전략 내쉬균형은 일반적인 내쉬균형과 동일하게 정의된다. 행동전략 내쉬균형은 어느 한 경기자도 이로부터 이탈하여 다른 행동전략을 사용할 유인이 없는 행동전략의 조합이다.

앞의 단순한 포커 게임에서 철수가 1번 카드를 뽑았을 때의 최적의 행동은 고를 하는 것이다. 왜냐하면 이 경우 스톱을 하면 10만원을 잃지만 고를 하면 적어도 30만원을 따기 때문이다.

철수가 1번 이외의 카드를 뽑았을 때의 최적의 행동은 영희가 철수의 고에 대해 어떻게 반응하느냐에 달려 있다. 만약 영희가 철수의 고에 대해 스톱을 선택한다면 철수는 고를 하는 것이 최적이다. 반면에 영희가 고를 선택한다면 철수는 스톱을 선택하는 것이 최적이다. 영희의 최적 행동도 철수의 행동선택에 따라 달라진다. 철수가 1번 이외의 카드를 가졌을 때에 스톱을 한다면, 영희는 철수의 고에 대해 스톱을 하는 것이 최적이다. 만약 철수가 1번 이외의 카드를 가졌을 때에도 항상 고를 한다면, 철수가 고를 한 경우 철수가 1번 카드를 가졌을 확률이 1/6이다. 따라서 영희는 철수의 고에 대해 고를 선택하는 것이 최적이다.

내쉬균형에서 각 경기자는 상대방의 전략을 정확히 예측하고 이에 대한 최적 행동을 선택하는데 두 경기자의 최적 행동은 서로 상충된다. 이 게임이 적대적 게임이기 때문이다. 그러므로 이 게임에서 순수 전략 내쉬균형은 성립할 수 없다.

이제 혼합행동전략 내쉬균형을 찾아 보자. 철수가 1번 이외의 카드를 받았을 때 p의 확률로 고를 선택한다고 하자.[3]

그리고 철수의 고에 대해 영희는 q의 확률로 고를 선택한다고 하자. 내쉬균형을 이루는 p와 q의 값은 무엇인가?

1번 이외의 카드를 뽑은 철수가 혼합행동을 취하려면 고와 스톱 간에 무차별해야 한다. 철수가 고를 선택할 때의 기대 보수는 $q \cdot (-60) + (1-q) \cdot 30 = 30 - 90q$이다. 철수가 스톱을 선택할 때의 기대 보수는 -10이다. 그러므로 $q = 4/9$일 때 철수는 혼합행동을 취할 유인이 있다.

영희가 혼합행동을 취하려면 고와 스톱 간에 무차별해야 한다. 영희가 고를 선택할 때의 기대 보수는 철수가 고를 선택한 경우에 철수가 1번 카드를 가졌을 확률에 따라 달라진다. 이 확률은 조건부 확률이다. 철수가 고를 할 확률은 1이 적힌 카드를 뽑고 고를 하는 경우의 확률과 1이 적히지 않은 카드를 뽑고 고를 하는 경우의 확률을 합한 것이다: $(\frac{1}{6} + \frac{5}{6}p$. 이 중 철수가 1이 적힌 카드를 가지고 고를 할 확률은 1/6이다. 그러므로 철수가 고를 했다는 조건하에서 철수가 1이 적힌 카드를 가졌을 조건부 확률은 $\frac{1/6}{1/6 + (5/6)p} = \frac{1}{1 + 5p}$이다. 따라서 영희가 고를 할 때의 기대 보수는 $\frac{1}{1+5p}(-80) + \frac{5p}{1+5p}(60) = \frac{-80 + 300p}{1+5p}$이고 스톱을 선택했을 때의 기대 보수는 -30이다. 그러므로 $p = 1/9$일 때 영희는 고와 스톱 간에 무차별하여 혼합행동을 취할 유인이 있다.

단순한 포커 게임의 철수의 내쉬균형 행동전략은 1번 카드를 뽑으면 고를 선택하고 1번 이외의 카드를 뽑으면 1/9의 확률로 고를 선택하는 것이다. 영희의 내쉬균형 행동전략은 4/9의 확률로 고를 선택하는

---

[3] 여기서 철수가 1번 이외의 카드를 받았으면서 고를 하는 것은 허세부리기 (bluffing)에 해당한다.

것이다.

이 게임의 내쉬균형 행동전략은 최소극대화 행동전략이기도 하다. 이 게임이 적대적 게임(영합 게임)이므로 각 경기자는 자신의 행동선택을 은폐하기 위해 확률적으로 행동을 선택하는 것이 최적이다. 철수가 작은 확률로 허세를 부리는 경우의 보수가 허세를 전혀 부리지 않거나 항상 허세를 부리는 경우의 보수 보다 크다. 왜냐하면 이 게임은 적대적 게임이므로 자신의 전략이 노출되면 매우 불리하기 때문이다. 가끔씩 허세를 부리면 자신의 선택이 완전히 노출되는 것을 피하면서 상대방의 잘못된 선택을 유도할 수 있다. 나쁜 카드를 가지고 허세를 부리는데 상대방이 스톱을 하거나 좋은 카드를 가지고 고를 했는데 상대방은 허세를 부리는 줄 짐작하고 고를 할 수 있는 것이다.

철수의 최적 허세부리기 즉, 최소극대화 행동전략은 다음과 같이 추론할 수 있다.

적대적 게임 상황에서 영희가 철수의 전략을 꿰뚫어 보아 철수가 불리한 위치에 있다고 상정하자. 이 경우에 철수의 최적의 행동전략은 무엇일까? 이 전략이 최소극대화 행동전략이다. 철수는 1번이 아닌 카드를 뽑았을 때 혼합 행동을 선택하는 것이 유리하다. 철수가 약간의 확률 p로 허세를 부리는 경우를 생각해 보자. 즉 철수는 좋은 카드를 뽑았을 때는 항상 고를 하고, 나쁜 카드를 뽑았을 때는 작은 확률 p로 고를 한다. 이 경우 영희는, p가 충분히 작은 한, 철수가 고를 하는 경우 철수가 좋은 카드를 가졌을 확률이 높다고 추론하고 스톱을 할 것이다. 따라서 철수의 기대보수는

$$1/6 \cdot 30 + 5/6 \cdot [p \cdot 30 + (1-p) \cdot (-10)] = (200p - 20)/6$$

이다. 이때 철수의 기대보수는 허세부리는 확률 p가 높아질수록 커진다.

그러나 철수의 허세부리기 확률 p가 일정 수준 p^*가 되면 영희는 스톱과 고 간에 무차별해진다. 허세부리기 확률 p가 p^*보다 커지면 영희는 철수가 고를 할 때 철수가 나쁜 카드를 가지고 있을 확률이 높으므로 고를 하는 것이 최적이 된다. 이렇게 영희가 철수의 고에 대해 맞받아 고를 한다면 철수가 좋은 카드를 뽑고 고를 한 경우에는 80을 따지만 나쁜 카드를 가지고 허세를 부린 경우에는 60을 잃는다. 따라서 철수의 기대보수는

$$1/6 \cdot 80 + 5/6 \cdot [\,p \cdot (-60) + (1-p) \cdot (-10)\,] = (30 - 250p)/6$$

이 된다. 그러므로 이 경우에 철수의 기대보수는 허세부리기 확률 p 가 낮을수록 커진다.

이렇게 볼 때 철수의 (최소)기대보수는 허세부리기 확률이 p^* 일 때 극대가 된다. 최적의 허세부리기 확률 p^*는 영희가 스톱을 선택하는 경우의 철수의 기대보수와 영희가 고를 선택하는 경우의 철수의 기대보수가 같아지는 수준에서 결정된다. 즉, $(200p - 20)/6 = (30 - 250p)/6 \rightarrow p^* = 1/9$. 이때 철수의 최소극대화 기대보수는 10/27이다. 이 게임이 적대적 게임이므로 영희의 최소극대화 기대보수는 $-10/27$이다.

영희의 최소극대화 행동전략도 철수의 경우와 같이 추론할 수 있다.

6.4 축약된 전략형

동태적 게임에서의 전략 중에는 상대방의 전략과 상관없이 동일한

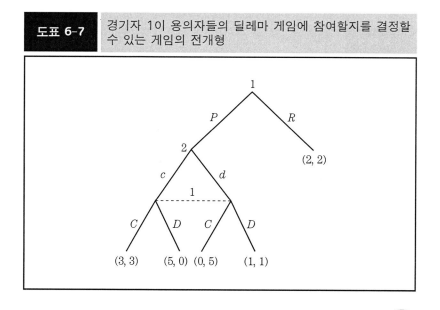

| 도표 6-7 | 경기자 1이 용의자들의 딜레마 게임에 참여할지를 결정할 수 있는 게임의 전개형 |

결과를 가져오는 전략들이 매우 많을 수 있다. 이 경우 이 동태적 게임을 전략형으로 표현하면 지나치게 복잡해진다.

도표 6-7과 같은 예를 살펴 보자. 이 게임이 시작되었을 때 경기자 1은 하부게임인 용의자들의 딜레마 게임에 참여할지를 선택한다. 경기자 1이 하부게임에 참여하지 않으면 게임은 끝나고 두 경기자 1과 2는 2의 보수를 얻는다. 경기자 1이 하부게임에 참여하기로 결정하면 두 경기자 1과 2는 용의자들의 딜레마 게임을 수행한다.

이 게임에서 경기자 1은 두 가지 상황에 직면할 수 있다. 하나는 게임의 시작 상황이고 다른 하나는 하부게임에 참여하기로 결정한 상황이다. 각 상황에서 두 가지 행동을 선택할 수 있으므로 경기자 1은 4가지 전략을 갖는다. 경기자 1의 전략은 한 쌍의 문자로 나타낼 수 있다. 예를 들어 경기자 1의 전략 (P, C)는 시작 상황에서 경기자 1이 하부 게임에 참여하고 하부게임에 참여하기로 결정한 상황에서 C를 선택하는 전략을 나타낸다. 경기자 2는 한 가지 상황 즉 경기자 1이 하부게임에 참여하기로 결정한 상황에 직면할 수 있다. 이 상황에서 경기자 2

도표 6-8 앞의 동태적 게임의 전략형

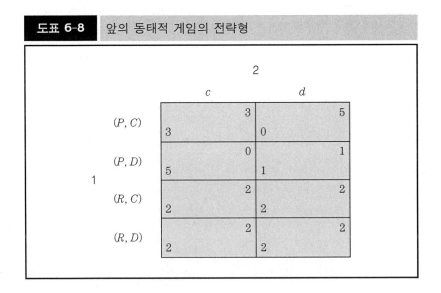

		2	
		c	d
(P, C)	3	3	5 / 0
1 (P, D)	5	0	1 / 1
R	2	2	2 / 2

가 선택할 수 있는 행동은 c와 d의 2가지이다. 이 게임을 전략형으로 나타내면 도표 6-8과 같다.

게임의 전략형에서 경기자 1의 전략 중 (R, C)와 (R, D)는 경기자 1과 2에게 동일한 보수를 준다. 경기자 1이 일단 하부게임에 참여하지 않기로 결정하면 하부게임에서 경기자 1이 취하는 행동은 게임의 결과에 영향을 미치지 못하기 때문이다. 이렇게 볼 때 경기자 1의 전략 (R, C)와 (R, D)는 대등하다고 볼 수 있다.

일반적으로 경기자 i에게 두 순수 전략이 있어 상대방 경기자들이 취하는 순수전략과 상관없이 항상 동일한 게임 결과를 가져온다면 이 두 순수전략은 대등하다(equivalent)고 한다. 전개형 게임의 축약된 전략형(reduced strategic form)은 대등한 순수전략들을 하나의 전략으로 표시하였을 때 얻어지는 전략형을 말한다. 예를 들어 위의 게임의 축약된 전략형에서 경기자 1은 (P, C), (P, D), 그리고 R의 세 가지 전략을 가지며 축약된 전략형은 도표 6-9로 나타내어진다.

6.5 하부게임 완전균형

앞의 6.1에서 우리는 순차적으로 진행되는 게임에서 경기자들은 상대방의 행동을 미리 예측하고 자신의 행동을 선택한다는 것을 보았다. 이러한 행동 패턴은 게임나무의 끝에서부터 거꾸로 경기자들의 우월한 행동선택을 추적해 올라오는 단순한 역진 귀납의 방식에 의해 추론해낼 수 있다. 그런데 일반적으로 동태적 게임에서는 경기자들이 순차적으로 행동하는 경우 뿐만 아니라 동시에 행동하는 경우도 포함할 수 있다. 즉 어떤 시점에서는 경기자들이 순차적으로 행동을 선택하지만 어떤 다른 시점에서는 경기자들이 동시에 행동을 선택할 수도 있는 것이다.

이러한 게임의 경우에 단순한 역진 귀납의 방식만으로는 게임의 결과를 예측하기 어렵다. 왜냐하면 경기자들이 동시에 행동을 선택하는 시점에 우월한 행동이 존재하지 않을 수 있는데 이 경우 단순한 역진 귀납법을 적용할 수 없기 때문이다. 이 문제를 해결하는 한 가지 방법으로 제시된 것이 하부게임 완전균형의 개념이다. 이하에서는 몇 가지 예를 통해 이를 알아보도록 한다.

시장진입 게임(I)

'LG26시'라는 소매점이 24시간 편의점 시장을 독점하고 있다고 한다. 이 시장에 'GG25시' 사가 진입할지의 여부를 결정하려고 한다. 일단 GG25시가 진입하고 나면 LG26시는 GG25시와 가격전쟁을 벌이든지 상대방을 수용하는 공존전략 중 하나를 선택하여야 한다. 이러한 상황을 게임나무로 나타내면 도표 6-10과 같다.

이 게임의 결과는 어떻게 될까? 역진 귀납법의 논리에 따라, 잠재

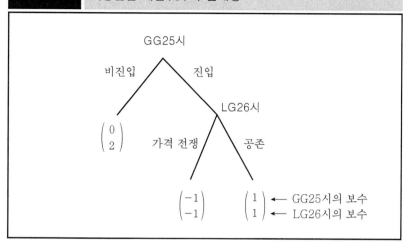

도표 6-10 시장진입 게임(Ⅰ)의 전개형

적 진입기업인 GG25시는 시장에의 진입여부를 결정하기 전에 자신의
진입시 기존기업 LG26시가 어떻게 반응할 것인가를 예측할 것이다. 두
기업 모두 전략선택에 따른 보수체계를 다 알고 있다고 하면, GG25시
는 자신이 진입할 때 LG26시가 공존전략을 선택할 것이라는 것을 추론
할 수 있다. 따라서 GG25시는 진입을 선택할 것이다.

한편 위의 게임을 전략형으로 바꾸면 도표 6-11로 정리된다.

전략형 게임을 살펴보면 두 기업 모두에게 명백 우월전략이나 명
백 열등전략은 존재하지 않는다. 그러나 기존기업 LG26시에게는 가격
전쟁을 하는 것은 약 열등전략이 된다. 약 열등전략을 연속적으로 배제
하면 역진적 귀납법을 사용하여 얻는 결과와 동일한 결과, (GG25: 진
입, LG26: 공존)을 얻는다.

한편 이 전략형 게임에는 두 개의 내쉬균형이 존재한다. 그 하나는
GG25시는 진입하고 LG26시는 공존전략을 선택하는 것이다. 다른 하
나는 GG25시는 진입하지 않고 LG26시는 가격전쟁을 선택하는 것이
다. 전자의 내쉬균형은 역진 귀납법을 통해 얻는 게임의 예측과 같다.

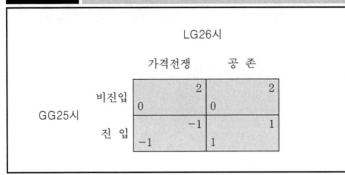

도표 6-11	시장진입 게임(Ⅰ)의 전략형

LG26시

		가격전쟁	공 존
GG25시	비진입	0 2	0 2
	진 입	-1 -1	1 1

반면 후자의 내쉬균형은 LG26시가 GG25시의 진입시 가격전쟁을 하겠다고 위협을 하고 이 위협 때문에 GG25시는 진입하지 않는 상황을 나타낸다고 볼 수 있다. 그렇지만 LG26시의 전쟁 위협은 신빙성이 없다. 왜냐하면 GG25시가 일단 진입하고 나면 LG26시는 가격전쟁보다 공존전략을 취하는 것이 유리하며 이 사실을 GG25시는 알고 있기 때문이다. 따라서 이러한 게임상황에서는 후자의 내쉬균형은 실제로는 일어나지 않을 것이라고 예상할 수 있다.

이렇게 볼 때 내쉬균형 개념을 가지고는 이 게임의 자연스러운 결과를 정확하게 예측하기 어려움을 알 수 있다. 반면 단순한 역진 귀납법을 적용하면 이 게임의 결과를 정확하게 예측할 수 있음을 알 수 있다. 그리고 단순한 역진 귀납법의 적용과 전략형 게임에서의 약 열등전략의 연속적 배제는 동일한 결과를 예측한다는 것을 알 수 있다.

시장진입 게임(II)

한 기업 I가 편의점과 중국음식점을 운영하고 있다. 이 시장에 잠재적인 진입기업 E가 진입할 것을 고려하고 있다. 기업 E는 일단

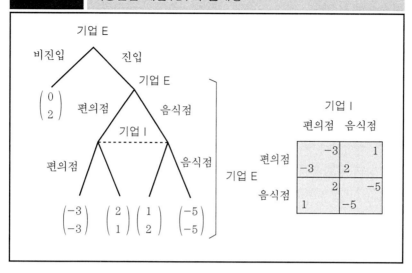

진입할 것을 결정하였으면 점포를 위한 건물을 짓는다고 하자. 기업 E는 건물이 완성된 후에 편의점을 열 것인지 중국음식점을 열 것인지를 결정해야 한다고 하자. 기존기업 I도 일단 신규기업이 진입하면 신규기업이 편의점을 열지 음식점을 열지 모르는 상황에서 편의점과 중국음식점 중 어느 점포를 계속 운영할 것인지를 결정해야 한다고 하자. 이러한 상황을 전개형 게임으로 나타내면 도표 6-12와 같다.

　이 게임은 경기자들이 순차적으로 움직이는 부분뿐만 아니라 동시에 움직이는 부분도 존재한다. 따라서 이 게임에는 우월한 행동을 추적해 올라가는 단순한 역진 귀납법을 적용하기가 어렵다. 예를 들어 단순한 역진 귀납법에 따라 기업 E가 상대 기업 I의 반응을 예측하고 자신의 최적 행동을 선택하려 한다고 하자. 자신이 진입한 후의 하부게임에서 상대 기업 I이 어떤 행동을 할지에 대해 예상하려고 하는데 이 하부게임에서 상대기업이나 자신 모두 명백 우월전략을 가지고 있지 않다.[4] 그러므로 이러한 상황에서는 역진 귀납법을 통해 게임의 결과를 예측하기 어렵다.

이제 이러한 문제를 해결하기 위해 두 기업이 동시에 움직이는 하부게임에 내쉬균형의 개념을 적용하여 두 기업의 행동선택을 예측하도록 하자. 예컨대 두 기업이 사전 대화를 통해 자기구속력이 있는 합의로서 내쉬균형 전략을 선택한다고 상정하자. 이 경우 기업 E가 진입한 후의 하부게임에는 두 개의 내쉬균형(편의점, 음식점), (음식점, 편의점)이 존재한다. 하부게임에서 (편의점, 음식점)의 균형이 실현된다면 기업 E는 진입시 2의 보수를, 비진입시 0의 보수를 얻는다. 따라서 기업 E는 이 경우 진입할 것이다. 그러므로 이 게임의 한 결과는 기업 E는 진입을 하여 편의점을 개점하고 기업 I는 음식점을 유지하는 것이다. 즉 {(진입, 진입시 편의점 개점), (기업 E 진입시 음식점 유지)}를 예측할 수 있다.

반면 하부게임에서 (음식점, 편의점)의 균형이 실현된다면 기업 E는 진입시 1의 보수를 비진입시 0의 보수를 얻게 된다. 따라서 기업 E는 이 경우에도 진입할 것이다. 그러므로 또 다른 게임의 결과는 기업 E는 진입하여 음식점을 개점하고 기업 I는 편의점을 유지하는 것이다. 즉, {(진입, 진입시 음식점 개점), (기업 E 진입시 편의점 유지)}를 예측할 수 있다.

이와 같이 전개형 게임의 어떤 하부게임에서 명백히 우월한 전략이 존재하지 않는 경우, 역진 귀납법을 적용하기가 어렵다. 이 경우 경기자들이 사전대화를 통해 그들의 행동을 조정한다면, 하부게임에서 내쉬균형 전략을 취하기로 경기자들이 합의할 것이라고 예상할 수 있다. 그러므로 전개형 게임에서 경기자들은 하부게임에서 내쉬균형을 구성하는 행동을 선택할 것이라고 예측할 수 있다.

---

4) 여기서 하부게임이란 원래의 게임나무의 하위부분으로서 그 자체로 하나의 독립된 게임나무를 이루는 것을 말한다(본론 참조).

이와 같이 모든 하부게임에서 (행동전략) 내쉬균형을 구성하는 행동들로 이루어진 행동전략의 조합을 하부게임 완전균형(subgame perfect equilibrium)이라 한다.

단순한 역진 귀납법을 통해 예측되는 전략조합은 하부게임 완전균형이기도 하다. 예를 들어 시장진입 게임(Ⅰ)에서 역진 귀납법을 통해 예측되는 전략조합인 (진입, 공존)을 생각해 보자. 이 게임에서 기존기업 LG26시의 정보집합으로부터 시작되는 부분은 하부게임이다(하부게임이란 원래의 게임나무의 하위부분으로서 그 자체로 하나의 독립된 게임나무를 이루는 것을 말함을 기억하라). 이 하부게임은 1인 게임으로 유일한 내쉬균형은 LG26시가 공존전략을 선택하는 것이다. 전체 게임의 내쉬균형은 (진입, 공존)과 (비진입, 가격전쟁)의 두 가지가 존재한다. 이 중 두 번째 내쉬균형은 하부게임에서 내쉬균형을 구성하지 못한다. 따라서 이 게임의 유일한 하부게임 완전균형은 (진입, 공존)이다. 이는 단순한 역진 귀납법을 통해 예측되는 전략조합과 일치한다. 이렇게 볼 때 하부게임 완전균형은 게임나무의 아래에서부터 매 하부게임에 내쉬균형 개념을 적용하여 거슬러 올라가는 것으로 단순한 역진 귀납법을 일반화한 것이라고 볼 수 있다.

스타켈버그 복점 모형

시장에 두 기업 1, 2가 존재한다. 시장의 수요함수는 시장 수요량을 q, 시장가격을 p라 할 때 $q=1-p$ 로 주어진다. 각 기업 i의 한계생산비는 c로 일정하고 $0<c<1$이다. 각 기업 i는 자신의 생산량 q_i, $i=1,2$을 결정한다. 이때 기업 1이 먼저 생산량을 결정하고 그 다음에 기업 2가 자신의 생산량을 결정한다고 하자. 이 경우 기업 1을 선도 기업이라 하고 기업 2를 추종 기업이라 한다. 각 기업 i의 보수는 판매수입에서 비용을 뺀 이윤 π_i이다: $\pi_i=pq_i-cq_i$. 여기서 시장가격 p는 시장 수요와 공

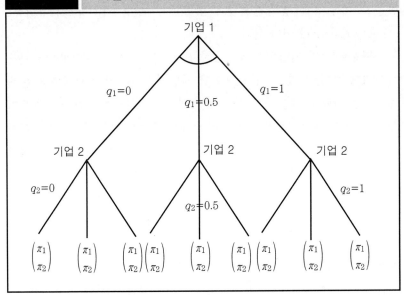

급이 일치하는 수준에서 결정된다. 시장 수요는 $1-p$ 이고 시장 공급은 q_1+q_2이므로 시장 균형에서 $1-p=q_1+q_2$가 성립된다. 따라서 $p=1-q_1-q_2$이다. 이를 이윤 식에 대입하면 $\pi_i=(1-q_1-q_2)q_i-cq_i$를 얻는다.

이러한 상황은 동태적 게임 상황이며 도표 6-13과 같은 게임 나무로 나타낼 수 있다

역진 귀납법의 원리를 적용하여 이 게임의 해를 구하기 위해 먼저 기업 2의 최적대응을 생각해보자.

기업 2의 판매수입은$(1-q_1-q_2)q_2$이고 한계수입은 $1-q_1-2q_2$이다. 이를 그래프로 나타내면 도표 6-14와 같다. 여기서 한계 비용 c가 $1-q_1$보다 작은지 여부에 따라 기업 2의 최적 생산량이 크게 달라진다.

경우 1: 한계 비용 $c\leq1-q_1$ ($q_1\leq1-c$)인 경우 최적생산량은 한계수입이 한계비용과 일치하는 수준에서 결정된다: $q_2^*=\dfrac{1-q_1-c}{2}$. 기업

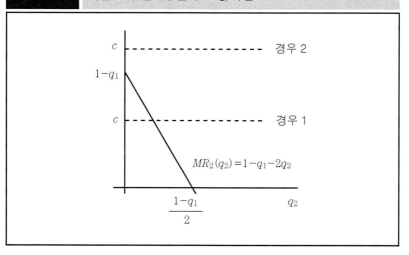

2의 최적생산량 q_2^*는 기업 1의 생산량 q_1에 대응한 기업 2의 최적대응 생산량으로 q_1의 함수이다. 이 함수는 기업 2의 최적대응 함수이며 $R_2(q_1)$로 표시한다.

경우 2: 한계 비용 $c>1-q_1$ $(q_1>1-c)$인 경우 최적생산량 $q_2^*=0$이다. 따라서 $R_2(q_1)=0$이다.

기업 1은 기업2의 대응을 감안하여 자신의 생산량을 결정한다. 기업 2의 최적대응의 도함수는 다음과 같다.

$$R_2'(q_1)=\begin{cases} -\dfrac{1}{2}, & q_1\leq 1-c \\ 0 & , q_1>1-c \end{cases}$$

따라서 기업 1의 판매 수입은 $(1-q_1-R_2(q_1))q_1$이고 한계수입 MR_1은 다음과 같다.

$$MR_1(q_1)=\begin{cases} \dfrac{1+c}{2}-q_1, & q_1\leq 1-c \\ 1-2q, & q_1>1-c \end{cases}$$

한계 수입 함수를 그래프로 나타내면 다음과 같다.

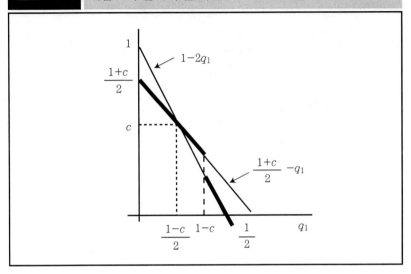

기업 1의 최적 생산량 $q_1{}^*$는 한계 수입과 한계비용이 일치하는 수준에서 결정되므로 $\frac{1+c}{2} - q_1 = c$로부터 $q_1{}^* = \frac{1-c}{2}$ 임을 알 수 있다. 이에 대응한 기업 2의 최적 생산량은 $q_2{}^* = \frac{1 - (1-c)/2 - c}{2} = \frac{1-c}{4}$ 이다.

각 기업의 전략은 상황별 행동계획이다. 따라서 기업 1의 전략은 최초 상황에서의 생산량이고 기업 2의 전략은 기업 1의 생산량이 주어진 상황에서의 생산량이다. 수학적으로 볼때 기업 2의 전략은 기업 1의 생산량의 함수이다: $q_2 = f(q_1)$.

역진 귀납법에 따른 이 게임의 해로서 나타나는 전략조합은 다음과 같다

$$q_1 = \frac{1-c}{2}$$

$$q_2 = \begin{cases} \dfrac{1-q_1-c}{2}, & q_1 \leq 1-c \\ 0 & , q_1 > 1-c \end{cases}$$

이 전략조합이 하부게임 완전균형이다. 이 균형을 경제학 문헌에

서는 스타켈버그 균형이라 한다. 이 전략조합은 내쉬 균형이기도 하다. 그렇지만 이 게임에는 다른 많은 내쉬 균형이 존재한다.

이 게임의 내쉬 균형으로 다음과 같은 것이 같다. 기업 2는 기업 1이 어떤 생산량 수준 q_1^*, $0 \leq q_1^* < 1-c$ 을 생산하지 않으면 생산을 많이 하여 예컨대 $q_2 = 1$로 하여 시장 가격을 0으로 만들겠다고 위협한다. 이러한 위협에 굴복하여 기업 1은 q_1^*를 생산한다. 이러한 전략 조합은 내쉬균형이며 수식으로는 다음과 같이 표현된다.

$$q_1 = q_1^*$$

$$q_2 = \begin{cases} \dfrac{1-q_1^*-c}{2}, & q_1 = q_1^* \\ 1 & , q_1 \neq q_1^* \end{cases}$$

여기서 q_1^*가 0인 경우는 기업 2가 시장을 독점하는 경우에 해당한다. $q_1^* = \dfrac{1-c}{3}$ 인 경우는 꾸르노 균형에 해당한다. $q_1^* = \dfrac{1-c}{2}$ 인 경우는 스타켈버그 균형의 결과와 일치한다. 이러한 내쉬 균형에서 기업 2의 위협은 신빙성이 없다. 왜냐하면 기업 1이 예컨대 $q_1^* = \dfrac{1-c}{2}$ 을 생산하는 경우 기업 2는 위협한 대로 1을 생산하는 것은 불리하기 때문이다. 이렇게 볼 때 위에서 살펴본 내쉬 균형은 신빙성이 없는 위협에 기초한 균형이라고 할 수 있다. 오직 스타켈버그 균형 만이 신빙성이 있는 내쉬 균형이다.

균형외 전략의 선택과 하부게임 완전균형

다음과 같은 게임을 생각해 보자. 두 경기자 1과 2가 게임을 시작한다. 그들은 경기자 1부터 시작하여 번갈아 가며 '스톱' 또는 '고'를 할 기회를 가진다. '고'는 일종의 자기희생을 수반하는 이타적 행동이며 동시에 게임이 계속 상대방에 의해 이어지도록 한다. '스톱'은 이타적 행동의 거부를 의미하며 게임을 종결시킨다. 만약 한 경기자가 '고'를 하면 자신의 보수는 만원이 감소하고 상대 경기자의 보수는 이만원 증가한다. 그리고 게임은 계속되어 상대방 경기자가 '고'를 하거나 '스톱'을 해야 한다. 만약 어느 한 경기자가 '스톱'을 하거나 두 경기자의 보수가 모두 이만원에 도달하면 게임은 종료된다.[5]

이 게임의 유일한 하부게임 완전균형은 두 경기자 모두 그 자신의 차례가 되었을 때 '스톱'을 하는 것이다. 이 균형에서 경기자들의 보수는 0이다. 이를 확인하기 위해 마지막 게임 마디에서 경기자 2의 선택을 생각해 보자. 여기서 경기자 2는 스톱을 하면 삼만원을 받고 고를 하면 이만원을 받는다. 그러므로 그의 최적선택은 스톱을 하는 것이다. 이제 마지막에서 두 번째의 의사결정 마디에서 경기자 1의 선택을 생각해 보자. 경기자 1은 그 다음 마디에서 경기자 2가 스톱을 할 것을 예상하고 스톱을 선택하게 된다. 이렇게 게임나무를 따라 역진적으로 귀납하여 보면 모든 의사결정 마디에서 스톱하는 것이 최적이 됨을 알 수 있다.

지네 게임의 하부게임 완전균형의 특기할 만한 점은 균형에서 경기자들이 얻는 보수가 매우 낮다는 것이다. 만약 그들이 게임의 끝까지 '고'를 했다면 그들 모두 이만원을 얻을 수 있었을 것이다.

이제 경기자 1이 처음에 균형 행동인 '스톱' 대신 '고'를 한 상황을 상정해 보자. 이때 경기자 2는 이를 어떻게 이해해야 할까? 역진 귀납법에 따를 때 합리적인 경기자라면 균형 행동인 '스톱'을 했어야 했다. 그런데 지금 경기자 1이 '고'를 선택한 것이다. 경기자 2는 이를 어떻게 해석해야 할 것인가? 경기자 1은 역진 귀납법을 따르는 합리적 경기자가 아니라고 해석해야 할까? 그렇게 해석한다고 해 보자. 예컨대 경기자 1이 항상 이타적으로 행동하는 극히 이례적인 사람이라고 생각할 수 있다. 이 경우 경기자 2는 앞으로 계속 경기자 1이 '고'를 할 것이라고 기대할 수 있고 따라서 경기자 2에게는 지금은 '고'를 하고 마지막 순간에 스톱을 선택하는 것이 최적대응이 된다. 이렇게 보면 역진

---

5) 이 게임은 게임나무가 마치 지네와 같다 하여 지네 게임이라고 불린다.

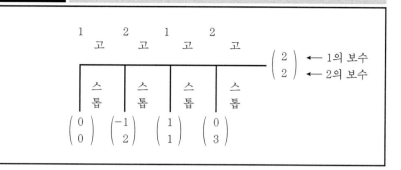

도표 6-16 지네 게임(centipede game)

귀납법이나 하부게임 완전균형에 따른 게임결과의 예측은 맞지 않게 됨을 알 수 있다.

하부게임 완전균형 개념은 어떤 경기자가 항상 이타적인 선택을 하는 이례적인 사람이라고 생각되는 가능성을 허용하지 않는다. 어떤 경기자가 균형전략과는 동떨어진 행동을 선택한 경우 이는 단순히 그가 실수한 것이라고 치부하는 것이다. 예를 들어 위 게임에서 경기자 2가 경기자 1이 '고'를 하는 것을 관찰한 경우 경기자 2는 이를 경기자 1이 실수를 한 것으로 간주하고 무시한다고 본다. 하부게임 완전균형으로부터 벗어난 경기자들의 행동을 단순히 실수의 결과인 것으로 취급하는 것이다. 그러므로 하부게임 완전균형 개념은 각 의사결정단계에서 비록 그 때까지의 게임경로가 하부게임 완전균형의 이론과 상치된다 하더라도 나머지 게임의 경로는 하부게임 완전균형을 따를 것이라고 상정한다.

이 장에서는 동태적 게임상황에서 경기자들의 행동선택을 예측하는 기준에 관하여 살펴보았다. 경기자들의 합리적 선택을 추론하는 한 가지 기준으로 역진 귀납법(backward induction)이 있음을 보았다. 이는 게임나무의 끝에서부터 각 경기자의 최적선택을 추적해 올라감으로

써 경기자들의 행동선택을 예측하는 방법이다. 이 방법은 각 경기자가 미래의 상대방의 반응을 예상하고 선택한다는 점을 반영하는 것이다. 다음으로는 순차적 선택과 동시적 선택이 혼재하는 게임상황에 적용하는 하부게임 완전균형의 기준을 알아보았다. 단순한 역진 귀납법이 우월한 행동을 추적해 올라가는 것인데 반해 하부게임 완전균형은 내쉬균형 행동을 추적해 올라간다. 하부게임 완전균형은 단순한 역진 귀납법을 보다 일반화한 것으로 게임나무의 아래에서부터 매 하부게임의 내쉬균형을 추적해 올라감으로써 게임의 해를 예측하는 것이다.

사례연구 | 맹상군(孟嘗君)과 풍환(馮驩)

중국 전국시대 때 산동반도에 위치하고 있던 제(齊)나라의 왕족 중에 맹상군이라 불리는 이가 있었다. 그의 성은 전(田) 씨이고 이름은 문(文)이다. 그의 아버지는 정곽군 전영(靖郭君 田嬰)으로 제나라 위왕(威王)의 왕자이며 제나라 선왕의 배다른 아우였다. 전영은 위왕 시대부터 요직에 임명되어 국정을 담당했다. 전영에게는 40여 명의 아들이 있었는데 그의 하녀가 나은 아들이 문(文)이었다. 원래 그의 출산예정월이 5월이라고 그를 낳지 못하게 했는데 그의 모친이 몰래 그를 낳았다. 나중에 문이 장성하여 그의 아버지와 만나게 되었을 때 문의 아버지 전영이 그의 어머니를 보고 왜 낳지 말라고 한 아이를 낳았느냐고 힐난하였다. 이때 문(文)이 머리 숙여 절하고 어머니를 대신해서 말했다. "아버지께서 5월에는 자식을 낳지 못하게 한 이유가 무엇입니까?" "5월에 난 자식은 키가 문의 높이만큼 성장하면 장차 부모에게 해를 끼친다고 하기 때문이다"라고 그의 아버지가 대답하였다. 이에 문은 "인간이 출생할 때는 운명을 하늘에서 받는 것입니까, 그렇지 않으면 문에서 받는 것입니까?" 전영의 말문이 막히자 문이 다시 다그쳤다. "운명을 하늘에서 받는 것이라면 부친께서는 아무 근심도 할 것이 못

됩니다. 그렇지 않고 운명을 문에서 받는 것이라면 그 문을 높이면 그만입니다. 문을 높이면 어느 누가 그 문에 닿을 수 있겠습니까?" 그 후 전문(田文)은 하녀의 자식이었지만 그 현명함을 인정받아 전영의 후계자가 되었다.

당시에는 진(秦), 초(楚), 제(齊) 등 7개 국이 세력확장을 위해 서로 치열하게 경쟁하고 있었다. 이에 따라 각국은 유능한 인재들을 스카우트하려고 애썼다. 이러한 시기에 맹상군도 천하의 재사(才士)들을 초치하여 후대하였으며 그 결과 그가 거느린 식객이 3천명에 이르렀다. 이에 따라 그의 영지로부터의 조세수입으로는 이들을 부양하기가 벅차게 되었다. 이자수입을 얻기 위해 금전을 그의 영지인 설(薛) 땅 사람들에게 빌려 주었는데 1년이 넘게 지나도 수입이 없었다. 금전을 대여받은 사람들의 대부분이 이자조차 지불하지 못했던 것이다. 맹상군은 자신의 식객 중의 한 사람이던 풍환에게 이자와 원금을 회수해 올 것을 부탁했다.

부탁을 받은 풍환은 설 땅에 내려가 맹상군에게서 금전을 대여받은 자들을 소집했다. 이들이 모인 자리에서 이자 10만전을 회수했다. 이 돈으로 많은 술을 빚고 살찐 소를 사들인 후 주연을 베풀고 돈을 빌린 자들을 모두 초대했다. 주연의 흥이 무르익었을 무렵 차용증서를 대조해 보고 능히 이자를 지불하는 자에게는 원금 상환의 기일을 정하고 가난해서 이자를 지불하지 못하는 자에게는 그 증서를 받아서 불살라 버렸다.

맹상군은 풍환이 차용증서를 불살라버렸다는 말을 듣고 격노해서 사람을 시켜서 풍환을 불러들였다. 이때 풍환은 다음과 같이 말하였다.

"많은 술과 소를 마련하지 않으면 돈을 빌린 사람을 모두 모이게 할 수 없습니다. 따라서 누가 여유가 있는지 누가 부족한지를 알 수가 없습니다. 여유가 있는 이에게는 기일을 정해 주었습니다만 부족한 이에게는 그대로 10년을 재촉해 보았댔자 이자만 더욱 붙을 뿐으로 성급하게 재촉하면 곧 도망해 버리고 결국은 상환하지 못하게 됩니다. 그러면 위로는 군주가 이식(利殖)에 눈이 어두워 백성을 사랑할 줄 모르는 사람이 되고 아래로는 백성이 군주를 이반하고 빚진 것을 잘라먹었다는 악명을 얻게 됩니다. 이렇게 하는 것은 백성들을 격려하고 군주의 명성을 높이는 것이 못됩니다. 유명무실한 차용증서를 불살라 버리고 실익이 없는 계산을 포기하면 백성들로 하여금 군주를 친근하게 하고 군주의 명성을 높이게 됩니다."

맹상군은 손을 치면서 사과했다.

– 사마천의 사기열전(史記列傳) 중 맹상군열전(孟嘗君列傳)으로부터 발췌–

보 론　하부게임(subgame) 여부의 판별

어떤 전개형 게임의 하부게임은 원래 게임나무의 하부를 구성하면서 그 자체로 독립된 게임이 되는 그러한 게임을 말한다. 하부게임은 다음의 두 가지 조건을 만족시킨다. 첫째 한 개의 마디(점)로 구성된 정보집합으로부터 시작된다. 그리고 이 마디를 뒤따라 나오는 모든 마디들을 포함하고 그 이외의 마디는 포함하지 않는다. 둘째, 어떤 의사결정 마디가 하부게임 안에 있으면 그 마디가 속한 정보집합도 하부게임 안에 있다. 전체 게임도 이 두 가지 조건을 만족시키므로 하부게임이라고 할 수 있다. 도표 6-17에 나타낸 게임에는 두 개의 하부게임이 존재한다. 하나는 전체 게임이고 다른 하나는 기업 E가 진입한 후, 기업 E가 편의점과 음식점 중 하나를 선택해야 하는 기업 E의 정보집합으로부터 시작되는 부분이다. 도표 6-17에서 곡선 아래의 부분들은 하부게임이 아닌 게임의 부분들을 나타내고 있다.

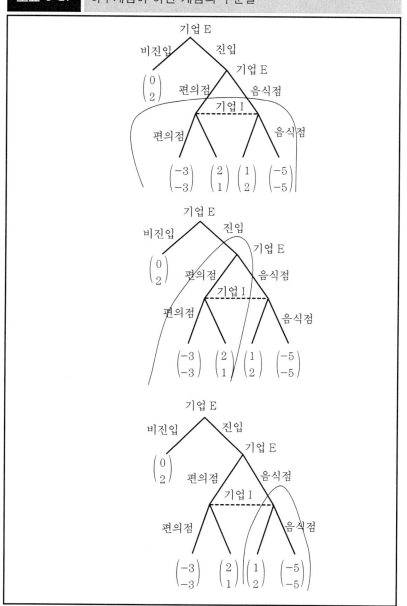

| 참고문헌

사마천(司馬遷), 홍석보 역, 사기열전(史記列傳), 삼성판 세계사상전집 35.
전성철 최철규 지음, 협상의 10계명, 웅진윙스(2009)
Brams, Steven J., et al., "Chapter 13. Fair Division," in the *For All Practical
    Purposes: Introduction to Contemporary Mathematics* directed by
    Solomon Garfunkel, 3rd edition, W.H. Freeman and Company, 1994.
Mas-Colell, Andreu, Michael D. Whinston, and Jerry R. Green, "Chapter 9.
    Dynamic Games," *Microeconomic Theory*, Oxford University Press, 1995.
Mero, Laszlo, *Moral Calculations: Game Theory, Logic, and Human
    Frailty*, Copernicus, An Imprint of Springer-Verlag, 1998.

| 연습문제

1. 철수와 영희 그리고 영철이가 케이크를 나누어 먹으려고 한다. 다
음과 같은 '나누어 갖기 절차'를 상정하고 이를 전개형 게임으로
나타내 보라. 그리고 이 게임의 결과를 예측해 보라.

ⓐ 철수가 케이크에서 한 조각을 떼어 낸다.

ⓑ 영희는 이 조각을 승인하거나 거부할 수 있다. 거부하는 경우에
    는 얼마만큼을 줄일 것인지를 정한다.

ⓒ 그 다음에 영철이도 영희와 마찬가지 행동을 취할 수 있다.

ⓓ 영철이의 행동선택과 함께 일단 세 사람간의 게임은 끝나며 그
    결과는 다음과 같다.

    영희와 영철이 모두 승인한 경우에는 그 조각을 철수가 가져간다.
    영희와 영철이 모두 거부한 경우에는 영철이가 그 조각을 가진다.
    영희는 거부했는데 영철이는 승인한 경우에는 영희가 가져간다.
    마지막으로 거부하고 줄인 사람이 그 조각을 가지는 것이다.

ⓔ 남은 두 명은 도표 6−1과 같은 케이크 나누기 게임을 통해 남은 케이크를 나누어 가진다.

2. 본문의 시장진입 게임(Ⅱ)에서 기업 Ⅰ는 기업 E가 편의점을 개설하는지 음식점을 개설하는지 관찰할 수 있다고 하자. 이 경우 게임나무를 그려보라. 이 게임의 전략형을 표로 그려보고 명백 우월전략이나 명백 열등전략 또는 약 우월전략이나 약 열등전략이 존재하는지 알아보라. 이 게임의 하부게임 완전균형은 무엇인가?

3. 두 기업이 다음과 같은 가격전쟁 게임을 한다고 하자: 처음에 기업 1이 가격 $p_1 \in R$을 선택한다. 기업 2는 p_1을 관측하고 나서 ⓘ 시장에 진입하여 가격 $p_2 \in R$을 선택하거나 ⓘⓘ 시장에 진입하지 않을 수 있다.

시장수요곡선은 $D = a − p$, $a > 0$이며 ⓘ 의 경우에는 낮은 가격을 제시한 기업에게 시장수요가 집중된다. 만약 두 기업의 가격이 같으면 똑같이 반분된다. 그리고 ⓘⓘ 의 경우에는 모든 수요가 기업 1에게 간다.

생산비는 없으며 각 기업은 일단 시장에 참여하면 이윤을 극대화한다. 기업 2는 시장에 진입하여 얻을 수 있는 이윤이 0이라면 시장에 진입하지 않는 것을 선호하며 그렇지 않으면 진입하는 것을 선호한다.

ⓐ 기업 2의 전략은 기업 1의 가격에 대응하여 진입여부를 결정하고 가격을 제시하는 것이다. 기업 2의 최적대응은 존재하는가? 존재한다면 그것은 무엇인가?

ⓑ 기업 1이 기업 2의 반응을 미리 예상한다면 기업 1의 최적대응은 무엇이 될까?

ⓒ 이 게임의 내쉬균형을 구하라.

ⓓ 이 게임에는 하부게임 완전균형이 존재하지 않는다. 그 이유는 무엇인가? (ⓐ번 문제와 연관되어 있음)

4. 본문에서 살펴본 단순한 포커게임에서 고를 할 때 추가로 걸어야 하는 판돈이 40만원이라 하자. 이 경우 철수와 영희의 최소극대화 전략과 최소극대화 보수를 구하라.

"너희는 먼저 그의 나라와 그의 의를 구하라 그리하면 이 모든 것을 너희에게 더하시리라." (마태복음 6장 33절)

7

전략적 행위*

마틴 루터(Martin Luther)는 1500년대 초 종교개혁의 불을 지핀 사람이다. 카톨릭 교회에서는 교황과 사제의 권위를 인정하며 성자들의 공로를 의지하여 형벌을 면할 수 있다고 보았다. 이에 대해 루터는 모든 그리스도인들이 사제라고 보았으며 모든 직업은 성스러운 것이라고 보았다. 신부님이나 목사님은 그 자체로서 특별한 사람이 아니며 직분이 다를 뿐이라고 보았다. 그리고 인간이 죄로부터 구원을 받는 것은 오직 믿음과 하나님의 은혜로 그리고 말씀을 통해 이루어진다고 보았다.

당시 교회의 관습이 되어 있던 면죄부(免罪符) 판매에 대한 비판으로 1517년 '95개조 논제'를 비텐버그(Wittenberg) 성문에 내걸었는데, 이것이 큰 파문을 일으켜 마침내 종교개혁의 발단이 되었다. 그는 교황으로부터 파문칙령(破門勅令)을 받았으나 불태워 버렸다.

* 이 장의 내용은 딕시트(Dixit)와 네일버프(Nalebuff)의 공저 *Thinking Strategically*의 내용을 많이 참조하였다.

1521년에는 교황과 연결되어 있던 신성로마제국 황제 찰스 5세가 소집한 공회에 소환되어 그의 주장을 철회할 것을 강요당했으나 이를 거부하였다. 이때 그가 보름스 공회(Assemblies of Princes at Worms)에 나가서 한 다음과 같은 말은 유명하다.

"나는 철회할 수 없고 철회하고 싶지도 않다. 그것은 하나님의 말씀에 사로잡힌 나의 양심에 반하는 것으로 안전하지도 않고 올바르지도 않기 때문이다.

여기 내가 서 있나이다. 나는 다른 어떤 것도 할 수 없나이다. 하나님 저를 도우소서. 아멘. (Here I stand I can do nothing else. God help me. Amen.)"

그는 평상복을 입고 설교했으며 1525년에는 캐서린(Katherine von Bora)과 결혼도 했다. 그리고 박사님으로보다는 "형제 안드레아스"로 불리기를 원하였다. 그의 이러한 확고한 태도는 그후 사회에 큰 영향을 미쳐 프로테스탄트 종교 개혁을 일으켰고 카톨릭 교회의 변화를 유도하였다.

루터가 카톨릭 교회와 타협을 했더라면 이러한 결과는 나타나지 않았을 것이다. 종종 비타협 정책은 게임상황에서 큰 효과를 가질 수 있다. 비타협 정책에 대해 상대방 경기자는 그 주장을 받아들이든지 그렇지 않으면 받아들이지 말든지 양자택일해야 한다. 이때 상호 전쟁과 같은 파국적인 결과를 피하려면 양보해야 하는 경우가 많이 발생하는 것이다. 이렇게 볼 때 비타협 정책은 상대방의 양보를 이끌어 내는데 유효한 전술이 될 수 있다. 한편 비타협 정책의 결과 파국적인 결과가 발생할 가능성도 배제할 수는 없다. 이렇게 볼 때 비타협 정책은 상대방의 양보를 이끌어 내는 유효한 전술이 될 수도 있지만 상당한 위험성을 내포한 것이라 할 수 있다.

이 장에서는 비타협 정책과 같이 주어진 게임상황을 자신에게 유리하도록 변화시키기 위해 사용되는 몇 가지 전략적 행위들을 살펴보도록 한다.

7.1 무조건적 공약

담력시험 게임을 생각해 보자. 이 게임에서 각 경기자의 두 전략 '직진'과 '회피'는 모두 합리화가능 전략이었다. 이러한 사실을 두 경기자는 또한 알고 있다. 그러므로 이 게임의 결과가 어떻게 될지에 관하여 큰 불확실성이 존재한다.

도표 7-1 담력시험 게임

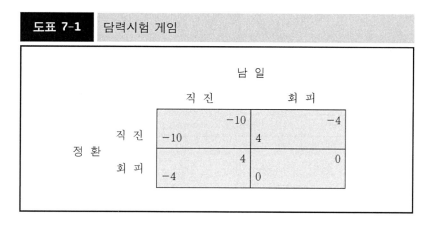

이러한 게임에서 예컨대 정환이 남일의 전략에 상관없이 '직진'을 한다고 공약한다면 게임의 결과는 어떻게 될까? 정환이 직진을 공약한 경우 남일은 '회피'를 선택하는 것이 최선이다. 그 결과 정환은 4의 보수를 남일은 -4의 보수를 얻게 될 것이다.

이와 같이 한 경기자가 상대방 경기자의 전략에 상관없이 어떤 전략을 취한다고 공약하는 것을 전략선택에 대한 무조건적 공약 (unconditional commitment)이라고 한다.[1] 전략선택에 관한 무조건적

---

1) 여기서 'commit'란 단어는 묶어 맨다는 뜻을 가진다. 여기서는 이를 '공식적인 약

또는 일방적 공약은 원래의 동시진행 게임을 다음과 같은 동태적 게임으로 변환시키는 것과 같다. 정환은 이러한 공약을 통해 게임의 불확실성을 제거하고 자신에게 유리한 결과를 유도할 수 있다.

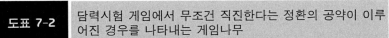

도표 7-2 담력시험 게임에서 무조건 직진한다는 정환의 공약이 이루어진 경우를 나타내는 게임나무

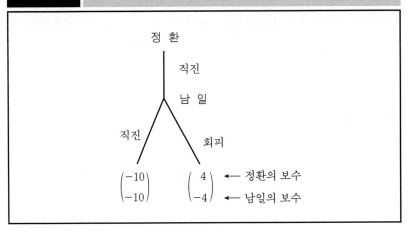

그렇다면 어떤 것이 공약인가? 정환이 단순히 "나는 무조건 직진하겠다"고 남일에게 말하는 것은 공약이 아니다. 이 말을 남일이 믿지 않기 때문이다. 남일은 자신이 직진한다면 정환은 회피할 것임을 알고 있다. 따라서 무조건 직진하겠다는 정환의 말은 신빙성이 없다. 그러나 만약 정환이 자신의 자동차 핸들을 용접하여 고정시킨다면 이 광경을 본 남일은 정환이 과연 직진할 것임을 믿게 되고 회피를 선택할 것이다. 여기서 자동차 핸들을 용접하여 고정시키는 것은 무조건 직진을 선택하겠다는 공약이 된다.

　무조건적 공약은 게임나무를 통해서는 하나의 전략만을 선택할 수 있는 것으로 표시된다. 즉 다른 전략은 선택할 여지가 전혀 없고 한 행

속' 즉 '공약한다'로 번역하였다.

동만 선택할 수 있도록 하는 것이 무조건적 공약이다. 어떤 행동을 하되 그것이 돌이킬 수 없는 것이 되도록 하는 것이 행동선택을 공약(commit)하는 것이다.

행동선택의 공약이 가지는 흥미로운 점은 그것이 자신의 행동선택의 폭을 축소시킴에도 불구하고 자신의 보수를 증대시킨다는 결과를 가져온다는 점이다. 그러나 경기자의 사전공약이 항상 그 경기자에게 유리하게 작용하는 것은 아니다. 예를 들어 두 경기자의 이해관계가 완전히 상충되는 홀짝게임과 같은 경우, 어느 한 전략을 취할 것을 무조건적으로 공약하는 것은 오히려 공약한 경기자에게 불리하게 작용한다.

7.2 조건부 공약: 신빙성 있는 위협과 약속

미국과 한국간의 다음과 같은 무역 게임을 생각해 보자. 이 게임에서 미국과 한국은 각각 자국의 시장을 개방하거나 폐쇄할 수 있다. 미국은 한국에 대한 수출보다 수입이 훨씬 많다. 미국에게는 두 나라의 시장이 모두 개방되어 자유무역이 이루어지는 것이 최상이다. 최악의

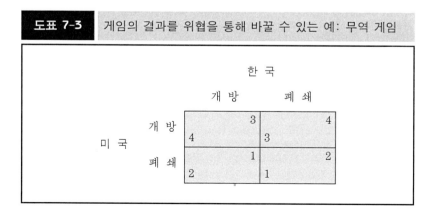

도표 7-3 게임의 결과를 위협을 통해 바꿀 수 있는 예: 무역 게임

상황은 두 나라의 시장이 모두 폐쇄되어 자급자족해야 하는 경우이다. 그리고 미국은 개방하고 한국은 자국시장을 보호하는 것이 미국이 자국시장을 보호하고 한국은 개방하는 것보다 미국에게 더 유리하다. 한국으로부터의 값싸고 질 좋은 공업 제품을 수입하면 미국 소비자들에게 큰 도움이 되기 때문이다. 한편 한국에 있어서는 미국시장은 개방되고 자국시장은 폐쇄하여 보호하는 것이 최상이다. 최악의 상황은 그 반대의 경우이다. 그리고 두 나라 시장이 모두 개방되는 것이 모두 폐쇄되어 자급자족하는 것보다는 낫다.

이러한 게임상황에서 미국은 개방하는 것이 명백 우월전략이며 한국은 폐쇄하는 것이 명백 우월전략이다. 그러므로 미국은 개방을 한국은 폐쇄를 선택할 것이며 그 결과 미국은 3의 보수를 한국은 4의 보수를 얻는다. 미국은 이에 대해 불만을 갖는다. 미국은 한국도 개방하기를 원한다. 이 경우 미국은 4의 보수를 얻게 되는 것이다. 어떻게 하면 미국은 바라는 바를 이룰 수 있을까? 한국이 명백 우월전략을 가지고 있으므로 미국은 일방적 공약을 통해 이 게임의 결과를 자기에게 유리하게 변화시킬 수 없다.

이제 미국이 '한국이 폐쇄를 선택하면 우리도 폐쇄를 선택하겠다'고 한다고 해보자.[2] 이 경우 한국은 폐쇄를 선택하면 미국도 폐쇄를 선택할 것이므로 2의 보수를 얻고 개방을 선택하면 미국이 개방을 선택할 것이므로 3의 보수를 얻는다.[3] 따라서 미국의 말이 신빙성이 있다면 한국은 개방을 선택할 것이다. 그러므로 게임의 결과는 미국과 한국 모두 개방을 선택하게 되고 미국은 가장 높은 보수 4를 얻게 된다.

---

2) 이는 게임의 형식적 측면에서 보면 동시진행 게임을 동태적 게임으로 변환시키는 것에 해당한다. 즉 한국이 먼저 개방할지 개방하지 않을지를 선택하고 나서 미국이 개방할지의 여부를 선택하는 동태적 게임으로 변화시키는 효과를 갖는다.
3) 한국이 시장개방정책을 시행하면 미국도 시장개방정책을 시행하는 것이 최적이다. 이 사실을 한국은 알고 있다.

여기서 한국이 폐쇄를 선택하면 미국도 폐쇄를 선택하겠다는 것은 한국이 폐쇄를 선택하는 것을 저지하려는 일종의 위협(threat)이라고 할 수 있다. 그러나 이 위협이 효력을 발생하려면 경기 상대방이 이 위협을 액면 그대로 받아들여야 한다. 즉 위협에 신빙성(credibility)이 있어야 한다. 이 게임에서 미국의 위협은 그리 신빙성이 있어 보이지 않는다. 왜냐하면 한국이 폐쇄를 선택하는 경우에도 미국은 폐쇄보다 개방을 선택하는 것이 최선이기 때문이다. 동태적 게임에서 경기자들의 전략은 역진적 귀납법의 논리와 합치하여야 하는데 미국의 전략 '폐쇄'는 그렇지 못한 것이다.

이러한 상황에서 위협에 신빙성을 더해 줄 수 있는 방법으로는 다음과 같은 것을 생각해 볼 수 있다. 미국의 보복조치 즉 한국이 폐쇄하면 미국도 폐쇄한다는 것을 법으로 명문화하는 것이다. 이렇게 되면 미국은 한국이 시장을 폐쇄할 때 개방하고 싶어도 개방하지 못하게 될 것이다.

이번에는 도표 7-4와 같은 기업의 담합 게임을 생각해 보자. 삼성전자와 엘지전자가 냉장고의 가격을 책정하려고 한다. 각 기업은 높은 가격을 책정하거나 낮은 가격을 책정할 수 있다. 두 기업이 담합하여

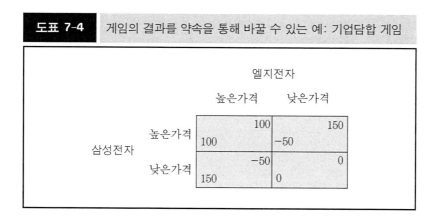

도표 7-4 게임의 결과를 약속을 통해 바꿀 수 있는 예: 기업담합 게임

		엘지전자	
		높은가격	낮은가격
삼성전자	높은가격	100 / 100	150 / -50
	낮은가격	-50 / 150	0 / 0

높은 가격을 책정하면 두 기업 모두 높은 이윤을 올린다. 반면 두 기업이 가격경쟁을 하여 낮은 가격을 매기면 두 기업은 이윤을 거의 얻지 못한다. 한 기업은 높은 가격을 매기고 다른 기업은 낮은 가격을 매기면 낮은 가격을 매긴 기업이 시장을 독점하게 되어 높은 이윤을 올리게 된다.[4] 이 게임에서는 삼성과 엘지 두 기업이 담합하지 않고 낮은 가격을 책정하는 것이 명백 우월전략이다. 그러므로 두 기업 모두 낮은 가격을 책정할 것이다. 이 게임에서 경기자의 일방적 공약은 게임의 결과를 바꾸지 못한다. 위협도 할 수 없다. 예를 들어 삼성전자는 엘지전자가 낮은 가격을 책정하는 것을 저지하고 싶다고 하자. 이 경우 엘지전자가 낮은 가격을 책정할 때 삼성전자가 이에 대한 보복으로 낮은 가격을 책정한다고 위협하더라도 엘지전자는 기존전략을 고수할 것이다. 왜냐하면 그것이 우월전략이기 때문이다.

이제 삼성전자가 엘지전자에게 "네가 높은 가격을 책정하면 나도 그렇게 하겠다"고 약속한다고 하자. 이를 엘지전자가 믿는다면 엘지전자는 높은 가격을 책정할 것이다. 이 약속이 효력을 발생하려면 위협의 경우와 마찬가지로 경기 상대방이 이 약속을 액면 그대로 받아들여야 한다. 즉 약속에 신빙성(credibility)이 있어야 한다. 위의 예에서 삼성전자의 약속은 신빙성이 없다. 일단 엘지전자가 높은 가격을 책정하면 삼성전자는 가격을 낮게 책정하여 시장을 석권하려는 유인이 있게 된다. 이를 아는 엘지전자는 섣불리 높은 가격을 책정하려고 하지 않을 것이다. 삼성전자는 어떻게 해서든 엘지전자가 높은 가격을 책정할 때 자신이 낮은 가격을 책정할 유혹에 굴복하지 않을 것임을 엘지전자에게 확신시켜야 한다. 어떻게 이를 달성할 수 있을까? 예를 들어 삼성전자는 업계에서 자신이 한 약속은 항상 지킨다는 평판을 구축하였다고 하자. 이 경우 삼성전자가 엘지전자와의 약속을 깨면 그의 평판은 무너지고 만다. 그리하여 장래에 있을 많은 담합의 기회를 실현시키지 못하여 큰

---

[4] 이 게임의 구조는 용의자들의 딜레마 게임과 동일하다.

손실을 본다. 즉 단기적으로 약속을 깨서 얻는 이득이 장기적으로 평판의 상실로 인한 손실보다 적다. 그리하여 삼성전자는 엘지와의 약속을 깨지 않는 것이 유리하게 된다. 이 사실을 아는 엘지전자는 삼성전자의 담합제의를 수락할 것이다.

위협은 상대편이 어떤 행동을 하면 그에게 위해를 가하는 것이고 약속은 상대편이 어떤 행동을 취하면 보답을 하는 것이다. 신빙성이 있는 위협과 약속을 통칭하여 조건부 공약(conditional commitment)이라고 한다.

7.3 무조건적 행동선언과 위협 및 약속에 신빙성을 부여하는 방법

무조건적 행동선언과 위협 및 약속에 신빙성을 부여하는 방법은 게임의 보수체계를 변화시키는 방법, 게임의 규칙을 변경하는 방법, 그리고 게임에의 참여자를 변경하는 방법 등 크게 세 유형으로 나누어 볼 수 있다.

게임의 규칙을 변경하는 방법 중의 대표적인 것으로 퇴로 차단이 있다. 다음의 예를 통해 이를 설명해 보자.

조조와 유비가 서로 대치하고 있다. 조조의 군대는 100만 대군이다. 반면 유비의 군사는 30만으로 수적으로 열세이다. 조조는 유비군을 공격하든지 공격하지 말든지를 선택해야 한다. 유비는 조조의 군대가 공격해 들어오는 경우 맞서 싸우든지 퇴각하든지를 선택해야 한다. 조조가 공격을 하지 않으면 현상을 유지하게 된다. 조조가 공격하는데 유비가 이에 정면 대결하면 조조가 승리를 거두지만 조조의 군대도 큰 피해를 보지 않을 수 없다. 조조가 공격하는데 유비가 퇴각하면 조조는 큰 희생을 치르지 않고 승전할 수 있다. 이러한 상황을 전개형 게임으

도표 7-5	조조와 유비의 전투 게임

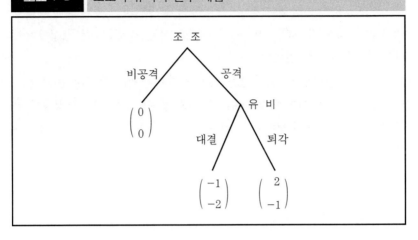

로 나타내면 도표 7-5와 같다.

이 게임에서 조조는 자신이 공격해 들어갔을 때 유비가 퇴각할 것이라고 예상하고 공격을 할 것이다. 유비는 조조가 공격해 들어오면 퇴각할 것이다. 그리하여 이 전투는 조조의 승리로 끝날 것이다.

이 게임에서 유비는 조조군의 공격을 저지하기 위해 "쳐들어오면 정면 대결하겠다"고 위협할 수 있다. 그런데 이러한 위협은 신빙성이 없다. 왜냐하면 일단 조조군이 공격해 들어오면 유비는 퇴각하는 것이 더 유리하며 이 사실을 조조도 알고 있기 때문이다.

이때 유비의 모사인 제갈량은 유비군의 유일한 퇴각로인 다리를 끊어 버릴 것을 헌책한다. 이를 받아들여 유비는 퇴각로를 끊어 버린다. 이렇게 되면 조조는 자신이 공격해 들어갈 때 유비가 대결할 수밖에 없을 것임을 알고 공격을 하지 않게 된다. 여기서 유비가 퇴각로인 다리를 끊는 것은 조조군이 쳐들어오면 정면 대결하겠다는 위협에 신빙성을 부여하는 것이 된다.[5]

---

5) 이러한 퇴로 차단은 상대방의 보수체계에 대해 정확히 알지 못하는 경우에는 매우 위

게임의 참여자를 변경시킴으로써 신빙성을 획득하는 대표적인 방법은 다른 사람이나 기관에 일정한 권한과 의무를 부여하여 위임하는 것이다. 예를 들어 한 노동자가 5% 이하의 임금인상은 받아들일 수 없다고 일방적으로 선언하였다고 하자. 이러한 선언은 유지될 수 있을까? 그렇지 못하다. 만약 고용주가 5%의 임금인상은 불가능하고 4%까지만 임금을 올려줄 수 있다고 계속 주장한다면 노동자는 이를 계속 거부하기 힘들다. 왜냐하면 임금이 전혀 오르지 않는 것 보다는 4%라도 오르는 것이 더 낫기 때문이다. 따라서 노동자는 다시 한번 더 협상 테이블에 나아가 고용주와 타협하고 싶은 생각이 들 수 있다. 이러한 사태를 방지하고 노동자의 협상력을 증대시키는 한 가지 방법은 어떤 다른 사람이 그 대신 협상하도록 하는 것이다. 예컨대 노조 위원장이 노동자들을 대표하여 선출되어 협상 테이블에 앉는다고 하자. 노조 위원장은 선출되는 과정에서 5% 이상 임금인상을 주장하기로 되어 있다. 그는 노동자 개인으로서는 비록 더 낮은 임금인상률로 타협하고 싶을 수 있어도 전체 노동자를 대표하는 입장으로서는 협상에서 그렇게 할 수 없다. 적어도 그는 다시 한번 노조 총회를 열어 노조원들의 승인을 얻어야 한다. 또한 만약 노조원들과 약속한 5%의 임금인상을 달성하지 못하면 약속을 지키지 못한 무능한 지도자라는 비난을 면하기 어려울 것이다. 그러므로 노조 위원장은 임금협상에서 개별 노동자만큼 쉽게 입장을 바꿀 수 없으며 따라서 5% 이하의 임금인상은 받아들일 수 없다는 선언은 공약의 성격을 갖게 된다. 다른 사람이나 기관에 위임하는 방법의 또 다른 유형으로는 기계에게 맡기는 것이 있다. 예를 들어 자동판매기로부터 커피를 뽑을 때 가격을 가지고 자동판매기와 협상하려는 사람은 없을 것이다.

험한 전술이다. 예를 들어 임진왜란 당시 조선의 장군 신립은 탄금대 전투에서 배수진을 쳤다. 그러나 왜군은 소총으로 무장하고 있어 화력에서 절대적으로 우월한 상태였다. 결국 조선군은 전멸하였다.

게임의 보수체계를 변경시킴으로써 신빙성을 획득하는 방법 중 하나는 위협이나 약속을 이행하지 않으면 처벌을 받는다는 계약을 체결하는 것이다. 예를 들어 다이어트를 하려는 사람이 있다고 하자. 그는 다이어트를 하기를 원하지만 맛있는 음식이 나올 때 이를 자신이 제어하기 어려움을 알고 있다. 그래서 그는 자신이 집 이외의 어떤 음식점에서든 음식을 먹는 것을 발견하는 사람에게는 상금으로 300만원을 지불하겠다고 공언하였다고 하자. 이러한 공언은 일종의 대중과의 처벌계약에 해당한다. 이를 통해 음식을 과도히 먹는 것의 보수가 매우 불리하게 되어 다이어트 수행의 신빙성을 높여 주게 된다.

이상에서 살펴본 신빙성을 부여하는 세 가지 유형의 방법은 동시에 이용될 수도 있다. 다음의 예를 생각해 보자. 두 범죄조직 간에 마약의 거래가 있다. 이때 마약판매조직이 대량의 마약을 한꺼번에 판매한다고 하자. 이 경우 마약을 사는 조직은 거래장소에서 상대방 조직을 공격한 후 마약을 탈취해 오면 일확천금을 할 수도 있다. 이러한 사실을 마약판매조직도 인식하고 있으며 따라서 거래 상대방의 대금지불에 대한 신뢰가 떨어지게 된다. 이에 따라 마약거래에는 많은 경비인력이 투입되게 되고 경찰에 단속될 위험도 커지게 된다. 거래비용이 매우 커지는 것이다.

이번에는 마약판매를 소량씩 자주 한다고 해보자. 이 경우 마약을 사는 조직이 판매조직을 공격하고 마약을 탈취해 갈 유인은 크지 않게 된다. 왜냐하면 탈취해 봐야 얼마되지 않고 일단 한번 탈취하면 그 다음부터는 판매조직과 더이상 거래를 하지 못할 것이기 때문이다. 이렇게 볼 때 마약판매조직은 마약을 대량으로 한번 거래하기보다는 소량을 여러번에 걸쳐 거래하려고 할 것이다. 이러한 거래방식의 전환은 게임의 규칙과 보수체계를 바꾸는 것에 해당한다. 이와 같이 한 행동을 여러 개의 단계적 행동으로 나누는 것은 거래의 신뢰성을 높이는 방법이 될 수 있다.

단계적으로 나누어 행동하는 것과 비슷한 유형의 것으로 평판을 쌓는 것이 있다. 평판의 형성을 통해 신뢰성의 문제를 해결하는 것은 동일한 게임상황이 여러번 반복되는 경우에 전형적으로 나타나는 현상이다. 다음의 예를 생각해 보자. 이스라엘은 테러리스트들과 타협하지 않는 것으로 유명하다. 이스라엘은 왜 이러한 정책을 고수하는 것일까?

테러리스트와 타협하지 않겠다고 표방하는 것은 테러리스트들이 인질석방의 대가로 몸값이나 동료들의 석방을 요구하는 경우 이를 수용하지 않겠다는 일종의 위협에 해당한다. 만약 이 위협이 신빙성을 얻게 되면 테러리스트들은 그들의 행동이 아무 소용이 없음을 깨닫고 더 이상 테러를 자행하지 않게 된다. 이스라엘 정부는 테러리스트들과는 협상하지 않는다는 평판을 쌓음으로써 테러를 예방하려 한다고 볼 수 있다.

물론 이러한 비타협 정책이 신빙성을 얻기 전에는 테러리스트들이 테러를 시도할 것이다. 이러한 테러에 대해 이스라엘 정부가 계속 타협하지 않는 정책을 고수한다면 테러의 희생자는 일시적으로 늘어나겠지만 비타협 정책의 신빙성은 점차 높아질 것이다. 그 결과 장기적으로는 테러리스트들의 테러가 거의 사라지게 될 것이다. 때때로 우발적인 테러는 생길 수도 있을 것이다. 그러나 일단 비타협 정책이 신빙성을 얻은 후에는, 테러리스트들의 요구를 들어주면 지금까지 쌓아올렸던 평판을 상실하게 되고 장래의 테러를 조장하게 된다. 따라서 테러리스트들의 요구를 들어줌으로부터 얻게 되는 일시적인 이득보다도 평판을 상실하게 됨에 따른 손실이 더 크게 된다. 그러므로 이스라엘 정부는 계속 테러리스트와 타협하지 않는다. 테러리스트들은 이를 인식하고 테러를 하지 않게 된다.

7.4 신빙성 있는 위협 및 약속과 하부게임 완전균형

어떤 전략조합이 어떤 하부게임에서 내쉬균형이 되지 못하면 그 하부게임에서 이탈할 유인이 존재하게 되고 이는 그 하부게임에서 신빙성있는 위협이나 약속이 되지 못함을 의미한다. 그러므로 신빙성이 있는 위협이나 약속을 내포하는 전략조합이 되려면 그것이 하부게임 완전균형이 되어야 한다.

앞에서 본 조조와 유비의 전투 게임을 다시 한번 생각해 보자. 이 게임에서 "조조가 쳐들어 오면 정면대결하겠다"는 유비의 위협은 신빙성이 없었다. 이는 조조가 쳐들어 온 후에는 유비가 퇴각하는 것이 최선의 선택이기 때문이었다. 조조가 쳐들어 왔을 때 유비가 정면대결하는 것은 하부게임 완전균형을 이루는 행동이 되지 못한다. 반면 일단 퇴각로를 끊은 후에는 이 위협은 신빙성을 획득하게 된다. 이는 퇴각로가 끊어진 후의 게임상황에서 유비는 정면대결을 할 수밖에 없기 때문이다. 이 상황에서 유비가 정면 대결하는 것은 하부게임 완전균형을 구성한다.

지금까지 주어진 게임상황을 자신에게 유리하게 변화시키기 위한 몇 가지 전략적 행위들을 살펴보았다. 여기에는 일방적인 행동의 선언과 위협이나 약속과 같은 조건부의 행동 선언이 있다. 이것이 상대방의 행동에 영향을 미칠려면 그것이 실제로 수행될 것이라고 상대방 경기자가 믿어야 한다. 이렇게 상대방이 액면 그대로 받아들이게 되는 전략적 행위를 신빙성이 있다고 하며 신빙성이 있는 전략적 행위를 공약(commitment)이라고 한다. 위협이나 약속 등에 신빙성을 부가하는 방법에는 여러 가지가 있다. 대표적인 예로는 퇴로의 차단, 기관이나 대리인에의 위임, 제3자와의 계약, 평판의 수립 등을 들 수 있다.

화폐제도와 화폐정책의 진화[6]

잉글랜드의 국왕 헨리 8세(1491-1547, 재위 1509-47)는 튜더왕조를 연 헨리 7세의 둘째 아들이다. 원래는 성직자가 되기 위한 교육을 받았으나 형이 요절하자 왕위를 계승하게 되었다. 그는 활달한 성격에 스포츠와 음악, 문학 등을 좋아하였으며 키가 6피트가 넘으며 잘생긴 남자였다. 왕이 된 후 초기에는 내정은 신하들에게 맡기고 외정에 전념하여 프랑스를 공격하고 스코틀랜드와도 전쟁을 하였다. 또한 당시 독일에서 일어난 루터의 종교개혁에 반박하는 논문을 써서 교황으로부터 신앙의 수호자라는 찬사를 받기도 했다.

그는 형의 미망인인 왕비 캐서린과 결혼하였는데 그녀와의 사이에 아들이 없었다. 그의 아들에 대한 집착은 대단했다. 아들을 얻기 위해 그는 후에 6명의 왕비를 맞아들인다. 그는 1527년경부터 궁녀 앤 볼린과 결혼하려고 하였다. 로마 교황이 이를 인정하지 않자 카톨릭 교회와 결별할 것을 꾀하여, 34년 수장령(首長令)으로 영국 국교회(國敎會)를 설립하고 종교개혁을 단행하였다. 이어 36, 39년에 수도원을 해산하고 그 소령(所領)을 몰수하였다. 앤 볼린이 아들을 낳지 못하고 딸 엘리자베스 공주를 낳자 이혼하고 다른 왕비를 들여 놓기를 여러 번 하였다. 이들 왕비 중 앤 볼린 등 두 명의 왕비를 사형에 처하여 잔인한 군주로 유명해졌다. 말년에는 당뇨병으로 고생하다가 사망한 것으로 알려져 있다.

헨리 8세는 종교정책 이외에도 왕권강화에 힘썼으며, 웨일스·아일랜드·스코틀랜드 등의 지배와 방비를 강화하고, 당시의 복잡한 국제정세 속에서도 몇 차례나 대륙에 출병하였다. 그는 전쟁자금을 조달하기 위해 16퍼센트나 되는 높은 이자를 지불하고 돈을 빌려썼다. 국왕의 영지를 저당잡혔으며 조폐소에서 은괴를 은화로 만들 때 은화의 은 함량을 30%나 줄였다.[7] 그 차액은 왕이 가로챈 것이다. 이러한 통화 사기가

---

6) 아래의 논의는 그레고리 밀먼(1998) 중 '2장 국가라는 사기꾼' 부분의 내용을 많이 참조하였음.

7) 이 당시 화폐는 전통적으로 금이나 은을 의미했다. 통상 금이나 은은 그 자체로서 지

예상 외로 효과가 좋자 헨리 8세는 여러 차례 통화가치 하락 정책을 단행하였다. 나중에는 은화에 은 함유량이 너무 적어서 은화를 코팅해서 은빛이 나게 할 수밖에 없었다. 헨리 8세는 통화가치 하락을 통해 100만 파운드의 이윤을 챙길 수 있었다. 거기에다가 이 결과 발생한 인플레이션으로 그 동안 짊어진 많은 부채의 부담이 크게 줄어들었다. 헨리 8세가 촉발시킨 인플레이션은 거의 20년 동안 계속되었다. 이 악성 인플레이션은 1560년이 되어서야 엘리자베스 여왕에 의해 진정되었다. 엘리자베스 여왕 때에는 많은 식민지를 확보하였고 이로부터의 수입으로 왕실 재정이 풍부하여졌던 것이다.

이러한 상황은 백성들과 군주간의 게임상황으로 생각해 볼 수 있다. 군주는 일반적으로 자금조달을 위해 어느 정도의 통화가치 하락 정책을 선호한다. 백성들은 처음에는 그것이 초래하는 인플레이션 효과를 잘 인식하지 못하지만 점차 이를 깨닫게 된다. 그리하여 화폐의 가치를 신뢰하지 않게 되고 화폐의 가치는 더욱 하락한다. 그 결과 인플레이션은 악화된다.

이 문제를 해결하려면 군주가 더 이상 화폐가치를 하락시키지 말아야 한다. 그렇지만 군주가 화폐가치를 하락시키지 않겠다고 말만 해가지고는 안된다. 이 약속은 신빙성이 없기 때문이다. 군주의 약속에 신빙성을 부여하려면 어떻게 해야 할까? 18세기 초 영국에서는 철학자 존 로크가 법으로 화폐의 가치를 고정시킬 것을 주장하였다. 그 결과 파운드화의 가치는 금은괴의 정해진 양으로 고정되었다. 저명한 물리학자인 아이작 뉴튼에 의해 1717년 파운드화의 금가치가 결정되었다. 금본위제도의 초석이 마련된 것이다. 이는 약속의 신빙성이 법률에 의해 확보된 좋은 예이다.

금본위제도의 도입으로 통화가치는 안정되었다. 인플레이션은 사라졌다. 그리고 돈을 빌려 주는 자본가들은 훨씬 안전해졌다. 그러나 금

불수단으로 사용되기보다는 금화와 은화의 형태로 사용되었다. 백성들은 조폐소에 금과 은을 가지고 가 금화와 은화로 교환할 수 있었다. 국왕은 금·은과 금·은화의 교환비율을 결정할 수 있었다.

본위제에는 큰 약점이 있었다. 화폐의 공급이 금의 공급량에 따라 좌우되게 된 것이다. 일반적으로 남아메리카 정복 당시 신대륙으로부터의 금·은이 대량 공급된 시기를 제외하면 금과 은의 공급은 제한되어 있었다. 그런데 경제가 성장함에 따라 화폐에 대한 수요는 커지기 마련이다. 따라서 상공업과 경제의 발전을 뒷받침해야 할 화폐의 공급이 제대로 이루어지지 못하고 그 결과 상공업의 발전이 지체되고 실업이 증대하게 되는 것이다. 예를 들어 1870년대부터 1890년대 중반까지 이어졌던 미국의 대불황은 금본위제도에 기인한 것으로 보는 사람이 많다. 1896년 미국 대통령 선거에 출마하였던 윌리엄 제닝스 브라이언(William Jennings Bryan)은 금본위제를 황금십자가에 비유하면서 금본위제 철폐를 주장하였다.[8]

브라이언의 주장은 그 당시에는 받아들여지지 못했지만 제 1 차 세계대전의 발발로 자연스럽게 실현되었다. 금본위제가 붕괴된 것이다. 금본위제의 핵심은 원할 때는 언제든지 지폐를 금으로 교환할 수 있다는 것이다. 그러나 제정신을 가지고 있는 사람이라면 누가 전쟁으로 피폐해진 나라의 지폐를 금으로 바꾸지 않겠는가? 이에 따라 제 1 차 세계대전에 참여한 나라들은 금본위제의 가장 중요한 요소를 제거해 버렸다. 지폐를 금으로 교환하는 것을 금지함으로써 불환지폐제도가 도입된 것이다.

불환지폐가 어떻게 화폐의 기능을 수행할 수 있게 되었을까? 17세기 영국에서는 진짜 금뿐만 아니라 금세공사가 발행한 영수증도 화폐 역할을 하였다. 이 영수증만 있으면 언제든지 진짜 금으로 바꿀 수 있었다. 영수증은 금과 같은 효력을 가지고 있었고 휴대하기 쉬운 이점을 가지고 있었다. 사람들은 영수증의 가치를 믿었고 실제로 이것을 현금처

---

8) 윌리엄 제닝스 브라이언은 산업가와 금융가에 맞서 농민과 민중을 대변한 정치가였다. 서른 여섯 살의 나이로 1896년에 미국 민주당 대통령 후보로 선출되었으며 인류가 황금십자가의 희생자가 되는 것을 막겠다는 내용의 연설은 미국 정치 역사상 가장 유명한 연설 중의 하나이다. 그는 미국민들에게 민중주의 복음을 전파해 선풍적인 인기를 끌었다. 이에 긴장한 동북부 보수 세력들은 힘을 결집하여 그의 당선을 막는 데 온갖 수단과 방법을 동원하였다. 결국 브라이언은 동북부 보수 세력의 지지를 받은 윌리엄 맥킨리(William McKinley)와의 선거경쟁에서 패했다.

럼 사용했다.

　사람들이 영수증이 금과 같은 효력을 가지고 있다고 믿는 한, 실제로 영수증은 금대신 사용될 수 있다. 중요한 것은 금이 아니라 신용인 것이다. 다른 사람들이 이것을 지불수단으로 받아준다는 믿음이 중요하다. 마찬가지로 불환지폐도 모든 사람들이 그것을 지불수단으로 받아들이고 이를 모든 사람들이 믿는다면 화폐의 기능을 수행할 수 있게 되는 것이다.

　불환지폐제도는 화폐공급의 제한성이라는 문제점을 극복하는 데 기여하였다. 그러나 화폐가치의 안정성 유지문제를 내포하고 있었다. 국가가 재정지출 확대를 위해 마음대로 화폐를 찍어낼 수 있는 것이다. 실제로 우리나라도 1960년대 경제개발을 위한 재원조달을 위해 화폐를 찍어낸 적이 있다. 이는 화폐에 대한 국민들의 불신을 초래하고 부동산 투기 등 실물자산에 대한 선호를 부추기며 극심한 인플레이션을 초래하였다. 정부의 화폐정책에 대한 불신 문제를 해결하기 위해 미국·영국·일본 등 주요 선진국에서는 중앙은행에 독립성을 부여하고 있다. 이들 중앙은행은 화폐가치 안정을 최우선의 정책목표로 삼고 있다. 중앙은행이 자율적으로 화폐정책을 결정하도록 한 것은 새로운 기관에 책임을 위임함으로써 화폐가치의 안정성 유지에 대한 신빙성을 확보하는 것이라고 할 수 있다.

　중앙은행이 화폐정책을 독립적으로 수행하는 경우에도 중앙은행의 화폐정책에 대한 신뢰성의 문제가 완전히 해소되는 것은 아니다. 중앙은행은 화폐가치 안정을 최우선의 정책목표로 삼지만 경기 부양, 실업해소 등과 같은 다른 거시경제 목표도 추구한다. 예를 들어 중앙은행은 약간의 인플레가 수반되지만 경기 부양을 통해 실업률이 낮아지는 화폐정책을 선호할 수 있다.

　이제 화폐증발을 통한 경기부양은 사람들의 예상인플레보다 더 높은 인플레로 기업의 수익률이 증가하고 실질 임금이 하락하는 경우에만 실현된다고 하자. 이 경우 중앙은행은 16세기의 절대군주들 처럼 국민들 몰래 화폐가치를 하락시키고 싶어하게 된다. 단기적으로는 이 정책이 소기의 효과를 거둘 수 있을지 모른다. 그러나 국민들이 이러한 중앙은행의 정책을 인식하게 되면 더 이상 국민들을 속이기 어렵게 된다. 국민들은 화폐가치의 하락을 미리 예견하고 낮아진 화폐가치로 실물 거래를 하게 된다. 그 결과 중앙은행이 의도했던 경기부양효과는 거두지 못하고 인플레이션만 유도하는 결과를 낳게 된다. 따라서 중앙은행이 차라리 "인플레이션을 전혀 발생하지 않도록 화폐공급을 조정하겠다"고 공약하여 인플레를 없애는 것만 못하게 된다.

프리드만과 같은 자유주의 경제학자는 중앙은행이 화폐정책을 수행할 때 재량적으로 화폐공급량을 결정하지 말고 일정한 준칙을 정하여 화폐공급량을 결정할 것을 주장한 바 있다. 예를 들어 예상 경제성장률과 동일하게 화폐공급 증가율을 정한다는 따위의 준칙을 세우고 이 준칙을 준수하라는 것이다. 문제는 이러한 중앙은행의 준칙이행 약속이 신빙성을 가질 수 있느냐는 것이다. 중앙은행의 준칙이행에 대한 신빙성을 확보하는 방법 중의 하나로서 자주 이야기 되는 것이 반복되는 게임상황에서 평판을 유지하려는 인센티브의 존재이다. 중앙은행이 화폐공급에 관하여 어떤 준칙을 따른다는 평판을 일단 쌓게 되면 이 평판을 계속 유지할 유인을 갖게 된다. 왜냐하면 이 준칙을 따르지 않고 통화공급을 늘리게 되면 일시적으로 경기부양의 효과를 거둘 수 있을 것이다. 그러나 동시에 중앙은행이 준칙을 따른다는 평판을 상실하게 되고 이에 따라 화폐가치에 대한 국민들의 신뢰를 상실하게 된다. 그리하여 장기적으로는 계속 인플레이션이 상존하게 된다. 중앙은행에 있어 준칙을 따른다는 평판은 눈에 보이지는 않지만 귀중한 자산인 것이다. 장기적인 물가안정이 일시적인 경기부양보다 더 중요하다면 중앙은행은 준칙을 깨지 않고 평판을 계속 유지하려 할 것이다.

화폐는 거래 상대방을 탐색하는 데 드는 비용을 크게 줄임으로써 거래를 활성화하는 역할을 한다. 화폐의 도입으로 시장의 형성이 촉진되고 상공업의 발달이 가능하게 되었다. 화폐가 경제발전을 뒷받침하기 위해서는 그 공급이 충분히 이루어져야 한다. 반면 화폐가 지불수단으로서 신뢰를 얻으려면 화폐가치가 안정되어야 한다. 전자를 유동성의 공급문제라 한다면 후자는 화폐가치의 안정성의 문제라 할 수 있다. 역사적으로 볼 때 유동성의 공급과 화폐가치의 안정성 문제는 서로 상충관계(trade-off)에 있어 왔다. 이는 기본적으로 화폐를 공급하는 책임을 진 국왕이나 국가가 화폐가치를 하락시키려는 유인을 갖고 있는데 기인한다. 이것은 화폐공급 담당기관에 대한 국민들의 불신을 초래한다. 이러한 불신의 문제를 해결하기 위해 여러 가지 제도와 정책이 고안되어 왔다. 금본위제도의 도입, 중앙은행의 독립성, 중앙은행의 준칙에 따른 화폐공급 등이 그 대표적인 예이다.

사례연구 │ 북한의 벼랑끝 외교

북한이 구사해 온 외교전략을 특징지우는 것 중의 하나로 소위 '벼랑끝 외교'라는 것이 있다. 벼랑끝 외교전략이란 파국적 상황의 발발 가능성을 야기시킴으로써 상대방의 양보를 이끌어내는 일종의 위협전략이다. 북한은 핵 폭탄과 대륙간 탄도 미사일 등 대량파괴 무기의 개발 및 수출을 위협수단으로 하여 미국으로부터 원자력 발전소 건설과 식량지원 등을 얻어낸 바 있다. 다음은 이와 관련된 중앙일보 기사의 일부분이다.

"북한이 80년대부터 핵개발을 추진해 왔다는 징후가 90년대 초에 포착되었다. 이에 따라 이를 저지하려는 국제사회의 압력이 고조되었다. 이때 북한은 핵확산금지조약(NPT) 탈퇴라는 초강수로 맞섰다.

미국은 1993년 5월부터 1년간 30여 차례나 북한과 접촉, 개발 중단을 종용했으나 성과를 내지 못했다. 급기야 당시 미 클린턴 행정부는 영변 핵시설에 대한 폭격을 적극 검토하는 상황으로 치달았다. 백악관은 전면전으로 확대될 경우에 대비해 미군 증파 계획까지 마련했다는 것이 훗날 관계자들의 증언으로 드러났다. 94년 3월엔 박영수 남북회담 북한 대표의 '서울 불바다 발언'까지 겹쳐 시민들은 전쟁발발의 두려움에 휩싸이기도 했다.

이러한 위기상황의 돌파구는 그해 6월 '개인 자격'으로 평양을 방문한 지미 카터 전대통령과 김일성 주석의 회담에서 마련됐고 10월에는 핵개발 동결을 대가로 경수로를 제공한다는 내용을 골자로 한 북·미간 제네바 합의에 이르게 됐다."

– 중앙일보 2002년 10월 18일자 예영준 기자의 기사에서 발췌 –

| 참고문헌

존 스틸 고든 지음, 강남규 옮김, 「월스트리트 제국」, 참솔, 2002.

그레고리 밀먼 지음, 김태영 옮김, 「금융혁명 보고서」, 길벗, 1998

Dixit, Avinash and Barry Nalebuff, "5. Strategic Moves," *Thinking Strategically: The Competitive Edge in Business, Politics, and Everyday Life*, W.W. Norton & Company, 1991.

Dixit, Avinash and Susan Skeath, "9. Games with Strategic Moves,", W.W. Norton & Company, 1999.

Straffin, Philip D., *Game Theory and Strategy*, The Mathematical Association of America, 1993.

"네 마음을 다하고 목숨을 다하고 뜻을 다하여 주 너의 하나님을 사랑하라." (마태복음 22장 37절)

8

반복게임: 자기구속력이 있는 형벌을 통한 사회적 효율성의 달성

고속버스 터미널이나 기차역 부근의 음식점에서 음식을 사먹어 본 적이 있는가? 대부분의 경우 음식이 맛이 없다는 것을 느낄 것이다. 이는 손님들이 대체로 어쩌다 한 번 고속버스 터미널이나 기차역을 이용하면서 들르는 일회성 고객이기 때문이다. 한번 보고 말 손님들이라면 정성들여 음식을 할 필요가 없는 것이다. 한편 직장 부근의 음식점 중에는 괜찮은 곳이 꽤 있다. 이 음식점의 손님들은 대체로 거의 매일 마다 오는 단골 손님들이다. 따라서 음식을 정성들여 준비하지 않으면 안된다. 그렇지 않으면 손님들은 다시 찾지 않을 것이기 때문이다.

대인관계나 사회생활에서도 마찬가지이다. 일회성의 단기적 관계이냐 아니면 다회성의 장기적인 관계이냐에 따라 사람들의 태도나 행동은 많이 달라진다. 이번 장에서는 용의자들의 딜레마 게임이 반복되는 장기적인 관계에서 사람들이 어떤 행동을 취할 것인지에 대하여 살펴보고자 한다. 용의자들의 딜레마 게임이 한번만 시행되는 경우에는 각 경기자는 자백을 선택한다. 이것이 우월한 전략이기 때문이다. 반면 이 게임이 여러 번 계속된다면 경기자들은 자백하려 하지 않을 수 있다. 이번에 자백하면 다음에 보복을 당할 수 있기 때문이다. 이 결과는 보다 일반적인 게임상황으로 확장될 수 있다.

8.1 유한번 반복되는 게임

용의자들의 딜레마 게임의 일종으로 다음과 같은 협동생산 게임을 생각해 보자. 이 게임에는 철수와 영희 두 사람이 참여한다. 각 사람은 협력과 비협력 중 하나를 선택할 수 있다. 두 사람 모두 협력하면 각각 100의 보수를 얻는다. 두 사람 중 한 사람은 협력을 하고 한 사람은 협력하지 않으면 협력한 사람은 −50의 손실을 보고 협력하지 않은 사람은 150의 이득을 얻는다. 두 사람 모두 협력하지 않으면 각각 0의 보수를 얻는다. 이 게임은 도표 8−1과 같이 나타낼 수 있다.

이 게임에서 각 사람은 다른 사람의 선택에 관계없이 협력하지 않는 것이 유리하다. 즉 비협력을 선택하는 것이 명백 우월전략이다. 그

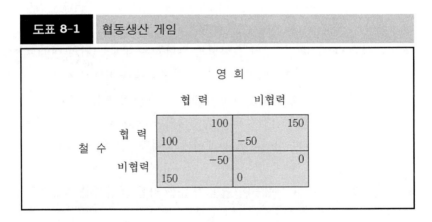

도표 8-1 협동생산 게임

		영 희	
		협 력	비협력
철 수	협 력	100 / 100	150 / −50
	비협력	−50 / 150	0 / 0

러므로 두 사람 모두 비협력을 선택할 것이라고 예측할 수 있다.

이제 이 협동생산 게임에 제3의 행동이 도입된다고 하자. 그리고 두 경기자 모두 제3의 행동을 취하면 두 경기자 다 70만원의 보수를 얻고 두 사람 중 한 사람만 제3의 행동을 취하면 두 사람 다 0의 보수를 얻는다고 하자. 이 게임은 도표 8-2로 나타내진다. 이 게임에는 명백 우월전략이나 명백 열등전략은 존재하지 않는다. 다만 두 개의 내쉬 균형이 존재한다. 그 하나는 두 경기자 모두 협력하지 않는 것이고 다른 하나는 두 경기자 모두 제3의 행동을 선택하는 것이다.

도표 8-2 제3의 행동이 도입된 협동생산 게임

		영 희		
		협 력	비협력	제3의 행동
철 수	협 력	100 / 100	150 / -50	0 / 0
	비협력	-50 / 150	0 / 0	0 / 0
	제3의 행동	0 / 0	0 / 0	70 / 70

반복게임에서의 전략

이 변형된 협동생산 게임이 2회 반복되는 게임에서 각 경기자의 가능한 순수 행동전략은 무엇일까?[1] 예를 들어 첫 회 게임에서 협력하

------

1) 우리는 경기자들이 행동전략 중 각 정보집합에서 순수 행동을 선택하는 순수 행동 전략을 사용하는 경우만을 고려한다. 이는 일반적으로 경기자들이 상대방 경기자들의

고 두 번째 게임에서 비협력하는 것은 철수의 행동전략인가? 그렇지 않다. 게임의 행동전략은 상황별 행동선택을 나타낸다. 2회 반복게임에서 철수가 직면하는 상황은 1회 게임의 시작 상황과 1회 게임의 결과인 (협력, 협력), (협력, 비협력)…,(제3의 행동, 제3의 행동) 등을 관측하고 난 상황이다. 따라서 철수의 행동전략은 게임 시작시 어떤 행동을 선택하고 1회 게임의 결과들을 본 후 어떤 행동을 취할 것인지를 나타낸다. 예를 들어 다음은 철수의 한 전략이다. 게임 시작시 협력을 선택하고 1회 게임에서 (협력, 협력)이 구사된 경우에는 2회 게임에서 협력을, 1회 게임에서 (협력, 비협력)이 구사된 경우에는 2회 게임에서 비협력을, (협력, 제3의 행동)이 구사된 경우에는 제3의 행동을 선택하고, …, 1회 게임에서 (제3의 행동, 제3의 행동)이 구사된 경우에는 2회 게임에서 비협력을 선택한다. 이 반복게임에서 경기자가 직면하는 상황은 게임의 시작 상황과 1회 게임의 결과가 실현된 후의 상황들로 구성된다. 1회 게임의 결과가 9가지이므로 이에 대응하여 9가지의 상황이 존재한다. 따라서 경기자가 직면하는 상황은 총 10가지이고 각 상황에서 3개의 행동을 선택할 수 있으므로 이 반복게임에서 각 경기자의 가능한 순수 행동전략의 개수는 3^{10} 가지이다.

반복게임에서는 경기자들이 직면 가능한 상황이 많아 전략을 표현하는 것이 간단치 않다. 전략의 개수도 매우 많다. 이러한 문제를 해소하는 한 가지 방법은 전략 조합 중 균형인 것만을 찾는데 초점을 맞추는 것이다. 그리고 균형전략 조합을 자기구속력이 있는 사회적 합의로 해석하고 자기구속력이 있는 사회적 합의로 어떤 것이 가능할지 생각해 보는 것이다.

반복게임에서 나타날 수 있는 균형전략 조합을 자기구속력이 있는

순수 행동만을 관측할 수 있는데 기인한다. 반복게임의 균형을 찾을 때, 균형에서 이탈을 방지하는 벌이 존재하는지 알아보게 되는데 이 벌은 상대방 경기자의 관측된 행동에 기초하기 때문이다. 만약 경기자들이 행동을 혼합하는 기제 자체를 모든 경기자들이 관측할 수 있다면 우리는 혼합 행동전략의 사용도 고려할 수 있다.

사회적 합의(self-enforcing agreement)로 해석해 보자. 이제 상기한 게임이 두 번 반복되는 2회 반복게임에서 자기구속력이 있는 합의로 어떤 것이 가능할지를 생각해 보자. 이 반복게임의 1회 게임에서 두 사람이 모두 협력하는 것이 자기구속력이 있는 합의의 결과로 나타날 수 있을까? 그럴 수 있다. 이를 앞 장에서 살펴본 약속이나 위협과 같은 전략적 행위와 연결하여 생각해 보자.

이제 철수와 영희가 다음과 같은 합의를 한다고 하자.

"1. 제1회 게임에서 두 사람이 협력한다.

2. 제1회 게임에서 두 사람이 협력했으면 제2회 게임에서 두 사람이 제3의 행동을 선택한다.

3. 제1회 게임에서 둘 중 한 사람이라도 협력하지 않았으면 제2회 게임에서 두 사람 모두 비협력을 선택한다."

위의 합의문에서 1항은 제1회 게임에서 어떤 행동을 할 것인지에 관한 상호 약속이다. 2항은 제1회 게임에서 약속을 지킨 경우에 제2회 게임에서 어떤 행동을 할 것인지에 관한 상호 약속이다. 3항은 제1회 게임에서 약속을 지키지 않는 경우에는 어떻게 하겠다는 위협 또는 형벌에 해당한다. 이러한 사회적 합의는 모든 가능한 상황에서 각 경기자가 어떻게 행동할 것인지를 담고 있어 전략조합을 간략히 표시하는 좋은 대안이 된다.

이러한 합의가 자기구속력(또는, 앞장의 용어를 사용한다면, 신빙성)이 있을까를 생각해보자. 먼저 제2회 게임에서 두 사람 모두 제3의 행동을 선택하는 행동 조합이나 두 사람 모두 비협력을 선택하는 행동 조합은 제2회 게임의 내쉬균형으로 각 경기자가 이탈할 유인이 없다. 그러므로 합의문의 2항과 3항은 신빙성이 있다고 볼 수 있다.

이제 제1회 게임에서 두 사람이 협력하기로 한 약속이 자기구속력이 있는지를 철수의 입장에서 검토해 보자. 철수는 이 약속을 지키면 그 다음 회에 제 3 의 행동을 하는 균형이 실현될 것이므로 전체 반복게임으로부터의 보수는 $100+70=170$만원이다. 반면 철수가 이 약속을 지키지 않으면 첫 회에서는 150을 얻을 수 있지만 그 다음 회에 둘다 협력하지 않는 균형이 실현될 것이므로 보수는 $150+0=150$만원이 된다. 그러므로 철수는 약속을 지키는 것이 유리하다. 마찬가지로 영희도 1회 게임에서 협력하기로 한 약속을 지키는 것이 유리하다. 따라서 이 약속은 자기구속력이 있다고 볼 수 있다. 그러므로 이 반복게임의 1회 게임에서 두 사람이 모두 협력하는 것은 합의의 결과로 나타날 수 있다.

이상에서 자기구속력이 있는 합의의 개념을 이용하여 반복게임에서 나타날 수 있는 경기자들의 행태를 생각해 보았다. 반복게임은 일종의 동태적 게임으로서 전개형 게임으로 나타낼 수 있다. 따라서 전개형 게임을 분석하는데 사용되는 여러 기준 즉 단순한 역진 귀납법이나 하부게임 완전균형 등의 기준을 적용할 수 있다. 어떤 전략조합이 자기구속력이 있는 합의가 되려면 역진 귀납법을 통해 예측되는 것이거나 하부게임 완전균형이어야 한다.

앞에서 살펴본 철수와 영희의 합의는 이 게임의 하부게임 완전균형임을 확인할 수 있다. 반복게임을 구성하는 제 2 회 게임은 이 반복게임의 하부게임에 해당한다. 합의문의 2항과 3항은 제 2 회 게임에서의 신빙성이 있는 약속과 위협에 해당하며 이 하부게임의 내쉬균형이다. 합의문의 1항은 제 1 회 게임에서의 상호 협력 약속에 해당하며 전체게임에서의 내쉬균형을 구성한다. 즉 철수와 영희의 합의는 모든 하부게임에서 내쉬균형을 이루므로 하부게임 완전균형이다.

이번에는 제 3 의 행동의 가능성이 없고 원래의 협동생산 게임이 두 번 반복되는 게임을 생각해 보자. 이 경우 이 반복게임의 1 회 게임에서 두 사람이 모두 협력하는 것이 자기구속력이 있는 합의가 될 수 있을까? 그럴 수 없다. 제 3 의 행동이 도입된 협동생산 게임에서는 제 1 회 게임에서 서로 협력하기로 한 약속은 신빙성이 있었다. 왜냐하면 이 약속을 지키지 않으면 그 다음 회의 게임에서 벌을 받기 때문이었다. 원래의 협동생산 게임에서도 이와 같이 벌을 줄 수 있을까? 제2회 협동생산 게임에서 두 경기자의 명백 우월전략은 모두 협력하지 않는 것이다. 따라서 2회 협동생산 게임에서는 제1회 게임에서 약속이 지켜졌든 지켜지지 않았든 이에 상관없이 두 경기자는 협력하지 않을 것이다. 이에 따라 1회 게임에서 협력하기로 한 약속을 지키지 않더라도 2회 게임에서 이를 벌 줄 수 있는 방법이 없게 된다. 결국 제1회 게임에서 협력하기로 합의하더라도 이 합의는 자기구속력이 없게 되는 것이다.

이를 전개형 게임의 분석에 사용되는 단순한 역진 귀납법 또는 하부게임 완전균형의 기준을 가지고도 설명할 수 있다. 이 반복게임을 구성하는 제2회 협동생산 게임에서 두 경기자의 명백 우월전략은 모두 협력하지 않는 것이다. 따라서 2회 게임에서 두 경기자는 협력하지 않을 것이다. 이 사실을 아는 두 경기자는 제1회 게임에서도 협력하지 않는 것이 최적이다. 그러므로 협동생산 게임의 2회 반복게임에서는 매회 두 경기자 모두 협력하지 않을 것임을 예측할 수 있다.

이제 협동생산 게임이 세 번 반복되는 경우를 생각해 보자. 이 경우에도 앞에서와 같은 논리로 세 번째 게임과 두 번째 게임에서 두 경기자 모두 협력하지 않는 결과가 나온다. 그러므로 이러한 사실을 예측하는 경기자들은 첫 번째 게임에서도 협력하지 않을 것이다. 두 경기자 모두 협력하도록 하는 신빙성 있는 위협 즉 벌주기가 존재하지 않기 때문이다. 이상의 논리는 네 번째, 다섯 번째 게임 등에 계속 적용될 수 있다. 이렇게 볼 때 협동생산 게임이 유한번 반복되는 경우 자기구속력이 있는 합의가 되는 것은 매단계의 게임에서 두 경기자 모두 협력하지 않는 것뿐임을 알 수 있다.

제3의 행동이 도입된 변형된 협동생산 게임이 두 번 반복되는 경우와 원래의 협동생산 게임이 유한번 반복되는 경우에 게임의 균형결과가 이렇게 다른 이유는 어디에 있을까? 변형된 협동생산 게임의 경우에는 내쉬균형이 두 개 있다. 그 중 하나는 다른 하나보다 둘 모두에게 유리한 균형이다. 반면 원래의 협동생산 게임에서는 둘다 협력하지 않는 것이 유일한 내쉬균형이다. 따라서 변형된 협동생산 게임이 반복되는 경우에는 경기자에게 불리한 내쉬균형이 자기구속력이 있는 벌로 사용될 수 있다. 이 벌을 이용하여 반복게임에서의 행동선택에 대한 합의가 자기구속력을 가지도록 할 수 있다. 반면 원래의 협동생산 게임에서는 내쉬균형이 유일하므로 앞에서 약속을 위반하든 하지 않든 현재의 최선의 선택은 비협력을 선택하는 것이 된다. 그러므로 약속위반에 대한 자기구속력이 있는 벌을 만들 수 없게 되는 것이다.

이상의 논의는 다음과 같이 정리할 수 있다. 반복게임에서 나타나리라고 예측되는 전략조합은 자기구속력이 있는 합의의 개념을 이용하여 설명될 수 있다. 반복게임에서 자기구속력이 있는 합의는 어떤 행동을 취하겠다는 약속과 이 약속을 지키지 않는 경우에는 그 다음 회의 게임에서 형벌을 준다는 위협으로 구성된다. 이 약속들의 신빙성은 그 약속이 지켜지지 않는 경우에 부과되는 형벌에 의해 담보된다. 이때 이 형벌 자체도 신빙성이 있어야 한다. 어떤 전략조합이 자기구속력이 있는 합의가 되려면 하부게임 완전균형이어야 한다.

유한번 반복되는 게임에서의 자기구속력이 있는 합의의 형태는 일회 게임의 내쉬균형이 유일하냐 유일하지 않으냐에 따라 크게 달라진다.

일회 게임의 내쉬균형이 유일한 경우를 생각해보자. 이 경우 마지막 기의 게임에서는 자기구속력을 확보하기 위해 유일한 내쉬균형을 구사하기로 합의하여야 한다. 이렇게 되면 마지막에서 두 번째 기의 게임에서 어떤 행동을 취하든 그 다음 기에 벌을 줄 수 없게 된다. 그러므로 자기구속력이 있는 합의가 되려면 마지막에서 두 번째 기에서도 내쉬균형을 구사하기로 약속하여야 한다. 일회 게임의 내쉬균형 이외의 행동조합을 구사하기로 합의하는 경우, 이의 자기구속력을 확보하려면 마지막 기에 벌을 주어야 하는데 그럴 수 없기 때문이다.

　마찬가지 논리가 마지막에서 세 번째 기와 그 앞의 기에도 적용된다. 그러므로 일회 게임의 내쉬균형이 유일하고 이 게임이 유한번 반복되는 경우, 자기구속력이 있는 사회적 합의는 오직 매기마다 유일한 내쉬균형을 경기하는 것이 된다.

　일회 게임의 내쉬균형이 여러 개인 경우에는 이야기가 달라진다. 이 경우 내쉬균형 중 어떤 것은 다른 것보다 한 경기자에 불리할 것이다. 그러므로 어떤 경기자에게 상대적으로 불리한 내쉬균형을 계속해서 경기하는 것을 그 경기자에 대한 형벌로 사용할 수 있다. 이제 각 경기자에게 일회 게임에서 불리한 내쉬균형이 주는 보수보다 평균적으로 많은 보수를 주는 일련의 행동들을 선택하기로 약속하였다고 하자. 그리고 이 약속을 지키지 않는 사람이 있으면 그에게 가장 불리한 내쉬균형을 계속 경기하기로 합의함으로써 벌을 준다고 하자. 그러면 각 경기자는 원래 약속된 일련의 행동들로부터 이탈할 유인이 없게 된다. 그리하여 모든 경기자들이 일회 게임의 균형에서 보다 높은 보수를 받는 (사회적으로 보다 바람직한) 상태를 실현할 수 있게 된다.

8.2 무한정 반복되는 게임에서의 자기구속력이 있는 합의

　협동생산 게임이 유한번 반복되는 경우에는 벌주기를 통해 서로 협력하는 것이 자기구속력이 있는 합의가 되도록 할 수 없다. 협동생산 게임의 내쉬균형이 유일하기 때문이다. 그러나 협동생산 게임이 무한정 반복되는 경우에는 상황이 달라진다.

　이제 게임이 확정적으로 유한번 계속되는 것이 아니라 매회 게임이 무한정 계속될 수 있으며 게임이 계속될 확률이 $\delta(0<\delta<1)$로 일정하

다고 하자.[2]

    일정 확률 δ로 매회 게임이 계속되는 무한정 반복게임에서는 경기자의 총보수는 매기의 기대보수를 합한 것이다. 이때 매기의 기대보수는 그 기에 얻는 보수에 그 기의 게임이 열릴 확률을 곱한 것이 된다. 예를 들어 매기마다 두 사람이 협력하여 100의 보수를 얻는 경우 각 경기자의 총보수는 $100+\delta\times100+\delta^2\times100+\cdots=100/(1-\delta)$이 된다.[3]

    협동생산 게임이 무한정 반복되는 경우 적절한 약속과 형벌을 통해 두 경기자 모두 항상 협력하는 것이 게임의 결과로 나타날 수 있다. 예를 들어 두 경기자 철수와 영희가 항상 협력하기로 약속한다고 하자. 그리고 만약 둘 중 어느 한 사람이라도 약속을 위반하면 그 다음부터 두 사람 모두 항상 협력하지 않기로 하였다고 하자.[4] 이는 약속위반에 대한 일종의 형벌이 된다. 왜냐하면 전기에 약속을 이행했다면 앞으로 계속해서 협력을 하게 되어 매기 100의 보수를 얻는 반면 전기에 약속을 위반하면 일시적으로 높은 보수를 받지만 그 다음부터는 상대방이 협력하지 않게 되어 매기 0의 보수를 얻을 것이기 때문이다. 이 형벌은 신빙성이 있다. 왜냐하면 상대방이 협력하지 않는다면 나도 협력하지 않는 것이 최선이기 때문이다. 즉 이 형벌은 반복게임에서의 하부게임 완전균형으로 경기자들이 이로부터 이탈할 유인이 없는 것이다.

    이제 처음에 협력하기로 한 약속이 자기구속력을 가지는지를 체크

---

2) 게임이 확정적으로 계속되는 경우 ($\delta=1$), 무한 반복게임의 보수는 ∞가 된다. 예를 들어 매기 1의 보수를 얻으면 총 보수는 ∞가 된다. 매기 2의 보수를 얻어도 총 보수는 ∞가 된다. 이와 같이 게임이 확정적으로 계속되면 총 보수를 비교하기가 곤란하다. 이러한 문제를 피하기 위하여 게임이 계속될 확률 δ가 1 보다 작다고 가정한다.

3) 이러한 무한 반복게임 모형은 다르게 해석될 수도 있다. 즉, 게임이 계속될 확률은 1 이지만 경기자들이 현재의 1원을 미래의 1원 보다 더 귀하게 여기는 상황을 상정한 것으로 해석할 수도 있다. 여기서 δ는 미래의 1원을 현재가치로 환산하는 환산계수로 해석된다. 이때 각 경기자의 총 보수도 본문의 식과 같이 표시되며 매회 게임으로부터의 보수를 현재가치로 환산한 후 합한 것에 해당한다.

4) 이는 각 경기자가 첫 기에는 협력하고 상대방이 한번이라도 비협력하면 그 다음부터는 계속 비협력하는 전략을 사용하는 경우이다. 이러한 전략을 촉발전략(trigger strategy)이라 한다.

해 보기로 하자. 구체적인 계산을 위해 경기가 계속될 확률 δ는 0.9라고 하자. 이 경우 철수가 약속을 지켜 계속 협력하는 경우 총보수는 $100+0.9\times100+0.9^2\times100+\cdots=100/(1-0.9)=1,000$이다. 반면 약속을 지키지 않고 한번 협력하지 않는 경우에는 그 이후부터 두 사람 모두 협력하지 않으므로 경기자의 보수는 $150+0.9\times0+0.9^2\times0+\cdots=150$이다. 따라서 철수는 계속 협력하는 것이 유리하다. 영희가 처한 상황은 철수의 상황과 동일하다. 즉 이 게임은 경기자에 대해 대칭적인 구조를 갖는다. 그러므로 영희의 경우도 계속 협력하는 것이 유리하다. 그러므로 경기자 모두 항상 협력하는 것이 자기구속력이 있는 합의의 결과로 나타날 수 있음을 알 수 있다.

유한 반복게임에서는 자기구속력이 있는 합의가 되려면 벌을 주든지 주지 않든지 마지막 기에 항상 일회 게임의 내쉬균형 행동을 선택해야 한다는 제약이 있었다. 그러나 무한정 반복되는 게임에서는 마지막 기가 없으므로 그러한 제약이 없다. 그러므로 일회 게임의 내쉬균형 행동을 매기 반복하는 것을 형벌로 사용하여, 매기마다 협력한다는 약속이 자기구속력이 있도록 할 수 있다. 일회 게임의 내쉬균형 행동을 매기 반복하는 것을 내쉬균형 형벌이라고 한다.

게임이 계속될 확률과 내쉬균형 형벌의 유효성

그러나 내쉬균형 형벌은 경기자들이 장래의 보수를 어느 정도 중요하게 생각해야 유효성을 가진다. 장래 보수의 중요성은 경기가 계속될 확률이 얼마나 되는지에 달려 있다. 극단적인 예로 경기자들이 게임이 계속되지 않을 것이라고 확신하는 경우 즉 δ가 0인 경우를 생각해 보자. 이 경우 경기자들에 있어 장래의 보수는 전혀 중요하지 않고 현재의 보수만이 중요하다. 그러므로 장래에 어떠한 형벌을 받든 개의치 않게 된다. 어떤 형벌도 경기자들의 이탈을 막을 수 없게 된다. 내쉬균형 형벌이 유효하려면 경기가 계속될 확률 δ가 어느 정도 이상은 되어야 한다.

위의 예에서 내쉬균형 형벌이 경기자들의 이탈을 막을려면 δ가 어떤 값을 가져야 할까? 각 경기자가 약속을 지켜 계속 협력하는 경우 얻는 총보수는 $100/(1-\delta)$이다. 반면 약속을 지키지 않고 협력하지 않는 경우에 얻을 것으로 기대되는 보수는 $150+\dfrac{\delta}{1-\delta}\times 0=150$이다. 그러므로 각 경기자가 협력에서 이탈하지 않을 조건은 $100/(1-\delta)\geq 150 \rightarrow \delta \geq 1/3$이다.

전래 정리 (傳來定理 ; the folk theorem)

앞에서 내쉬균형 형벌을 사용하면 철수와 영희가 항상 협력한다는 약속이 자기구속력이 있도록 만들 수 있음을 보았다. 일반적으로 내쉬균형 형벌을 사용하면 내쉬균형보다 더 높은 보수를 주는 일련의 행동 약속은 어떤 것이든 자기구속력이 있도록 만들 수 있다. 예를 들어 두 경기자 철수와 영희가 (비협력, 협력)과 (협력, 비협력)의 행동을 번갈아 가며 하기로 약속을 하였다고 하자. 그리고 이 약속을 이행하지 않는 경우 내쉬균형 형벌을 가하기로 했다고 하자. 이 경우 게임이 계속될 확률 δ가 충분히 크면 이 약속은 자기구속력이 있다.[5] 그리고 그 결과로 철수는 $\dfrac{150-50\delta}{1-\delta^2}$의 보수를 얻는다. 영희에 대해서도 똑같은 추

---

[5] 철수가 이 약속을 이행하는 경우 얻는 총 기대보수는 $150+\delta\cdot(-50)+\delta^2\cdot 150+\delta^3\cdot(-50)+\cdots=\dfrac{150-50\delta}{1-\delta^2}$이다. 반면에 첫 기에 이 약속을 이행하지 않고 내쉬균형 형벌을 받는 경우 얻는 보수는 100이다. 그러므로 철수는 $\dfrac{150-50\delta}{1-\delta^2}\geq 100$인 경우에 약속을 이행할 유인이 있다. 이 조건을 δ에 관하여 정리하면 $0\leq\delta\leq 1$이다. 이번에는 2회 게임에서 이탈하는 경우를 생각해 보자. 철수가 2회 게임에서 약속을 이행하는 경우 얻는 총 기대보수는 $-50+\delta\cdot 150+\delta^2\cdot(-50)+\cdots=\dfrac{-50+150\delta}{1-\delta^2}$이다. 반면 2회 게임에서 약속을 지키지 않는 경우 얻는 총 보수는 0이다. 그러므로 철수는 $\dfrac{-50+150\delta}{1-\delta^2}\geq 0$인 경우에 약속을 지킬 유인이 있다. 이 조건을 δ에 관해 정리하면 $\delta\geq\dfrac{1}{3}$이다. 그러므로 δ가 $\dfrac{1}{3}$보다 크면 위의 합의는 자기구속력이 있게 된다.

론이 가능하다. 영희의 보수는 $-50+\delta \cdot 150+\delta^2 \cdot (-50)+\delta^3 \cdot 150+\cdots$
$=\dfrac{-50+150\delta}{1-\delta^2}$이다.

이렇게 일회 게임에서는 달성할 수 없던 높은 보수를 반복게임에
서는 적절한 형벌의 사용을 통해 달성할 수 있다. 이를 전래 정리(the
folk theorem)라고 한다. 이는 누가 독창적으로 주장한 것이 아니라 예
전부터 일반 사람들에 의해 생각되어졌던 것이라는 의미에서 이렇게
이름이 붙여진 것이다.

무한정 반복게임에서 얻을 수 있는 경기자들의 보수와 일회 게임
에서 얻을 수 있는 경기자들의 보수를 비교하기 위해 보통 총보수의 개
념보다는 기당 평균보수의 개념을 사용한다. 무한 반복게임에서의 기
당 평균보수란 문자 그대로 매기 평균적으로 얻는 보수를 의미한다.

예를 들어 매기마다 1의 보수를 얻는다면 이때의 평균보수는 1이

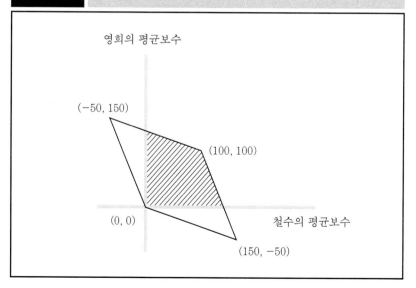

도표 8-3 협동생산 게임의 무한 반복시 내쉬균형 형벌을 통해 균형
에서 실현할 수 있는 평균 보수 조합($\delta \to 1$일 때)

영희의 평균보수

$(-50, 150)$

$(100, 100)$

$(0, 0)$

철수의 평균보수

$(150, -50)$

라고 할 수 있을 것이다. 반면 총보수는 $1+\delta \times 1+\delta^2 \times 1+\cdots =1/(1-\delta)$ 이다. 이를 보면 총보수에 $(1-\delta)$를 곱해 준 것이 기당 평균보수와 같음을 알 수 있다. 즉 $(1-\delta)$는 총보수를 평균보수로 전환시켜 주는 전환계수에 해당한다. 우리는 총보수에 이 전환계수를 곱하여 계산된 값을 평균보수로 정의하기로 한다. 예를 들어 첫기에 5의 보수를 얻고 둘째 기 이후부터는 1의 보수를 얻는 경우의 평균보수는 무엇인지 계산해 보자. 이 경우 총보수는 $5+\delta \times 1+\delta^2 \times 1+\cdots =5+\dfrac{\delta}{1-\delta} \times 1$이다. 평균보수는 여기에 $(1-\delta)$를 곱한 것으로 $(1-\delta) \cdot 5+\delta \cdot 1$ 이다.

두 경기자 철수와 영희가 (비협력, 협력)과 (협력, 비협력)의 행동을 번갈아 가며 하는 경우 철수의 평균보수는 $\dfrac{150-50\delta}{1-\delta^2} \cdot (1-\delta) = \dfrac{150-50\delta}{1+\delta}$이다. 영희의 평균보수는 $\dfrac{-50+150\delta}{1-\delta^2} \cdot (1-\delta) = \dfrac{-50+150\delta}{1+\delta}$ 이다. 여기서 δ가 1에 가까워지면 철수와 영희의 보수는 모두 50에 가까워짐을 알 수 있다.

게임이 계속될 확률 δ가 1에 가까울 때, 두 경기자의 합의에 의해 실현될 수 있는 평균보수 조합은 도표 8-3에서 다이아몬드 모양의 평행사변형과 그 내부의 점으로 표시된다. 예컨대 이 영역내의 평균보수 조합 $(65, 45) = \dfrac{2}{10}(-50, 150)+\dfrac{3}{10}(150, -50)+\dfrac{3}{10}(100, 100)+\dfrac{2}{10}(0, 0)$이다. 따라서 평균보수 조합 $(65, 45)$는, 게임이 계속될 확률이 1에 충분히 가까울 때, 열 번 중 두 번은 (협력, 비협력)을, 세 번은 (비협력, 협력)을, 세 번은 (협력, 협력)을 그리고 두 번은 (비협력, 비협력)을 하는 것을 계속 반복하기로 상호 합의하는 경우에 근사적으로 달성될 수 있다.

반면, 경기자들의 합의로부터 이탈하여 내쉬균형 형벌을 받는 경우에 얻는 평균보수는 이탈 첫 기에 받는 보수를 T라 하면 $(1-\delta) \cdot T+\delta \cdot 0 = (1-\delta) \cdot T$이다. 따라서 게임이 계속될 확률 δ가 1에 가까이 접근하는 경우 $(1-\delta) \cdot T$는 0으로 수렴한다.

그러므로 내쉬균형 형벌을 사용할 때 자기구속력을 갖는 합의에 의해 달성할 수 있는 평균보수는 도표 8-3의 일 사분면과 다이아몬드 모양의 평행사변형이 겹치는 빗금친 영역이 된다.

8.3 재협상이 가능한 경우, 협동생산 게임에서 자기 구속력이 있는 합의

앞에서 협동생산 게임상황에서 매기 협력하는 것이 자기구속력이 있는 합의가 될 수 있음을 보았다. 이 합의가 자기구속력을 가지는 것은 한 경기자가 배신하는 경우 다음 기부터는 다른 경기자가 계속 비협력한다는 벌주기 위협을 가할 수 있기 때문이다. 그런데 이 벌주기 위협은 재협상이 가능한 경우 더 이상 신뢰성이 없다. 예를 들어 철수가 1기에 배신하였다고 하자. 이제 2기에 영희는 철수를 벌주기 위해 비협력을 하려고 한다. 이때 철수는 다음과 같은 말로 재협상을 제시할 것이다. "지난 기에 배신한 것은 실수였다. 잘못했으니 제발 용서해줘. 앞으로 새롭게 다시 출발하자." 실제로 과거는 잊어버리고 용서하는 것이 모두에게 유익하다. 모두 협력을 선택하는 것이 모두 비협력을 선택하는 것보다 서로에게 유리하기 때문이다. 따라서 이 말은 설득력이 있고 영희는 이 제안을 수락할 가능성이 높다.

그런데 이제 이러한 재협상의 가능성을 두 경기자가 사전에 예측한다면 제 1 기에 협력하는 것은 더 이상 균형 행동이 되지 못한다. 왜냐하면 1기에 협조하지 않으면 2기부터 비협력한다는 벌주기 합의가 더 이상 이행되지 않을 것이기 때문이다. 벌주기의 자기구속력이 깨지는 것이다.

재협상이 가능한 경우에도 자기구속력이 있도록 하려면 형벌을 어떻게 디자인 해야 할까?

앞에서 살펴본 내쉬균형 형벌은 벌주는 사람이나 벌받는 사람 모

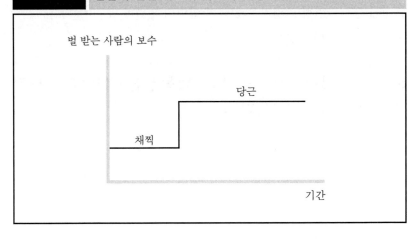

두에게 매우 불리한 것이었다. 그렇기 때문에 재협상의 유혹이 상존했다. 이런 재협상의 유혹을 제거하기 위해서는 벌받는 사람은 불리하지만 벌주는 사람은 유리하도록 형벌을 디자인 해야 한다. 예를 들어 철수가 약속을 지키지 않았다고 하자. 협동생산 게임에서 철수는 협동하고 영희는 배신하는 경우 철수는 손해를 보고 영희는 큰 이익을 본다. 그러므로 철수가 약속을 지키지 않는데 대한 벌로 그 다음 기부터 (철수: 협동, 영희: 배신)을 하도록 합의할 수 있을 것이다. 그런데 이러한 벌은 자기구속력이 없다. 철수가 순순히 이 벌에 따르려 하지 않을 것이기 때문이다. 철수는 계속 배신하는 것이 더 유리한 것이다. 철수가 순순히 벌을 받도록 하기 위해서는 어떤 인센티브를 주어야 한다. 한가지 방법은 벌주는 첫기에는 (철수: 협동, 영희: 배신)을 하도록 하고 그 다음 기부터는 (철수: 협동, 영희: 협동)을 하도록 하는 것이다. 이것은 일종의 채찍과 당근을 병행하는 것이다. 즉 벌받는 첫기에 채찍을 순순히 받으면 그 다음 기부터는 둘다 협동함으로써 높은 보수(당근)를 받도록 형벌을 설계한 것이다. 물론 이 형벌이 유효하려면, 배신을 하고 이 형벌을 받을 때의 기대 평균 보수가 배신하지 않고 계속 협력할 때의 보수보다는 낮아야 한다.

보다 구체적인 설명을 위해 다음과 같은 형벌을 갖는 합의가 자기 구속력이 있는지 생각해 보자.

1. 철수와 영희는 매기마다 협동한다.
2. 둘 중 어느 한 사람이라도 1의 약속을 위반한 사람이 나타난 경우에는 그 다음 기부터 그 사람에 대한 벌주기 경로를 따라 간다. 철수에 대한 벌주기 경로는 $P^{철수}$로 영희에 대한 벌주기 경로는 $P^{영희}$로 표시하며 각각 다음과 같다.

   $P^{철수}$: (철수: 협력, 영희: 비협력), (철수: 협력, 영희: 협력), (철수: 협력, 영희: 협력), ⋯

   $P^{영희}$: (철수: 비협력, 영희: 협력), (철수: 협력, 영희: 협력), (철수: 협력, 영희: 협력), ⋯

   상기한 벌주기 경로는 내쉬균형 형벌 경로와는 다르다. 내쉬균형 형벌 경로는 일회 협동생산 게임의 내쉬균형으로 구성되어 있다. 따라서 각 경기자는 이 경로로부터 이탈할 유인이 없었다. 반면 위의 벌주기 경로에서의 행동조합들은 일회 게임에서의 내쉬균형이 아니다. 그러므로 경기자들은 이 벌주기 경로에서 이탈할 유인을 가질 수 있다. 경기자들이 벌주기 경로에서 이탈하는 것을 막기 위해 우리는 벌주기 경로에서 이탈하는 사람이 있으면 그 사람에 대한 벌주기 경로를 처음부터 다시 시작하도록 한다. 즉 예를 들어 철수에 대한 벌주기 경로 $P^{철수}$가 시행되는 과정에서 철수가 이탈한 경우에는 $P^{철수}$를 새로이 시행하도록 하는 것이다. 만약 영희가 이탈한 경우에는 $P^{영희}$를 새로이 시작한다.

3. 벌주기 경로에서 이탈한 사람이 있으면 그 사람에 대한 벌주기

경로를 새로이 시행한다.

이상과 같이 1, 2, 3으로 구성된 합의가 자기구속력이 있는지 체크하여 보자.

먼저 철수가 자신을 벌주는 경로 $P^{철수}$로부터 이탈할 유인이 있는지 살펴보자. 철수가 순순히 벌을 받는 경우에 얻는 총 기대보수는

$$(-50)+\delta\times(100)+\delta^2\times(100)+\cdots=-50+100\frac{\delta}{1-\delta}$$

이다. 반면 철수가 벌을 받지 않으려고 벌을 받는 첫 기에 뻗대서 배신하는 경우에 얻는 총 기대보수는

$$0+\delta\times(-50)+\delta^2\times(100)+\delta^3\times(100)+=\delta\left(-50+100\frac{\delta}{1-\delta}\right)$$

이다.

이를 보면 벌을 받지 않고 버티는 경우에 얻는 보수는 벌을 순순히 받을 때의 철수의 보수를 게임이 계속될 확률 δ로 할인한 값과 같다. 게임이 계속될 확률 δ는 1보다 작으므로 벌받을 때의 기대보수가 0보다 크면, 즉 $-50+100\frac{\delta}{1-\delta}\geq 0 \rightarrow \delta \geq 1/3$이면 벌을 순순히 받는 것이 더 유리함을 알 수 있다. 철수가 계속 버티면 버틸수록 그의 보수는 버틴 기간만큼 게임이 계속될 확률 δ에 의해 할인된다. 예를 들어 철수가 두 기간 버티면 그의 보수는 순순히 벌받을 때의 보수에 δ^2을 곱한 것과 같다. 이는 형벌이 초기에는 낮은 보수를 받고 나중에는 높은 보수를 받는 채찍과 당근의 조합으로 되어 있는데 기인한다. 그래서 매를 맞으려면 일찍 맞는게 좋도록 설계되어 있는 것이다.

철수가 벌을 받는 중간에 이탈하는 경우는 처음에 협동하기로 한 약속을 지키지 않는 경우와 같다. 이 경우에도 순순히 벌을 받는 경우보다 더 낮은 보수를 받음을 아래에서 확인할 수 있다. 그러므로 철수

는 순순히 벌받는 것이 유리하다.

한편 벌주는 입장인 영희도 $P^{철수}$로부터 이탈할 유인이 없음을 확인할 수 있다. 벌주기 경로 $P^{철수}$로부터 영희가 처음에 한번 이탈하여 비협력을 하는 대신 협력을 하였다고 하자. 이 경우 그 다음 기부터 $P^{영희}$가 다시 시작되므로 게임의 경로는 (협력, 협력) (비협력, 협력) (협력, 협력) (협력, 협력) … 이 된다.

그러므로 영희가 벌주기 경로를 따르는 경우에 얻는 총 기대보수는

$$150 + \delta(100) + \delta^2(100) + \delta^3(100) + \cdots = \frac{1}{1-\delta}(150 - 50\delta)$$

이다. 반면 벌주기 경로에서 처음에 이탈하는 경우 얻는 보수는

$$100 + \delta(-50) + \delta^2(100) + \delta^3(100) + \cdots = \frac{1}{1-\delta}(150\delta^2 - 150\delta + 100)$$

이다. 두 경우의 보수를 비교해보면 게임이 계속될 확률 δ의 값에 상관없이 영희는 벌주기 경로로부터 처음에 이탈하지 않을 것임을 알 수 있다. 영희가 벌주기 중간에 이탈하는 경우는 처음에 협동하기로 한 약속을 지키지 않는 경우와 같다. 이 경우에 영희는 이탈할 유인이 없음을 아래에서 확인할 수 있다.

이번에는 철수가 매기 협동하기로 한 약속을 지킬 유인이 있는지를 체크해 보자.

철수가 약속을 지키면 얻게 되는 총 기대보수는

$$100 + \delta(100) + \delta^2(100) + \cdots = \frac{100}{1-\delta}$$

이다. 반면 철수가 약속을 이행하지 않고 이탈하면 처음에는 150의 보수를 얻지만 그 다음부터 $P^{철수}$에 따른 벌을 받게 되므로 총 기대보수는

$$150+\delta\left(-50+100\frac{\delta}{1-\delta}\right)=\frac{1}{1-\delta}(150-200\delta+150\delta^2)$$

이다. 따라서 철수가 약속을 지킬 유인이 있으려면 $100 \geq 150-200\delta+150\delta^2 \rightarrow \delta \geq 1/3$이다. 즉 게임이 계속될 확률 δ가 $1/3$보다 크면 철수는 약속을 지킨다. 영희의 경우도 마찬가지이다.

그러므로 위의 합의는 게임이 계속될 확률 δ가 $1/3$보다 클 때 자기 구속력이 있음을 알 수 있다.

8.4 단순한 형벌과 가장 가혹한 균형 형벌

경기자들의 집합을 $N=\{1, 2, \cdots, n\}$이라 하자.

일회 게임을 G로 표시하자. 일회 게임 G에서 각 경기자 $i \in N$가 선택할 수 있는 전략을 행동(action)이라 부르고 이를 $a_i \in A_i$로 표시한다. 일회 게임에서의 경기자들의 행동 조합은 $a=(a_1, a_2 \cdots, a_n) \in A_1 \times A_2 \times \cdots \times A_n$로 표시한다. 일회 게임에서의 각 경기자 $i \in N$의 보수함수는 $u_i(\cdot)$: $A_1 \times A_2 \times \cdots \times A_n \rightarrow R$로 표시한다. 그러면 일회 게임 G는 $G=[N, \{A_i\}_{i \in N}, \{u_i\}_{i \in N}]$로 표시된다.

일회 게임 G가 매기 계속될 확률이 δ인 무한 반복게임을 $G^{\infty}(\delta)$로 표시하자. 무한 반복게임에서의 각 경기자 i의 순수 행동전략을 s_i로 표시하고 행동전략 조합은 $s=(s_1, \cdots, s_n)$로 표시하자. 각 전략 s_i는 각기 t에 대해 행동선택을 대응시켜 주는 일련의 함수들 s_i^t, $t=1, 2, \cdots$로 구성된다. 제 t기에 경기자들이 선택한 행동들의 조합을 $a^t=(a_1^t, a_2^t, \cdots, a_n^t)$로 표시하고 제 t기까지의 역사를 $h^t=(a^1, a^2, \cdots, a^t) \in H^t$로 표시하자. 그러면 1기의 행동선택 s_i^1는 A_i의 한 원소이고, 1기 이후인 $t(>1)$기에서의 행동선택 s_i^t는 그 전기까지의 역사에 대해 한 행동을 대응시켜

주는 함수이다: $s_i^t: H^{t-1} \to A_i$. 경기자 i의 순수 행동전략의 집합은 Σ_i 로 표시되고 $\Sigma \equiv \Sigma_1 \times \cdots \times \Sigma_n$은 전략 조합의 집합을 표시한다.

행동조합들의 흐름 $\{a^t\}_{t=1}^\infty$을 경로라 하며 이를 P로 표시하고 경로 들의 집합을 A^∞로 표시한다. 임의의 전략 조합 s는 경로 $P(s) = \{a^t(s)\}_{t=1}^\infty$을 발생시키는데 이는 다음과 같이 귀납적으로 정의된다: $a^1(s) = s^1$, $a^t(s) = s^t(a^1(s), \cdots, a^{t-1}(s))$, $t = 2, 3 \cdots$. 전략 조합 s로부터 파생되는 t기까지의 역사를 $h^t(s)$라 하면 $h^t(s) = (a^1(s), \cdots, a^t(s))$이다.

무한 반복게임으로부터의 보수는 다음의 함수에 의해 정의된다. 함 수 $v_i: A^\infty \to R$는 각 경로 $P \in A^\infty$에 대해 이로부터 얻는 경기자 i의 보수 의 1기 전 값을 대응시켜준다: $v_i(P) = \sum_{t=1}^\infty \delta^t u_i(a^t)$. 함수 $\tilde{v}_i: \Sigma \to R$은 경기자들의 전략조합 s에 대해 이에 의해 결정되는 경로 $P(s)$로부터 얻는 경기자 i의 보수를 대응시켜준다: $\tilde{v}_i(s) = v_i(P(s))$.

한 경기자 i의 최대극소화 보수 $\underline{v}_i$는 상대 경기자들의 전략조합이 주어졌을 때 이 경기자가 얻을 수 있는 최대 보수 중 최소 값을 말한다.

$$\underline{u}_i = min_{a_{-i}} \ max_{a_i} \ u_i(a_i, a_{-i})$$

이 보수는 경기자 i가 상대방 경기자들의 전략을 알고 이에 대해 최적 대응하는 경우에 얻는 보수 중 최소의 보수에 해당한다. 균형에서 각 경기자 i는 상대방 경기자들의 전략선택을 정확히 예측하므로 최대 극소화 보수는 각 경기자 i가 균형에서 확보할 수 있는 보수의 하한에 해당한다. 즉, 각 경기자의 최대극소화 보수는 그가 받을 가능성이 있 는 균형 형벌 보수의 하한이 된다.

협동생산 게임에서 각 경기자의 최대극소화 보수는 0이고 최대극 소화 전략은 비협력이다. 이는 우연히도 일회 게임에서의 각 경기자의 내쉬균형 전략과 일치한다. 그러므로 내쉬균형 형벌은 협동생산 게임 에서 각 경기자가 받을 수 있는 가장 가혹한 형벌이 된다. 그러나 일반 적으로는 내쉬균형 형벌보다 더 가혹한 형벌이 존재하는 경우가 많다.

어떤 형벌이 내쉬균형 형벌보다 더 가혹하면서 자기구속력이 있을까? 그러한 형벌은 우선 하부게임 완전균형이어야 한다. 내쉬균형 형벌은 일회 게임의 내쉬균형을 계속 반복하는 전략 조합이므로 하부게임 완전균형이었다. 그런데 일반적으로 어떤 전략조합이 하부게임 완전균형인지를 확인하는 것은 매우 복잡하다. 왜냐하면 모든 가능한 하부게임에서 내쉬균형이 되는지 체크해 보아야 하기 때문이다. 특히 각 경기자의 초기 경로에서의 한 번의 이탈뿐만 아니라 여러 번에 걸친 모든 가능한 이탈을 고려하여 이탈 유인이 있는지 확인해야 한다.

다행히도 반복게임에서는 임의의 하부게임 완전균형 경로는 다음과 같은 단순한 균형의 균형경로가 됨을 보일 수 있다.

$n+1$개의 경로 $(P^0, P^1, \cdots, P^n)$를 상정하자. 단순한 전략 조합 $s(P^0, P^1, \cdots, P^n)$은 $n+1$개의 경로 $(P^0, P^1, \cdots, P^n)$와 다음과 같은 단순한 규칙에 의해 정의된다. 여기서 경로 P^0는 경기자들이 처음에 따르기로 한 경로이다. 이를 초기 경로라고 한다. 경로 P^i, $i=1, \cdots, n$는 각 경기자 i에 대응되는 경로로서 경기자 i에 대한 벌주기 경로로 해석할 수 있다.

게임의 처음에는 초기 경로 P^0를 따른다. 초기 경로나 벌주기 경로 $P^j(j=0, 1, \cdots, n)$로부터 한 경기자 k가 혼자 이탈하는 경우 그 다음 기부터 P^k경로를 따른다. 두 사람 이상의 동시적 이탈은 무시되고 벌을 주지 않는다.

단순한 전략 조합의 단순성은 일회 이탈의 개념과 밀접한 관련이 있다. 전략 조합 s로부터의 어떤 경기자 j에 의한 일회 이탈(one-shot deviation)은 이 전략 조합 s를 따를 때 실현되는 경로로부터 경기자 j만이 한번 이탈하고 그 이후에는 모든 경기자가 s를 따르는 것을 의미한다.

단순한 전략 조합은 이 전략 조합의 하부게임 완전성을 확인할 때 그 단순성이 드러난다. 단순한 전략조합이 하부게임 완전균형인지를 확인하려면 일회 이탈의 유인이 있는지만 확인하면 되기 때문이다. 즉, 어떤 경기자 j, $j = 1, \cdots, n$도 어떠한 경로 P^i, $i = 0, 1, \cdots, n$로부터도 일회 이탈함으로써 이득을 얻지 못한다면 어떠한 형태의 이탈로부터도 이득을 얻지 못한다. 이를 일회 이탈의 원리라 한다.

왜 이것이 성립하는가? 어떤 단순한 전략 조합 $s(P^0, P^1, \cdots, P^n)$이 있어 어떤 경기자도 $P^0, P^1, \cdots, P^n$ 중 어떤 경로로부터도 일회 이탈로부터 더 높은 보수를 얻지 못한다고 상정하자. 단순한 전략 조합의 구조에 의해 임의의 경기자 j에 의한 어떠한 이탈도 그 다음 기부터 P^j경로를 따르게 한다. 이제 경기자 j가 P^j 경로를 따르게 되었다고 하자. 이 경로로부터의 j에 의한 어떤 이탈도 P^j 경로를 다시 시작하게 하고 일회 이탈은 더 높은 보수를 주지 못하므로 P^j로부터의 경기자 j에 의한 유한번의 이탈도 더 높은 보수를 주지 못한다.

일회 게임의 보수가 유한하면 무한번 이탈도 더 높은 보수를 주지 못한다. 왜냐하면 일회 게임의 보수가 유한하다고 하면 매 회의 보수는 할인되므로 반복게임의 보수는 유한하고, 만약 무한번의 이탈이 더 높은 보수를 준다면 충분히 큰 유한번의 이탈도 더 높은 보수를 줄 것이기 때문이다. 따라서 무한번의 이탈도 더 높은 보수를 줄 수 없다. 그러므로 경기자 j는 P^j 경로가 일단 부과되면 이를 따르는 것이 유리하다. 이제 경기자 j는 임의의 경로 P^i, $i = 0, 1, \cdots, n$으로부터 이탈할 유인이 없음을 보일 수 있다. 왜냐하면 경로 P^i로부터 한번 이탈하면 P^j 경로가 부과되는데 이 경로로부터도 더 이상 이탈할 유인이 없기 때문이다.

단순한 전략 조합이 하부게임 완전균형이면 이를 단순한 균형이라 한다.

이제 분석의 편의를 위해 다음과 같은 수식을 정의한다.

$$\alpha_j(a'_j, a_{-j}) \equiv u_j(a'_j, a_{-j}) - u_j(a_j, a_{-j}), \ a \in A = \times_{i \in N} A_i$$
$$a_{-j} = (a_1, \cdots, a_{j-1}, a_{j+1}, \cdots, a_n)$$

$\alpha_j(a'_j, a_{-j})$는 경기자 j가 일회 게임에서 a_j로부터 a'_j으로 이탈하는 경우에 얻는 일회적 이득을 나타낸다.

$$v_j(P; t+1) = \sum_{\tau=1}^{\infty} \delta^\tau u_j(a^{t+\tau}), P = \{a^s\}_{s=1}^{\infty}$$

$v_j(P; t+1)$은 $t+1$기부터 경로 P를 따를 때 얻는 보수를 t기 가치로 현가화한 값이다.

단순한 전략 조합 $s(P^0, \cdots, P^n)$으로부터 경기자 j에 의한 일회 이탈의 유인이 없을 조건은 다음과 같다.

임의의 $i = 0, \cdots, n$, $a'_j \in A_j$, $j \in N$ 그리고 $t = 1, 2, \cdots$ 에 대해,

$$\alpha_j(a'_j, a^{it}_{-j}) \leq v_j(P^i; t+1) - v_j(P^j) \qquad \cdots\cdots (1)$$

여기서 a^{it}_{-j}는 경로 P^i에서 t기에 j이외의 경기자들이 선택한 행동 조합을 표시한다.

이 식의 좌변은 경기자 j가 일회 이탈로부터 얻는 일회적 이득을 나타낸다. 이 식의 우변은 경기자 j가 이탈하지 않았더라면 얻었을 보수에서 이탈 후 얻게 되는 보수를 빼준 것으로 일회 이탈 이후 경기자 j가 입게 되는 손실을 나타낸다.

그러므로 우리는 다음의 결과를 얻는다.

정리 1: 조건 (1)을 만족시키는 단순한 전략 조합은 하부게임 완전균형이다. 역으로 하부게임 완전균형인 단순한 전략 조합은 조건(1)을 만족시킨다.

조건 (1)은 간략히 두 줄로 표현되어 있지만 여러 가지 유인 조건 (incentive condition)을 내포하고 있다. 이를 크게 세 가지 유형의 조건으로 나누어 볼 수 있다.

1. ($i = 0$인 경우) 균형 경로 P^0로부터 이탈할 유인이 없을 조건:

임의의 $a'_j \in A_j$, $j \in N$ 그리고 $t = 1, 2, \cdots$ 에 대해,

$$\alpha_j(a'_j, a^{0t}_{-j}) \leq v_j(P^0; t+1) - v_j(P^j).$$

이 조건은 벌주기 경로로부터 얻는 보수가 균형 경로로부터 얻는 보수 보다 충분히 작아야 함을 의미한다.

2. ($i \neq j$인 경우) 다른 경기자 i에 대한 벌주기 경로 P^i로부터 이탈할 유인이 없을 조건:

   임의의 $a'_j \in A_j$, $j \in N$ 그리고 $t = 1, 2, \cdots$ 에 대해,

   $$\alpha_j(a'_j, a^{it}_{-j}) \leq v_j(P^i; t+1) - v_j(P^j).$$

이 조건은 임의의 경기자 j에 있어, 다른 경기자 i에 대한 벌주기 경로를 따를 때의 보수가 벌받기 경로를 따를 때의 보수보다 충분히 커야 함을 의미한다. 예를 들어 다른 경기자를 벌주기 위해 벌주는 경기자가 처음에 손해를 본다면 나중에 이 경기자에 대해 충분한 보상이 이루어져 벌주기 경로를 따를 때의 보수가 벌 받기 경로를 따를 때의 보수보다 커지도록 해야 한다.

3. ($i = j$인 경우) 자신에 대한 벌주기 경로 P^j로부터 이탈할 유인이 없을 조건:

   임의의 $a'_j \in A_j$, $j \in N$ 그리고 $t = 1, 2, \cdots$ 에 대해,

   $$\alpha_j(a'_j, a^{jt}_{-j}) \leq v_j(P^j; t+1) - v_j(P^j).$$

이 조건은 벌 받기 경로 중간에서 이탈하지 않고 순순히 벌을 받는 경우의 보수가 중간에 이탈하여 벌을 처음부터 다시 받는 경우의 보수보다 충분히 커야함을 의미한다. 이 조건이 만족되려면 벌 받기 경로를 따를 때 나중에 받는 보수가 처음에 받는 보수보다 커야함을 의미한다.

경기자 i에 대한 최악 균형 형벌은 하부게임 완전균형 중 경기자 i

에 대한 보수가 가장 작은 균형, 즉 경기자 i에게 최악인 균형을 의미한다. 이를 $\underline{s}^i$로 표시하고 이때 경기자 i가 얻는 보수를 $\underline{v}_i$라 하자. 최악 균형 형벌 조합은 각 경기자 i에 대한 최악 균형 형벌을 모아놓은 것이다. 이를 $\underline{s} = (\underline{s}^1, \underline{s}^2, \cdots, \underline{s}^n)$로 표시한다.

최악 균형 형벌 조합이 존재하면 이들 형벌의 균형경로들을 이용하여 최악의 단순한 균형 형벌 조합을 만들 수 있다. 경기자 i에 대한 최악 균형 형벌 경로를 $\underline{P}^i \equiv P(\underline{s}^i)$라 하자. 그러면 이들 최악 균형 형벌 경로를 이용한 경기자 i에 대한 단순한 형벌 $s(\underline{P}^i, \underline{P}^1, \cdots, \underline{P}^n)$은 하부게임 완전균형이 된다. 이는 다음과 같이 보일 수 있다.

임의의 경기자 i에 대한 최악 균형 형벌 $\underline{s}^i$를 상정하고 이로부터 발생되는 균형경로를 $\underline{P}^i$라 하자. 이 경로가 균형경로이므로 어떤 경기자 $j \in N$도 이로부터 일회 이탈할 유인이 없다. 즉,

임의의 $a'_j \in A_j, j \in N, t = 1, 2, \cdots$ 에 대해

$$\alpha_j(a'_j, a^{it}_{-j}) \leq v_j(\underline{P}^i; t+1) - v_j(P(\underline{s}^i |_{\hat{h}^t}))$$

여기서 $\hat{h}^t$은 경기자 j가 t기에 일회 이탈한 경우의 t기까지의 역사를 나타낸다: $\hat{h}^t = (a^1, a^2, \cdots, a^{t-1}, (a'_j, a^t_{-j}))$. $s|_{\hat{h}^t}$은 전략 조합 s를 따를 때 경기 역사 $\hat{h}^t$ 이후의 하부게임에서의 전략 조합을 나타낸다.

그런데 $v_j(\underline{P}^j)$는 j에 대한 하부게임 완전균형 보수 중 가장 낮은 값이므로 $v_j(\underline{P}^j) \leq v_j(P(\underline{s}^i |_{\hat{h}^t}))$이다. 따라서 $\alpha_j(a'_j, a^{it}_{-j}) \leq v_j(\underline{P}^i; t+1) - v_j(\underline{P}^j)$이 성립한다. 그러므로, 정리 1에 의해, 단순한 형벌 $s(\underline{P}^i, \underline{P}^1, \cdots, \underline{P}^n)$은 조건 (1)을 만족시키므로 하부게임 완전균형이 된다. 이 균형 형벌은 경기자 i에게 균형 보수 중 최악의 보수를 주므로 i에 대한 최악 단순 균형 형벌이다: $s(\underline{P}^i, \underline{P}^1, \cdots, \underline{P}^n) = \underline{s}^i$

이 최악 단순 균형 형벌을 이용하면 임의의 하부게임 완전균형 경로 P^0를 단순한 균형의 균형경로가 되게 할 수 있다. 이는 앞에서와 똑같은 논리로 다음과 같이 증명된다.

		영 희		
		협 력	비협력	제3의 행동
철 수	협 력	2 2	3 −1	0 0
	비협력	−1 3	1 1	0.5 0.1
	제3의 행동	0 0	0.1 0.5	0 0

임의의 균형 s와 균형 경로 $P^0 = P(s)$를 상정하자. 이 경로가 균형 경로이므로 어떤 경기자 $j \in N$도 이로부터 일회 이탈할 유인이 없다.

임의의 $a_j \in A_j$, $j \in N$, $t = 1, 2, \cdots$ 에 대해

$$\alpha_j(a_j', a_{-j}^{0t}) \leq v_j(P^0; t+1) - v_j(P(s|_{h^t}))$$

그런데 $v_j(\underline{P}^j)$는 j에 대한 하부게임 완전균형 보수 중 가장 낮은 값이므로 $v_j(\underline{P}^j) \leq v_j(P(s|_{h^t}))$이다. 따라서 $\alpha_j(a_j', a_{-j}(t)) \leq v_j(P^0; t+1) - v_j(\underline{P}^j)$이 성립한다. 그러므로, 정리 1에 의해, 단순한 전략 조합 $s(P^0, \underline{P}^1, \cdots, \underline{P}^n)$는 조건 (1)을 만족시키므로 하부게임 완전균형이 되고 P^0는 단순한 균형의 균형경로가 된다.

이상의 결과를 정리로 나타내면 다음과 같다.

정리 2: 임의의 하부게임 완전균형 경로는 단순한 균형의 균형경로이다.

예를 들어 도표 8-5와 같은 게임을 생각해 보자.

이 게임에서 철수의 최대극소화 보수는 철수가 비협력을 선택하고 영희가 제3의 행동을 선택하는 경우의 보수 0.1이다.

이 게임의 유일한 내쉬균형은 철수·영희 모두 비협력하는 것이다. 이제 이 게임이 δ의 확률로 계속 반복되는 경우를 상정하자. 내쉬균형 형벌을 사용하면, δ가 1에 가까와질 때 각 경기자에게 일회 게임의 내쉬균형 보수인 1보다 큰 평균 보수를 주는 어떠한 보수 조합도 자기구속력이 있는 합의의 결과로 실현시킬 수 있다.

이 반복게임에는 내쉬균형 형벌보다 더 가혹한 형벌이 존재한다. 이제 $\delta = 0.9$일 때 다음과 같은 형벌 경로로 이루어진 단순한 형벌을 생각해 보자.

1. 철수에 대한 형벌 경로
   매기에 행동 조합(철수: 비협력, 영희: 제3의 행동)이 선택된다:
   $P^{철수} = \{($비협력, 제3의행동$),\ ($비협력, 제3의행동$),\ \cdots\ \}$

2. 영희에 대한 형벌 경로
   매 기에 행동 조합(철수: 제3의 행동, 영희: 비협력)이 선택된다:
   $P^{영희} = \{($제3의행동,비협력$),\ ($제3의행동, 비협력$),\ \cdots\ \}$

철수에 대한 형벌은 다음과 같은 단순한 전략 조합 $s(P^{철수}, P^{철수}, P^{영희})$으로, 처음에 $P^{철수}$ 경로를 따르고 이로부터 이탈하는 경기자가 있으면 그 경기자에 대한 형벌 경로를 따른다. 영희에 대한 형벌은 단순한 전략 조합 $s(P^{영희}, P^{철수}, P^{영희})$이다.

각 경기자는 각 형벌 경로로부터 일회 이탈할 유인이 없음을 다음과 같이 확인할 수 있다.

$P^{철수}$ 경로로부터 철수가 일회 이탈하면 기껏해야 $0 + \dfrac{\delta}{1-\delta}0.1 = 0.9$을 얻는 반면 이탈하지 않으면 $\dfrac{1}{1-\delta}0.1 = 1.0$을 얻는다. 그러므로 철수는 일회 이탈할 유인이 없다. 영희가 $P^{철수}$ 경로로부터 일회 이탈하면

기껏해야 $1 + \dfrac{\delta}{1-\delta} 0.1 = 1.9$를 얻는 반면 이탈하지 않으면 $\dfrac{1}{1-\delta} 0.5 = 5$를 얻는다. 그러므로 영희도 일회 이탈할 유인이 없다.

$P^{영희}$ 경로로부터도 마찬가지 이유로 경기자들이 이탈할 유인이 없다. 그러므로 철수에 대한 형벌 $s(P^{철수}, P^{철수}, P^{영희})$은 하부게임 완전균형이고 철수가 얻는 평균보수는 0.1로서 일회 게임의 최대극소화 보수와 같다. 마찬가지로 영희에 대한 형벌 $s(P^{영희}, P^{철수}, P^{영희})$도 하부게임 완전균형이고 영희가 얻는 평균 보수는 0.1로서 일회 게임의 최대극소화 보수와 같다. 따라서 이 형벌 조합은 가장 가혹한 균형 형벌 조합 (optimal simple penal code)이 된다.

이번에는 도표 8-6과 같은 게임을 생각해 보자. 이 게임에서 단순한 형벌은 좀더 복잡한 형태를 띤다. 앞의 게임에서 살펴본 형벌은 이 게임의 무한 반복게임($\delta = 0.9$)에서는 균형이 되지 못한다. 왜냐하면 예컨대 위의 철수에 대한 형벌 경로 $P^{철수}$를 따라가면 영희는 최대극소화 보수보다도 낮은 보수를 받으므로 이탈할 유인이 있기 때문이다. 이 문제를 해결하려면 영희가 철수 벌주기에 참여하는 경우에 영희에 대

도표 8-6 제 3 의 행동이 도입된 협동생산 게임

		영 희		
		협 력	비협력	제3의 행동
철 수	협 력	2 / 2	3 / −1	0 / 0
	비협력	−1 / 3	1 / 1	−0.5 / 0.1
	제3의 행동	0 / 0	0.1 / −0.5	−8 / −8

해 보상을 해주어야 한다. 이를 위해 철수에 대한 벌주기 경로를 초기 국면과 나중 국면의 두 국면으로 나누고 초기 국면에는 영희가 손해를 보더라도 나중 국면에 더 큰 이득을 보도록 해야 한다. 그리고 철수가 순순히 벌을 받게 하려면 철수도 초기 국면보다 나중 국면에서 더 높은 보수를 얻어야 한다.

철수 및 영희에 대한 형벌 경로를 다음과 같이 잡자.

$P^{철수}$ = {(제3의 행동, 제3의 행동), (비협력,비협력), (비협력,비협력), … }

$P^{영희}$ = {(제3의 행동, 제3의 행동), (비협력,비협력), (비협력,비협력), … }

이 경우 철수는 $P^{철수}$로부터 초기 국면에서 이탈하지 않으면 $-8 + \frac{\delta}{1-\delta} \cdot 1 = 1$의 보수를 얻고 일회 이탈해도 기껏해야 $0.1 + \delta \cdot \{-8 + \frac{\delta}{1-\delta} \cdot 1\} = 1$을 얻는다. 그러므로 철수는 초기 국면에서 이탈할 유인이 없다. 철수가 $P^{철수}$의 나중 국면에서 이탈하지 않으면 $= \frac{1}{1-\delta} \cdot 1 = 10$을 얻는 반면 일회 이탈하면 기껏해야 $-0.5 + \delta \cdot \{-8 + \frac{\delta}{1-\delta} \cdot 1\} = 0.4$의 보수를 얻는다. 그러므로 철수는 나중 국면에서도 이탈할 유인이 없다. $P^{철수}$가 철수와 영희에 대해 대칭적이고 $P^{철수} = P^{영희}$이므로 영희도 $P^{철수}$로부터 일회 이탈할 유인이 없다. $P^{영희} = P^{철수}$이므로 철수와 영희는 $P^{영희}$로부터도 일회 이탈할 유인이 없다. 그러므로 형벌 경로 $P^{영희}$, $P^{철수}$로 이루어지는 단순한 형벌은 하부게임 완전균형이 된다. 이 단순한 형벌로부터 각 경기자가 얻는 기당 평균보수는 $(1-\delta) \cdot 1 = 0.1$로서 일회 게임의 최대극소화 보수와 일치한다. 그러므로 이 단순한 형벌은 가장 가혹한 균형 형벌이 된다.

참고문헌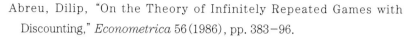

Abreu, Dilip, "On the Theory of Infinitely Repeated Games with Discounting," *Econometrica* 56 (1986), pp. 383−96.

Benoit, Jean-Pierre, and Vijay Krishna, "Finitely Repeated Games," *Econometrica* 53 (1985), pp. 905−922.

Friedman, James, "A Noncooperative Equilibrium for Supergames," *Review of Economic Studies* 28 (1971), pp. 1−12.

Fudenberg, Drew and Eric Maskin, "The Folk Theorem in Repeated Games with Discounting or with Incomplete Information," *Econometrica* 54 (1986), pp. 532−54.

연습문제

1. 본문에서 살펴본 철수와 영희 간의 협동생산 게임이 무한정 반복되며 게임이 계속될 확률은 δ인 경우를 상정하자. 여기에서 철수와 영희가 (협력, 협력)과 (비협력, 비협력)의 행동조합을 번갈아 가며 하기로 상호 약속하고 이 약속을 위반하는 경우에는 항상 (비협력, 비협력)하는 내쉬균형 형벌을 주기로 하였다고 하자.

　ⓐ 이 상호 합의가 자기구속력을 가지려면 게임이 계속될 확률 δ가 어떤 값을 가져야 하는가?

　ⓑ δ가 1에 수렴할 때 이 합의를 통해 실현되는 평균보수는 어떤 값을 갖게 되는가?

2. 다음과 같은 담력시험 게임이 3번 반복되는 반복게임을 생각해 보자.

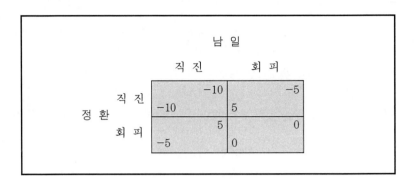

이 반복게임의 첫 번째 게임에서 두 경기자 모두 회피하는 것이 자기구속력이 있는 합의의 결과로 나오도록 하고 싶다. 이 합의안을 어떻게 만들면 될까?

3. 피고용인 B는 고용주 A를 위해 일할 것인지의 여부를 결정해야 한다. 피고용인 B가 고용주 A를 위해 일하기로 결정하면, A는 B를 착취할 것인지를 결정한다. 피고용인은 고용주가 착취를 하지 않는 경우에만 그를 위해 일하려고 한다. 그러나 일단 피고용인 B가 고용주를 위해 일하기로 결정하면 A는 그를 착취하는 것이 유리하다. 이 게임의 전개형은 다음 그림과 같다.

ⓐ 이 게임이 일회로 그치는 경우에 이 게임의 하부게임 완전균형을 구하여 보라.

ⓑ 이 게임이 유한번 반복되는 경우에 이 게임의 하부게임 완전균형을 구하여 보라.

이제 고용주 A가 한 사람의 피고용인 B와 경기를 하는 것이 아니라 일련의 피고용인들 B_1, B_2, …과 계속 경기를 한다고 하자. 그리고 경기가 계속될 확률은 δ라고 하자. 피고용인 B_i는 과거에 고용주가 어떤 행동을 취했는지를 관찰할 수 있다.

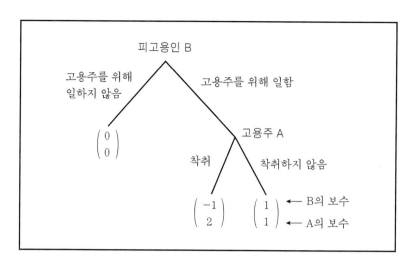

ⓒ 이 반복게임에서 δ가 충분히 크면 고용주 A는 각 피고용인 B$_i$를 착취하지 않고 각 피고용인 B$_i$는 고용주를 위해 일하는 것이 하부게임 완전균형임을 보여라.

4. 본문에서 살펴본 바와 같이 철수와 영희 간의 협동생산 게임이 무한정 계속되고 게임이 계속될 확률이 δ인 경우를 상정하자. 여기서 다음과 같은 벌주기 경로 $P^{*철수}$와 $P^{*영희}$를 생각해 보자. 이 벌주기 경로에서는 어느 한 경기자, 예컨대 철수가 배신을 한 경우 그 다음과 다음 다음기에는 전략조합 (철수: 협력, 영희: 비협력)을 구사하고 그 이후에는 (철수: 협력, 영희: 협력)을 계속 구사한다. 즉,

$P^{*철수}$: (철수: 협력, 영희: 비협력), (철수: 협력, 영희: 비협력), (철수: 협력, 영희: 협력), (철수: 협력, 영희: 협력)…

$P^{*영희}$: (철수: 비협력, 영희: 협력), (철수: 비협력, 영희: 협력), (철수: 협력, 영희: 협력), (철수: 협력, 영희: 협력)…

이제 이 벌주기 경로를 사용할 경우, 철수와 영희가 서로 협력하는 것이 자기구속력이 있는 약속이 되도록 하는 δ의 값의 범위를 구하

여 보라.

5. 복점시장에 두 기업 1과 2가 존재하여 생산량을 결정한다. 각 기업
   이 택할 수 있는 생산량 수준에는 낮은 수준과 중간 수준 그리고 높
   은 수준의 세가지가 있다. 두 기업의 생산량 결정에 따른 보수체계
   는 다음 표에 나타나 있다.

		기업 2		
		L	M	H
기업 1	L	10 / 10	15 / 3	7 / 0
	M	3 / 15	7 / 7	0 / -4
	H	0 / 7	-4 / 5	-15 / -15

위 표에서 L은 낮은(low) 수준의 생산량을 M은 중간(middle) 수준
의 생산량을 그리고 H는 높은(high) 수준의 생산량을 표시한다. 두
기업이 담합하여 생산량을 줄이고 판매가격을 높이는 경우에는
(10, 10)의 보수를 얻는다. 그러나 두 기업 모두 상대기업이 낮은 수
준의 생산량을 유지하는 경우 생산을 조금 더 늘리려는 유인이 존재
한다.

ⓐ 이 게임의 유일한 내쉬균형은 두 기업 모두 중간 수준의 생산량
   을 생산하는 것, 즉 (M, M)임을 설명하라.

ⓑ 이 게임이 무한 반복되고 게임이 계속될 확률 δ가 5/8라고 하자.
   이 경우 일회 게임의 유일한 내쉬균형을 내쉬균형 형벌로 사용하
   면 두 기업이 항상 담합하여 생산량을 낮추고 이윤을 높이는 것

이 자기구속력이 있는 합의의 결과로 나타날 수 있음을 보여라.

ⓒ 이 게임이 무한 반복되고 게임이 계속될 확률 δ가 4/7라고 하자. 이 경우에는 더 이상 내쉬균형 형벌을 이용하여 담합이 자기구속력을 가지도록 할 수 없음을 보여라.

ⓓ 이 게임이 무한 반복되고 게임이 계속될 확률 δ가 4/7라고 하자. 이 경우 다음과 같은 형벌을 사용하면 두 기업이 모두 낮은 생산량을 유지하기로 담합하는 것이 자기구속력이 있는 합의의 결과로 나타날 수 있음을 보여라.

P^1은 기업 1에 대한 형벌을, P^2는 기업 2에 대한 형벌을 나타낸다.

$P^1 : (M, H) \ (L, M) \ (L, M) \cdots$

$P^2 : (H, M) \ (M, L) \ (M, L) \cdots$

ⓔ 단순 전략조합이 다음과 같은 경로들로 정의된다고 하자.

$P^1 : (L, H) \ (L, H) \ (L, H) \cdots$

$P^2 : (H, L) \ (H, L) \ (H, L) \cdots$

P^0 (균형 경로) : $(L, L) \ (L, L) \ (L, L) \cdots$

이 단순 전략조합이 단순균형이 되기 위해서는 값이 적어도 ( ) 이상이어야 한다.

"사람을 두려워하면 올무에 걸리게 되거니와 여호와를 의지하는 자는 안전하리라."(잠언 29장 25절)

협동의 진화

9.1 액셀로드(R. Axelrod)의 컴퓨터 시뮬레이션

미국 미시간 주립대학 정치학과 교수인 로버트 액셀로드(Robert Axelrod)는 1970년대 말에 컴퓨터를 통해 협동생산 게임(용의자들의 딜레마 게임)을 반복적으로 행하는 컴퓨터 프로그램을 짰다. 이에 따르면 각 경기자가 제출한 전략은 다른 경기자들의 전략과 다음 표와 같은 협동생산 게임을 수행하도록 되어 있다. 표에서 R은 협동에 따른 상 (Reward)을 나타내며 T는 이탈을 부추기는 유혹(Temptation)에 해당한다. S(Sucker)는 상대방에게 이용당하는 경우에 얻는 보수를 나타내며 P는 두 경기자 모두 협동하지 않은데 따른 벌(Punishment)에 해당한다. 여기서 T(유혹) $>R$(상) $>P$(벌) $>S$(호구), $R>\dfrac{S+T}{2}$이 성립한다. Sucker는 원래 젖을 빠는 어린애를 의미한다. 각 전략은 다른 전략과

	협동생산 게임(용의자들의 딜레마 게임):
도표 9-1	여기서 T(유혹) 〉 R(상) 〉 P(벌) 〉 S(호구), R 〉 $\dfrac{S+T}{2}$

		경기자 2	
		협력(C)	비협력(D)
경기자 1	협력(C)	100(R(상)) 100(R)	150(T) −50(S(호구))
	비협력(D)	150(T(유혹)) −50(S)	0(P) 0(P(벌))

이러한 협동생산게임을 200번 반복하는 반복게임을 수행한다. 그리고 리그전을 통해 우승전략이 가려진다. 예를 들어 세 개의 전략 A, B, C가 있는 경우 전략 A는 전략 A와 200번 반복해서 협동생산 게임을 하고 그 다음에는 전략 B, 전략 C와 각각 200번 반복해서 협동생산 게임을 하는 것이다. 이러한 컴퓨터 시뮬레이션을 수행하기 위해 그는 정치학자, 경제학자, 심리학자, 수학자 등으로부터 전략들을 공모했다. 이렇게 모집된 15개 정도의 전략을 가지고 시뮬레이션을 수행하였다.

그의 시뮬레이션에서 가장 많은 보수를 얻은 전략은 '주고 받기' (tit for tat) 전략이었다.[1] 이 전략은 매우 단순한 것으로 상대방 전략과 반복게임을 수행할 때 처음에는 협동하고 그 다음부터는 앞에서 상대방이 한대로 따라하는 전략이다. 주고 받기 전략은 상대방이 앞에서 한대로 따라 한다는 점에서 구약성경에 나오는 '눈에는 눈, 이에는 이' 라는 율법과 비슷하지만 똑같은 것은 아니다. '눈에는 눈, 이에는 이' 에 해당하는 전략은 상대방이 한대로 따라하는 것에 해당한다. 주고 받기

---

1) 영어 'tat' 와 'tit' 는 의성어로 한국어로는 '툭' 과 '탁' 에 해당한다. 따라서 'tit for tat' 는 상대방이 툭치면 나도 탁 친다는 의미이다.

전략은 '눈에는 눈, 이에는 이'에 '처음에는 호의를 베푼다'는 것이 결합된 전략이라 볼 수 있다.

그는 여러 가지 세련된 전략들이 많이 있었는데도 불구하고 이렇게 단순한 전략이 가장 높은 점수를 얻은 것에 놀랐다. 그리고 이것은 우연에 의한 것일지도 모른다고 생각했다. 그는 이러한 첫 번째 시뮬레이션 결과를 상세히 발표하고 다시 한 번 전략들을 공모했다. 이번에는 50개가 넘는 전략들이 응모했다. 여기에는 전에 응모했던 주고 받기 전략도 있었다. 이들 전략들을 넣고 컴퓨터 프로그램에 넣고 돌렸는데 여기서의 우승자는 놀랍게도 '주고 받기'였다.

액셀로드는 주고 받기 전략이 우승한 것은 우연이 아니고 그것이 어떤 좋은 성질을 가지고 있기 때문일 것이라고 생각했다. 그리하여 그 성질들을 찾아 연구했다. 그는 주고 받기 전략이 다음의 네 가지 좋은 성질을 가지고 있다고 주장하였다.

첫째는 마음씨가 좋다는 것이다. 이를 우호성(niceness)이라 한다. 우호성이란 먼저 배신(비협력)을 하지 않는 성질을 말한다. 앞에서 공모된 여러 전략들 중 먼저 비협력을 하지 않는 성질을 지닌 전략들이 대체로 높은 성적을 올렸다. 주고 받기 전략은 먼저 비협력하지 않는다.

둘째는 터프하다는 것이다. 상대방의 배신에 대해서는 즉시 응징한다는 것이다. 이를 보복성(provocability)이라 한다. 마음씨만 좋아 가지고는 안된다. 마음씨가 좋은 전략은 다른 전략에 의해 이용만 당하기 쉽다. 예를 들어 항상 협력하는 전략을 생각해 보자. 그리고 다음과 같은 시험꾼(tester)이라는 전략을 생각해 보자. 시험꾼은 처음에는 협력을 하지 않고 상대방의 타입을 탐색하다가 상대방이 자신의 비협력에 대해 비협력 행동으로 반응하면 협력하고 그렇지 않으면 계속 비협력하는 전략이다. 항상 협력만 하는 전략은 이러한 시험꾼을 만나면 큰 손해를 보게 된다. 반면 주고 받기 전략은 상대방이 한번 배신(비협력)하면 그 다음에는 상대방과 협력하지 않는다. 주고 받기 전략은 상대방에게 일방적으로 이용당하지 않는다.

액셀로드의 리그전에서 그를 가장 놀라게 한 것은 보복성의 중요성이었다. 그는 리그전을 시행하기 전에는 보복을 더디게 하는 전략이 높은 점수를 얻을 것이라고 예상했다. 그런데 결과는 그 반대였다. 보복을 빨리 하는 전략일수록 높은 점수를 얻은 것이다. 보복을 더디게 하면 배신해도 괜찮다는 잘못된 신호를 상대방에게 보낼 가능성이 높다. 즉각적인 반응은 배신이 불리하다는 것을 알려주는 가장 확실한 방법이다.

셋째로는 보복은 하지만 또한 용서할 줄도 안다는 것이다. 이를 관용(forgiveness)이라 한다. 공모된 전략 중에는 촉발전략(trigger strategy)이라는 것이 있었다. 이 전략은 처음에는 항상 협동을 하지만 상대방이 일단 한번이라도 배신을 하면 그 다음부터는 계속 상대방과는 협력하지 않는 전략이다. 이 전략은 크게 높은 점수를 얻지는 못하였다. 반면 주고 받기 전략은 상대방이 한번만 배신한 경우에는 그 다음 기에 한번만 협력을 하지 않고 그 다음부터는 다시 협동한다.

넷째로 단순 명료하다는 것이다. 이를 명료성(clarity)이라 한다. 단순 명료하기 때문에 그의 행동을 예측할 수 있다. 이는 상대방이 불안감 없이 협동할 수 있게 만들어 준다. 반면 명료하지 못한 전략의 경우, 그의 행동을 예측하기 어렵기 때문에 상대방이 선뜻 협동하지 못하게 한다. 예를 들어 절반의 확률로는 협동하고 나머지 절반의 확률로는 협력하지 않는 확률적 전략을 생각해 보자. 이 전략은 그 행동을 예측하기가 매우 어렵다. 이런 전략과 게임을 할 때는 협동하지 않는 것이 유리하다.

상기한 네 가지 성질, 우호성, 보복성, 관용성, 명료성은 그것들이 상대방의 협력을 유도한다는 점에서 좋은 성질이다. 주고 받기 전략은 이러한 성질들을 가지고 있어 상대방의 협력을 유도하여 높은 점수를 얻을 수 있었다.

진화론적으로 볼 때 높은 점수를 받는 전략이 점차 번성한다. 액셀로드의 시뮬레이션에서 동일한 전략이 여러 개 참가할 수 있다고 하자. 이 경우 각 전략의 개수는 전체 사회에서 이 전략을 사용하는 사람들의 수로 생각할 수 있다. 이러한 시뮬레이션이 반복될 때 각 전략의 비중이 전번 시뮬레이션에서 얻은 점수에 비례한다고 하면 이 시뮬레이션이 반복됨에 따라 각 전략이 전체 인구에서 차지하는 비중이 시간에 따라 변화할 것이다. 그 결과 주고 받기 전략이 번성하고 다른 전략들은 소멸되어 결국에는 주고 받기 전략이 전체 인구를 구성하게 된다. 그리고 게임에서는 서로 협동하는 것이 관측되게 된다. 주고 받기 전략은 호혜적 이타주의(reciprocal altruism)을 구현하고 있는 전략이라 볼 수 있다. 그러므로 이러한 결과는 진화과정을 통해 호혜적 이타주의와 그에 따른 협동이 자생하게 됨을 보여준다.

협동의 진화가 이루어지기 위한 조건

게임에 참여하는 개체들은 합리적일 필요가 없다. 경기자들이 합리적인지의 여부와 상관없이 진화과정은 성공적인 전략은 번성하게 하고 그렇지 못한 전략은 쇠퇴하게 한다. 경기자들 간의 대화나 약속도 불필요하다. 그들의 행동이 말해주기 때문에 말이 필요 없는 것이다. 경기자들 간의 신뢰를 가정할 필요도 없다. 호혜성만으로 배신이 불리하도록 만드는데 충분하다. 이타주의도 필요하지 않다. 호혜성은 이기적인 개체들 간의 협동을 유도할 수 있는 것이다. 중앙집권적 권력도 불필요하다. 호혜성에 기초한 협동은 자기감찰적(self-policing)이기 때문이다.

그렇지만 호혜성을 통한 협동의 진화가 이루어지기 위해서는 다음과 같은 몇 가지 조건이 만족되어야 한다.

1. 관계의 지속성

우선 경기에 참가하는 두 사람이 계속 만날 가능성이 높아야 한다. 만약 두 사람이 한번만 협동생산 게임(용의자들의 딜레마 게임)을 수행하고 만다면 두 사람은 모두 협동하지 않는 것을 선택할 것이다. 그러나 상대방과 계속 거래할 가능성이 높다면 협동하는 것이 더 유리할 수 있다. 지금 배신하면 단기적으로는 이득을 얻겠지만 장기적으로는 손해를 볼 수 있기 때문이다.

2. 배신여부의 인지 가능성

게임에의 참여자는 상대방 경기자가 과거에 어떤 행동을 선택했는지 인식하고 기억할 수 있어야 한다. 원시생물과 같이 아무 기억력이 없다면 그저 외부의 자극에 대해 단순하게 반응하는 것으로 그쳤을 것이다. 배신했는지의 여부를 쉽게 알 수 없다면 너도 나도 배신할 것이다. 이러한 상황에서 협동은 나타나기 어렵다.

주고 받기 전략의 약점

우호적인 전략들이 상당수 존재하는 경우에는 주고 받기 전략은 이들 전략들과의 협력을 통해 비교적 높은 보수를 확보할 수 있다. 그렇지만 비우호적인 전략들, 예를 들어 항상 비협력하는 전략들이 지배적인 상황에서는 주고 받기 전략은 살아 남기 어렵다. 항상 비협력(defect: D)을 선택하는 전략을 ALL D라 하고, 주고 받기 전략은 TFT라 하자. 다른 모든 사람들이 ALL D 전략을 구사하고 한 사람만이 TFT 전략을 구사하는 경우에는 TFT는 ALL D 보다 낮은 점수를 얻는다. 따라서 호혜적 전략 TFT는 비협력적인 전략들에 둘러싸인 경우에는 생존하기 어렵다.

초기 사회상황에서 거의 모든 사람들이 항상 비협력를 선택하는 ALL D 전략을 구사하는 경우에도 TFT와 같은 호혜적 이타주의 전략이 진화할 수 있을까? 두 가지 가능성이 존재한다. 하나는 사람들이 유전적 친족 이론에 따라 부모 형제 등 가까운 친척에 대해 이타적인 행동을 하는 경우이다.

사람들은 부모 형제 등 가까운 친척에 대해 유전적인 동질성을 갖고 있다. 따라서 유전자의 입장에서 보면 가까운 친척들의 성공은 유전자가 동질적인 정도에 비례하여 부분적으로 나의 성공이다. 이 경우 협동생산 게임에서 협력하는 것이 우월한 전략이 된다. 따라서 유전적으로 가까운 그룹 내에서 협동하는 유전자가 진화할 수 있다.

그런데 유전적으로 가까운 정도는 불확실할 수 있다. 남성들의 바람기나 여러 세대에 걸친 혈통의 뒤섞임으로 인해 유전적인 근린성을 식별하기 어려워질 수 있는 것이다. 이러한 경우 어떤 외형적 특성이나 행동적 특성(cue)에 기초하여 유전적 근린성을 식별하고 이에 따라 협동의 여부를 결정하는 전략이 나타날 수 있다. 협동에 대한 반응이 이러한 행동적 특성의 하나가 될 수 있다. 이번에 협동했을 때 다음에 상대방이 협동한다면 나와 비슷한 유전자를 가진 것으로 판단할 수도 있는 것이다.

다른 하나는 동일한 전략들이 모여 있어(clustering) 이들 간의 게임이 더 자주 이루어지는 경우이다. 예를 들어 대다수의 전략은 ALL D이고 아주 소수의 전략만 TFT인 상황을 상정하자. 이때 TFT전략은 다른 TFT전략과 군집을 형성하여 TFT끼리 반복게임을 수행할 확률이 높다고 하자. 그러면 TFT전략은 다른 TFT 전략과 게임을 할 때 매기 R에 해당하는 비교적 높은 보수를 얻고 ALL D 전략과 게임을 할 때는 P에 해당하는 낮은 보수를 얻는다. ALL D 전략은 다른 ALL D 전략과 게임을 할 때 매기 P에 해당하는 낮은 보수를 얻는다. ALL D 전략이 TFT전략과 게임을 할 때도 첫 기에만 T의 높은 보수를 얻고 그 이후에는 매기 P의 낮은 보수를 얻는다. TFT 전략은 ALL D 보다 다른 TFT와 게임을 수행할 확률이 높은 반면 ALL D 전략은 다른 ALL D 전략과 게임을 수행할 확률이 높다. 그러므로 TFT 전략이 ALL D 전략 보다 더 높은 보수를 얻는다.[2]

일단 호혜적인 전략이 나타나기 시작하면 이들 전략은 점차 확산되는 경향이 있다. 만약에 상대방이 내가 행한 대로 나에게 갚아준다면 나는 상대방과 협동하는 것을 선택할 것이다. 그리고 상대방이 배신한다면 이에 대해 호혜적으로 반응하는 것이 현명하다. 그래야 상대방에게 일방적으로 이용당하지 않을 수 있기 때문이다. 결국 나도 호혜적인 전략을 사용하게 된다. 일단 우호적이고 호혜적인 전략이 자생하여 다수를 차지하게 되면 그룹 내부의 전략뿐만 아니라 그룹 밖의 비우호적인 전략들에 대해서도 관대하게 행동할 여유를 갖게 된다. 이에 따라 그룹 밖의 전략들과의 상호작용을 통해 상대방의 호혜성을 유도할 수 있다.

호혜적인 전략에는 TFT 전략뿐만 아니라 TFT와 유사하지만 약간 다른 변종도 있다. 예를 들어 처음에는 비협력하고 그 다음 기부터는 상대방이 전기에 한대로 따라하는 전략도 있을 수 있다. 이러한 전략을 의심 많은 주고 받기 전략이라 하며 STFT(suspicious TFT)라 한다. 상대방이 1번 비협력한 것은 눈감아 주되 2번 연속 비협력하면 그 다음 기에 비협력을 선택하는 전략도 있다. 이러한 전략은 TF2T(tit for two tat)이라 한다. 세 전략 TFT, STFT, TF2T가 리그전을 벌이면 누가 승

---

[2] TFT 전략이 다른 TFT 전략과 반복게임을 수행할 확률이 p이고 ALL D 전략과 반복게임을 수행할 확률이 $1-p$라 하자. 게임이 계속될 확률을 δ이라 하면 TFT 전략이 얻는 평균적인 보수는 $p \cdot \frac{R}{1-\delta} + (1-p) \cdot (S + \frac{\delta P}{1-\delta})$이다. 마찬가지로 ALL D 전략이 다른 ALL D 전략과 반복게임을 수행할 확률도 p라 하면 ALL D 전략이 얻는 평균 보수는 $p \cdot \frac{P}{1-\delta} + (1-p) \cdot (T + \frac{\delta P}{1-\delta})$이다. 각 전략은 자신과 같은 전략과 주로 상호작용을 하여 p가 1에 가깝다고 하자. 그러면 δ이 충분히 클 때 주고 받기 전략을 사용하는 사람들이 더 높은 보수를 얻게 된다. 그러므로 대다수의 사람들이 항상 협동하지 않는 상황에서도 주고 받기 전략이 자생할 수 있다.

자가 될까? TF2T가 승자가 된다.

TFT가 TF2T와 반복게임을 하면 두 경기자 모두 매기 협력하는 결과가 나타나게 되고 그 결과 두 전략 모두 R의 평균 보수를 얻는다. TFT와 TF2T의 우열은 STFT와의 게임에서 거두는 성적에 달려 있다. TFT는 STFT와 반복게임을 할 때(TFT: 협력, STFT: 비협력)(TFT: 비협력, STFT: 협력)(TFT: 협력, STFT: 비협력) … 의 결과가 나타나게 되고 그 결과 T와 S의 중간 값에 해당하는 평균 보수를 얻게 된다. 반면 TF2T는 STFT와 반복 게임을 할 때 (TF2T: 협력, STFT: 비협력) (TF2T: 협력, STFT: 협력) (TF2T: 협력, STFT: 협력) … 의 결과가 나타나게 되고 그 결과 첫 기에만 S의 보수를 얻고 나머지 기에는 R의 보수를 얻는다. TFT는 STFT의 온전한 협력을 이끌어내지 못하는 반면 TF2T는 STFT의 협력을 이끌어낼 수 있다. 그 결과 TF2T가 가장 높은 보수를 얻게 된다.

이번에는 TFT, TF2T, ALL D가 리그전을 벌이는 경우를 생각해 보자. 이 경우에는 누가 승자가 될까? TFT가 승자가 된다. TF2T는 ALL D와의 반복게임에서 ALL D에게 이용당하는 반면 TFT는 그렇지 않기 때문이다.

이상의 논의에서 호혜적인 전략 중 구체적으로 어떤 전략이 승자가 되는가는 모집단을 구성하는 다른 전략들의 양태에 따라 달라짐을 알 수 있다.

주고 받기 전략의 또 한 가지 약점은 오해나 실수의 가능성이 상존하는 경우에 비협력을 증폭시킬 수 있다는 것이다. 현실세계에서는 상대방이 협력했는지 배신했는지를 확실하게 알 수 없을 수도 있다. 그리고 경기자들은 상대방이 실제로는 협력적인 행동을 취했는데 이를 오해하여 배신하였다고 생각할 수도 있다. 주고 받기 전략은 오해에 취약하다. 예를 들어 철수와 영희 모두 주고받기 전략을 사용한다고 하자. 그런데 한번은 철수가 오해하여 영희가 협조적 행동을 했음에도 불구하고 배신한 것으로 생각한다고 하자. 그러면 그 다음 기에 철수는 협력하지 않을 것이고 영희는 협력할 것이다. 그러면 그 다음 기에는 철수는 협력하고 영희는 협력하지 않을 것이다. 그리하여 한 사람은 협력하고 다른 사람은 비협력 하는 상황이 계속 반복될 것이다.

9.2 따면 그대로 있고 잃으면 행동을 바꾸는 전략 (win-stay lose-shift) : 파블로프 전략

노왁과 지그문트(Nowak and Sigmund)(1993)는 경기자들의 행동선택에 관해 상당한 불확실성이 존재하는 상황을 상정하였다. 경기자들은 확률적으로 행동을 선택할 수 있고 일정한 확률로 행동선택 상의 실수를 범한다. 또한 작은 확률로 돌연변이가 발생한다. 이런 상황에서 주고받기 전략(TFT)은 두 가지 약점을 갖는다. 하나는 앞에서도 언급하였듯이 상대방이 실수로 비협조한 것에 대해 보복함으로써 협동의 기회를 축소시킨다. 다른 하나는 TFT가 다수인 모집단에는 돌연변이를 통해 항상 협력하는 ALL C 전략이 침투할 수 있다는데 기인한다. ALL C 전략의 구성비가 커지면 ALL D와 같은 비우호적인 전략들이 이들 ALL C 전략들과의 게임에서 큰 보수를 얻어 번성하게 된다. 따라서 사회전체적인 협동의 정도는 크게 약화된다.

노왁과 지그문트는 경기자들의 행동선택에 관하여 두 가지 경우를 상정하고 모의실험을 수행하였다. 첫 번째는 경기자들이 상대방이 선택한 전기의 행동만을 보고 그에 대응하여 행동을 선택하는 경우이다. 이 경우 TFT는 중요하지만 일시적인 역할을 하는데 그친다. TFT는 ALL D가 다수인 모집단에 침투할 수 있다는 점에서 중요하다. 그렇지만 이 전략은 곧 다른 전략에게 승자의 자리를 내어준다. 이 전략은 관대한 주고 받기 전략(generous tit for tat: GTFT)이라 불리운다.

이 전략은 상대방이 협조했을 때는 그 다음 기에 거의 1에 가까운 확률로 협조를 선택하고, 상대방이 비협조적인 행동을 선택했을 때에도 그 다음 기에 일정 확률 예컨대 30%의 확률로 협조를 선택하는 전략이다.[3]

두 번째는 경기자들이 전기에 상대방이 선택한 행동뿐만 아니라 자신이 선택한 행동도 고려하는 경우이다. 전기의 경기자들의 행동 조합은 전기의 게임 결과와 일 대 일로 대응된다. 일회 게임의 가능한 결과는 (협력, 협력), (협력, 비협력), (비협력, 협력), (비협력, 비협력)의 네 가지가 있고 각 경우에 경기자는 협력과 비협력 중 하나를 선택할 수 있다. 따라서 경기자의 가능한 전략의 가짓수는 $2^4=16$이다. 또한 노

도표 9-2	전기의 결과를 보고 행동을 선택하는 경우 나타날 수 있는 주요한 전략들					

전기의 행동선택			주요 전략들			
전기의 나의 행동	전기의 상대방 행동	결과 (보수)	항상 협력 (ALL C)	항상 비협력 (ALL D)	주고 받기 (TFT)	파블로프 (PAVLOV)
C	C	상(R)	C	D	C	C
C	D	호구(S)	C	D	D	D
D	C	유혹(T)	C	D	C	C
D	D	벌(P)	C	D	D	C

---

3) 경기자들이 실수할 확률이 존재하는 상황에서 TFT와 GTFT가 리그전을 하는 경우, GTFT가 TFT 보다 높은 보수를 얻는다. GTFT는 GTFT와 게임을 할 때는 거의 1의 확률로 (협력, 협력)의 결과를 가져와 R에 가까운 평균 보수를 얻는다. GTFT는 TFT와 게임을 할 때에 TFT가 실수로 D(비협력)를 선택할 때 일정 확률로 C(협력)를 선택함으로써 (협력, 협력)의 결과가 유지되도록 한다. GTFT는 자신의 실수로 D를 선택하여 TFT가 이에 대한 보복으로 D를 선택한 경우에도 그 다음 기에 일정 확률로 C를 선택함으로써 그 다음 기부터 (협력, 협력)의 결과가 다시 회복되도록 한다. 그 결과 높은 확률로 (협력, 협력)의 결과를 가져와 비교적 높은 보수를 얻는다. 반면 TFT가 다른 TFT와 게임을 할 때, 상대방이 한번 실수로 D를 선택한 경우에는 (협력, 비협력)과 (비협력, 협력)의 결과가 번갈아 가며 나타난다.

왁과 지그문트는 각 전략이 실수할 가능성도 도입하였다. 예를 들어 주고 받기 전략은 협력을 선택해야 할 시점에서 실수할 확률 1%로 비협력을 선택한다.

이렇게 확장된 시뮬레이션에서 몇 가지 뚜렷한 패턴이 나타났다.

첫째, 모두 협력을 선택하는 국면과 모두 비협력을 선택하는 국면이 교대로 나타난다. 두 국면 중 모두 협력하는 국면이 훨씬 더 오래 지속된다. 그리고 두 국면간의 교대는 불과 몇 세대에 거쳐 급격히 이루어진다.

둘째, 전기에 높은 보수를 얻었으면 전기의 행동을 유지하고 전기에 낮은 보수를 얻었으면 행동을 바꾸는 전략이 지배적인 전략으로 나타난다. 이 전략은 전기에 상(R)이나 유혹(T)에 해당하는 보수를 받은 경우에는 전기의 행동을 유지하고 그 밖의 경우에는 행동을 바꾸는 전략이다. 이 전략을 파블로프 전략(Pavlov strategy)이라 한다.

파블로프 전략은 첫 기에 협동한다는 점에서 우호적인 전략이다. 그리고 상대방이 배신한다면 그 다음 기에 보복을 한다는 점에서 터프한 전략이다. 파블로프 전략은 TFT에 비해 두 가지 장점을 갖고 있다. 하나는 실수할 확률이 상존하는 상황에서 좋은 성적을 거둔다. 주고 받기 전략이 서로 게임을 하는 경우에는 실수로 한 경기자가 D를 선택하면 그 후에 둘 중 하나는 D를 다른 하나는 C를 선택하는 결과가 지속적으로 나타나게 된다. 반면 파블로프 전략끼리 게임을 하는 경우에는 한 경기자가 실수로 D를 선택하더라도 곧 서로 협력하는 국면으로 회복된다. 한 전략이 실수로 D를 선택한 경우에 다음 기에는 두 전략 모두 D를 선택하고 그 다음 기부터는 모두 C를 선택하는 것이다.

파블로프 전략의 또 한 가지 장점은 TFT나 GTFT는 ALL C와 같이 항상 협력하는 전략의 침투를 허용하고 그 결과 ALL D가 번성할 빌미를 제공하는 반면 파블로프 전략은 그렇지 않다는 것이다. 파블로프 전략은 보복할 줄 모르는 ALL C 같은 전략을 만나면 양심에 거리낌 없이 D를 선택함으로써 무조건적으로 우호적인 전략을 이용해 먹는다. 예를 들어 항상 협동하는 전략(ALL C)과 파블로프 전략이 경기를 한다고 하자. 처음에는 서로 협동하는 것으로 시작하지만 시간이 지나면서 파블로프 전략이 실수로 D를 선택한 경우에 파블로프 전략은 그 다음 기에도 계속 D를 선택한다. 이에 따라 ALL C 전략은 낮은 보수를 얻게 되고 파블로프 전략은 높은 보수를 얻게 된다. 따라서 ALL C와 같이 무조건적으로 우호적인 전략은 파블로프 전략이 지배적인 사회에 발을 들여놓지 못하게 된다. 반면 TFT가 지배적인 사회에서 ALL C 전략이 돌연변이를 통해 발생한 경우, ALL C 전략이 TFT와 경기하면 서로 협력하여 동일하게 높은 보수를 얻고 ALL C는 계속 살아남게 된다. 이에 따라 항상 비협력하는 전략(ALL D)이나 상대방의 등을 쳐 먹는 다른 전략이 ALL C를 등에 업고 세력을 확장할 여지를 남겨주게 된다.

파블로프 전략은 ALL C 전략이 발붙이지 못하게 함으로써 비협조적 전략의 침투를 미연에 방지한다. 그렇지만 파블로프 전략은 비협력적인 전략들로 둘러싸여 있을 때는 좋은 성적을 거두지 못한다. ALL D 전략과 경기를 하는 경우, 파블로프 전략은 한 기간씩 건너 뛰면서 C를 선택한다. 그 결과 매우 낮은 보수를 얻는다. 액셀로드의 리그전에서 파블로프 전략은 매우 낮은 보수를 얻었을 것이다. 파블로프 전략이 지배적인 전략이 되려면 먼저 주고 받기 전략과 같은 우호적이면서도 터프한 전략이 번성하여 협동국면으로의 길을 닦아놓아야 한다.

9.3 네가 나의 등을 긁어주면 다른 사람이 네 등을 긁어 줄 것이다: 간접적인 호혜주의

협동생산 게임이 반복되는 상황에서 상대방의 행동 선택에 대한 불확실성이 작다면 주고 받기 전략과 같은 호혜적인 전략이 우수한 성적을 거두므로 호혜적 이타주의가 진화의 결과로 나타날 수 있음을 보았다. 게임이 반복되지 않더라도 진화의 산물로서 협동적 행동이 나타날 수 있을까? 세 가지 가능성이 존재한다. 하나는 서로 친족 관계에 있어 상대방의 유익이 자신의 유익이라고 인식하여 이타적으로 행동하는 경우이다. 다른 하나는 협조적 전략이 군집을 이루고 자기들끼리 게임을 하는 경우에 나타난다. 이 경우 두 경기자 간의 게임이 일회성으로 끝나더라도 협조적 전략들이 자기들끼리 서로 협력함으로써 높은 보수를 얻고 이에 따라 시간이 흐름에 따라 모집단에서 상당한 비중을 차지할 수 있다(Nowak and May(1992)). 또 다른 하나는 경기자들이 서로 다른 경기자들의 행동을 관찰할 수 있는 경우에 나타난다. 각 경기자는 상대방 경기자가 다른 경기자들과 게임을 할 때 어떤 식으로 행동했는지를 보고 나서 자신의 행동을 선택한다고 하자. 그리고 상대방이 다른 경기자들과 경기할 때 협조적 행동을 취함으로써 우호적이라는 평판(評判)이나 인상을 형성했다면 협조적 행동을 취하고 그렇지 않으면 비협조적 행동을 취한다고 하자. 이러한 전략을 평판에 기초한 전략이라 부를 수 있다. 다른 경기자들이 모두 평판에 기초한 전략을 선택한다면 나는 다른 경기자들과 경기할 때 우호적 행동을 취하는 것이 유리하다. 지금의 경기 상대방에게 비협조적 행동을 취하면 그 다음부터 다른 경기자들과 경기를 할 때 협력을 얻어낼 수 없기 때문이다(Nowak and Sigmund (1998)). 이하에서는 노왁과 지그문트(1998)의 연구 결과를 소개하기로 한다.

모집단에서 두 경기자가 무작위로 추출되어 경기를 한다. 이 경기에서 둘 중 하나는 도움을 받는 수혜자(受惠者)이고 다른 하나는 잠재적인 시혜자(施惠者)이다. 잠재적인 시혜자는 c의 비용을 들여 도움을 줄 수 있다. 이 경우 수혜자는 시혜자의 비용 c 보다 큰 b의 혜택을 입는다. 만약 시혜자가 도움을 주지 않는다면 두 경기자 모두 0의 보수를 얻는다. 각 경기자는 인상 점수(image score)를 갖는데 이는 모든 경기자들에게 알려져 있다. 만약 한 경기자가 잠재적인 시혜자로 뽑혔는데 도움을 주면 그의 인상 점수는 한 단위 증가한다. 반면 도움을 주지 않으면 인상 점수는 한 단위 감소한다. 수혜자의 인상 점수는 변화하지 않는다.

먼저 잠재적인 시혜자가 수혜자의 인상 점수가 높을 때 도움을 주는 전략을 구사한다고 상정해 보자. 이 경우 잠재적 시혜자의 전략은 어떤 기준 인상점수 k에 의해 특징 지워진다. 전략 k는 잠재적 수혜자의 인상점수가 k 이상이면 도움을 주는 전략이다. 100명의 경기자로 구성된 모집단에 대해 다음과 같은 컴퓨터 시뮬레이션을 수행해 보자. 각 경기자 i의 전략은 한 숫자 k_i로 정해지고 인상 점수는 s_i로 표시된다고 하자. 가능한 인상 점수의 범위가 -5에서 $+5$ 사이에 있다고 하자. 그러면 전략 $k = -5$는 항상 도움을 주는 협동전략인 반면 전략 $k = +6$은 항상 비협력하는 전략이다. 각 세대의 시작 시점에서 모든 경기자들의 인상 점수는 0이다. 따라서 $k \leq 0$인 전략은 우호적인 전략에 해당한다. 왜냐하면 이 전략은 게임의 첫 기에 잠재적 시혜자로서 뽑히면 항상 상대방에게 도움을 주기 때문이다. 각 세대에서 125개의 시혜자-수혜자 쌍이 뽑힌다. 따라서 각 경기자는 평균적으로 2.5회의 상호작용을 하게 된다. 각 경기자가 동일한 상대를 다시 만날 가능성은 매우 작다. 또한 일련의 이타적 행동이 연결되어 원래의 이타적 시혜자에게 돌아갈 가능성도 작다. 그러므로 이 시뮬레이션에서는 직접적인 호혜주의가 작용하기 힘들다. 각 세대의 끝에 각각의 보수에 비례하여 경기자들의 후손들이 배출된다. 이들이 새로운 세대를 이루어 다시 반복게임을 수행한다. 첫 세대 $t=0$에서 무작위로 분포된 전략들이 게임을 시작한다. 10세대가 지난 후에 $k=-1$, 0, $+2$, $+5$ 전략들이 번성하였다. 20세대가 지난 후에는 $k=-4$, -1, 0 전략들이 모집단의 대부분을 구성하였다. 150세대가 지난 후에는 거의 대부분의 전략이 $k=0$인 전략이었다. 166세대 후에는 다른 모든 전략은 멸종하고 모집단 전체가 모두 $k=0$전략으로 구성되었다. $k=0$인 전략은 우호적이되 인상 점수에 따라 차별적으로 도움을 주는 전략이다.

이번에는 위의 시뮬레이션에서 돌연변이의 발생이 추가된 경우를 상정해보자. 아주 작은 확률, 이를테면 0.001의 확률로 후손이 그 부모와는 다른 전략을 선택한다고 하자. 이때 그 후손은 무작위로 선택된 다른 전략을 구사한다고 하자. 이 경우 협동과 비협동의 사이클이 끊임없이 이어지는 것이 관찰되었다. 모집단이 $k=0$, $+1$과 같이 인상에 따라 차별적으로 도움을 주는 전략으로 구성되었을 때 협조적 안정상태가 형성된다. 그러나 시간이 지나면서 이 모집단은 지나치다 싶을 만큼 협조적인 전략들 예컨대 $k=-4$, -5전략들에 의해 잠식된다. 그 다음에는 비협조적인 전략들, 즉 $k=4$, 5전략들이 침투해 들어온다. 그러면 다시 차별적인 전략들이 나타나 비협조적인 전략들을 몰아낸다. 무조건적인 협력전략이 없을 때 협조적 국면은 보다 오래 지속된다.

동물세계에서의 협동

　　동물 세계에서도 여러 가지 유형의 협동이 관찰된다. 대표적인 것이 공생(symbiosis)이다.

　　이끼(지의류(地衣類))는 조류(藻類)와 균류(菌類)가 서로 공생을 하며 이루어진 공생체이다. 조류는 광합성 및 질소동화작용을 하여 유기물질을 합성, 공급하며 균류는 물과 무기물을 외부로부터 공급한다. 콩과 식물과 뿌리혹 박테리아도 서로 공생한다. 콩과 식물은 뿌리혹 박테리아로 하여금 뿌리에 혹을 형성하여 증식하도록 하고 또한 당류를 공급하여 준다. 뿌리혹 박테리아는 당류를 원료로 하여 공중질소작용을 통해 아미노산과 단백질을 콩과 식물에게 공급해 준다. 개미는 더듬이로 진딧물의 몸을 건드리면 진딧물은 몸에서 꿀처럼 당류가 풍부한 액체를 분비하고 개미는 이 분비물을 먹어 양분을 얻는다. 그 대신 개미는 겨울 동안 진딧물의 알을 집에 옮겨 보호한다. 말미잘과 집게게도 공생관계에 있다. 말미잘은 집게게 위에 고착하여 이동성을 얻게 되고 집게게는 독성이 있는 말미잘의 촉수에 의해 외부의 적으로부터 보호를 받는다. 악어새는 악어의 입속을 청소해 주는 대신 먹잇감을 얻는다.

　　이러한 공생관계에서는 모든 경기 참여자가 자발적으로 협동할 유인이 있다. 경기 참여자 모두에게 협동하는 것이 유리하기 때문이다. 따라서 공생관계는 용의자들의 딜레마 게임의 반복과 관계가 있다고 보기는 어렵다. 그렇지만 공생관계의 형성에서도 관계의 지속성은 매우 중요하다. 관계가 오래 지속되지 않는다면 공생관계의 편익에 비해 공생관계 형성에 들어가는 비용이 더 클 수 있기 때문이다. 실제로 집을 자주 옮기지 않는 개미의 경우에는 여러 가지 공생관계가 관측되지만 집을 자주 옮기는 벌의 경우에는 공생관계가 발견되지 않고 있다.

　　용의자들의 딜레마 게임과 밀접한 관련이 있는 예로 실고기

(stickleback)들의 정탐활동을 들 수 있다(Milinski, 1990). 실고기들은 자신의 영역에 침입자가 나타났을 때 침입자의 정체를 확인하기 위해 정탐할 때 두 마리가 같이 나간다. 이때 대부분의 경우 두 마리는 번갈아 가며 앞서간다. 그러다가 충분한 정보가 수집되면 자신의 무리에게로 되돌아간다. 여기서 앞서가는 것은 위험을 감수하면서 정보를 수집하는 이타적인 행동에 해당한다. 번갈아 가면서 앞서가는 것은 호혜적인 이타주의(reciprocal altruism)에 입각한 행동이라 할 수 있다. 한 실험 결과에 따르면 정탐할 때 만약 상대편 고기가 계속해서 뒤만 따라올 경우에는 앞서가던 실고기는 일찍 되돌아간다. 이는 한 실고기의 배신에 의해 상호주의적 이타주의에 입각한 협동이 깨어진 것으로 간주할 수 있다.

또 다른 예로 암수동형인 개체 두 마리의 수정활동을 들 수 있다. 두 마리의 암수동형 개체가 난자와 정자를 수정시킬 때 한꺼번에 난자를 내놓지 않는다. 난자는 만드는 데 비용이 많이 들며 희소한 자원인 반면 정자는 그렇지 않다. 난자를 한꺼번에 내놓으면 상대방이 자신의 정자만 방출하고 내뺄 수 있다. 난자를 한꺼번에 내놓는 녀석만 손해를 보게 된다. 그렇기 때문에 각 개체는 번갈아 가면서 난자를 소량씩 내놓는다. 이에 따라 중간에 한 녀석이 배신을 하여 내빼더라도 큰 손실을 보지 않게 되며 상대방도 중간에 내뺄 유인이 적어지게 된다. 이는 난자와 정자를 수정시키는 게임을 반복게임으로 전환시켜 협동을 유도한 것으로 볼 수 있다.

흡혈박쥐의 경우, 운 좋게 소나 말로부터 피를 빨아먹은 녀석은 자신의 보금자리 있는 곳으로 돌아와 자기가 먹은 것 중 일부를 토해 동료 박쥐에게 먹여 준다. 이것도 상호 협동의 좋은 사례이다.

보 론 진화적 게임이론(Evolutionary game theory)

스미스(John Maynard Smith) 등의 생물학자들은 1970년대에 게임이론을 응용하여 동물들의 행동을 분석하였다. 이를 진화적 게임이론이라 한다. 이러한 생물학 분야의 발전은 다시 게임이론가들을 자극하여 1990년대에 진화적 게임이론은 게임이론의 큰 줄기로서 발전되었다.

여기에서는 진화적 게임이론의 기초적 개념들을 소개하기로 한다. 진화론의 주요 개념으로는 적합도(fitness), 돌연변이(mutation), 적자생존(survival of the fittest)과 자연선택(natural selection)을 들 수 있다.

다윈의 자연선택론을 한 문장으로 요약하면 "번식시키고, 변화시키고, 가장 잘 적응하는 자는 살아 남게 하고 가장 적응하지 못하는 자는 죽게 한다(multiply, mutate, let the fittest live and the least fit die)"는 것이다. 여기서 가장 잘 적응하는 자(the fittest)란 주어진 환경에서 자신의 유전자를 다음 세대에 가장 잘 전달하는 자를 말한다. 자연선택의 과정은 돌연변이라는 기제를 통해 종의 적합성을 극대화하는 과정이다.

진화적 게임이론에서 사용되는 균형 개념으로는 진화적으로 안정적인 전략(Evolutionarily Stable Strategy: ESS), 진화적으로 안정적인 상태(Evolutionarily Stable State)를 꼽을 수 있다. 이하에서는 이들 개념을 간단한 게임을 통해 살펴보도록 한다. 그리고 나서 협동생산 게임이 반복되는 상황에서 진화적으로 안정적인 전략은 무엇인지 알아보도록 한다.

1. 진화적으로 안정적인 전략(Evolutionarily Stable Strategy)

두 동물이 B의 가치를 갖는 자원을 놓고 경합을 벌이고 있다고 하자. 여기서 자원은 거주 영역(territory)이나 암컷 배우자와 같이 자손의

개체 2

		H		D	
개체 1	H	$\frac{1}{2}(B-C)$	$\frac{1}{2}(B-C)$	B	0
	D	0	B	$B/2$	$B/2$

번식에 필요한 자원을 의미하며, 자원의 가치는 각 개체가 자원을 소유할 때 얻게 되는 적합도의 증가분을 의미한다. 여기서 적합도는 후손의 수로 측정된다. 예를 들어 유리한 지역에 거주지를 갖는 동물은 평균적으로 5명의 자손을 낳고 덜 유리한 지역에 거주하는 동물은 3명의 자손을 낳는다고 하자. 그러면 유리한 지역의 가치는 5-3=2명의 자손과 같다.

경합과정에서 각 개체는 위협(display), 공격(escalate), 후퇴(retreat)의 3가지 방식으로 행동할 수 있다. 여기서 위협이란 상대방에게 해를 주지는 않고 다만 경고를 발하는 것이다. 실제 경합에서는 동물들은 다양한 방식으로 이들 행동을 조합할 수 있다. 이러한 행동들의 조합을 전략이라 한다.

논의의 단순화를 위해 동물들이 사용할 수 있는 전략에는 단지 독수리 전략과 비둘기 전략이라는 두 가지만 있다고 하자. 독수리 전략은 어느 한편이 부상을 입을 때까지 계속 공격하는 것이다. 비둘기 전략은 처음에는 위협을 하지만 상대방이 공격해 오면 즉시 후퇴하는 것이다. 두 개체가 모두 공격을 하면 둘 중 하나가 부상을 당하여 후퇴하게 된다. 부상을 당하면 적합성이 C 만큼 감소한다고 가정한다. 독수리 전략을 H, 비둘기 전략을 D로 표시하면 이 게임은 도표 9-3의 전략형 표로 표시될 수 있다. 이 게임을 독수리-비둘기 게임(Hawk-Dove game)이라 한다.

두 동물이 모두 독수리 전략(H)을 구사하면 각 개체는 절반의 확률로 경합에서 이겨 자원을 획득하여 B의 적합도를 얻지만 나머지 절반의 확률로 부상을 입어 C 만큼 적합도를 잃는다. 따라서 이 경우 각 개체의 보수는 $\frac{1}{2}(B-C)$이다.

한 동물은 독수리 전략(H)을 구사하고 다른 동물은 비둘기 전략(D)을 구사하는 경우에는 독수리 전략을 구사하는 개체가 자원을 획득하고 비둘기 전략을 구사하는 동물은 후퇴한다. 따라서 독수리 전략을 구사하는 개체의 보수는 B이고 비둘기 전략을 구사하는 개체의 보수는 0이다.

두 동물 모두 비둘기 전략을 구사하는 경우에는 자원이 두 개체에 의해 공유된다. 따라서 각 개체의 보수는 $B/2$이다.

이제 무수히 많은 개체들로 이루어진 모집단을 상정하자. 이 모집단으로부터 임의의 두 개체가 무작위로 추출되어 각각 H나 D를 선택하는 게임을 한다고 하자. 경합이 있기 전에 각 개체는 W_0의 적합도(fitness)를 갖고 있다.

모집단에서 H 전략의 빈도를 p로 표시한다. 그리고 H 전략과 D 전략 선택에 따른 각각의 평균 적합도를 $W(H)$, $W(D)$로 표시한다. 상대방이 D 전략을 선택하는 경우에 H 전략을 선택하는 개체의 보수는 $V(H|D)$로 표시한다. 마찬가지로 다른 전략의 조합에 대해서도 유사한 기호를 사용한다.

그러면 각 전략의 평균 적합도는 다음과 같은 식으로 표현된다.

$$W(H) = W_0 + pV(H|H) + (1-p)V(H|D),$$
$$W(D) = W_0 + pV(D|H) + (1-p)V(D|D)$$

모집단 내의 모든 개체가 어떤 전략 s를 구사한다고 상정하자. 그리고 모집단 내의 소수의 개체들이 어떤 돌연변이 전략 s'을 구사하기 시작했다고 하자. 기존의 전략 s가 돌연변이 전략 s' 보다 적합도가 작다면 이 전략 s는 시간이 흐름에 따라 도태될 것이다. 어떤 전략이 진화적으로 안정적이려면 임의의 돌연변이 전략이 소수의 개체에 의해 채택될 때 이 돌연변이 전략보다 더 높은 적합도를 얻어야 한다. 이러한 조건을 만족시키는 전략을 진화적으로 안정적인 전략(evolutionarily stable strategy: ESS)이라 한다.

기존의 지배적 전략을 s라 하고 새로이 도입되는 돌연변이 전략을 s'이라 하자. 그리고 돌연변이 전략을 구사하는 개체의 비율을 임의의 작은 양수 $\varepsilon > 0$이라 하자. 그러면 전략 s와 s'의 평균 적합도는 다음과 같다.

$$W(s) = W_0 + V(s \mid (1-\varepsilon)s + \varepsilon s') = W_0 + (1-\varepsilon)V(s \mid s) + \varepsilon(s \mid s')$$
$$W(s') = W_0 + V(s' \mid (1-\varepsilon)s + \varepsilon s') = W_0 + (1-\varepsilon)V(s' \mid s) + \varepsilon V(s' \mid s')$$

전략 s가 진화적으로 안정적인 전략이 되려면 임의의 $s' \neq s$과 임의의 작은 양수 ε에 대해 $V(s \mid (1-\varepsilon)s + \varepsilon s') > V(s' \mid (1-\varepsilon)s + \varepsilon s')$이 성립하여야 한다. 이 조건이 성립하기 위한 필요충분조건은 다음과 같다.

$V(s \mid s) > V(s' \mid s)$ 이거나
$V(s \mid s) = V(s' \mid s)$ 이고 $V(s \mid s') > V(s' \mid s')$

이제 독수리–비둘기 게임에서 진화적으로 안정적인 전략으로 어떤 것이 있는지 살펴보자. 보다 구체적인 경우를 살펴보기 위해, $B = 4$이고 $C = 3$인 경우를 생각해보자. 이 경우의 전략형 게임은 도표 9-4와 같다.

이 게임에서 비둘기 전략은 진화적으로 안정적이지 못하다. 왜냐하면 경기 상대방이 비둘기 전략을 사용한다면 독수리 전략이 비둘기

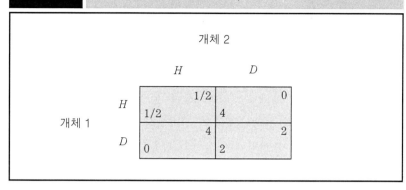

도표 9-4 독수리─비둘기 게임($B=4$, $C=3$)

개체 2

		H	D
개체 1	H	1/2 1/2	0 4
	D	4 0	2 2

전략보다 유리하고($V(H|D) > V(D|D)$), 따라서 대부분의 개체들이 비둘기 전략을 구사한다면 독수리 전략이 비둘기 전략보다 유리하기 때문이다. 반면 독수리 전략은 진화적으로 안정적이다. 왜냐하면 경기 상대방이 독수리 전략을 사용한다면 독수리 전략이 비둘기 전략보다 유리하고($V(H|H) > V(D|H)$), 따라서 대부분의 개체들이 독수리 전략을 구사한다면 독수리 전략이 비둘기 전략보다 유리하기 때문이다.

이번에는 공격에 따른 위험부담은 크고 승리의 실익은 작아서 예

도표 9-5 독수리─비둘기 게임($B=2$, $C=4$)

개체 2

		H	D
개체 1	H	−1 −1	0 2
	D	2 0	1 1

컨대 $B=2$이고 $C=4$인 경우를 생각해보자. 이 경우의 전략형 게임은 도표 9-5와 같다.

이 게임에서도 비둘기 전략은 진화적으로 안정적이지 못하다. 왜 냐하면 경기 상대방이 비둘기 전략을 사용한다면 독수리 전략이 비둘기 전략보다 유리하기 때문이다. 즉 $V(H|D) > V(D|D)$. 독수리 전략도 진화적으로 안정적이지 못하다. 왜냐하면 경기 상대방이 독수리 전략을 사용한다면 비둘기 전략이 독수리 전략보다 유리하기 때문이다. 즉, $V(D|H) > V(H|H)$. 이 게임에는 절반의 확률로 H를 선택하고 나머지 절반의 확률로 D를 선택하는 혼합전략이 진화적으로 안정적인 전략이다. 이 혼합전략은 소수의 돌연변이 전략 H나 D에 의해 침략당하지 않는다. 이는 다음 수식으로부터 확인된다.

$$V(0.5H+0.5D \,|\, 0.5H+0.5D) = V(H \,|\, 0.5H+0.5D) = 0.5$$
$$V(0.5H+0.5D \,|\, H) = -0.5 > V(H|H) = -1$$
$$V(0.5H+0.5D \,|\, 0.5H+0.5D) = V(D \,|\, 0.5H+0.5D) = 0.5$$
$$V(0.5H+0.5D \,|\, D) = 1.5 > V(D|D) = 1$$

이 혼합전략은 그 밖에 다른 어떠한 혼합전략에 의해서도 침략당하지 않음을 쉽게 확인할 수 있다. 예컨대 독수리 전략을 0.9의 확률로 구사하는 혼합전략이 침투했다고 하자. 이 경우 0.5의 확률로 독수리 전략을 구사하는 혼합전략이 더 높은 보수를 얻는다.

$$V(0.5H+0.5D|0.5H+0.5D) = 0.5$$
$$= V(0.9H+0.1D|0.5H+0.5D)$$
$$V(0.5H+0.5D|0.9H+0.1D) = -0.3$$
$$> V(0.9H+0.1D|0.9H+0.1D) = -0.62$$

그러므로 이 혼합전략은 진화적으로 안정적인 전략이다.[4]

4) 이 게임에서 전략조합 (H, D), (D, H)는 내쉬균형이다. 그렇지만 이 전략조합은 진

진화적으로 안정적인 전략은 내쉬균형 전략이다. 반면 내쉬균형 전략이 항상 진화적으로 안정적인 전략인 것은 아니다. 이는 진화적으로 안정적인 전략의 정의로부터 알 수 있다.

진화적으로 안정적인 전략 s는 임의의 다른 전략 s'과 임의의 작은 양수 ε에 대해 $V(s \,|\, (1-\varepsilon)s + \varepsilon s') > V(s' \,|\, (1-\varepsilon)s + \varepsilon s')$을 만족시킨다. 이 조건을 만족시키려면 $V(s|s) \geq V(s'|s)$을 만족시켜야 한다. 따라서 진화적으로 안정적인 전략은 내쉬균형 전략이다. 반면 내쉬균형 전략이 항상 진화적으로 안정적인 것은 아니다. 왜냐하면 전략 s가 진화적으로 안정적인 전략이 되려면, $V(s|s) = V(s'|s)$를 만족시키는 어떤 다른 전략 s'에 대해 $V(s|s') > V(s'|s')$이 성립하여야 한다. 그런데 내쉬균형 전략은 정의상 이 조건을 만족시킬 필요가 없기 때문이다.

예를 들어 어떠한 전략 조합에 대해서도 동일한 보수를 받는 게임을 생각해 보자. 이 경우 모든 전략 조합은 내쉬균형이 된다. 그러나 이

도표 9-6	진화적으로 안정적인 전략이 존재하지 않는 경우(가위-바위-보 게임)

		개체 2		
		가위	바위	보
개체 1	가위	0.5 / 0.5	1 / -1	-1 / 1
	바위	-1 / 1	0.5 / 0.5	1 / -1
	보	1 / -1	-1 / 1	0.5 / 0.5

화적으로 안정적인 전략 조합이 될 수 없다. 진화적으로 안정적인 전략이 되려면 대칭적인 내쉬균형이 되어야 한다.

경우 어떠한 전략도 진화적으로 안정적인 전략이 되지 못한다. 보다 구체적인 예로는 도표 9-6과 같은 가위-바위-보 게임을 들 수 있다.

이 게임의 유일한 내쉬균형 전략은 각각 1/3의 확률로 가위, 바위, 보를 선택하는 혼합전략이다. 그렇지만 이 내쉬균형은 진화적으로 안정적인 전략이 아니다. 대부분의 개체들이 내쉬균형 전략을 선택하는 모집단을 상정하면, 이 모집단에서 가위를 선택하는 돌연변이 개체가 침투한 경우에 이 돌연변이 전략이 내쉬균형 전략보다 유리하기 때문이다. 즉, 내쉬균형 전략을 $s^* = (1/3, 1/3, 1/3)$라 하고 가위를 선택하는 전략을 s'라 할 때 다음이 성립하는 것이다.

$$V(s^*|s^*) = V(s'|s^*) = 0.5/3$$
$$V(s'|s') = 0.5 > V(s^*|s') = 0.5/3$$

그러므로 이 게임의 유일한 내쉬균형인 s^*는 진화적으로 안정적인 전략이 아니다. 그리고 진화적으로 안정적인 전략이 되려면 내쉬균형이어야 하므로, 이 게임에는 진화적으로 안정적인 전략이 존재하지 않음을 알 수 있다.

일반적으로 선택 가능한 순수전략이 2개인 경우에는 진화적으로 안정적인 전략이 항상 존재한다. 그러나 선택 가능한 순수전략이 3개 이상인 경우에는 진화적으로 안정적인 전략이 존재하지 않을 수도 있다.

2. 진화적으로 안정적인 상태(Evolutionarily Stable State)

각 개체가 사용할 수 있는 순수전략이 유한개라 하자. 그리고 모집단내의 각 개체가 태어나면서부터 정해진 한 가지 전략만을 구사할 수 있다고 하자.

시점 t에서 모집단의 크기를 N^t라 하고 전략 i의 수를 N_i^t라 하자.

그러면 시점 t에서 전략 i의 구성비 p_i^t는 다음 식으로 정의된다: $p_i^t = \dfrac{N_i^t}{N^t}$. 시점 t에서 전략 i가 얻는 보수는 이 전략 i가 낳는 후손의 수를 나타내며 이를 전략 i의 적합도라 하고 W_i^t로 표시한다. 전체 전략의 평균적인 적합도는 $\overline{W^t} = \sum\limits_i p_i^t W_i^t$가 된다. 다음 기의 각 개체의 후손의 수는 다음 식에 의해 결정된다고 하자. $N_i^{t+1} = N_i^t \, W_i^t = p_i^t \, N^t \, W_i^t$. 따라서 다음 기의 전략 i의 구성비 p_i^{t+1}는 다음 식으로 표현된다.

$$p_i^{t+1} = \frac{N_i^{t+1}}{N^{t+1}} = \frac{p_i^t \, N^t \, W_i^t}{\sum\limits_k p_k^t \, N^t \, W_k^t} = \frac{p_i^t \, W_i^t}{\sum\limits_k p_k^t \, W_k^t} = \frac{p_i^t \, W_i^t}{\overline{W^t}}$$

$$p_i^{t+1} - p_i^t = \frac{p_i^t \, (W_i^t - \overline{W^t})}{\overline{W^t}}$$

이 식은 시간의 흐름을 이산적으로 산정하는 경우의 전략 i의 구성비의 움직임을 나타낸다. 이 식에서 시간의 흐름이 연속적인 것으로 간주하면 다음의 미분방정식을 얻는다.

$$\frac{dp}{dt} = \frac{p_i \, (W_i - \overline{W})}{\overline{W}}$$

이 식을 증식 등식(replicator equation)이라 한다.

시간의 흐름에 따라 각 전략 i의 구성비 p_i가 어떤 값 p_i^*으로 수렴할 때 이 점들의 조합$(p_1^*, \cdots, p_n^*)$을 진화적으로 안정적인 상태(evolutionarily stable state) 또는 점근적인 끌개(asymptotic attractor)라 한다.

가능한 순수전략의 수가 2개인 경우에는 진화적으로 안정적인 상태는 진화적으로 안정적인 전략과 일치한다. 그러나 가능한 순수전략의 수가 3개 이상인 경우에는 진화적으로 안정적인 상태가 진화적으로 안정적인 전략과 일치하지 않는다. 도표 9−7은 그러한 상황을 보여주는 예이다.

개체 2

개체 1		L	C	R
	T	2 / 2	5 / 1	1 / 5
	M	1 / 5	1 / 1	4 / 0
	B	5 / 1	0 / 4	3 / 3

이 게임에서 $s = (15/35, 11/35, 9/35)$는 내쉬균형이며 동시에 진화적으로 안정적인 상태이다. 그러나 s는 진화적으로 안정적인 전략 (ESS)이 아니다. 왜냐하면 $s' = (18/35, 17/35, 0)$에 의해 침투당하기 때문이다.

$$V(s' \mid s) = V(s \mid s) = 86/35,$$
$$V(s \mid s') = 2746/35^2 < V(s' \mid s') = 2773/35^2$$

일반적으로 혼합전략도 고려되는 경우, 진화적으로 안정적인 전략 (ESS)은 동태적으로 볼 때 진화적으로 안정적인 상태에 해당한다. 그리고 진화적으로 안정적인 상태는 내쉬균형이 된다. 그러나 그 역은 성립하지 않는다. 즉, 내쉬균형 상태이면서 진화적으로 안정적이지 않을 수 있으며 진화적으로 안정적인 상태이지만 진화적으로 안정적인 전략이 아닌 경우도 있다(Taylor and Jonker(1978), Zeeman(1979) 참조).[5]

---

5) 만약 각 개체가 혼합전략이 아닌 순수전략만을 사용할 수 있다면 ESS와 진화적으로 안정적인 상태 간의 논리적 관계는 더 이상 성립하지 않는다. 즉 ESS가 진화적으로 안정적인 상태에 대응되지 않을 수도 있다.

3. 협동생산 게임에서 진화적으로 안정적인 전략

주고 받기 전략(tit for tat: TFT)과 내쉬균형

확률 δ로 게임이 계속되는 협동생산 게임(용의자들의 딜레마 게임)을 상정하자. 이 무한 반복게임에서 주고 받기 전략은 게임이 계속될 확률이 충분히 크면 내쉬균형 전략이 된다.[6]

이하에서는 이를 증명하기로 한다.

상대방이 주고 받기 전략을 사용하는 경우에 이에 대한 최적 대응 전략이 주고 받기 전략임을 보이자. 먼저 주고 받기 전략에 대한 최적 대응 전략이 최초에 C를 선택하는 경우를 생각해 보자. 이 경우 두 번째 회전에서 상대방의 주고 받기 전략이 C를 선택할 것이므로 경기자는 첫 번째 회전과 동일한 상황에 직면하게 된다. 따라서 이 경기자의 최적대응 전략은 1회전에서와 같이 C를 선택하는 것이다. 3회전에서도 마찬가지 논리로 경기자의 최적대응 전략은 C를 선택하는 것이다. 결국 경기자의 최적대응 전략은 항상 C를 선택하는 것임을 알 수 있다. 이러한 최적대응 전략의 구사시 얻는 보수는 주고 받기 전략을 구사할 때의 보수와 동일하다. 그러므로 주고 받기 전략은 내쉬균형 전략이 된다.

이번에는 주고 받기 전략에 대한 최적대응 전략이 최초에 D를 선택하는 경우를 생각해 보자. 이 경우 두 번째 회전에서 상대방은 주고 받기 전략에 따라 D를 선택할 것이다. 이 경우 두 가지 가능성이 존재한다. 하나는 최적 대응 전략이 두 번째 회전에서 D를 선택하는 것이고 다른 하나는 두 번째 회전에서 C를 선택하는 것이다. 전자의 경우 경기

---

6) 두 경기자 모두 주고 받기 전략을 구사하는 것은 하부게임 완전균형은 되지 못한다. 왜냐하면 한 경기자가 내쉬균형 경로에서 이탈하여 협력하지 않은 경우 상대방은 주고받기 전략에 따라 비협력하는 것보다는 협력하는 것이 더 유리하기 때문이다. 균형 외 정보집합의 아래 부분으로 구성된 하부게임에서 주고 받기 전략은 내쉬균형이 되지 못하는 것이다.

자는 3회전에서 2회전과 동일한 상황에 직면하므로 역시 D를 선택하고 그 이후의 회전에서도 마찬가지로 계속 D를 선택할 것이다. 즉 이 경우 경기자는 항상 D를 선택한다. 후자의 경우에는 3회전에서 경기자는 1회전과 동일한 상황에 직면하므로 D를 선택하는 것이 최적대응이 된다. 따라서 이 경우에는 C와 D를 번갈아 가며 선택하는 것이 최적대응 전략이 된다.

그런데 항상 D를 선택하는 전략이 주고 받기 전략과 경기하는 경우 얻는 보수는 $T + \delta P + \delta^2 P + \cdots = T + \dfrac{\delta P}{1-\delta}$ 이다. 그리고 D와 C를 번갈아 가며 선택하는 전략이 주고 받기 전략과 경기하는 경우 얻는 보수는 $T + \delta S + \delta^2 T + \delta^3 S + \cdots = \dfrac{T + \delta S}{1 - \delta^2}$ 이다. 한편 주고 받기 전략이 주고 받기 전략과 경기하는 경우 얻는 보수는 $R + \delta R + \delta^2 R + \cdots = \dfrac{R}{1-\delta}$ 이다.

따라서 다음 식이 성립하면 최초에 D를 선택하는 것은 최적 대응 전략이 될 수 없고 주고 받기 전략에 대한 최적대응 전략을 찾을 때 이를 고려하지 않아도 된다.

$$\frac{R}{1-\delta} \geq T + \frac{\delta P}{1-\delta}, \ \frac{R}{1-\delta} \geq \frac{T + \delta S}{1 - \delta^2}$$
$$\rightarrow \delta \geq max\left\{ \frac{T-R}{T-P}, \ \frac{T-R}{R-S} \right\}$$

이 식은 게임이 계속될 확률이 일정한 크기 보다 크다는 것을 나타낸다. 그러므로 게임이 계속될 확률이 충분히 커서 위식을 만족시키면, 주고 받기 전략은 그 자신에 대해 최적대응 전략이 되고 따라서 내쉬균형 전략이 된다.

주고 받기 전략 만 내쉬균형인 것은 아니다. 예를 들어 항상 D를 선택하는 전략(ALL D)도 내쉬균형 전략이다.[7] 상대방이 항상 D를 선택한다면 항상 D를 선택하는 것이 최적대응이기 때문이다.

---

[7] ALL D 전략은 하부게임 완전균형이기도 하다.

주고 받기 전략과 진화적으로 안정적인 전략

주고 받기 전략은 진화적으로 안정적이지 않다. 예를 들어 항상 C 를 선택하는 전략, ALL C가 돌연변이를 통해 모집단에 침투하는 경우를 생각해 보자. 이 경우, $V(\text{TFT}|\text{TFT}) = V(\text{ALL C}|\text{TFT})$ 이고 $V(\text{TFT}|\text{ALL C}) = V(\text{ALL C}|\text{ALL C})$ 이다. 따라서 TFT는 진화적으로 안정적이지 않다. 비단 ALL C 전략뿐만 아니라 관대한 TFT(GTFT), 상대방이 연속으로 2번 D를 선택할 때에만 D를 선택하는 전략(TF2T) 등 처음에 협동하는 호혜적 전략들의 침투에 대해서도 TFT는 이를 물리칠 수 없다.

강하게 진화적으로 안정적인 전략

돌연변이가 동시 다발적으로 여러 개가 발생하는 경우에는 이들 중 일부가 TFT 전략의 모집단에 침투할 뿐만 아니라 확산될 가능성도 있다. 예를 들어, 처음에는 D를 선택하고 그 다음부터는 TFT와 동일하게 움직이는 전략을 생각해 보자. 이러한 전략을 의심 많은 TFT (Suspicious TFT: STFT)라 한다. 또한 TF2T를 상정하자. 이 두 전략이 돌연변이를 통해 지속적으로 모집단에 발생한다면 TF2T는 모집단에 침투하여 확산될 수 있다. 게임이 계속될 확률 δ이 충분히 클 때, TFT 와 TF2T는 서로 게임을 할 때 동일한 보수를 얻는다:

$V(\text{TF2T}|\text{TFT}) = V(\text{TFT}|\text{TFT})$ 이고

$V(\text{TF2T}|\text{TF2T}) = V(\text{TFT}|\text{TF2T})$

그렇지만 STFT와 같이 게임할 때에는 TFT 보다 TF2T가 더 높은 적합도를 갖는다.

$V(\text{TF2T}|\text{STFT}) > V(\text{TFT}|\text{STFT})$

그러므로 STFT와 TF2T가 동시에 침투할 때에 TF2T는 TFT가 지배적인 모집단에서 확산될 수 있다.

돌연변이가 동시 다발적으로 발생하는 경우를 감안하면 진화적으로 안정적인 전략을 다음과 같이 정의할 수 있다. 어떤 전략 S_e가 모집단의 거의 대부분을 차지하고 있고 $N-1$개의 나머지 전략들이 돌연변이를 통해 소규모로 존재하고 있다고 하자. 각 전략 i의 모집단에서의 구성비를 p_i라 하자. 전략 S_e가 진화적으로 안정적이려면 동시 다발적인 돌연변이에 대하여 임의의 전략 S_i보다 더 높은 적합도를 가져야 한다. 즉, 임의의 작은 확률 p_k, $k \neq e$과 임의의 S_i에 대해 다음이 성립하여야 한다.

$$V(S_e \mid \sum_{j=1}^{N} p_j S_j) > V(S_i \mid \sum_{j=1}^{N} p_j S_j)$$
$$\rightarrow \sum_{j=1}^{N} p_j V(S_e \mid S_j) > \sum_{j=1}^{N} p_j V(S_i \mid S_j)$$

이렇게 정의된 진화적으로 안정적인 전략의 개념은 앞서 정의되었던 개념보다 더 강한 개념이다. 이를 강하게 진화적으로 안정적인 전략(strongly evolutionarily stable strategy: SESS)이라 한다.

게임이 계속될 확률 δ이 충분히 클 때, 무한히 반복되는 용의자들의 딜레마 게임에서 강하게 진화적으로 안정적인 전략(SESS)은 존재하지 않는다. 이하에서는 이를 증명한다.

진화적으로 안정적인 전략이려면 우선 내쉬균형 전략이어야 한다. 따라서 임의의 내쉬균형 전략 S_e를 상정하자. 그리고 S_1은 S_e와 다른 전략이지만, S_e와 게임을 할 때, S_e가 그 자신과 게임을 할 때와 똑같은 행동을 선택하는 전략이라 하자. 그러면 $V(S_1 \mid S_e) = V(S_e \mid S_e) = V(S_e \mid S_1) = V(S_1 \mid S_1)$이 성립한다. S_1과 S_e가 서로 다른 전략이므로 어떤 전략 S_x에 대해, S_e와 S_1이 각각 S_x와 반복게임을 수행한다면 $t-1$기까지는 동일한 행동을 선택하다가 t기에 서로 다른 행동을 선택하는 그러

한 t가 존재한다. 만약 $V(S_1|S_x)>V(S_e|S_x)$가 성립하면 S_1과 S_x가 동시에 침투할 때 S_1는 S_e에 비해 우위에 있게 된다. 따라서 S_e는 강하게 진화적으로 안정적인 전략이 되지 못한다. 만약 $V(S_1|S_x)\leq V(S_e|S_x)$이면 다음과 같은 두 가지 경우가 존재한다. 하나는 t기에 S_e는 D를 선택하고 S_1은 C를 선택하는 경우이고 다른 하나는 t기에 S_e는 C를 선택하고 S_1은 D를 선택하는 경우이다.

먼저 첫 번째 경우를 살펴보자. 이 경우에 다음과 같은 전략 S_2를 상정하자: S_e나 S_1와 게임을 할 때, $t-1$기까지는 S_x와 같이 행동하고, t기에는 C를 선택하며, S_e의 D에 대해서는 그 이후에 계속 D를 선택하고, S_1의 C에 대해서는 계속 C를 선택하는 전략. 그러면 $V(S_1|S_2)-V(S_e|S_2)\geq\delta^{t-1}(R-T)+\delta^t(\dfrac{R-P}{1-\delta})>0$일 때, 즉 $\delta>\dfrac{T-R}{T-P}$일 때, S_e는 S_1, S_2에 의해 침투되어 전복된다.

이번에는 다음과 같은 전략 S_3를 상정하자: $t-1$기까지는 S_x와 똑같이 행동하다가, t기에는 D를 선택하고, S_e의 D에 대해 그 이후에는 영원히 계속해서 D를 선택하고, S_1의 C에 대해 영원히 C를 선택하는 전략. 그러면 $V(S_1|S_3)-V(S_e|S_3)\geq\delta^{t-1}(S-P)+\delta^t(\dfrac{R-P}{1-\delta})>0$일 때, 즉 $\delta>\dfrac{P-S}{R-S}$일 때, S_e는 S_1, S_3에 의해 침투되어 전복된다.

두 번째 경우에는 t기에 S_e는 C를 선택하고 S_1은 D를 선택한다. 이 경우에 다음과 같은 전략 S_4를 상정하자: S_e나 S_1와 게임을 할 때, $t-1$기까지는 S_x와 같이 행동하고, t기에는 C를 선택하며, S_e의 C에 대해서는 그 이후에 계속 D를 선택하고, S_1의 D에 대해서는 계속 C를 선택하는 전략. 그러면 $V(S_1|S_4)-V(S_e|S_4)\geq\delta^{t-1}(T-R)+\delta^t(\dfrac{R-P}{1-\delta})>0$일 때, 즉 모든 $\delta>0$에 대해 S_e는 S_1, S_4에 의해 침투되어 전복된다.

그러므로 $\delta>min\left\{\dfrac{T-R}{T-P},\ \dfrac{P-S}{R-S}\right\}$일 때 강하게 진화적으로 안정적인 (순수) 전략은 존재하지 않는다.

이러한 결과는 TFT와 같이 우호적이고 터프하면서도 관용적인 전략이 사회 내에 지배적인 전략이 될 수 없다는 것을 의미하지는 않는다. 현실적으로 돌연변이가 모든 가능한 전략들을 다 발생시키지는 않을 것이다. 따라서 TFT가 모집단에서 큰 비중을 계속 유지할 수 있는가의 여부는 돌연변이에 의해 발생되는 전략들의 구성이 어떠하냐에 달려있다. 예를 들어 TFT가 주류를 형성하고 있고 STFT, TF2T, 그리고 ALL D가 돌연변이에 의해 계속 발생되는 모집단을 상정해 보자. 만약 ALL D의 비중이 STFT에 비해 낮다면 TF2T가 그러한 사회에 침투하여 확산될 수 있다. 반면 ALL D의 비중이 STFT에 비해 높다면 TFT가 지배적인 전략의 지위를 유지하게 된다.

실수 가능성 도입시 진화적으로 안정적인 전략

상대방이 사용하는 전략이 S로 정해졌음을 당신이 안다고 하자. 당신은 이 전략에 대응한 최적전략을 찾아야 한다. 이를 위해 각 의사결정 마디에서 당신은 최적의 행동을 선택해야 한다. 각 의사결정마디에서 (i) 어떤 다른 행동보다도 더 높은 보수를 주는 최적 행동이 존재하고 (ii) 그것은 바로 전략 S에 의해 구사되는 행동과 일치한다고 하자. 이 경우 전략 S를 강한 완전균형(strong perfect equilibrium)이라 한다.

예를 들어 ALL D전략은 강한 완전균형 전략이다. 당신의 상대방이 ALL D 전략을 구사한다고 하자. 그러면 임의의 의사결정 마디에서 C를 선택하는 것 보다 D를 선택하는 것이 더 높은 보수를 준다. 이는 ALL D전략에 의해 구사되는 행동과 일치한다. 그러므로 ALL D 전략은 강한 완전균형 전략이다.

이제 각 의사결정 마디에서 실수로 균형행동 이외의 모든 행동들을 충분히 작은 양수 ε 보다 작은 확률로 선택한다고 상정하자. 이 경우 강한 완전균형 전략 S_0와 임의의 다른 전략 S' 에 대해 $V(S_0|S_0) > V(S'|S_0)$이 성립한다. 이는 실수 가능성으로 인해 게임 나무의 모든 의사결정 마디가 경기 중 도달될 가능성이 존재하기 때문이다. 전략 S'는 주어진 전략 S_0와 다르므로 게임나무의 어떤 마디에선가는 S_0와 다

른 행동을 선택한다. 그런데 S_0가 강한 완전균형이므로 그러한 마디에서 S' 의 행동선택은 S_0보다 낮은 보수를 가져다준다. 그러므로 실수가능성을 감안할 때 S_0는 그 자신에 대해 유일한 최적대응이 된다.

자신에 대해 유일한 최적대응이 되는 강한 완전균형 전략 S_0은 임의의 전략 조합이 돌연변이를 통해 침투할 때 돌연변이 확률이 충분히 작으면 이를 물리칠 수 있다. 즉 전략 S_0는 강하게 진화적으로 안정적인 전략(SESS)이다. 이는 다음과 같은 수식을 통해 쉽게 확인할 수 있다.

모집단에서 S_0전략이 p_0의 빈도로 대다수를 차지하고 있고 n개의 침투전략들 $S_1, \cdots, S_n$이 작은 빈도 $p_1, \cdots, p_n$로 존재한다고 상정하자. 이 경우 전략 S_0가 각각의 침투전략 S_i, $i = 1, \cdots, n$보다 더 높은 적합도를 가진다면 이들 침투전략들 $S_1, \cdots, S_n$을 물리칠 수 있다: 모든 $i = 1, \cdots, n$ 와 임의의 작은 돌연변이 확률 $p_1, \cdots, p_n$에 대해,

$$V(S_0 \mid \sum_{k=0}^{n} p_k S_k) - V(S_i \mid \sum_{k=0}^{n} p_k S_k) = p_0 [V(S_0 \mid S_0) - V(S_i \mid S_0)] + \sum_{k=1}^{n} p_k [V(S_0 \mid S_k) - V(S_i \mid S_k)] > 0.$$

그런데 실수가능성이 존재할 때, S_0가 자신에 대한 유일한 최적대응 전략이므로 이 식의 첫 번째 항은 양수이다. 두 번째 항의 부호는 일정하게 정할 수는 없지만 빈도 p_k, $k = 1, \cdots, n$을 충분히 작게 잡으면 무시할 수 있으므로 위의 부등식은 실제로 성립한다. 그러므로 전략 S_0는 강하게 진화적으로 안정적인 전략(SESS)이다.

강한 완전균형 전략으로 ALL D 이외에 다른 전략이 존재한다. 예를 들어 회개하는 TFT(contrite tit for tat: CTFT)라고 불리우는 전략은 강한 완전균형 전략이다(Boyd, 1989, p. 51). 회개하는 TFT 전략은 좋은 평판(good standing)의 개념에 기초한 전략이다. 경기자는 좋은 평판을 갖고 반복게임을 시작한다. 경기자가 CTFT가 협력할 것을 지시할 때 협력을 하는 한 좋은 평판은 유지된다. 좋은 평판을 갖고 있지 않은 경

기자는 한 번 협력함으로써 좋은 평판을 회복할 수 있다. CTFT는 i) 경기자가 좋은 평판을 갖고 있지 않거나, ii)그의 상대방이 좋은 평판을 갖고 있을 때 협력할 것을 지시한다. 그 밖의 경우에는 협력하지 말 것을 지시한다. 왜 이 전략이 회개하는 TFT라고 불리는지를 살펴보기 위하여 CTFT 전략을 구사하는 두 경기자 중 하나가 실수로 비협력을 선택한 경우 어떤 행동패턴이 나타나는지 살펴보자: 제 t 기에 두 경기자 모두 협력하려고 했는데 경기자 1이 실수로 비협력을 했다고 하자. 그러면 제 $t+1$ 기에 경기자 2는 좋은 평판을 갖고 경기자 1은 좋은 평판을 갖지 못한다. 따라서 경기자 1은 협력하고 경기자 2는 협력하지 않는다. 제 $t+2$ 기에 경기자 1은 좋은 평판을 회복하고 경기자 2는 여전히 좋은 평판을 갖는다. 이렇게 볼 때 경기자 1은 실수로 배신한 경우에 그 다음 기에 벌을 받고 나서(회개하고) 다시 좋은 평판을 회복한다.

남자와 여자 [8]

현대의 진화론에서의 주인공은 유전자이다. 유전자는 자기복제를 한다. 또한 이 과정에서 돌연변이를 발생시킨다. 이를 통해 자신의 후손들이 환경의 변화에 살아남을 수 있도록 하는 것이다. 예를 들어 남자와 여자의 행동상의 차이를 유전자의 이기심에 기초하여 진화론적으로 설명할 수 있다.

1. 여자는 결혼상대를 선택할 때 매우 신중하다. 반면 남자는 이러한 여자의 사랑을 얻기 위해 매우 적극적이다.

생물학적으로 볼 때 난자는 매우 희소하며 정자는 매우 많다. 여자의 입장에서 볼 때 희소한 난자의 가치를 극대화하려면 우수한 정자와 수정시키는 것이 바람직하다. 따라서 여자는 결혼상대를 선택할 때 상대 남성의 건강이나 능력을 유심히 살펴보게 된다. 왜냐하면 건강하고 능력있는 남성이 건강하고 능력 있는 자녀를 가질 가능성이 크기 때문이다.

반면 남자들은 기회가 오기만 한다면 가능한 한 자주 수정을 시키는 것이 유리하다. 그래서 생겨난 것이 구애과정이다. 구애는 남자가 자신의 능력을 과시하는 것이다. 남자는 자신이 그렇든 그렇지 않든 매우 능력이 있는 체하는 것이 유리하다. 반면 여자는 남자의 이러한 과대광고를 잘 적발할 수 있어야 한다. 그 결과 남자는 매우 탁월한 작업수완을 갖게 되었으며 여자는 이에 대응하여 튕기고 분별하는 능력을 발달시키게 되었다.

멜라네시아의 트로브리안드 섬에서는 소년 소녀가 사춘기에 접어들면 자기가 좋아하는 파트너와 성행위를 하는 것이 당연시 된다. 여기서 소년은 간단하고 직접적인 방식으로 데이트 신청을 하며 이때 데이트의 목적이 성적 만족에 있음을 공공연히 드러내 보인다. 소녀들은 이

---

8) 이하의 내용은 로버트 라이트의 "도덕적 동물" 중 2장 수컷과 암컷, 3장 남성과 여성에 실린 내용을 발췌 정리한 것이다.

러한 구애에 거절하는 경우가 많다. 또한 모든 연인관계에서 남자는 끊임없이 여자에게 작은 선물을 바친다. 원주민들은 이와 같은 일방적인 선물공세를 당연하게 생각한다.

동물의 세계에서도 이러한 현상은 쉽게 관찰된다. 수사슴의 뿔은 매우 위풍당당하여 거동하기에 불편할 정도이다. 공작새 수컷의 꼬리는 엄청 크고 화려하다. 짝짓기 철이 되면 도마뱀은 밝은 색 목주머니를 부풀려 올린다. 초파리 수컷이 암컷과 교미하기 위해서는 교미하는 동안 암컷이 식사할 수 있도록 먹이를 제공할 수 있어야 한다. 침팬지는 섹스의 대가로 고기를 제공한다.

2. 여자는 능력이 있으면서 동시에 헌신적인 남자를 선호한다. 반면 남자는 젊은 여자를 좋아한다.

여자의 입장에서 보면 결혼은 매우 위험부담이 크며 비용이 큰 사업이다. 임신기간이 10달이나 되고 수유기간도 길다. 수유기간이 끝난 다음에도 자녀를 양육해야 한다. 따라서 여자는 자신과 자녀를 계속 부양해 줄 수 있는 남자를 선호한다. 남자의 사회경제적 지위는 그래서 여자가 배우자를 선택할 때 중요한 요소가 되는 것이다. 이와 함께 성실성도 중요하다. 결혼한 다음에 자신을 버리고 떠나간다면 곤란한 것이다. 여자는 자신에게 변함없이 헌신할 것이라는 징표를 원한다. 남자보다 여자가 꽃과 같은 애정의 상징을 더 중히 여기는 것은 이러한 연유인 것으로 보인다.

남자는 아이를 낳을 수 있는 능력에 큰 관심을 갖는다. 즉 남자는 다른 어떤 것 보다 배우자감의 나이에 신경을 쓴다. 왜냐하면 여성의 번식력은 폐경기가 되어 급격히 감퇴하기까지 점차 감소하기 때문이다. 미인의 기준은 젊음과도 관계가 깊다. 일반적으로 미인은 커다란 눈과 작은 코를 가진 것으로 조사된 바 있다. 이는 여성의 눈이 나이가 듦에 따라 점차 작아보이는 반면 코는 점차 커져 보이기 때문이다. 결국 미의 구성요소에는 젊음의 상징이나 번식력의 징표가 내재되어 있음을 알 수 있다.

3. 남자를 미치게 만드는 것은 자신의 배우자가 다른 남자와 함께 침대에 누워 있다는 생각이다. 반면 여자를 고통스럽게 만드는 것은 자신의 배우자가 다른 여자를 사랑하고 있다는 사실이다.

데이비드 버스라는 생물학자는 남녀에게 전극을 연결하고 그들로 하여금 자신들의 배우자가 여러 가지 속상한 행위를 저지르고 있다고 상상하도록 했다. 남자들이 배우자의 육체적 부정행위를 상상하는 경우 그들의 심장박동수는 크게 상승하였으며 인상은 험악하게 일그러졌다. 반면 다른 남자에 대해 배우자가 애정을 갖기 시작하는 경우를 상상하도록 한 경우에는 상당히 안정된 모습을 보였다. 여성의 경우에는 상황이 역전된다. 남성 배우자가 다른 여성에 대해 애정을 갖는 경우가 다른 여성과 육체적 관계를 갖는 경우 보다 더 고통스럽게 느껴지는 것으로 나타났다.

여성의 입장에서 가장 두려운 것은 배우자로부터 버림을 받는 것이다. 이 경우 혼자 자녀부양을 책임져야 하는 데 자녀부양에 실패하여 자신의 유전자를 후세에 전파할 가능성이 크게 훼손될 수 있다. 반면 남성의 입장에서 가장 두려운 것은 배우자의 간통이다. 왜냐하면 이 경우 다른 남자의 자녀를 열심히 부양하는 것이 되어 자신의 유전자를 번식시키지 못하기 때문이다. 남자들은 여자를 창녀(단기적인 섹스상대)와 성녀(장기적인 배우자)로 구분하는 경향이 있다. 남자는 자신의 배우자가 정절을 지키는 여자이기를 바란다. 남자는 여자에게 섹스할 것을 채근하면서 자신의 혈기를 발산시킬 기회를 얻고자 하면서 동시에 상대 여성의 자기절제를 점검한다. 쉽게 허락하는 헤픈 여자라면 같이 잠자리를 하면 그만이다. 쉽게 허락하지 않는 정숙한 여자라면 배우자로서 그만큼 가치 있는 여자임을 확인할 수 있다. 여자가 구애초기에 남자와 자게 되면 그 남자와의 관계는 깨어지기 쉽다.

결론적으로 여자는 배우자를 얻는데 있어 매우 신중하며 남자는 매우 적극적이다. 여자는 배우자감으로 자녀의 부양을 책임질 수 있는 능력 있고 성실한 남자를 얻고 싶어 한다. 남자는 기회만 된다면 바람을 피우고 싶어 한다. 그러면서 배우자감으로는 젊고 유능하면서도 정절을 지키는 여자를 원한다.

일부일처제와 일부다처제

진화론에 따른 남녀의 특성을 기준으로 판단할 때 일부일처제 보다는 일부다처제가 보다 적합한 부부제도인 것으로 보인다. 일부다처제하에서 여자는 자녀의 부양을 보장받을 수 있으며 남자는 능력만 있다면 보다 많은 부인을 두어 후손을 더 많이 둘 수 있다.

역사적으로 볼 때도 일부다처제가 훨씬 일반적이었다. 특히 사회경제적으로 계층화가 심화된 사회에서 일부다처제가 심화된다. 예를 들어 우리나라 조선시대는 양반과 상놈의 구분이 명확한 계층사회였는데 보통 양반들은 첩을 여러 명 거느리는 것이 보통이었다. 우리가 존경하는 이순신 장군도 첩이 두 명이나 있었다. 일부다처는 가장 독재적인 정권하에서 정점을 이룬다. 솔로몬 왕은 첩이 일천 명이었다. 지금도 이슬람 국가들은 일부다처제를 인정하고 있다.

숫자로 볼 때 일부일처제를 채택하고 있는 나라들은 예외적인 경우라 볼 수 있다. 그렇다면 어떻게 이들 국가들은 일부일처제를 채택하게 되었을까? 여기에 대해 명확한 해답은 제시하기 어렵다. 다만 다음과 같은 추정은 해볼 수 있다.

일부다처제하에서는 사회적으로 높은 지위에 있거나 경제적으로 부유한 남자들이 많은 여자를 아내로 둔다. 그 결과 사회적 지위가 낮거나 가난한 남자들은 아내를 얻을 기회가 줄어든다. 반면 여성들에게는 일부다처제가 일부일처제 보다 유리하다. 여성들의 공급은 일정한데 수요는 커지기 때문이다. 여성들의 선택의 폭은 넓어진다. 가난한 남편을 독점하는 것보다 부유한 남편을 공유하는 것이 더 나을 수 있다.

아내와 자식을 가질 수 없게 된 남자들은 매우 폭력적이 되기 쉽다. 남성들은 오랜 기간 동안 희귀한 성적 자원, 즉 여성을 얻고자 서로 경쟁해 왔다. 이런 경쟁에서 지는 대가는 매우 크기 때문에 자연선택은 남자들로 하여금 특별히 사납게 경쟁하도록 부추겼다. 남자는 여자보다 폭력적인 경향이 있다. 따라서 일부다처제하에서 살인, 강도, 강간 등 범죄가 증가하고 사회적 불안이 커질 가능성이 매우 높다. 짝 없는 가난하고 난폭한 남성들이 득실거리는 일부다처제 사회는 우리들이 원하는 사회가 아니다.

이러한 문제를 해결하기 위해 일부다처제를 지양하고 일부일처제를 채택하겠다는 사회적인 합의가 이루어졌을 수 있다. 정치적인 민주화가 진전됨에 따라 더 이상 상류층 남성이 여성을 매점하는 것이 가능하지 않게 된 것이다. 일부일처제 하에서 유능한 남성은 매우 귀한 상품이 된다. 그래서 여성의 지참금 제도가 나타나게 된 것으로 보인다. 지참금은 유능한 남성을 차지하는 대가로 지불되는 것이다.

한편 일부일처제하에서 능력 있는 남자들은 종족번식의 충동을 발산할 배출구를 찾게 된다. 그들은 애인을 가질 수 있다. 보다 일반적으로는 이혼을 하고 새로운 배우자를 찾는다. 오늘날의 일부일처제는 더 이상 순수한 일부일처제가 아니다. 일종의 연쇄적인 일부일처제이다. 연쇄적인 일부일처제는 사실상 일부다처제와 같은 성격을 갖는다. 사회경제적으로 유력한 남성이 많은 여성을 차지하는 것이다. 미국 NBC TV의 심야 토크 쇼를 삼십년간 진행했던 조니 카슨은 그의 생애 내내 일련의 젊은 여성들의 번식기를 독점하면서 지냈다. 조니 카슨이 아니었더라면 세상 어딘가의 한 남자가 그 여자들 중 하나와 결혼할 수 있었을지도 모른다. 게다가 연쇄적인 일부일처제는 아이들에게 악영향을 끼친다. 일반적으로 양부모는 양자를 양육하는데 호의적이지 않은 것이다.

일부일처제가 성공적으로 유지되기 위해서는 상당히 높은 도덕수준이 필요하다. 예를 들어 일부일처제는 보수적 기독교 윤리가 널리 퍼져있던 빅토리아 여왕시대의 영국에서는 성공적으로 유지되었다.

| 참고문헌

로버트 라이트, 박영준 옮김, 도덕적 동물, 사이언스 클래식 1, (주)사이언스
북스, 2003.

Axelrod, Robert, *The Evolution of Cooperation*, New York: Basic Books,
1984.

Axelrod, Robert and William D. Hamilton, "The Evolution of Cooperation,"
Science, Vol. 211 (1981), pp. 1390－1396.

Boyd, Robert, "Mistakes Allow Evolutionary Stability in the Repeated
Prisoner's Dilemma Game," *Journal of Theoretical Biology*, Vol. 136
(1989), pp. 47－56.

Boyd, Robert and Jeffrey P. Lorberbaum, "No pure strategy is
evolutionarily stable in the repeated Prisoner's Dilemma game," *Nature*,
Vol. 327 (1987), pp. 58－59.

Friedman, Daniel, "Evolutionary Games in Economics," *Econometrica*,
Vol. 59, No 3 (1991), pp. 637－666.

Hofstadter, Douglas R., "Computer tournaments of the Prisoners Dilemm'a
suggest how coopeation evolves," in *Metamagical Themas,* Basic
Books, 1996.

Nowak, Martin A. and Robert M. May, "Evolutionary Games and Spatial
Chaosp," *Nature*, Vol. 259, No 6398 (1992), pp. 826－829.

Nowak, Martin A., Robert M. May and Karl Sigmund, "the Arithmetics of
Mutual Help," *Scientific American* (1995), pp. 76－81.

Nowak, Martin A., and Karl Sigmund, "A strategy of win－stay, lose－shift
that outperforms tit－for－tat in the Prisoner's Dilemma game," *Nature*,
vol. 364 (1993), pp. 56－58.

Nowak, Martin A., and Karl Sigmund, "Chaos and the evolution of
cooperation," *Proc. Natl. Acad. Sci. USA*, Vol. 90 (1993), pp. 5091－
5094.

Nowak, Martin A., and Karl Sigmund, "Evolution of indirect reciprocity by image scoring," *Nature*, Vol. 393 (1998), pp. 573−577.

Milinski, M, "On cooperation in sticklebacks," *Animal Behavior*, Vol. 40 (1990), pp. 1190−1191.

Smith, John Maynard, *Evolution and the Theory of Games*, Cambridge University Press, 1982.

Taylor, Peter D., and Leo B. Jonker, "Evolutionary Stable Strategies and Game Dynamics," *Mathematical Biosciences*, 40 (1978), pp. 145−156.

Zeeman, E. Christopher, "Population Dynamics from Game Theory," *Proceedings of the International Conference on the Global Theory of Dynamical Systems*, Northwestern University, Evanston, 1979.

"무리에게서 스스로 나뉘는 자는 자기 소욕을 따르는 자라. 온갖 참 지혜를 배척하느니라." (잠언 18장 1절)

10 신호보내기(Signaling)

　　남산 동물원에 가면 공작새를 볼 수 있다. 종종 우리는 공작새 수컷의 길고 화려한 꼬리깃털을 보고 감탄한다. 어떻게 공작새는 그렇게 화려한 꼬리깃털을 가지게 됐을까? 현대 생물학 이론에서는 공작새의 꼬리깃털은 진화과정에서 배우자를 구하기 위해 공작새들이 경쟁을 벌인 산물이라고 설명한다. 공작새 암컷은 보다 생존능력이 뛰어난 수컷을 배우자로 선택하고 싶어한다. 공작새 수컷들 중에는 생존능력이 뛰어난 놈도 있고 상대적으로 떨어지는 놈도 있다. 처음에 암컷은 어떤 놈이 생존능력이 뛰어난지 알지 못한다. 이 와중에 어떤 생존능력이 뛰어난 수컷이 길고 화려한 꼬리깃털을 발달시켰다. 그런데 길고 화려한 꼬리깃털은 공작새의 생존에 불리하다. 화려한 깃털은 천적의 눈에 금방 발각되기 쉽고 긴 깃털은 거동을 불편하게 만들어 먹잇감을 찾거나 천적을 피해가는 것이 어렵게 만든다. 화려하고 긴 깃털을 발전시킬 수

291

있으려면 공작새는 그만큼 생존능력이 뛰어나야만 가능하다. 생존능력이 떨어지는 수컷은 화려하고 긴 깃털을 발전시키지 못한다. 비용이 편익보다 크기 때문이다. 그러므로 공작새 암컷은 이제 화려하고 긴 깃털을 가진 수컷을 보면 이 놈이 생존능력이 뛰어난 줄을 알 수 있게 된다. 그리하여 생존능력이 뛰어난 수컷은 화려하고 긴 깃털을 가지게 되고 이놈들은 암컷을 구애하는 데 성공하여 점점 더 번성하게 된다. 결국 진화과정을 통해 모든 공작새들은 다 화려하고 긴 깃털을 가지게 된다.

이러한 현상은 경제분야에서도 나타난다. 노동시장의 예를 들어보자. 각 기업은 창의적이고 능력 있는 사람을 뽑기를 원한다. 그러나 누가 창의적이고 능력이 뛰어난지 알기는 어렵다. 그런데 구직자 중 어떤 창의성이 뛰어난 사람이 노랑머리로 염색을 하였다고 하자. 우연히 이 사람을 채용한 기업은 수지를 맞게 된다. 기업들은 공부만 잘하는 모범생보다는 노랑머리를 한 사람을 더 선호하게 된다. 이에 따라 그리 창의적이지 않은 사람들도 염색을 하게 된다. 결국에는 모든 사람들이 염색을 하게 되고 노랑머리로 염색하는 것은 더 이상 창의적인 사람이라는 신호로서 기능을 하지 못하게 된다. 이제 창의성이 뛰어난 사람은 자신을 차별화하는 다른 전략을 구사할 것이다. 코걸이를 한다든지 문신을 한다든지 머리를 빡빡깎는다든지 할 것이다. 이러한 현상을 경제학적으로는 신호보내기(signaling)라고 한다.

일반적으로 거래에 있어 한편은 어떤 정보를 가지고 있고 다른 쪽은 정보를 가지고 있지 못한 경우가 많이 있다. 위의 예에서는 구직자의 창의성에 대한 정보가 이러한 정보에 해당한다. 이 경우 정보를 가지고 있는 쪽이 이를 가지고 있지 못한 쪽에 정보를 전달하기 위해 수행하는 행동을 신호(signal)라 하고 신호를 보내는 것을 신호보내기라고 한다.

염색을 통한 신호보내기에는 그리 큰 비용이 들지 않는다. 그리하여 시간이 지남에 따라 창의적이지 않은 사람들도 창의적인 사람을 모방하게 된다. 결국 염색은 신호의 기능을 상실한다. 신호의 비용이 크면 창의적이지 않은 사람들이 창의적인 사람을 모방할 수 없게 된다. 이러한 신호의 예로는 대학 졸업장을 들 수 있다. 다음의 예를 생각해 보자.

10.1 신호의 역할을 하는 학벌(學閥)

평균적으로 볼 때 매년 노동시장에 새로이 참여하는 신규 구직자 중 20%는 똑똑한 사람으로 한계생산물이 2이고 나머지 80%는 평범한 사람으로 한계생산물이 1이라고 하자. 그리고 노동시장이 경쟁적이어서 임금은 한계생산물에 의해 결정된다고 하자. 각 구직자는 자신이 똑똑한지 아닌지를 알지만 구직자를 고용하는 기업은 고용하려고 하는 구직자가 똑똑한지 잘 구분하지 못한다고 하자. 이 경우 구직자의 기대 한계생산물은 $0.2 \times 2 + 0.8 \times 1 = 1.2$이므로 시장의 균형임금은 1.2로 결정된다.

이러한 상황에서 똑똑한 구직자는 자신의 한계생산성보다 낮은 임금을 받는 것에 불만을 가지게 된다. 그리하여 기업에게 자신이 똑똑함을 보여주고 싶어한다. 똑똑한 구직자들의 이러한 욕구에 부응하여 한 사람이 S대학교를 설립하였다고 하자. S대에 입학하려면 시험공부를 열심히 해야 한다. 또한 입학해서 4년 동안 등록금을 내고 교육을 받아야 한다. S대를 입학하여 졸업하기까지의 비용에는 시험공부에 들어가는 비용, 등록금, 교육을 받는 4년의 기간, 교육받는데 따르는 정신적 부담 등이 포함된다. 이 비용이 평범한 사람에게는 1.8이고 똑똑한 사람에게는 0.9라고 하자. 왜냐하면 평범한 사람은 졸업장을 따기 위해 똑똑한 사람보다 더 많이 노력해야 하기 때문이다.

이제 똑똑한 구직자들은 S대를 입학하여 졸업장을 딸 것인지를 고

도표 10-1	구직자들의 유형별 특성		
	한계생산물	인구구성비	교육비용
평범한 그룹	1	0.8	1.8
똑똑한 그룹	2	0.2	0.9

려한다. 만약 S대를 졸업하면 똑똑한 구직자라고 인정을 받는다 하더라도 임금은 현재의 1.2에서 2로 0.8만큼 증가할 것이다. S대 졸업장을 따는 비용은 0.9이다. 졸업장을 딸 때 얻는 편익보다 비용이 더 크므로 똑똑한 구직자는 졸업장을 따려고 하지 않을 것이다. 평범한 구직자도 졸업장을 딸 유인이 없다. 따라서 기업들은 똑똑한 구직자와 평범한 구직자를 구분할 수 없고, 똑똑한 구직자나 평범한 구직자나 모두 기대한계생산물인 1.2의 임금을 받게 된다.

이제 S대학교는 학생이 없어 학교가 문을 닫을 지경이 된다. 이에 학생들을 유치하기 위해 S대학은 등록금을 대폭 인하하였다. 그 결과 교육비용이 감소하여 평범한 구직자의 대학 교육비용이 1.5로 똑똑한 구직자의 교육비용은 0.6이 되었다고 하자. 이 경우 S대학을 졸업하면 똑똑하다는 것을 인정받는다면 똑똑한 구직자의 경우 교육비용은 0.6이지만 교육에 따른 임금상승은 0.8이 된다. 그러므로 똑똑한 구직자는 대학교에 들어갈 유인이 있다. 반면 평범한 구직자는 교육비용이 1.5이지만 교육에 따른 임금상승은 기껏해야 0.8이다. 그러므로 평범한 구직자는 S대학을 졸업하면 2의 임금을 받을 수 있다고 하더라도 교육을 받으려 하지 않을 것이다. 따라서 S대학의 졸업여부는 구직자의 똑똑성 여부를 판별하게 해주는 신호(signal)의 역할을 한다. 기업들의 입장에서는 S대학을 졸업한 사람은 똑똑한 사람이고 S대학을 졸업하지 않은 사람은 평범한 사람일 것이라고 예상하게 된다. 그러므로 S대학 졸업자의 균형 임금은 2이고 S대를 졸업하지 않은 사람의 임금은 1이 된다.[1] 그리고 실제로 S대 졸업자는 똑똑하고 S대를 졸업하지 않은 사람은 평범하다. 기업의 예상은 실제와 일치하는 것이다.[2]

일단 기업들이 S대 졸업생이 똑똑하다는 기대를 형성하게 되면 S대는 등록금을 인상할 유인이 생긴다. 예를 들어 S대의 등록금을 종전대로 회복하여 교육비용이 평범한 구직자에게는 1.8이 되고 똑똑한 구직자에게는 0.9가 된다고 하자. 이 경우 똑똑한 구직자는 S대학을 졸업하지 않으면 1의 임금 밖에 못얻고 S대학을 졸업하면 2의 임금을 얻어 S대학 졸업시 1의 보수를 더 받는다. 반면 S대학을 졸업하는데 드는 비용은 0.9이다. 그러므로 똑똑한 구직자는 S대학을 졸업하려고 한다. 반면 평범한 구직자는 S대학을 졸업시 1의 보수를 더 받지만 졸업하는데 드는 비용이 1.8이므로 S대에 들어가지 않는다. 그러므로 S대는 등록금을 종전 수준으로 인상하여도 입학생수는 여전히 유지할 수 있게 된다. 그리고 S대 졸업장은 여전히 구직자의 생산성을 표시하는 신호로서의 역할을 수행한다. 그 결과 똑똑한 구직자는 2의 임금을 받고 평범한 구직자는 1의 임금을 받는다. 교육비를 감안하면 똑똑한 구직자의 총보수는 2−0.9=1.1이고 평범한 구직자의 총보수는 1−0=1이다. 대학 졸업장이라는 신호가 있기 전과 비교하면 똑똑한 구직자의 보수는 0.1 줄어들었고 평범한 구직자의 보수는 0.2 줄어들었다. 신호보내기로 이득을 얻은 것은 S대이다. S대는 총 구직자의 20%를 입학생으로 받아들여 등록금 수입을 올린다.[3]

---

1) 이렇게 임금구조가 바뀐 상황에서도 똑똑한 사람은 계속 S대에 들어갈 유인이 있다. S대를 졸업하면 2의 임금을 받고 대신 교육비로 0.6을 지불한다. 따라서 1.4의 보수를 얻는다. 반면 S대를 졸업하지 않으면 1의 임금만 받는다. 그러므로 똑똑한 사람은 S대를 졸업하는 것이 유리하다. 평범한 사람은 S대를 졸업할 유인이 없다. S대를 졸업하면 2의 임금을 받지만 교육비로 1.5를 지출하여 0.5의 보수밖에 못 얻는다. 반면 S대를 졸업하지 않으면 1의 임금을 받는다.

2) S대 졸업여부가 신호의 역할을 함으로써 똑똑한 사람은 1.4의 보수를 얻고 평범한 사람은 1의 보수를 얻게 된다. S대가 없는 경우에는 두 유형의 사람 모두 1.2를 얻었다. 이렇게 볼 때 S대의 존재로 인해 똑똑한 사람은 0.2의 이득을 보는 반면 평범한 사람은 0.2의 손해를 본다.

이상에서 살펴보았듯이 학벌을 통한 신호보내기 상황에서 처음에 나타나는 결과와 나중에 나타나는 결과는 매우 다르다. 처음에 S대학이 설립된 직후에는 똑똑한 사람이나 평범한 사람이나 모두 대학 졸업장이라는 신호를 보내지 않는다. 반면에 나중에는 똑똑한 사람은 신호를 보내고 평범한 사람은 신호를 보내지 않게 된다. 왜 이런 차이가 발생하는 것일까? 그것은 기업의 기대(expectation)가 바뀌었기 때문이다. 즉 처음에 S대가 설립된 직후에 기업은 S대를 졸업하지 않은 구직자의 한계생산성이 1.2일 것이라고 예상한다. 그러나 나중에 등록금이 인하되었다가 원래 수준으로 회복된 경우에는 S대 졸업자의 생산성은 2이고 비졸업자는 1이라고 예상하게 되는 것이다.

10.2   신호보내기 균형

노동시장에서 고용주는 어떤 사람을 고용할 때 그의 생산성을 확실히 알지 못한다. 고용 후에 즉시 알 수 있는 것도 아니다. 대개 일을 하려면 실습이 필요하며 특정한 직업훈련이 필요할 수도 있다. 그리고 고용 계약기간이 있어 일정기간 동안 계속 고용해야 한다. 이렇게 볼 때 고용주의 고용결정은 자본재에 대한 투자결정과 비슷한 점이 많다. 자본재에 투자할 때에도 그로부터의 수익이 얼마가 될지 불확실하다. 또한 일단 투자를 하면 장기간 그 내구자본재를 사용해야 한다. 고용주의 고용결정은 복권을 구입하는 것과도 비슷하다. 고용된 사람의 생산

---

3) 심지어 S대는 입학생 수를 줄이지 않으면서 등록금을 종전보다 더 인상할 수도 있다. 예컨대 등록금 인상으로 똑똑한 사람의 교육비용이 0.9에서 0.99로 증가한다고 하자. 이 경우 똑똑한 사람은 계속 S대에 입학할 것이다. 교육의 비용 0.99보다 교육에 따른 임금인상이 1로 더 크기 때문이다. 이때 똑똑한 사람의 보수는 교육비용을 공제하면 1.01로 신호가 존재하기 전보다 0.19 줄어 든다. 극단적으로는 S대의 등록금 인상으로 똑똑한 사람의 교육비용이 1에 가까워지는 경우에는 똑똑한 사람의 보수는 1에 수렴할 것이다.

성이 불확실하기 때문이다.

고용주는 구직 희망자의 여러 가지 특성을 고려하여 그의 생산성을 예측할 것이다. 여기서 구직 희망자의 특성에는 성별(性別)이나 나이, 교육수준 등 여러 가지가 있을 수 있다. 논의의 단순화를 위해 우리는 고용주가 교육수준만 고려하는 것으로 상정한다. 고용주의 예상은 어떤 주관적 확률분포의 형태를 띤다고 볼 수 있다. 이에 기초하여 고용주는 기대 생산성을 산정하고 이에 상응하는 임금을 지불할 것이다.

구직자를 고용한 뒤 얼마 후 고용주는 그 사람의 생산성을 알게 될 것이다. 이 사람의 고용을 통해 고용주는 구직 희망자의 특징(교육수준)과 생산성 간의 관계에 대하여 추가적인 정보를 얻게 된다. 이 추가적인 정보를 감안하여 고용주는 구직 희망자의 특징(교육수준)과 생산성간의 관계에 관하여 새로운 예상을 형성할 것이다.

한편 잠재적인 구직 희망자는 그의 교육수준에 따라 달라지는 임금 스케줄에 직면하게 된다. 그는 교육에 들어가는 비용과 교육을 받음으로써 얻게 되는 임금상의 이득을 비교하여 얼마만큼 교육을 받을 것인지를 결정할 것이다. 교육의 비용에는 금전적인 비용뿐만 아니라 심리적인 비용과 시간 비용 등 관련된 모든 비용이 포함된다.

교육이 생산성의 신호로서 기능하려면 교육의 비용이 구직자의 생산성과 역의 관계를 가져야 한다. 왜냐하면 만약 그렇지 않다면 모든 사람들이 똑같이 교육을 받을 것이고 따라서 교육수준을 가지고 사람들의 생산성을 구분할 수 없기 때문이다. 앞의 예에서도 우리는 교육의 비용이 구직자의 생산성과 역의 관계를 가짐을 가정하였다.

시간이 흐름에 따라 고용주의 고용과 구직자의 신호보내기 간에는 피드백 관계가 형성된다: 고용을 통해 고용주는 교육수준과 생산성간의 관계에 관하여 새로운 정보를 얻게 된다. 이를 기초로 고용주는 새로운 예상을 형성한다. 이 예상에 기초하여 새로운 구직자들에게 임금 스케줄을 제시한다. 이 임금 스케줄을 보고 잠재적 구직자들은 교육을

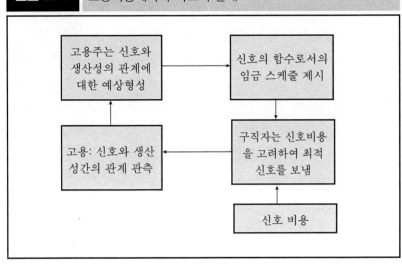

얼마만큼 받을 것인지를 결정한다. 즉 어떤 신호를 보낼 것인지를 결정한다. 이 신호를 보고 고용주는 임금 스케줄에 따른 임금을 주고 구직희망자를 고용한다. 이렇게 하여 새로운 사이클이 시작된다. 이를 도표로 나타내면 도표 10-2와 같다.

　매년 새로운 구직 희망자들이 시장에 나옴에 따라 위의 피드백 관계가 계속 반복될 것이다. 즉 고용주는 교육수준과 생산성간의 관계에 관하여 새로운 예상을 형성하고, 이에 따라 임금 스케줄이 조정되며, 구직자의 신호보내기가 조정된다. 그리고 고용이 이루어진 뒤 교육수준과 생산성간의 관계에 관하여 새로운 데이터가 고용주에게 입력되게 된다. 각각의 피드백 사이클은 그 다음의 사이클을 발생시킨다.

　이러한 피드백 관계가 시간이 흐름에 따라 어떻게 변화하는지 일일이 추적하는 것은 매우 복잡한 작업이다. 또한 일시적으로 나타났다가 사라지는 사이클은 큰 의미가 없다. 우리는 이 피드백 사이클 중 계속 동일한 사이클이 반복되어 나타나는 경우에 초점을 맞추기로 한다.

이렇게 동일한 사이클이 계속 반복되어 나타나는 상황을 신호보내기 균형(signaling equilibrium)이라 한다. 왜냐하면 일단 이 상황에 도달하면 특별한 충격이 없는 한 이 상황이 계속 유지되는 성질을 가졌기 때문이다.

앞의 예에서 우리는 두 가지 상황을 관찰하였다. 그 하나는 똑똑한 구직자나 평범한 구직자 모두 신호를 보내지 않는 상황이다. 이 경우 기업들은 누가 똑똑한지를 구별하지 못하고 시장균형 임금은 기대 한계생산물 1.2와 같게 된다. 다른 하나는 똑똑한 구직자는 신호를 보내고 평범한 구직자는 신호를 보내지 않는 상황이다. 이 경우 기업들은 신호를 받으면 그 구직자가 똑똑한 것을 알게 되고 그렇지 않으면 평범하다는 것을 알게 된다. 이러한 두 가지 상황 모두 신호보내기 균형(signaling equilibrium)이다. 전자를 혼성(混成) 균형(pooling equilibrium), 후자를 분리(分離) 균형(separating equilibrium)이라 한다. 신호보내기 균형이 가지는 특징 중의 하나는 고용주가 구직자의 교육수준과 생산성 간의 관계에 관하여 갖고 있는 예상이 실제 교육수준과 생산성 간의 관계와 합치한다는 것이다. 이러한 성질을 갖는 고용주의 예상을 자기확인적 예상(self-confirming expectation)이라 한다.

위의 예에서 똑똑한 구직자와 평범한 구직자가 분리되는 분리균형을 생각해 보자. 이 경우 똑똑한 구직자는 S대를 졸업하고 평범한 구직자는 S대를 졸업하지 않는다. 기업은 이를 관측하고 S대 졸업자는 똑똑하고 그렇지 않은 사람은 평범하다고 예상한다. 기업은 이 예상을 기초로 S대 졸업생에게는 2의 임금을 비졸업생에게는 1의 임금을 지불한다. 이 임금 스케줄하에서 똑똑한 구직자는 S대를 졸업한 후 취업하려고 하고 평범한 구직자는 S대를 졸업하지 않고 바로 취직하고자 한다. 그러므로 S대 졸업생의 생산성에 대한 기업의 예상은 실제와 일치하게 된다. 즉 S대 졸업자들은 똑똑하다고 예상하는데 실제로 균형에서 S대 졸업자들은 똑똑하다. 비졸업자들은 평범하다고 예상하는데 실제로 비

분리균형에서 구직자의 신호보내기와 고용주(기업)의
예상 및 행동

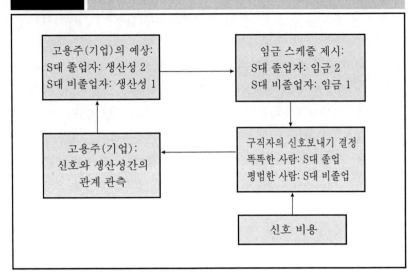

졸업자들은 평범하다(도표 10-3 참조).

　다음으로 똑똑한 사람이나 평범한 사람이나 모두 S대를 졸업하지
않는 혼성균형을 생각해 보자. 이 경우, 기업들은 이를 관측하고 S대를
졸업하지 않은 사람은 20%의 확률로 똑똑하고 80%의 확률로 평범하
다고 예상한다. 그리고 기업들은 S대를 졸업한 사람이 있다면 그가 똑
똑하다고 예상한다고 하자. 이 기대를 바탕으로 기업들은 최적의 임금
스케줄로서 S대 졸업자에게는 2의 임금을 비졸업자에게는 1.2의 임금
을 제시한다. 이 임금 스케줄하에서 똑똑한 구직자나 평범한 구직자 모
두 S대를 졸업하지 않고 바로 취직하고자 한다. 여기서 기업의 구직자
들의 똑똑성에 대한 기대가 구직자들의 실제 특성과 합치하는지 살펴
보자. 기업들은 비졸업자들은 80%의 확률로 평범하다고 예상하는데
실제로 균형에서 비졸업자들 중 80%는 평범하다. 한편 기업은 S대 졸
업자들은 똑똑하다고 예상하는데 균형에서 S대를 졸업한 구직자는 존

재하지 않는다. 따라서 기업들은 자신들의 기대가 실제와 부합하는지 알 수는 없다. 그렇지만 적어도 기업들의 기대는 실제 구직자들의 특성과 모순되지는 않는다. 따라서 기업의 기대는 자기확인적이라 할 수 있다. 그러므로 구직자들과 기업의 선택 그리고 기대는 균형을 이룬다(도표 10-4 참조).

앞의 혼성균형에서 기업이 S대 졸업자들이 평범한 사람이라고 예상한다면 어떻게 될까? 이 경우 기업이 구직자들에게 제시하는 임금 스케줄은 S대 졸업자 1, 비졸업자 1.2가 된다. 이러한 임금 스케줄하에서 모든 구직자들은 S대에 진학을 하지 않고 곧 바로 취업하려 할 것이다. 기업은 S대를 졸업하지 않은 사람은 20%의 확률로 똑똑하고 80%의 확률로 평범하다고 예상한다. 그리고 S대를 졸업한 사람은 평범하다고 예상한다. 이 기대를 바탕으로 최적의 임금 스케줄로서 S대 졸업자에게는 1의 임금을 비졸업자에게는 1.2의 임금을 제시한다. 여기서

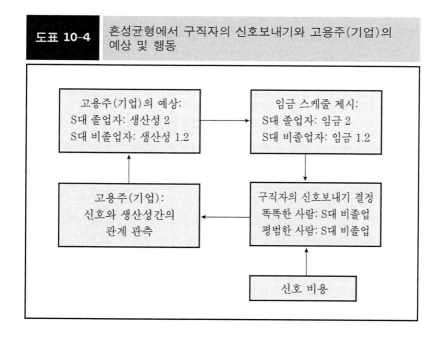

도표 10-4 혼성균형에서 구직자의 신호보내기와 고용주(기업)의 예상 및 행동

기업의 구직자들의 생산성에 대한 기대가 구직자들의 실제 특성과 합치하는가? S대 비졸업생들에 대하여는 기업의 기대는 구직자들의 실제 특성과 합치한다. 한편 기업들은 S대 졸업자들은 평범하다고 예상하는데 균형에서 S대를 졸업한 구직자는 존재하지 않는다. 따라서 기업들은 S대 졸업생에 대하여 자신들의 기대가 실제와 부합하는지 알 수는 없다. 그렇지만 적어도 기업들의 기대는 실제 구직자들의 특성과 모순되지는 않는다. 따라서 기업의 기대는 자기확인적이라 할 수 있다. 그러므로 이러한 구직자들과 기업의 선택, 그리고 기대도 신호보내기 균형이 된다.

10.3 신호보내기 게임

위의 신호보내기 균형의 개념은 게임이론에서의 균형 개념을 이용하여 정식화할 수 있다. 경제 내에 많은 수의 구직자와 기업이 존재한다. 구직자에는 똑똑한 사람과 평범한 사람의 두 가지 유형이 있다. 전체 인구 중 약 20%는 똑똑한 사람이다. 구직자 자신은 자기가 똑똑한지의 여부를 알지만 기업들은 구직자가 똑똑한지의 여부를 잘 분간하지 못한다. 기업은 다만 구직자 중 약 80%는 평범하고 20%는 똑똑하다는 것만 안다. 이 상황은 똑똑성에 관하여 사적 정보(私的 情報)가 존재하는 상황이다.

이러한 상황은 제 3 의 경기자로서 어떤 '보이지 않는 손'이 도입되어 구직자를 전체 인구 중에서 무작위로 선택하여 기업과 연결시켜주는 상황과 같다. 이 상황은 도표 10-5와 같은 게임 나무로 표현할 수 있다.

먼저 보이지 않는 손이 구직자들의 모집단에서 무작위로 한명을 뽑는다. 뽑힌 구직자는 자신의 똑똑성에 대한 신호로서 교육 수준을 선

노동시장에서 학벌을 통해 신호를 보내는 신호보내기
게임

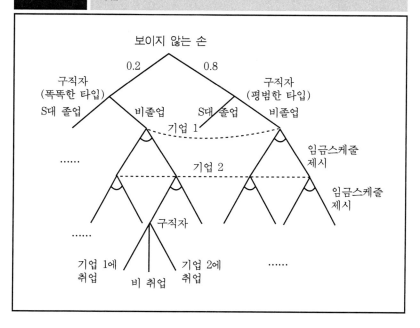

택한다. 기업들은 이 구직자의 S대 졸업 여부를 보고 구직자의 똑똑성
에 대해 예상을 형성한다(여기서는 편의상 두 기업만 존재하는 것으로 가
정하고 게임 나무를 그렸다). 그리고 나서 임금을 제시한다. 구직자는 여
러 기업들이 제시한 임금 수준을 보고 높은 임금을 주는 기업을 선택한
다. 이 게임에서 구직자는 자신의 타입에 대해 잘 알고 있지만 기업은
구직자의 타입에 대해 잘 알지 못한다. 보이지 않는 손이 어떤 유형의
구직자를 선택했는지 기업이 잘 모르는 것이다.

앞에서 살펴본 신호보내기 균형은 이러한 신호보내기 게임의 균형
에 해당한다. 신호 보내기 균형 개념과 일치하는 게임의 균형 개념은
내쉬균형이나 하부게임 완전균형보다 더 정밀한 균형개념인 완전 베이
지안 균형이다. 이에 대해서는 13장에서 살펴보도록 한다.

제임스 스턱데일 소장의 경험

다음은 미 해군군사대학(Naval War College)의 교수 겸 학장이던 제임스 스턱데일 (James Stockdale) 소장의 경험담이다. 그는 매우 유능한 조종사로서 월남전에 참전하였는데, 불행히도 그의 비행기가 월맹 상공에서 피격되어 포로생활을 하게 되었다. 다음은 타임지의 교육난 (February 19, 1979, p. 56)에 그에 관해 실린 기사의 일부로서 「갈등의 전략」(최동철 옮김)의 역자서문에 소개된 것이다.

"7개월 후부터 그의 인내는 서서히 무너지기 시작했다. 스턱데일은 만일 신문이 계속되는 경우, 모든 비밀을 불게 될지도 모른다는 것을 느끼게 되었다. 마침내 그는 그가 스탠포드(Stanford) 대학에 다닐 때 읽었던 토마스 쉘링 (Thomas C. Schelling)의 갈등의 전략(The Strategy of Conflict, 1960)에서 배운 한 교훈을 써먹기로 작정했다. 그는 깨진 유리 조각으로 손목을 찔러서 피바다를 만들었다. 간수들은 놀랐고 신문은 그쳤다. "끝없는 질문을 억지하고 중지시킬 수 있는 유일한 방법은 죽음에 대한 언질주기를 그들에게 보여주는 것이라고 느꼈었다. 내가 죽으려고 생각한 것은 아니었다. 그러나 나는 죽을 각오가 되어 있음을 그들로 하여금 믿게 만들려고 한 것이다." 스턱데일은 당시를 회상하면서 말한다. 바로 그 행위가 그에게 명예 훈장을 안겨 주었다."

비대칭 정보(asymmetric information)의 경제학

오늘날과 같은 자본주의 사회에서는 수많은 거래가 이루어진다. 이러한 거래는 모든 사람들의 삶을 윤택하게 한다. 사는 사람은 자기가 거래를 통해 얻는 가치보다 적은 가격을 지불한다. 반면 파는 사람은 자기가 파는 물건의 조달비보다 높은 가격을 받는다. 경제학적인 용어를 빌리자면 전자는 소비자 잉여이고 후자는 생산자 잉여이다. 예를 들어 짜장면 한그릇을 사먹으려면 3천원만 있으면 된다. 내가 직접 만들어 먹으려면 재료비만도 수천원 들 것이고 만드는데 들어가는 수고비를 생각하면 엄청 싼 것이다. 한편 짜장면을 파는 사람 입장에서는 짜장면을 대량으로 만들기 때문에 평균 단가가 매우 저렴해진다. 한 그릇에 3천원이면 그럭저럭 남는 장사이다. 이러한 잉여의 발생이 거래를 활성화시키는 원동력이며 이 과정에서 경제는 발전하고 사람들의 삶은 윤택해진다. 이를 경제학적인 용어로 표현하면 시장은 효율적으로 자원을 배분한다는 것이다.

신고전파 주류경제학에서는 아담 스미스의 전통을 이어받아 "완전경쟁시장이 효율적인 자원배분을 이룩한다"는 명제를 1950년대와 1960년대에 확립하였다. 애로우(Arrow), 드브루(Debreu), 메켄지(Mckenzie) 등이 구축한 일반균형이론은 그 대표적인 예이다. 이 이론의 정책적 함의는 시장이 자유경쟁상태에 있으면 상거래가 활발하게 이루어져 소비자와 생산자 모두 최대의 이득을 얻는다는 것이다. 즉, 시장이 자원배분을 효율적으로 이룩한다는 시장경제체제 옹호론에 귀착된다고 볼 수 있다. 그런데 이러한 시장기구가 실패하는 경우가 있다. 외부성이 존재하는 경우가 그 대표적인 경우이다. 이 문제에 대해 코즈(Coase)는 재산권이 잘 확립되어 있으면 당사자들간의 자발적인 협상을 통해 효율적인 자원배분이 이루어질 수 있다고 주장하였다. 이를 통해 시장경제체제의 효율성이 다시 한번 환기되었다.

그런데 2001년 노벨 경제학상을 수상한 경제학자 중의 한 사람인 아커로프(Akerlof) 교수는 정보가 사람들 간에 비대칭적으로 불균등하게 분포되어 있으면 시장기구가 작동하지 못할 수 있음을 보였다. 이는 신고전파 경제학의 시장의 효율성 명제에 대한 큰 도전이라고 해석될 수 있다. 예를 들어 금융 시장을 생각해 보자. 확실하게 돈을 벌 수 있는 투자기회를 갖고 있는 사업가가 있다. 그는 은행으로부터 돈을 빌리려고 한다. 그러나 은행은 그 사업가가 투자하려는 사업의 수익성과 안전성에 대해 잘 모른다. 잘못 빌려주면 돈을 떼일 위험이 있다고 생각한 은행은 이 사업가에게 돈을 빌려주지 않는다. 결국 확실하게 돈을 벌 수 있는 투자기회를 갖고 있는 사업가는 돈을 빌리지 못해 투자를 하지 못한다. 사회적으로 바람직한 시장거래가 정보의 불균등(비대칭성)으로 인해 이루어지지 못하는 것이다. 시장에서의 거래는 거래 상대방에 대한 믿음에 기초한다. 거래 상대방을 믿지 못한다면 거래는 이루어지지 못한다. 그러므로 시장이 사라지는 것이다.

이러한 정보의 불균등으로 인한 시장실패의 문제를 해결하기 위해 여러 가지 방안이 강구된다. 그 중 하나가 신호보내기(signaling)이다. 신호보내기는 거래관계에 있는 두 당사자 중 정보를 가지고 있는 사람이 정보를 갖고 있지 않은 사람에게 정보를 전달함으로써 정보의 비대칭(불균등) 문제를 해결하려는 것이다. 예컨대 앞의 예에서 사업가는 유명 컨설팅 회사에 의뢰하여 사업의 경제성에 대한 평가를 받은 후 이를 은행측에 전달할 수 있다. 노동시장의 예를 들 수도 있다. 각 기업은 창의적이고 능력있는 사람을 뽑기를 원한다. 그러나 누가 창의적이고 능력이 뛰어난지 알기는 어렵다. 그런데 어떤 창의성이 뛰어난 구직자가 노랑머리로 염색을 하였다. 우연히 이 사람을 채용한 기업은 수지를 맞게 된다. 머리염색에는 비용이 들어간다. 돈과 시간이 들어가고 건강에 좋지않은 영향을 미칠 수도 있다. 창의적이지 못하고 능력이 없는 사람은 이런 비용을 감당하지 못한다. 그러므로 노랑머리가 창의성 있고 능력있는 사람이라는 신호의 역할을 하게 된다. 그리하여 기업들은 공부만 잘하는 모범생보다는 노랑머리를 한 사람을 더 선호하게 된다.

또 하나의 해결방안은 정보를 갖지 못한 편이 정보를 얻기 위해 여러 가지 노력을 하는 것이다. 이를 선별하기(screening)라 한다. 예를 들어 보험시장에서 보험회사는 여러 가지 다양한 보험상품을 공급함으로써 보험고객을 선별한다. 건강보험회사가 한 가지 보험상품 만 제시하는 경우에는 건강한 사람이나 병약한 사람이 모두 이 보험상품을 구매하려고 할 것이다. 이에 따라 평균 보험금 지출액이 높아져 보험료를 높이게 된다. 보험료가 높아지면 건강한 사람들은 보험에 가입하지 않게 된다. 건강한 사람들을 위한 보험시장이 사라지는 것이다. 이제 보험회사가 보험혜택은 상대적으로 작지만 보험료가 낮은 보험상품과 보험혜택은 크고 보험료가 매우 높은 보험상품을 소비자에게 판매한다고 하자. 이 경우 건강한 사람들은 보험혜택이 작더라도 보험료가 낮은 상품을 선택할 것이다. 병약한 사람들은 보험료가 높더라도 보험혜택이 많은 상품을 선택할 것이다. 이렇게 하여 건강한 사람들을 위한 보험시장이 부분적으로 복구된다. 금융시장에서 은행은 금리와 대출금액, 담보 등과 관련하여 다양한 대출계약을 제시하고 이중 하나를 고객이 선택하도록 할 수 있을 것이다. 이를 통해 이 투자사업의 수익성과 안전성에 대한 정보를 캐낼 수 있다.

정보의 불균등 분포 문제는 정직성의 문제와도 관련된다. 정직하지 못한 사회에서는 거래가 이루어지지 않는다. 서로 믿을 수 없기 때문이다. 반면 모든 사람들이 정직하다면 정보의 불균등 분포가 있더라도 문제가 되지 않는다. 정직한 사회에서는 거래가 활성화되고 상공업이 발달하며 경제가 발전할 것이다. 정보의 불균등 분포에 따른 문제는 어느 나라에나 존재한다. 이 문제는 신호보내기와 선별을 통해 부분적으로 해결될 수 있다. 이들 해결책은 결코 완전한 것이 아니며 때로는 많은 비용이 소요될 수 있다. 앞의 예에서 사업가는 컨설팅 비용을 부담하여야 한다. 은행이 담보가 없는 중소기업에게는 매우 높은 이자를 요구하여 결국 중소기업이 유망한 투자를 할 수 없을 수도 있다. 정직한 사회라면 이러한 문제가 생기지 않는다.

아담 스미스는 국부의 주된 원천으로 노동생산성의 향상을 꼽았다. 노동생산성의 향상은 분업에 의해 가능해진다. 그리고 분업의 정도는 시장의 크기에 의해 좌우된다. 시장이 크면 대량생산을 할 수 있어 분업을 통해 생산성이 크게 향상되는 것이다. 그러므로 아담 스미스는 시장의 성장을 제한하는 각종 규제와 보호무역 정책에 반대하고 시장의 확대를 가져오는 자유무역을 주장하였다. 불균등 정보의 경제학은 우리에게 국부의 원천 중의 하나는 정직성이라고 이야기하는 것 같다.

| 참고문헌

Cho, In-Koo and David Kreps, "Signaling Games and Stable Equilibria," *Quarterly Journal of Economics* 102 (1987), pp. 179–221.

Riley, John G., "Silver Signals: Twenty–Five Years of Screening and Signaling," *Journal of Economic Literature*, Vol 39. (2001), pp. 432–478.

Rothschild, Michael and Joseph E. Stiglitz, "Equilibrium in Competitive Insurance Markets: An Essay on the Economics of Imperfect Information," *Quarterly Journal of Economics*, Vol 90, No. 4 (1976), pp. 629–49.

Spence, Michael, "Job market signaling", *Quarterly Journal of Economics* 87 (1973), pp. 355–374.

⎯⎯⎯⎯⎯⎯, *Market Signaling*, Cambridge: Harvard University Press, 1974.

| 연습문제

1. 본문의 예에서 우리는 대학 졸업장이 구직자의 생산성에 대한 신호로서 기능할 수 있음을 보았다. 여기서는 본문 중의 신호보내기 상황에서 인구 구성비나 교육비용에 변화가 있는 경우 신호보내기 균형은 어떤 형태를 띄는지 알아보도록 한다.

    ⓐ 다음 표는 어느 사회에서 대학졸업장을 통한 신호보내기 상황을 나타낸다. 이 상황에서는 본문의 예와는 달리 교육비용이 매우 높다. 이 경우 똑똑한 구직자는 교육을 받고 평범한 구직자는 교육을 받지 않는 분리균형이 존재하는가?

	한계생산물	인구구성비	교육비용
평범한 그룹	1	0.8	3
똑똑한 그룹	2	0.2	1.5

ⓑ 이번에는 똑똑한 그룹의 인구구성비가 0.8로 높은 경우를 살펴보자. 이 경우 똑똑한 구직자는 대학교육을 받고 평범한 구직자는 대학교육을 받지 않는 분리균형이 존재하는가? 모든 사람이 교육을 받지 않는 혼성균형은 존재하는가?

	한계생산물	인구구성비	교육비용
평범한 그룹	1	0.2	1.8
똑똑한 그룹	2	0.8	0.9

ⓒ 이번에는 좀더 일반적인 경우로 평범한 사람의 인구구성비가 q, 평범한 사람의 교육비용이 c인 경우를 살펴보자.

	한계생산물	인구구성비	교육비용
평범한 그룹	1	q	c
똑똑한 그룹	2	$1-q$	$c/2$

ⅰ 분리균형이 존재하려면 q와 c는 어떤 값을 가져야 하는가?
ⅱ 혼성균형이 존재하려면 q와 c는 어떤 값을 가져야 하는가?

"구하라. 그러면 너희에게 주실 것이요. 찾으라. 그러면 찾을 것이요. 문을 두드리라. 그러면 너희에게 열릴 것이니, 구하는 이마다 얻을 것이요. 찾는 이가 찾을 것이요. 두드리는 이에게 열릴 것이니라." (마태복음 7장 7-8절)

보험시장에서의 쭉정이 선택과 선별하기

어떤 보험회사가 화재보험 상품을 판매하려고 한다. 이 보험에 가입하면 월 보험료로 일정액을 지불하고 화재발생시 일정 금액의 보험금을 지급받는다. 보험회사는 사회의 평균적인 화재사고 발생율에 기초하여 보험료를 산정하였다고 하자. 이 경우 어떤 사람들이 이 보험에 가입하려고 할까? 화재사고의 위험이 낮은 사람은 이 보험상품에 대한 관심이 적을 것이다. 보험금에 비해 보험료가 비싸다고 생각할 것이기 때문이다. 반면 화재사고의 위험이 높은 사람들은 보험에 가입하고자 할 것이다. 극단적으로 말하면 화재의 위험이 높은 사람들만 이 보험에 가입할 것이다. 그 결과 이 보험회사는 보험금의 과다 지불로 적자를 볼 것이다. 이와 같이 보험회사에 불리한 사람들에게만 보험상품이 판매되는 현상을 쭉정이 선택(adverse selection) 혹은 역선택(逆選擇)이라 한다.

이러한 쭉정이 선택이 발생하는 것은 보험회사가 개별 보험가입자의 위험도에 관하여 세세히 잘 알지 못하기 때문이다. 보험회사가 손해를 보지 않으려면 적절한 보험료를 책정해야 하는데 그러려면 가입자들의 화재발생 위험도를 알아야 한다. 그런데 이 정보는 가입자만이 알고 있는 사적인 정보이다.

따라서 보험회사는 고객의 사적 정보를 알아내기 위해 여러 가지 수단을 동원한다. 그 중 대표적인 것이 여러 가지 다양한 보험상품을 내놓고 고객들이 자신의 유형에 맞추어 보험상품을 구입하도록 하는 것이다. 이렇게 하면 고객들은 보험상품의 선택을 통해 자신의 사적 정보를 나타내게 된다. 예를 들어 화재의 위험이 낮은 사람은 보험의 필요성을 덜 느끼므로 낮은 보험료율과 적은 보험금으로 구성된 보험상품을 구입하고자 할 것이다. 반면에 화재위험이 높은 사람은 보험의 필요성이 절실하기 때문에 보험료율이 높더라도 보험금이 큰 보험상품을 선호할 것이다. 이와 같이 거래 상대방이 자기의 타입을 드러내도록 유도하기 위해 여러 가지 다양한 상품을 제시하는 것을 선별하기(screening)라고 한다. 이하에서는 위의 논의를 정형화된 모형을 이용하여 보다 엄밀하게 살펴보도록 한다.

11.1 보험시장 모형

위험에 대한 태도

우리는 자산관리를 한다. 자산이란 부(富)를 저장하는 수단으로 현금, 채권, 주식, 부동산 등을 일컫는다. 자산은 그 속성상 오랫동안 보유하므로 장래에 대한 불확실성을 수반한다. 자산은 화폐가치를 기준으로 안전자산과 위험자산으로 분류된다. 안전자산은 시간이 지나도 화폐가치가 불변인 자산을 말한다. 위험자산은 시간의 흐름에 따라 그 화폐가치가 변할 수 있는 자산을 말한다. 위험자산의 장래가치는 확률변수로 표현된다. 예를 들어 어떤 부동산의 장래 가치가 70%의 확률로 2억원이고 30%의 확률로 1억원이라 하자. 그러면 부동산의 장래가치는 0.7의 확률로 2억의 값을 갖고 0.3의 확률로 1억의 값을 갖는 확률변수이다.

자산구성을 결정하는 데 있어 사람들의 위험에 대한 태도는 세 가지로 구분할 수 있다. 구분의 기준은 위험자산과 이 위험자산의 장래가치의 기대값을 확실하게 보장해주는 안전자산의 양자 중 하나를 택일하도록 하고 어느 쪽을 선호하는지를 보는 것이다. 위험자산보다 이 위험자산의 장래 가치의 기대값을 확실하게 보장해주는 안전자산을 선호하는 사람은 위험 기피적(risk averse)이라 한다. 반대로 이 안전자산보다 위험자산을 선호하는 사람은 위험 애호적(risk loving)이라 한다. 안전자산과 위험자산을 똑같이 선호하는 사람을 위험 중립적(risk

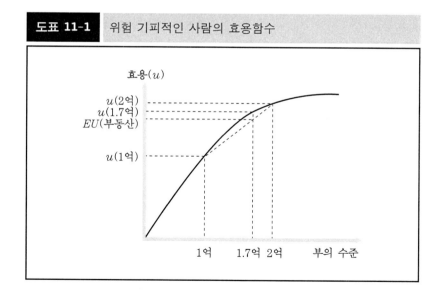

도표 11-1 위험 기피적인 사람의 효용함수

neutral)이라 한다. 앞에서 거론된 부동산의 장래 가치의 기대값은 $0.7 \times 2 + 0.3 \times 1 = 1.7$억원이다. 따라서 어떤 사람이 이 부동산 보다 1.7억원의 현금을 더 선호한다면 그는 위험 기피적이다. 반대로 1.7억원의 현금보다 이 부동산을 더 선호한다면 그는 위험 애호적이다.

이제 위험자산의 효용이 이 자산의 장래가치로부터 얻는 효용의 기대값, 즉 기대효용으로 결정된다고 가정하자. 이를 기대효용가설이라 한다. 이 경우 사람들의 위험에 대한 태도는 부로부터 얻는 한계효용이 부의 수준에 따라 어떻게 변화하는가에 의해서 구분될 수 있다. 이제 가로축은 부의 수준을 세로축은 부로부터 얻는 효용수준을 나타내는 그래프를 상정하자(도표 11-1).

부로부터 얻는 한계효용이 부의 수준이 커짐에 따라 감소하는 경우 부로부터 얻는 효용은 원점을 지나는 오목한 곡선의 형태를 띤다. 이 경우 어떤 자산의 장래가치의 기대값을 확실하게 얻을 때의 효용이 그 자산의 불확실한 장래가치로부터 얻는 기대효용보다 크다. 예를 들어 앞의 부동산의 장래가치의 기대값은 1.7억원이고 이로부터 얻는 효용은 $u(1.7억)$이다. 그리고 부동산으로부터 얻는 기대효용은 EU(부동산) $= 0.7 \times u(2억) + 0.3 \times u(1억)$이다. 효용함수가 오목한 경우 부동산의 장래가치의 기대값으로부터 얻는 효용이 부동산의 기대효용보다 크다. 따라서 이 사람은 위험 기피적이다.

위험 기피와 보험에 대한 수요

일반적으로 사람들은 위험 기피적이라고 생각된다. 그렇지 않다면 위험에 대비하는 보험상품에 대한 수요는 존재하지 않았을 것이다. 이하에서는 사람들이 위험 기피적이라 가정한다. 위험 기피자는 가격만 적절하다면 보험상품을 구입할 유인이 있다. 이를 살펴보기 위해 간단한 예를 분석해보자. 어떤 사람이 집을 한 채 보유하고 있다고 하자. 이 집의 가치를 W로 표시하자. 화재가 나지 않는 경우 이 집의 가치가 W_0 라하고 화재가 날 경우 손실액이 L원이어서 이 집의 가치는 W_0-L원 이 된다고 하자. 화재가 날 확률은 p라 하자. 집의 가치 W는 화재라는 위험요인을 안고 있으며 이를 감안할 때 일종의 확률변수이다. 이 집의 가치의 기대값은 $E(W)=(1-p)W_0+p(W_0-L)=W_0-pL$이다. 이 집 으로부터 얻는 기대효용$(EU(W))$은 다음과 같다: $EU(W)=(1-p)$ $u(W_0)+pu(W_0-L)$.

이 사람이 위험 기피자이므로 이 집의 가치의 기대값을 확실하게 얻는 경우의 효용이 이 집의 기대효용보다 크다. 이 집의 기대효용과 같은 효용을 주는 확실한 금액은 그림에서 C로 표시되었다. 이 금액을 이 집의 확실성 등가액(certainty equivalent)이라 한다. 이 집의 확실성 등가액 C는 이 집의 가치의 기대값 $E(W)$보다는 작다. 보험료로서 W_0-C를 지불하면 화재시 손실액 L을 보전해주는 보험상품을 상정하 자. 집주인이 이 보험상품을 구입하면 그는 화재와 상관없이 확실하게

도표 11-2 손실(L)을 전부 보전해주는 보험상품에 대한 최대 지불용 의 금액 W_0-C

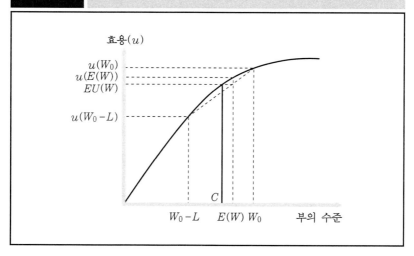

C의 재산가치를 보장받을 수 있다. 즉 이 집의 원래 기대효용수준과 같은 효용수준에 도달할 수 있는 것이다. 만약 이 보험상품의 보험료가 W_0-C보다 작다면 집주인은 이 집의 원래 기대효용수준보다 높은 효용수준에 도달할 수 있다. 집주인은 화재시 손실을 보전해 준다면 최대한 W_0-C의 보험료를 지불할 용의가 있다. 즉, W_0-C는 보험금 L에 대해 보험고객이 지불하고자 하는 수요가격이다.

위험통합과 보험의 공급

동일한 위험자산이 여러 개 모이면 전체 위험은 증가하지만 비례 이하로 증가한다. 예를 들어 화재위험을 갖는 똑같은 집이 두 채 있다고 하자. 여기서 각 집에서 화재가 발생할 확률은 다른 집에서 일어날 확률과 서로 독립적이되 똑같이 p라 하자. 즉 각 집의 가치는 다음과 같은 확률분포를 갖는 서로 독립인 확률변수이다.

각 집의 자산가치	W_0-L	W_0
확 률	p	$(1-p)$

각 집의 자산가치의 기대값은 W_0-pL이고 표준편차는 $L\sqrt{p(1-p)}$이다.

두 집에 모두 화재가 일어날 확률은 p^2이고 한 집에 화재가 일어날 확률은 $2p(1-p)$이며 두 집 모두 화재가 발생하지 않을 확률은 $(1-p)^2$이다. 따라서 두 집의 자산가치의 합은 다음과 같은 확률분포를 갖는 확률변수이다.

두 집의 전체 자산가치	$2(W_0-L)$	$2W_0-L$	$2W_0$
확 률	p^2	$2p(1-p)$	$(1-p)^2$

두 집의 전체 자산가치의 기대값은 $2(W_0 - pL)$이고 표준편차는 $\sqrt{2p(1-p)}L$ 이다. 따라서 한 채당 자산가치의 기대값은 $W_0 - pL$이고 표준편차는 $\dfrac{\sqrt{p(1-p)}L}{\sqrt{2}}$ 이다. 일반적으로 n개의 집이 모이면 전체 자산가치의 기대값은 n 배로 증가하지만 표준편차는 $\sqrt{n}$ 배 증가한다. 따라서 집이 n 채가 모인 경우, 한 채당 자산가치의 기대값은 집이 한 채 따로 떨어져 있는 경우와 같이 $W_0 - pL$이지만 표준편차는 $\dfrac{\sqrt{p(1-p)}L}{\sqrt{n}}$ 으로 집이 따로 떨어져 있는 경우 보다 $1/\sqrt{n}$ 배로 줄어든다. 이를 위험통합(risk pooling) 현상이라 하고 통계학에서는 큰 수의 법칙(law of large numbers)이라 한다.

서로 독립적인 확률분포를 갖는 동일한 자산이 여러 채 모이면 표준편차로 측정되는 위험이 집채수의 제곱근의 역수에 비례하여 줄어드는 것이다. 예를 들어 독립적이지만 동일한 10%의 사고 위험을 갖는 100만 채의 집이 모이면 거의 확실하게 10만 채의 집에서 화재사고가 발생한다. 그 결과 사고손실액이 1억원인 경우, 한 집만 따로 떨어져 있을 때 자산가치의 표준편차는 $\sqrt{0.1 \times 0.9} \times 1$억= 3천만원이지만 100만 채가 모였을 때 한 집당 자산가치의 표준편차는 $\dfrac{\sqrt{0.1 \times 0.9} \times 1억}{\sqrt{10^6}}$ =3만원에 불과하다.

이러한 위험통합 현상을 이용하면 보험회사는 돈을 벌 수 있다. 앞의 예와 같이 경제 내에 동일하지만 서로 독립적인 화재위험을 갖는 100만 채의 집이 있다고 하자. 화재가 나지 않는 경우 이 집의 가치가 2억원이고 화재발생확률은 10%이고 화재시 손실액은 1억원이라 하자. 각 집의 소유주의 효용함수는 동일하며 이 집의 확실성 등가금액이 1억 5천만 원이라 하자. 이제 당신이 보험료는 4천만 원을 지불하면 화재발생시 보험금 1억 원을 지급해주는 보험상품을 판매한다고 해보자. 각 집의 소유주는 보험 가입시 1억 6천만원의 부의 수준을 보장받는다. 이 금액은 집으로부터 얻는 기대효용에 상응하는 확실성 등가금액 1억 5천만원보다 높은 수준이다. 따라서 각 집의 소유주는 보험에 가입하려 한다. 모든 소유주가 보험에 가입하면 보험료 수입은 40조이고 예상 보험금 지출은 10조이므로 30조원의 순수익을 올릴 수 있다. 사실 당신 은 이보다 더 잘 할 수 있다. 보험료로 4천 9백만원을 요구해도 집 소유 주들은 보험에 가입하려 할 것이기 때문이다.

균등정보 하에서 경쟁적 보험시장의 균형

당신은 보험사업을 통해 높은 수익을 올릴 수 있다. 그러나 이는 오래가기 힘들다. 곧 다른 경쟁사업자가 보험업에 진출할 것이기 때문 이다. 경쟁시장에서 초과이윤이 존재하는 상태는 균형상태가 아니다. 신규사업자가 시장에 진입하기 때문이다. 경쟁 균형상태에서는 초과이 윤이 존재하지 않는다. 손실보전 금액을 L, 사고발생확률을 p라 하면 평균 손실보전금액은 pL이다. 보험회사의 초과이윤이 존재하지 않으 려면 집 한 채당 보험료 m이 집 한 채당 평균 손실보전금액 pL과 같아

도표 11-3	균등 정보 하에서 경쟁적 보험시장의 균형

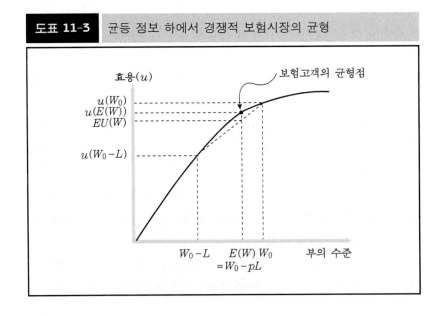

야 한다. 즉 손실보전액 1원당 보험료인 보험료율 $\frac{m}{L}$이 사고확률 p와
같아야 한다. 이와 같이 사고확률과 동일한 보험료율을 회계적으로 공
정한 요율(actuarially fair rate)이라 한다. 이러한 보험상품으로부터 보
험가입자는 화재 여부에 상관없이 $W_0 - m = W_0 - pL$의 재산을 보장받
는데 이는 집 한 채의 기대값 $E(W)$과 동일하다. 이로부터 얻는 효용
$u(E(W))$은 보험가입 전에 누리던 효용 $EU(W)$보다 높다. 반면 보험
회사는 0의 초과이윤을 얻는다. 경쟁적인 보험시장에서는 보험가입자
들이 위험통합의 혜택을 모두 가져가는 것이다.

앞의 예에서와 같이 사고에 따른 손실액을 모두 보전해주는 것을
전체 보전(fully cover)한다고 한다. 반면 사고에 따른 손실액을 일부만
보전해주는 것을 부분 보전(partially cover)한다고 한다. 앞에서는 보험
회사가 공정요율로 손실액을 전부 보상해주는 경우를 살펴보았다. 보
험료율이 공정하게 정해져 있는 상황에서 고객이 손실 보전액을 선택
할 수 있다면 고객은 얼마만큼의 보전액을 선택할까? 전체 보전을 선

도표 11-4 부분 보전 보험 가입시 고객의 기대효용

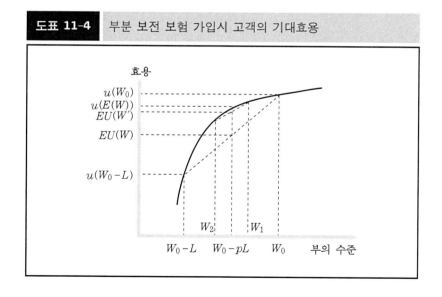

택하는 것이 최적이다. 이는 도표 11-4를 통해 쉽게 알 수 있다. 예를 들어 보험료율은 회계적으로 공정하고 손실보전 비율이 0.7이라 하자. 이 경우 보험고객의 부는 사고가 발생하지 않을 시에는 $W_1 = W_0 - 0.7pL$이고 사고발생시에는 $W_2 = W_0 - L + 0.7L - 0.7pL$이다.

여기서 $W_0 - pL < W_1 < W_0$이고 $W_0 - L < W_2 < W_0 - pL$이다. 부분 보전 보험가입시 고객의 부를 W'으로 표시하면 기대값 $E(W') = W_0 - pL$으로 전체보전 보험가입 시와 동일하다. 반면 위험은 보험가입 전에 비해 줄어들지만 완전히 사라지지는 않는다. 따라서 부분 보전 보험가입시의 기대효용은 전체 보전보험 가입시의 기대효용 보다 작다. 경쟁시장에서는 보험회사들은 경쟁적으로 소비자에게 보다 매력적인 보험상품을 판매하려고 한다. 그러므로 경쟁적 보험시장에서는 공정한 요율로 전체 손실액을 보전해주는 보험만이 판매되고 구매될 것이다(도표 11-3).

상태 공간을 이용한 보험시장 균형의 묘사

한 사람의 재산상황은 상태별 재산 규모에 의해 결정된다. 가능한 상태가 사고가 발생한 경우와 그렇지 않은 경우의 두 가지라 하자. 그러면 한 사람의 재산상황은 평면좌표를 이용하여 표시할 수 있다. 좌표의 가로축이 사고가 발생하지 않은 경우의 재산 규모를 나타내고 세로축은 사고발생시의 재산 규모를 나타낸다고 하자. 그러면 이 좌표상의 한 점은 사고발생시의 재산규모와 사고가 발생하지 않은 경우의 재산 규모를 표시한다. 보험에 가입하지 않은 경우의 초기 재산상황은 도표 11-5에서 W점으로 표시되었다. 원점에서 뻗어나온 45도 선은 상태와 관계없이 동일한 재산규모를 갖는 상황을 나타낸다. 이를 확실선 (certainty line)이라고 한다. 이 선은 전체 보전보험에 가입한 경우에 도달된다.

경쟁적 보험시장의 균형에서 보험회사는 공정한 보험료율의 상품을 판매하고 0의 초과이윤을 얻는다. 점 W에서 뻗어 나온 직선은 공정한 보험상품을 구매하는 경우에 실현되는 소비자의 재산상황을 표시한다. 이 선은 보험회사의 입장에서 보면 공정한 보험료율을 나타내는 선이다. 이 선을 보험선이라 한다. 보험회사는 이 선상 점에 대응되는 보험상품을 판매시 0의 초과이윤을 얻는다. 그런 의미에서 이 선은 보험회사의 무이윤선이기도 하다. 보험선(무이윤선)은 경쟁적 시장에서 보험회사의 보험공급을 나타내는 선이다. 공정한 보험상품의 보험료를 m이라 하고 보험금을 R이라 하면 $m=pR$의 관계가 성립한다. 보험상품을 구입할 때 고객의 재산상황은 무사고시 $-m$만큼 변하고 사고시 $R-m$ 만큼 변한다. 따라서 보험상품 구매시 고객의 재산상황 변동은 $(-m, R-m)=(-pR, R-pR)=R(-p, 1-p)$이다. 그러므로 보험선 (무이윤선)의 기울기는 $-\dfrac{(1-p)}{p}$이다. 이 선의 위쪽에 해당하는 보험상품 판매시 보험회사는 손해를 보고 아래쪽에 해당하는 보험상품 판매시에는 초과이윤을 얻는다. 보험선 상에서 확실선 아랫부분은 부분

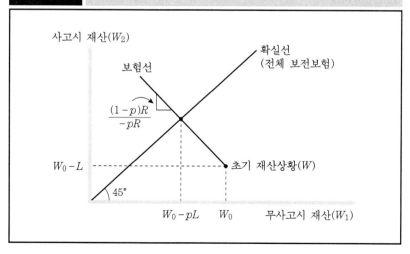

도표 11-5 상태공간을 이용한 보험시장의 묘사: 경쟁적 보험시장에서 공정한 보험료율 하의 보험의 공급

보전 보험에 가입한 경우에 도달되며 확실선 윗부분은 보전액이 손실액 보다 큰 보험에 가입하는 경우에 도달된다.

상기한 상태공간에서 보험고객의 재산상황에 대한 선호는 무차별곡선으로 나타낼 수 있다. 무차별곡선은 고객이 동일한 기대효용을 느끼는 무사고시의 재산규모와 사고시의 재산규모의 조합으로 이루어진 곡선이다. 무차별곡선의 기울기는 고객이 한 단위의 무사고시 재산을 얻기 위해 희생할 용의가 있는 사고시 재산의 크기를 나타낸다. 즉, 고객이 마음속으로 느끼는 사고시 재산과 무사고시 재산의 교환비율이다. 고객의 무차별곡선의 기울기는 사고확률의 크기와 각 상태에서의 재산의 한계효용의 크기에 의해 결정된다. 예를 들어 사고확률이 낮으면 무사고시의 재산이 고객에게는 귀하게 느껴진다. 따라서 무사고시의 재산 한 단위를 늘리기 위해 희생하고자 하는 사고시의 재산의 크기가 커진다. 사고확률이 낮을수록 무차별곡선의 기울기가 커지는 것이다. 확실선상에서는 무차별곡선의 기울기의 크기는 사고가 발생할 확률과 사고

도표 11-6	상태공간을 이용한 보험시장의 묘사: 고객의 재산상황에 대한 선호를 나타내는 무차별 곡선

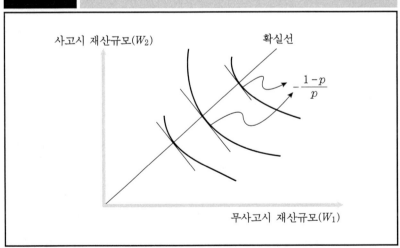

가 발생하지 않을 확률의 비율($\frac{(1-p)}{p}$)와 같다(도표 11-6).[1]

경쟁적 보험시장에서 보험회사는 공정한 보험료율을 부과하고 보험고객은 전체 보전보험을 구입하는 것이 보험시장의 균형임을 앞에서 살펴본 바 있다. 이는 도표 11-7에서도 확인할 수 있다. 여기서 고

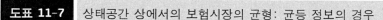

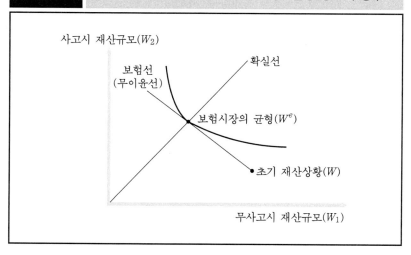

도표 11-7 상태공간 상에서의 보험시장의 균형: 균등 정보의 경우

---

1) 사고발생확률이 p이고 무사고시의 재산규모가 W_1, 사고발생시의 재산규모가 W_2인 경우 고객의 기대효용은 다음과 같다.

$$EU(W) = (1-p)u(W_1) + pu(W_2)$$

고객의 기대효용수준이 K로 고정된 경우의 무차별곡선은 다음 식 안에 암묵적으로 정의 된다; $K = (1-p)u(W_1) + pu(W_2)$. 다음과 같이 음함수 정리를 이용하면 무차별곡선의 기울기를 구할 수 있다.

이 식에 음함수 $W_2 = f(W_1)$이 숨어 있다고 하자. 이 음함수를 위식에 대입하면 위식은 모든 W_1에 대해 항상 성립하는 항등식이 된다; $K \equiv (1-p)u(W_1) + pu(f(W_1))$.

따라서 이 식의 양변에서 W_1에 관한 도함수를 취하여도 등식이 성립한다.

$$0 = (1-p)u'(W_1) + pu'(W_2)\frac{dW_2}{dW_1} \rightarrow \frac{dW_2}{dW_1} = -\frac{(1-p)u'(W_1)}{pu'(W_2)}$$

여기서 확실선 상에서는 $W_1 = W_2$이므로 무차별 곡선의 기울기가 항상 $-\frac{(1-p)}{p}$임을 알 수 있다.

객이 선택 가능한 재산상황들은 보험선에 의해 표시된다. 이 선상에서 고객의 기대효용을 최대로 해주는 재산상황은 고객이 전체 보전보험에 가입한 상황으로 확실선과 보험선이 교차하는 점에 해당한다. 이 점은 이 보험시장의 균형을 나타낸다.

11.2 불균등 정보하의 보험시장 모형

보험시장에서 잠재적인 고객은 자신의 위험도를 알지만 보험회사는 이를 잘 모르는 경우를 불균등 정보 또는 비대칭 정보의 상황이라 한다. 불균등 정보의 상황에서 보험시장의 균형은 어떻게 되는지 알아보기 위해 다음과 같은 단순한 모형을 설정한다.

1. 보험시장에 많은 수의 고객과 보험회사가 존재한다. 경쟁 균형에서 보험회사는 0의 초과이윤을 얻는다.
2. 분석의 단순화를 위해 사람들은 화재위험이 높은 사람과 낮은 사람의 두 가지 타입으로 분류된다. 위험이 낮은 사람을 저위험 고객(타입 L)이라 하고 위험이 높은 사람은 고위험 고객(타입 H)이라고 명명한다. 저위험 고객이 화재를 당할 확률은 p_L으로 표시하고 고위험 고객이 화재를 당할 확률은 p_H로 표시한다. 여기서 $p_L < p_H$이다. 사람들은 모두 동일한 금액의 초기 재산 W_0원을 가지고 있다. 타입 t인 사람의 선호는 기대효용함수로 표현된다.[2]

---

[2] 타입 t인 사람의 기대효용은 무사고시의 재산(W_1)으로부터의 효용과 사고시의 재산(W_2)으로부터의 효용의 기대값이다. 즉,

$$EU_t(X) = (1-p_t)u_t(W_1) + p_t u_t(W_2),\ t=L, H.$$

여기서 $u_t(\cdot)$는 폰 노이만 모르겐슈테른 효용함수로 오목(concave)하다고 가정한다.

3. 모든 사람들은 저위험 고객과 고위험 고객이 전체 인구에서 얼마만큼의 비중을 차지하는지 잘 알고 있다고 가정한다. 여기서 저위험 고객의 인구 구성비를 λ로 표시한다.

고객의 위험도와 무차별 곡선의 기울기

사람들의 선호는 무사고시의 재산과 사고시의 재산을 나타내는 좌표 평면상에 무차별곡선으로 나타낼 수 있다. 사고확률이 낮은 고객은 무사고시의 재산을 사고시의 재산보다 중히 여긴다. 무사고시의 재산이 실현될 가능성이 높기 때문이다. 따라서 무사고시의 재산을 한 단위 늘리기 위해 희생하고자 하는 사고시 재산의 양이 고위험 고객에 비해 크다. 이는 저위험 고객의 무차별곡선이 고위험 고객에 비해 가파르다는 것을 의미한다. 이를 그림으로 나타내면 도표 11-8과 같다.

도표 11-8 고객의 위험도와 무차별곡선의 기울기

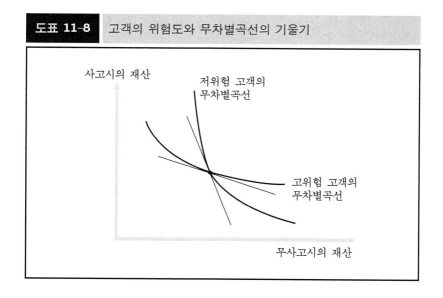

균등 정보하의 보험시장의 균형

고객은 자신의 위험도를 알고 있다. 고객뿐 아니라 보험회사도 고객의 위험도를 알고 있는 경우를 균등정보의 상황이라 한다. 이 경우 고객이 저위험 고객이면 보험회사는 그에 맞는 공정한 보험료율을 적용할 것이다. 보험시장이 경쟁적이기 때문이다. 균형에서 보험회사는 0의 초과이윤을 얻고 저위험 고객은 큰 수의 법칙(law of large numbers)에 따른 위험통합의 혜택을 누리게 된다. 도표 11-9에서 보다 높은 기울기를 갖는 보험선(무이윤선)은 저위험 고객에 대한 보험의 공급을 나타낸다. 이 선이 45도선과 만나는 점(X_L)에서 저 위험고객의 무차별곡선이 보험선과 접하며 저위험 고객의 효용은 극대화된다. 이 점은 저위험 고객을 대상으로 하는 보험시장의 경쟁 균형에 해당한다. 고위험 고객을 대상으로 한 보험시장의 경쟁균형도 같은 원리로 결정된다. 고위험 고객을 대상으로 한 보험의 공급에는 보다 높은 보험료율이 적용된

도표 11-9 균등 정보하의 경쟁적 보험시장의 균형

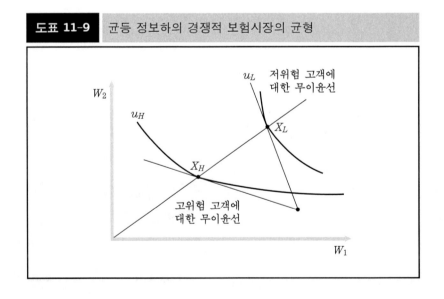

다. 이는 그림에서 보다 낮은 기울기를 갖는 보험선으로 나타난다. 이 선이 45도선과 만나는 점(X_H)에서 고위험 고객의 무차별곡선이 보험 선과 접하며 고위험 고객의 효용은 극대화된다. 이 점이 경쟁적인 보험 시장에서 고위험 고객 시장의 균형에 해당한다.

불균등 정보와 보험시장에서의 쭉정이 선택

처음에 보험회사는 보험고객의 평균 사고확률이 모든 사람들의 사 고확률의 평균과 같을 것이라고 예상한다고 하자. 사회 전체의 평균 사 고확률($\bar{p}$)은 고위험 고객과 저위험 고객의 사고확률을 인구구성비에 따라 가중 평균한 값이다: $\bar{p} = \lambda p_L + (1-\lambda)p_H$. 보험회사가 평균사고확 률에 상응하는 공정한 보험상품(WX_0)을 공급한다고 하자. 고객이 이 보험상품을 구입하면 그의 재산상황은 W점에서 X_0점으로 이동된다.

도표 11-10	보험시장에서의 쭉정이 선택: 보험상품 WX_0을 저위험 고객은 구입하지 않고 고위험 고객만 구입한다. 보험회사 는 손해를 본다.

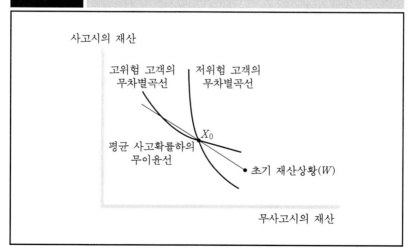

경제에 저위험 고객의 인구구성비가 작으면 평균 사고확률이 높으므로 공정 보험료율도 높다. 따라서 저위험 고객은 보험에 가입하지 않으려 한다. 이러한 상황은 도표 11-10에서 X_0점을 지나는 저위험 고객의 무차별곡선이 초기 재산상황 W의 아래를 지나가는 것으로 표현되었다. 이 보험상품을 저위험 고객은 구입하지 않고 고위험 고객만 구입하면 보험회사는 손해를 보게 된다. 이에 따라 보험회사는 보험료율을 고위험 고객의 사고확률에 맞추어 조정하게 된다. 결국 고위험 고객을 위한 시장만이 존재하게 되고 저위험 고객을 위한 시장은 사라지게 된다. 이를 쭉정이 선택 또는 역선택(adverse selection)의 현상이라 한다.

저위험 고객의 인구구성비가 높으면 평균 사고확률이 낮고 공정 보험료율도 이에 맞추어 낮게 책정된다. 따라서 이 경우에는 고위험 고객뿐만 아니라 저위험 고객도 보험상품을 구매한다. 따라서 쭉정이 선택 현상은 나타나지 않는다. 이러한 상황은 도표 11-11에서 X_0점을 지

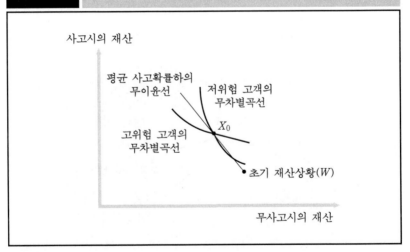

| 도표 11-11 | 보험시장에서 쭉정이 선택이 일어나지 않는 상황: 저위험 고객이나 고위험 고객 모두 보험상품 WX_0를 구입한다. 그러나 이 상황은 균형이 아니다. |

사고시의 재산

평균 사고확률하의
무이윤선

저위험 고객의
무차별곡선

X_0

고위험 고객의
무차별곡선

초기 재산상황(W)

무사고시의 재산

나는 저위험 고객의 무차별곡선이 초기 재산상황을 나타내는 W점의 위를 통과하는 것으로 표현되어 있다. 그렇지만 이 상황은 균형이 아니다. 다른 보험회사가 보다 매력적인 보험상품을 공급할 유인이 존재하기 때문이다. 이에 관해서는 다음 절에서 살펴보도록 한다.

11.3 불균등 정보하에서 보험시장의 균형

보험상품들의 집합이 다음의 조건을 만족시키면 이를 보험시장의 균형이라 한다.[3)]

첫째, 이 집합 안의 각 보험상품에 대해 이 상품의 판매로부터 회사는 손해를 보지 않는다.

둘째, 이 집합에 속하지 않는 다른 보험상품의 판매로부터 손해를 본다.

첫째 조건을 만족하는 경우 기존의 보험상품은 시장에서 계속 존속된다. 둘째 조건을 만족하는 경우 새로운 보험상품이 시장에 들어오지 않는다. 따라서 이 상태는 균형이 된다.

보험시장의 균형에는 두 가지 유형이 있을 수 있다. 하나는 저위험 고객과 고위험 고객이 동일한 보험상품을 구매하는 경우이다. 이러한 균형을 혼성균형(pooling equilibrium)이라 한다. 다른 하나는 저위험 고객이 구입하는 보험상품과 고위험 고객이 구입하는 보험상품이 서로 다른 경우이다. 이러한 균형을 분리균형(separating equilibrium)이라 한다.

불균등 정보하의 보험시장에서 혼성균형은 성립할 수 없다. 이를 도표 11−12를 통해 살펴보자. 귀류법으로 증명하기 위해 혼성균형이 성립한다고 가정하고 모순이 생김을 보인다.

---

3) 이 균형을 제안자의 이름을 따서 로스차일드−스티글리츠(Rothchild−Stiglitz) 균형이라 명명하기도 한다.

임의의 보험상품 WX가 혼성균형이라 하자.[4] 이때 이 보험상품보다 손실보전액이 약간 작고 보험료율도 약간 낮은 보험상품을 판매하면 저위험 고객만이 이를 구입하고자 한다. 이 경우 보험회사는 사고위험이 낮은 저위험 고객에게 보험상품을 판매하므로 초과이윤을 올릴 수 있다. 그림에서 빗금친 삿갓부분 안으로 재산상황을 변화시켜 주는 보험상품 WX'가 그러한 예이다. 빗금친 삿갓부분은 점 X를 지나는 저위험 고객의 무차별곡선보다 위에 있고, 점 X를 지나는 고위험 고객의 무차별곡선보다는 아래에 있으며, 낮은 사고확률하의 무이윤선의 아래에 위치하는 영역이다. 보험회사가 이 영역 안으로 재산상황을 변화시켜 주는 보험상품을 판매하면 저위험 고객만이 이를 구매하려 하며 보

도표 11-12	혼성균형은 성립할 수 없다. 임의의 혼성균형후보 WX에 대해 이를 깨뜨릴 수 있는 보험상품(WX')이 빗금친 삿갓부분에 존재하기 때문이다.

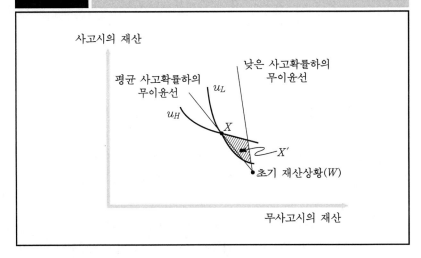

---

4) 혼성균형에서 균형 안에 포함되는 보험상품은 두 개 이상이 될 수 없다. 두 개의 보험상품이 있다면 이를 고위험 고객과 저위험 고객이 동시에 구매하여야 한다. 그러려면 두 보험상품이 동시에 고위험 고객과 저위험 고객의 무차별 곡선 상에 위치해야 하는데 이는 불가능하기 때문이다.

험회사는 초과이윤을 얻는다. 그러므로 보험상품 WX는 혼성균형이 될 수 없다.

그렇다면 분리균형은 성립할 수 있을까? 분리균형에서 저위험 고객과 고위험 고객은 서로 다른 보험상품을 구매한다. 이것이 균형이 되려면 우선 저위험 고객과 고위험 고객은 각각 자신이 구매하는 보험상품을 상대방이 구매하는 보험상품보다 더 선호해야 한다. 이 조건을 유인 적합성 조건(incentive compatibility condition)이라 한다.

저위험 고객은 사고 위험이 작으므로 고위험 고객에 비해 손실보전액의 크기보다 보험료 액수가 더 중요하다. 반면 고위험 고객은 사고위험이 높으므로 보험료 액수보다 손실보전액의 크기를 더 중요시 한다. 따라서 손실보전액이 작고 보험료도 작은 보험상품과 손실보전액이 크고 보험료도 큰 보험상품을 공급하면 저위험 고객은 전자의 상품을 고위험 고객은 후자의 상품을 선호할 수 있다.

유인 적합성 조건은 분리균형이 성립하기 위한 필요조건이다. 이조건이 성립해야 두 유형의 고객이 서로 다른 보험상품을 구매하기 때문이다. 그러나 이 조건으로 충분한 것은 아니다. 두 개의 보험상품이 유인 적합성 조건을 만족시키더라도 어떤 보험회사가 제 3 의 보험상품을 판매함으로써 초과이윤을 올릴 수 있다면 균형이 되지 못한다. 다른 보험상품이 시장에 진입하여 초과이윤을 올리지 못하려면 신규 보험상품이 고객들을 더 만족시키지 못할 정도로 기존의 보험상품이 고객들을 크게 만족시키는 상태이어야 한다. 분리균형이 성립한다면 그것은 두 개의 보험상품 WX_L, WX_H으로 구성된다. 그림을 통해 가능한 균형을 알아보자. 두 보험상품을 구입한 후의 재산상황(X_L, X_H)은 각각 저 위험 고객에 대한 무이윤선과 고위험 고객에 대한 무이윤선 상에 위치한다. 유인 적합성 조건을 만족시키려면 X_L은 X_H을 지나는 고위험 고객의 무차별곡선의 아래쪽에 위치해야 하고, X_H는 X_L을 지나는 저위험 고객의 무차별곡선의 아래쪽에 위치해야 한다.

사실 X_L은 X_H를 지나는 고위험 고객의 무차별곡선이 저 위험 고객에 대한 무이윤선과 교차하는 점에 위치하여야 한다. 그렇지 않으면 다른 보험회사가 새로운 보험상품을 도입하여 초과이윤을 올릴 수 있기 때문이다. 도표 11-13에서 빗금친 삿갓부분으로 재산상황을 변화시키는 보험상품을 판매하면 저위험 고객은 이 상품을 구매한다. 이때 삿갓부분이 저 위험 고객에 대한 무이윤선의 아래에 위치하므로 이 상품을 판매하는 보험회사는 초과이윤을 올린다.

또한 X_H는 고위험 고객에 대한 무이윤선이 고위험 고객의 무차별곡선과 접하는 점에 위치해야 한다. 그렇지 않으면 보험회사는 다른 보험상품을 도입하여 초과이윤을 얻을 수 있기 때문이다. 보험회사가 렌즈 모양의 빗금친 부분으로 재산상황을 이동시키는 보험상품을 도입하면 고위험 고객만이 그 상품을 구입하며 보험회사는 초과이윤을 얻을 수 있다.

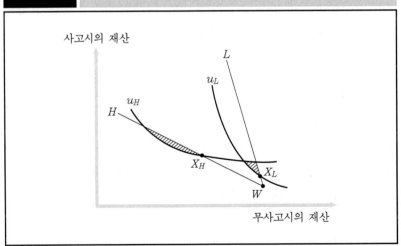

| 도표 11-13 | 두 보험상품(WX_L, WX_H)은 유인 적합성 조건을 만족시킨다. 그러나 빗금친 부분으로 재산상황을 변화시키는 보험상품을 도입하는 보험회사는 초과이윤을 얻는다. |

따라서 분리균형이 성립하려면 두 보험상품이 도표 11-14에서와 같은 위치에 놓여 있어야 한다. 즉 고위험 고객이 구입하는 상품은 고위험 고객의 무차별곡선이 고위험 고객에 대한 무이윤선에 접하는 점에 놓여야 한다. 그리고 저위험 고객이 구입하는 상품은 고위험 고객의 무차별곡선이 저위험 고객에 대한 무이윤선과 교차하는 점에 놓여야 한다.

이렇게 두 보험상품이 공급되는 상황에서 초과이윤을 얻을 수 있는 새로운 보험상품이 고안될 수 있을까? 만약 고안될 수 없다면 이 상황은 분리균형이 된다. 세 가지 경우를 생각해 볼 수 있다. 첫 번째는 고위험 고객을 대상으로 하는 보험상품의 경우인데 이 경우는 불가능하다. 왜냐하면 기존의 보험상품 WX_H를 구입하면 고위험 고객에 대한 무이윤선상에서 고위험 고객이 도달할 수 있는 최대의 기대효용을 얻기 때문이다. 이를 그림 상에서 보자. 신 상품이 고위험 고객만을 끌어들이면서 초과이윤을 낳으려면 신 상품 구입 후 고객의 재산상황이 (i)

도표 11-14 분리균형이 성립하기 위한 필요 조건

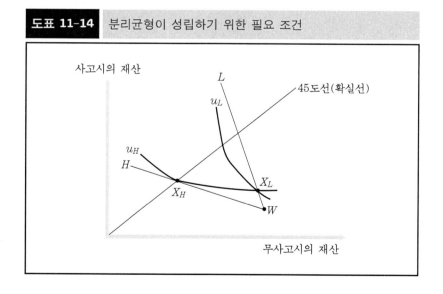

점 X_H를 지나는 고위험 고객의 무차별곡선보다 위에 있으면서, (ii) 점 X_L를 지나는 저위험 고객의 무차별곡선의 아래에 위치하고, (iii) 고위험 고객에 대한 무이윤선의 아래에 위치해야 한다. 그런데 그러한 점은 존재하지 않는다.

두 번째는 저위험 고객을 대상으로 하는 보험상품인데 이 경우도 불가능하다. 왜냐하면 저위험 고객에게 보다 높은 기대효용을 주면서 초과이윤을 벌 수 있는 상품은 기존의 상품보다 손실보전액은 큰 상품인데 이는 고위험 고객도 선호하기 때문이다.

이를 그림을 통해 살펴보자. 신 상품이 저위험 고객만을 끌어들이면서 초과이윤을 낳으려면 신 상품 구입 후 고객의 재산상황이 (i) 점 X_L를 지나는 저위험 고객의 무차별곡선보다 위에 있으면서, (ii) 점 X_H를 지나는 고위험 고객의 무차별곡선의 아래에 위치하고, (iii) 저위험 고객에 대한 무이윤선의 아래에 위치해야 한다. 그런데 그러한 점은 존재하지 않는다.

세 번째는 저위험 고객과 고위험 고객을 동시에 대상으로 하는 보험상품이다. 전체 고객 중 저위험 고객의 비중이 상대적으로 작으면 이러한 보험상품은 존재하지 않는다. 왜냐하면 이 경우 고위험 고객의 비중이 상대적으로 높아 초과이윤을 얻으려면 신상품의 보험료율이 높게 책정되어야 하는데 저위험 고객은 이러한 신상품을 구매하려 하지 않기 때문이다. 따라서 이 경우에 앞에 상정한 보험상품 조합(WX_H, WX_L)은 균형이 된다.

이를 도표 11−15를 통해 살펴보자. 신상품이 저위험 고객과 고위험 고객을 동시에 끌어들이면서 초과이윤을 낳으려면 신 상품 구입 후 고객의 재산상황이 (i) 점 X_H를 지나는 고위험 고객의 무차별곡선의 위에 위치하고, (ii) 점 X_L를 지나는 저위험 고객의 무차별곡선의 위에 위치하고, (iii) 전체 고객에 대한 무이윤선(WM)의 아래에 위치해야 한다. 여기서 전체 고객에 대한 무이윤선은 경제 전체의 평균 사고확률에

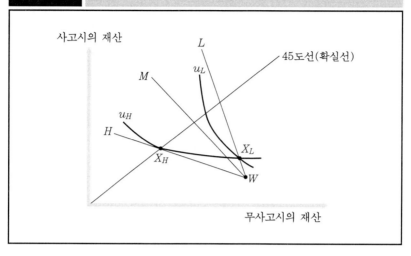

분리균형이 성립하는 경우: 전체 고객에 대한 무이윤선 M이 X_L을 지나는 저위험 고객의 무차별곡선 u_L의 아래에 위치한다.

사고시의 재산

L

u_L

M

45도선(확실선)

u_H

H

X_H

X_L

W

무사고시의 재산

대응하므로 저위험 고객에 대한 무이윤선과 고위험 고객에 대한 무이윤선의 중간에 위치한다. 저위험 고객의 인구구성비가 낮으면 전체 고객에 대한 무이윤선 WM이 고위험 고객에 대한 무이윤선에 근접하게 되어 X_L을 지나는 저위험 고객의 무차별곡선 u_L 보다 아래에 있게 된다. 따라서 위의 (i), (ii), (iii)의 조건을 만족시키는 점은 존재하지 않는다. 그러므로 (WX_H, WX_L)은 분리균형이 된다.

상기한 분리균형에서 고위험 고객은 공정한 보험료율로 전체 보전보험에 가입한다. 반면 저위험 고객은 공정한 보험료율로 부분 보전보험에 가입한다. 그 결과 저위험 고객은 균등정보하에서 보다 낮은 기대효용 수준 밖에 얻지 못한다. 공정한 보험료율이라면 저위험 고객은 전체 보전보험에 가입하고 싶어 할 것이다. 그러나 그러한 공정한 보험료율의 전체 보전 보험상품을 판매하면 고위험 고객도 이를 구매하고자 한다. 이를 저지하기 위해서 보험회사는 저위험 고객에게 위험이 완전히 보전되지 않는 상품을 판매한다. 고위험 고객은 사고확률이 높으므로 위험에 더 민감하다. 그 결과 위험이 충분히 큰 보험상품, 즉 부분 보전상품을 판매하면 저위험 고객만이 이를 구매하고자 하는 것이다.

전체 인구 중 저위험 고객의 비중이 충분히 높으면 앞의 (i), (ii), (iii)의 조건을 만족시키는 점이 존재하게 되어 상정한 보험상품 조합은 균형이 되지 못한다. 이는 도표 11-16에 표시되어 있다. 전체 인구 중 저 위험 고객의 비중이 높아 전체 고객에 대한 무이윤선 WM이 저위험 고객의 무차별곡선과 교차하여 빗금친 영역이 발생한다고 하자. 이 경우 고객의 재산상황을 빗금친 영역 안으로 이동시키는 보험상품을 판매하면 저위험 고객과 고위험 고객 모두 그 보험상품을 구입하고 보험회사는 초과이윤을 얻는다. 그러므로 보험상품 조합(WX_H, WX_L)은 균형이 되지 못한다.

도표 11-16	분리균형이 존재하지 않는 경우: 보험회사가 고객의 재산상황을 빗금친 영역 안으로 이동시키는 보험상품을 도입하면 저위험 고객과 고위험 고객 모두 이 상품을 구입하고 보험회사는 초과이윤을 얻는다. 그러므로 보험상품 조합(WX_H, WX_L)은 균형이 되지 못한다.

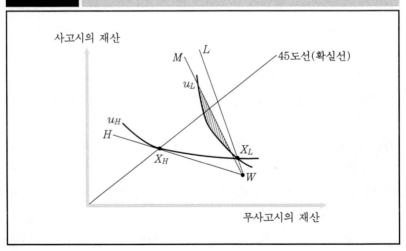

불균등 정보하의 보험시장에서 가능한 균형으로는 혼성균형과 분리균형이 있다. 앞에서 이미 혼성균형은 성립할 수 없음을 살펴보았다. 저위험 고객의 인구 비중이 높으면 분리균형도 존재할 수 없음도 살펴보았다. 그러므로 저위험 고객의 인구 비중이 높은 경우에는 보험시장의 균형이 존재하지 않음을 알 수 있다. 균형이 존재하지 않는다면 어떤 일이 벌어질까? 기존의 보험상품을 대체하는 새로운 보험상품들이 도입되고 이러한 대체과정이 계속되는 시장 상황이 나타날 것이다. 이경우 시장에 존재하는 보험상품을 예측하기는 매우 어려워진다. 균형이 존재하지 않는 경우에 균형분석은 예측의 도구로서의 의미를 상실한다. 균형의 부재는 불균형 상태의 중요성을 부각시키게 된다. 불균등 정보하의 보험시장의 예는 균형의 부재 가능성을 통해 균형분석이 지닌 한계를 드러내 준다는 점에서 큰 의의가 있다.

11.4 균형존재의 복원: 각 보험회사가 경쟁회사의 반응을 감안하는 경우

앞에서 저위험 고객의 인구비가 상대적으로 높으면 불균등 정보하에서 보험시장의 균형이 존재하지 않을 수 있음을 살펴보았다. 이제 보험회사가 신규 보험상품을 도입할 때에 현재의 초과이윤 가능성뿐만 아니라 신규 상품 도입 후 경쟁회사가 이에 대해 대응하는 경우에도 계속 초과이윤이 지속될는지를 감안한다고 해 보자. 이때 신규 상품 도입 후의 경쟁 회사의 반응을 감안하더라도 이득을 볼 신규 상품은 경쟁 회사의 반응을 감안하지 않는 경우에 비해 더 적어진다. 결국 기존의 균형을 깨뜨릴 수 있는 신규 보험상품의 수가 적어지고 그 만큼 균형이 유지될 가능성이 커진다. 그 결과 저위험 고객의 인구비가 높더라도 균형이 항상 존재할 수 있다.

라일리(Riley) 균형

보험회사가 신규 보험상품을 도입할 때 다른 경쟁 회사가 이 신규 상품보다 고객에게 더 큰 만족을 주는 보험상품을 개발, 판매할 가능성을 감안한다고 하자. 신규 보험상품을 개발하여 본격적으로 판매한 직후 다른 경쟁회사가 잽싸게 이 상품보다 나은 보험상품을 판매한다면 이 보험회사는 손해를 볼 것이다. 따라서 이런 가능성을 염두에 두는 보험회사는 신규 보험상품보다 더 나은 상품을 경쟁사가 개발하지 못하는 그러한 신규 보험상품만을 시장에 출시할 것이다. 이러한 경우에 나타나는 균형을 제안자의 이름을 따 라일리(Riley) 균형 또는 반응 균형(reactive equilibrium)이라 한다.

라일리(Riley) 균형: 다음의 조건을 만족시키는 보험상품의 집합을 라일리 균형이라 한다.

첫째, 이 집합 안의 각 보험상품에 대해 이 상품의 판매로부터 회사는 손해를 보지 않는다.

둘째, 이 집합에 속하지 않는 다른 보험상품(이탈 상품, WX')이 존재하여 이 상품 판매 시 이득을 얻는 경우, 또 다른 보험상품(대응 상품, WX'')이 존재하여 다음 조건을 만족시킨다.

(ⅰ) 보험고객이 균형에 속하는 보험상품들과 이탈 상품, 그리고 대응 상품 중에서 선택할 때 이탈 상품의 판매회사는 손해를 보고 대응 상품의 판매회사는 이득을 얻는다.

(ⅱ) 추가적으로 어떠한 보험상품이 도입되더라도 대응 상품의 판매회사는 손해를 보지 않는다.

앞에서 보험시장에 로스차일드-스티글리츠 균형이 존재하지 않는 경우에도 라일리 균형은 존재한다. 이를 도표 11-17을 통해 살펴보자.

보험상품 조합(WX_H, WX_L)은 로스차일드–스티글리츠 균형이 되지 못한다. 이는 빗금친 영역으로 재산상황을 이동시키는 보험상품 WX'이 도입되면 기존 상품의 판매자는 손해를 보기 때문이다. 그런데 이러한 보험상품 WX'은 또 다른 보험상품 WX''이 도입되면 손실을 입게 된다. 이를 우려하는 보험회사는 신규 보험상품 WX'를 도입하지 않는다. 그러므로 보험상품 조합(WX_H, WX_L)은 라일리 균형이 된다.

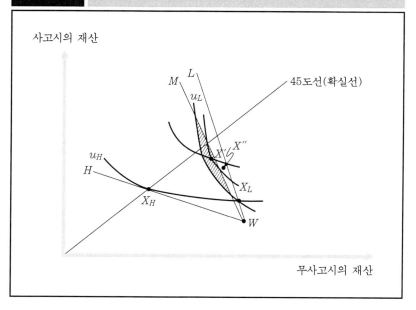

보험상품 조합(WX_H, WX_L)이 로스차일드–스티글리츠 균형이 되지 못한다. 이는 빗금친 영역으로 재산상황을 이동시키는 보험상품 WX'이 존재하기 때문이다. 그런데 빗금친 영역 내의 임의의 보험상품 WX'에 대해 보험상품 WX''이 존재하여, 경쟁 회사가 보험상품 WX''을 도입하면 경쟁 회사는 이득을 보지만 보험상품 WX'를 도입한 회사는 손실을 입게 된다. 따라서 이러한 경쟁회사의 반응을 고려하는 보험회사는 신규 보험상품 WX'를 도입하지 않는다. 그러므로 기존의 보험상품 조합은 라일리 균형이 된다.

한편 균형개념을 라일리 균형 개념으로 수정하더라도 혼성균형은

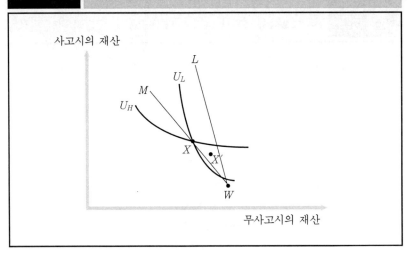

여전히 존재하지 않는다. 혼성균형의 후보로서 평균 사고확률을 공정한 보험료율로 가지는 보험선 상의 한 점 X를 잡자. 이 점에서 저위험 고객과 고위험 고객의 무차별곡선은 교차한다. 이때 저위험 고객의 무차별곡선의 윗 부분과 고위험 고객의 무차별곡선의 아래 부분, 그리고 저위험 고객에 대한 보험선의 아래부분이 교차하는 영역이 존재한다. 이 영역의 점 X'으로 재산상황을 이동시키는 보험상품은 이득을 보면서 저위험 고객을 끌어들이고 기존의 혼성균형 후보가 손해를 보게 만든다. 그런데 이 보험상품이 손실을 보게 만들면서 자신은 이득을 보는 다른 신규 보험상품은 존재하지 않는다. 따라서 처음에 상정한 혼성 보험상품은 혼성균형이 되지 못한다.

윌슨(Wilson) 균형

라일리 균형은 보험회사가 신규 상품 도입에 관한 의사결정을 할 때, 이 상품이 도입된 후 경쟁회사가 신규 상품을 도입함에 따라 손실을 입을 가능성이 있는지를 미리 감안한다고 보았다. 윌슨 균형에서는 보험회사가 신규 상품을 도입하기 전에 이 상품이 도입된 후 기존의 보험상품 중 손실을 입는 상품이 퇴출된 후에도 이 상품이 계속 손실을 보지 않을지를 고려한다고 본다.

윌슨(Wilson) 균형: 다음의 조건을 만족시키는 보험상품의 집합을 윌슨 균형이라 한다.

첫째, 이 집합 안의 각 보험상품에 대해 이 상품의 판매로부터 회사는 손해를 보지 않는다.

둘째, 이 집합에 속하지 않는 보험상품으로 다음과 같은 상품은 존재하지 않는다: 이 보험상품의 도입으로 당장 이득을 볼 뿐만 아니라,

도표 11-19 보험상품 WX는 윌슨 균형이다.

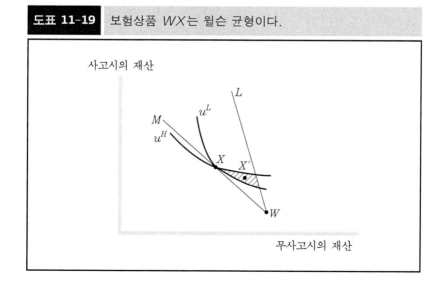

기존의 보험상품 중 손해를 보는 것이 시장에서 퇴출된 후에도 계속 손실을 보지 않는 상품.

보험시장에 로스차일드-스티글리츠 균형이 존재하지 않는 경우에도 윌슨(Wilson) 균형은 존재한다. 그것은 혼성균형이다. 도표 11-19에서 보험상품 WX는 평균 사고확률에 기초한 보험선과 저위험 고객의 무차별곡선이 접하는 점으로 재산상황을 이동시킨다. 이것이 유일한 윌슨 균형이다. 이 상품이 판매되고 있을 때 손해를 보지 않고 고객을 끌어들일 수 있는 보험상품은 그림의 삿갓부분으로 재산상황을 이동시키는 상품이다. 이 영역상의 보험상품 WX'은 저위험 고객을 끌어 들여 초과이윤을 얻는다. 그러나 일단 기존의 보험상품 WX가 퇴출되고 나면 고위험 고객도 이 상품을 구입하게 되어 손실을 본다. 따라서 보험회사가 이를 미리 감안하는 경우 기존의 보험상품 WX를 물리치는 신규 보험상품은 도입되지 않는다.

만약 상정된 혼성 보험상품 WX가 평균 사고확률에 기초한 보험선과 저위험 고객의 무차별곡선이 접하지 않고 교차하는 점으로 재산상황을 이동시킨다면, 교차하는 렌즈 모양의 영역 안으로 재산상황을 이동시키는 보험상품에 의해 시장에서 밀려나게 된다.

보험시장에 로스차일드-스티글리츠 분리균형이 존재하는 경우에 이 분리균형은 윌슨 균형도 된다.

미야자키-스펜스(Miyazaki-Spence) 균형

윌슨 균형에서는 균형을 깰 수 있는 보험상품을 한 개의 단일 상품으로 국한하였다. 그리하여 균형에 대하여, 균형에 속하지 않는 개별 보험상품으로서 신규 도입 후 기존 보험상품이 퇴출된 후에도 손실을 보지 않는 것이 존재하지 말아야 할 것을 요구하였다. 미야자키(Miyazaki(1977))는 윌슨과는 달리 여러 보험상품의 조합이 기존의 균형을 깰 수 있는 경우를 감안하였다. 그리하여 균형에 속하지 않는 보험상품조합으로서 개별 상품이 신규 도입 후 손실을 보더라도 보험상품 조합으로서는 손실을 보지 않는 것이 존재하지 말아야 할 것을 요구하였다. 스펜스(Spence(1978))는 미야자키의 모형을 보다 일반화하였다. 이 균형을 미야자키–스펜스(Miyazaki–Spence) 균형이라 한다.

미야자키–스펜스 균형에서는 윌슨 균형이나 로스차일드–스티글리츠 균형보다 더 높은 효용수준을 보험고객에게 제공해주는 보험계약 조합이 균형으로 존재할 수 있다. 이는 도표 11–20에서 나타내어지고 있다.

보험상품 조합(WX_H, WX_L)은 로스차일드–스티글리츠 균형이면서 동시에 윌슨 균형이다. 한편 보험상품 조합(WX_H', WX_L')은 미야자키–스펜스 균형이다. 미야자키–스펜스 균형에서 보험회사는 고위험 고객에 판매하는 보험상품 WX_H'으로부터 손해를 보지만 저위험 고객

도표 11-20	보험회사는 미야자키-스펜스 균형(WX_H', WX_L')에서 0의 이윤을 얻는다. 고객은 윌슨 균형(WX_H, WX_L)에서보다 미야자키-스펜스 균형에서 더 높은 효용을 얻는다.

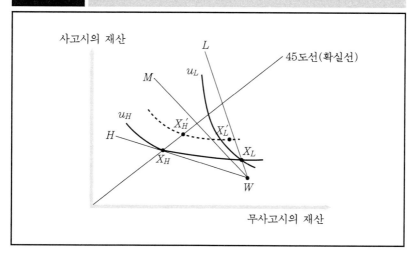

에 판매하는 보험상품 WX_L' 으로부터 이득을 얻어 전체적으로는 0의 이윤을 얻는다. 무차별곡선의 위치로부터 보험고객들은 미야자키-스펜스 균형에서 윌슨 균형에 비해 더 높은 효용을 누림을 알 수 있다.

지금까지 보험회사가 경쟁 회사의 반응을 감안하여 행동하는 경우에 균형개념이 새롭게 정의될 수 있음을 보았다. 그리고 이 경우 균형은 항상 존재하게 됨을 살펴보았다. 라일리 균형은 한 보험회사가 새로운 보험상품을 시장에 출시할 때 경쟁 회사가 신속히 그에 대응한 보험상품을 내놓는 상황에 적합한 균형개념이다. 반면 윌슨 균형이나 미야자키-스펜스 균형은 새로운 상품이 도입될 때 기존의 상품 중 손실을 보게 되는 상품이 신속히 퇴출되는 상황에 적합한 균형개념이다. 그러나 이러한 논의는 균형이 존재하지 않는다는 이론상의 구멍을 봉합하기 위한 미봉책이라 할 수 있다. 왜냐하면 경쟁 회사가 신속히 새로운 상품으로 대응하지 못하거나 기존의 상품을 신속히 퇴출시키지 못하는 상황에서는 여전히 로스차일드-스티글리츠 균형이 적합한 균형개념이 되며 따라서 균형이 존재하지 않게 될 가능성이 상존하기 때문이다.

11.5 선별하기 게임

앞에서 살펴본 보험시장에서 잠재적인 보험상품 구매자는 저위험 고객일 수도 있고 고위험 고객일 수도 있다. 구매자는 자신의 위험도를 알지만 보험회사는 이를 잘 모른다. 보험회사는 다만 고위험 고객과 저위험 고객의 사회 전체적인 구성비만을 알고 있다. 이러한 상황에서 보험회사는 다양한 보험상품을 개발하여 판매할 수 있다. 사람들은 자신의 타입에 맞추어 적당한 보험상품을 구입하거나 아예 보험상품을 구매하지 않을 수도 있다.

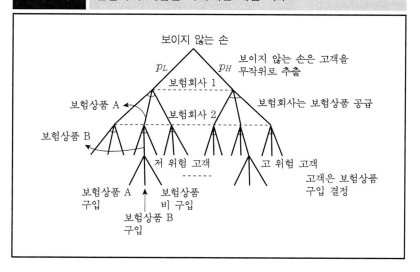

이러한 상황은 도표 11-21과 같은 게임으로 표현할 수 있다.

보이지 않는 손과 여러 개의 보험회사 그리고 한 명의 고객이 게임에 참여한다. 먼저 보이지 않는 손이 게임에 참여할 고객을 무작위로 선택한다. 따라서 고객으로 선택된 사람이 저위험 고객일 확률은 사회 전체에서 저위험 고객이 차지하는 비율과 같게 된다. 보험회사들은 고객의 위험도를 잘 모르는 상황에서 저위험 고객과 고위험 고객을 선별하기 위해 몇 가지 보험상품을 제시한다(그림에서는 편의상 보험회사가 두 개만 있는 것으로 가정하고 게임 나무를 그렸다). 그 다음에 고객은 보험상품을 구매할 것인지 구매한다면 어떤 보험상품을 구매할 것인지 결정한다.

앞에서 살펴본 로스차일드-스티글리츠 균형은 이러한 게임에서의 하부게임 완전균형에 해당한다.

현대자동차 노조는 1987년에 설립되었다. 그로부터 20년 동안 임금협상 과정에서 1994년 단 일년을 빼고는 매년 파업을 벌였다. 누적된 파업일수만 326일, 그 동안 생산차질 대수는 94만대, 생산 차질액은 10조원을 넘는다. 부품업체와 운송업체 등 현대차의 협력업체를 감안하면 19년 동안 누적된 손실 규모는 눈덩이처럼 불어난다. 현대자동차의 임금협상에서 노조가 파업을 연례행사처럼 벌이는 것은 무슨 이유일까?

임금협상에 나서는 노조는 노동의 가치에 상응하는 정당한 임금을 받기를 원한다. 문제는 노동의 가치는 회계자료를 통해 손쉽게 계산될 수 없다는데 있다. 노동의 가치는 기업의 경쟁력, 경쟁 기업의 동향 등 기업 경영환경에 크게 좌우되어 계량화되기 어렵기 때문이다. 노동의 가치에 관한 정보는 노조는 갖지 못하고 기업만이 갖는 사적인 정보라고 볼 수 있다. 따라서 노조는 기업이 임금 인상을 소폭으로 조정하자고 하여도 기업이 자신의 몫을 늘리기 위해 그런다고 의심할 수 있다. 회사측이 글로벌 경쟁, 환율하락, 유가상승에 따른 수요감소 등과 같은 경영환경을 이유로 들더라도 회사를 신뢰할 수 없다면 회사의 제안을 받아들일 수 없다.

파업은 노동의 가치와 관련된 경영상황에 관한 정보의 불균등 문제를 해결하기 위해 노조가 사용할 수 있는 전략적 행위의 한 가지라고 볼 수 있다. 파업은 생산차질을 빚어 기업에 타격을 준다. 파업은 암묵적으로 다음과 같은 메시지를 전달해 준다. "우리의 제안을 거부하면 상당 기간 동안 생산차질에 따른 손실을 감수해야 한다." "회사가 높은 임금을 지불할 능력이 없음을 신빙성 있게 보여주지 않는 한 낮은 임금을 받아들일 수 없다." 이 파업에 대해 회사측이 오랫동안 견디어 낸다면 이는 다음과 같은 신빙성 있는 메시지를 전달해준다. "봐라. 내가 높은 임금을 지불할 능력이 있었다면 일찌감치 양보하여 높은 임금을 지불하기로 합의하였을 것이다. 그렇지 못하기 때문에 이렇게 파업에도 불구하고 견디고 있는 것이다." 파업은 일종의 암묵적 대화수단인 것이다.

협상은 거래 당사자가 거래 대상의 가치에 관하여 어느 정도의 기본적인 정보가 있을 때 진전될 수 있다. 거래의 한쪽만이 정보를 가지고 있는 상황에서 흥정은 이루어지기 어렵다. 거래가 이루어지려면 최소한의 정보를 거래 당사자가 공유하여야 한다. 소위 비빌 언덕이 필요한 것이다. 임금협상에서 파업은 협상에 필요한 기본적인 정보를 얻기 위해 노조가 취하는 일종의 선별행위이다. 파업을 통한 선별은 시간을 두고 아주 높은 임금의 요구에서부터 시작하여 낮은 임금을 요구하는 동태적 가격차별의 형태를 띤다. 노조는 처음에 아주 높은 임금을 요구하고 회사측의 반응을 기다려 본다. 만약 회사측이 파업을 견디어내면 이는 회사측이 이 수준의 임금을 감당할 수 없음을 알려주므로 이보다 약간 낮은 임금을 요구한다. 노조는 이런 식으로 회사측이 감내하는 기간에 비례하여 점점 낮은 임금을 요구한다. 이러한 동태적 가격차별이 효과적으로 작동하려면 회사측이 노조의 제안을 거부했을 때 충분한 간격을 두어 회사에 타격을 가한 후 다음 제안을 해야 한다. 그렇지 않으면 회사는 노조가 더 낮은 임금을 제안하기를 계속 기다릴 것이기 때문이다.

파업은 노조의 입장에서 보면 좋은 전략적 수단이지만 회사의 입장에서 보면 큰 손실을 가져오는 괴로운 것이다. 특히 파업기간 중의 임금손실을 파업 종료 후에 보전해주는 것이 관행화되어 있고 대체 고용ㆍ정리해고의 자유가 제약되어 있는 경우 더욱 그러하다. 최근 투명한 경영과 윤리적인 경영을 통해 노사 간 신뢰관계를 구축하여 소모적인 노사 대립을 지양하고 시너지를 극대화하자는 윤리경영이 경영학의 화두로 떠오른 것이 우연은 아닌 것이다

| 참고문헌

Crocker, Keith J. and Arthur Snow, "The Efficiency of Competitive Equilibria in Insurance Markets with Asymmetric Information," *Journal of Public Economcis 26* (1985), pp. 207 – 219.

Grossman, H. J., "Adverse selection, dissembling and competitive equilibrium," *Bell Journal of Economics 10* (1979), pp. 330 – 343.

Miyazaki, H., "The rat race and internal labor markets," *Bell Journal of Economics 8* (1977), pp. 394 – 418.

Riley, John G., "Informational equilibrium," *Econometrica 47* (1979), pp. 331 – 359.

Rothschild, M. and J. Stiglitz, "Equilibrium in insurance markets: An essay on the economics of imperfect information," *Quarterly Journal of Economics 90* (1976), pp. 629 – 649.

Spence, M., "Product differentiation and performance in insurance markets," *Journal of Public Economics 10* (1978), pp. 427 – 447.

Wilson, C., "A model of insurance markets with incomplete information," *Journal of Economic Theory 12* (1977), pp. 167 – 207.

Wilson, Robert, "Negotiation with Private Information: Litigation and Strikes," Nancy L. Schwartz Memorial Lecture (May 18. 1994), Kellog Graduate School of Management.

"시험을 참는 자는 복이 있도다. 이것에 옳다 인정하심을 받은 후에 주께서 자기를 사랑하는 자들에게 약속하신 생명의 면류관을 얻을 것임이니라" (야고보서 1장 12절)

12

불완비 정보와 베이지안 게임

경기자가 게임상황을 결정하는 어떤 요소에 대해 잘 모르는 경우 이 게임을 불완비 정보의 게임이라 한다. 게임상황을 결정하는 요소로는 경기자들의 보수체계, 경기자들이 사용가능한 전략, 경기자들이 갖고 있는 게임상황에 대한 정보의 세 가지 형태가 있다.

경기자들이 불완비 정보를 갖고 있는 경우 경기자들은 무한히 계속되는 연쇄적 예상을 갖게 된다. 예를 들어 경기자들이 상대방의 보수함수를 잘 모르는 2인 게임을 상정해보자. 이 게임에서 경기자 1의 전략 선택은 경기자 2의 보수함수 u_2에 대한 예상에 따라 달라질 것이다. 왜냐하면 경기자 2의 보수함수는 경기자 2의 행동을 결정하는 중요한 요인이기 때문이다. 경기자 1의 u_2에 관한 예상을 경기자 1의 1차 예상이라 한다. 경기자 1의 전략 선택은 그 자신의 보수함수 u_1에 대한 경기자 2의 1차 예상에 대한 예상의 영향도 받는다. 이를 경기자 1의 2차 예상이라 한다. 경기자 1의 전략 선택은 경기자 2의 2차 예상에 대한 예상의 영향도 받는다. 마찬가지로 3차, 4차 … 의 무한 차의 예상의 영향을 받는다. 경기자 2의 경우도 마찬가지로 경기자 1의 보수함수에 대한 1차부터 무한 차의 예상의 영향을 받는다.

　이러한 무한히 계속되는 연쇄적 예상을 고려하여 불완비 정보의 게임상황을 분석하는 것은 불가능하다. 하사니(Harsanyi)는 이러한 분석상의 어려움을 회피하는 방법을 제시하였다. 그것은 베이지안 접근(Bayesian approach)을 선택하는 것이다. 베이지안 접근이란 사람들이 불확실한 상황에 직면하면 주관적인 확률분포를 형성하고 이를 이용하여 의사결정을 한다는 분석상의 관점이다. 베이지안 접근을 이용하면 무한히 계속되는 연쇄적 예상을 단일한 예상으로 대체할 수 있다. 이는 무한 급수 $1+x+x^2+ \cdots$ 가 $\dfrac{1}{1-x}$로 표시될 수 있는 것에 비견될 수 있다. 베이지안 접근에 기초하여 불완비 정보의 게임을 불완전 정보의 게임으로 변환시킬 수 있는데 이렇게 변환된 게임을 베이지안 게임이라 한다.[1] 이하에서는 베이지안 게임의 구성과 이 게임에서의 균형개념에 대해 살펴보도록 한다.

12.1 불완비 정보의 개념

　게임이론에서는 경기자들이 그들이 구사할 수 있는 전략과 전략구사에 따른 보수체계가 어떠한지에 대해 잘 알고 있다고 가정한다. 또한 각 경기자는 "다른 경기자들이 전략과 보수체계를 알고 있다는 사실"을 알고 있다고 가정한다. 즉 게임의 구조가 모든 경기자에게 주지

---

1) 불완비 정보의 게임이란 게임의 구성요소나 상대방의 정보상황에 대해 잘 알지 못하여 게임의 형식을 갖추지 못한 게임 상황을 일컫는다. 반면 불완전 정보의 게임이란 두 개 이상의 점을 포함하는 정보집합이 존재하는 전개형 게임을 일컫는다. 완전 정보의 게임이란 모든 정보집합이 한 점으로 구성된 전개형 게임을 일컫는다.

(周知)의 사실(common knowledge)이라고 가정한다. 그러나 실제로는 경기자들은 상대방이 어떤 전략을 구사할 수 있는지, 그리고 그에 따른 보수체계가 어떠한지 잘 알지 못하는 경우가 많다. 또한 상대방 경기자가 게임의 구성요소에 대해 얼마만큼의 정보를 가지고 있는지 불확실한 경우가 많다. 이러한 상황을 불완비 정보(incomplete information)의 상황이라 한다. 즉, 게임에서의 불완비 정보는 크게 보아 다음의 세 가지 형태를 띤다.

첫째, 다른 경기자의 보수체계에 대해 잘 모를 수 있다.

둘째, 다른 경기자가 사용할 수 있는 전략들에 대해 잘 모를 수 있다.

셋째, 상대방 경기자가 자신에 대해 어떠한 정보를 가지고 있는지 잘 모를 수 있다.

예를 들어 어떤 산업에 새로운 기업이 진입을 시도하는 경우, 기존 기업은 이 새로운 기업의 생산기술이나 마케팅 능력 등 경쟁력에 대해 잘 모르는 경우가 많다. 또한 진입기업이 기존기업의 경쟁력에 대해서는 얼마만큼의 정보를 가지고 있는지 그리고 기존기업이 갖고 있는 정보에 대해 어떻게 인식하고 있는지 잘 모를 수도 있다.

이 세 가지 형태 중 두 번째 것은 보수체계에 대한 불확실성으로 환원시킬 수 있다. 게임이론의 견지에서는, 어떤 전략이 상대방 경기자에게 사용가능하지 않다는 가정과 상대방 경기자가 그 전략을 사용할 수 있지만 전혀 사용하지 않는다는 것은 같은 결과를 갖는다. 어떤 전략이 항상 매우 낮은 보수를 준다면 그 전략은 사용되지 않을 것이다. 그러므로 다른 경기자가 어떤 전략을 사용할 수 있는지에 관한 불확실성은 그 전략을 사용할 수는 있지만 그 전략을 사용시 보수가 매우 낮아 사용되지 않을 것인지에 관한 불확실성으로 환원시킬 수 있다.

이렇게 볼 때 게임에서의 불완비 정보는 다른 경기자의 보수체계에 대한 불확실성과 다른 경기자의 정보상황에 관한 불확실성으로 구성된다고 볼 수 있다.

12.2 타입의 개념과 베이지안 게임

불완비 정보의 게임상황이 주어졌다고 하고 이 상황을 특정 경기
자 j의 관점에서 생각해보자. 경기자 j가 상정하는 각 경기자 $i \in N$의 보
수함수를 $u_i = u_i(s_1, s_2, \cdots, s_n)$로 표현하자. 여기서 s_i는 경기자 i의 전
략을 나타낸다. 이 함수의 형태는 다른 경기자 $k \neq i$에게는 알려져 있지
않다. 이 보수함수의 형태를 결정하는 매개변수들이 존재한다고 하자.
이 매개변수들 중 모든 경기자들에게 알려져 있지 않은 것들로 구성된
벡터를 a_{0i}로 표시하자. 그리고 경기자 k에게는 알려져 있지만 어떤 다
른 경기자에게는 알려져 있지 않은 변수들로 구성된 벡터를 a_{ki}로 표시
하자. 그러면 경기자 i의 보수함수는 전략조합과 이 매개변수 벡터들
$(a_{0i}, a_{1i}, \cdots, a_{ni})$의 함수로서 다음과 같이 표현될 수 있다.

$$V_i^*(s_1, s_2, \cdots, s_n; a_{0i}, a_{1i}, \cdots, a_{ni})$$

여기서 a_{ki}가 취할 수 있는 값의 집합을 A_{ki}로 표시하자. 그러면 경
기자 i의 보수함수는 카르테지안 곱 $S_1 \times \cdots \times S_n \times A_{0i} \times A_{1i} \times \cdots \times A_{ni}$
에서 실선으로 보내는 함수이다.

다른 경기자들은 모르는 경기자 k만이 알고 있는 정보를 경기자 k
의 사적 정보(private information)라 한다. 상대방 경기자들의 보수함수
에 대한 경기자 k의 사적 정보는 벡터들의 조합 $a_k = (a_{k1}, a_{k2}, \cdots, a_{kn})$
에 의해 요약된다. 벡터 a_k가 취할 수 있는 값의 집합을 A_k로 표시하자.
경기자 i의 보수함수에서 a_{ki}를 a_k로 대체해도 상관없으므로 이렇게 대
체하는 경우 경기자 i의 보수함수는 $V_i^*(s_1, \cdots, s_n; a_0, a_1, \cdots, a_n)$으로 쓸
수 있다.

경기자 k만 알고 있는 사적 정보는 상대방 경기자들의 보수함수에 대해 갖고 있는 사적 정보 a_k와 상대방 경기자들의 정보상황에 대해 갖고 있는 사적 정보로 구성된다. 경기자 k가 상대방 경기자들의 정보상황에 관해 갖고 있는 사적 정보를 벡터 b_k로 표시하면 경기자 k가 갖고 있는 사적 정보는 $t_k = (a_k, b_k)$로 표시된다. 이를 경기자 k의 타입(type)이라 부른다.

각 경기자 i는 $a_0 = (a_{01}, \cdots, a_{0n})$과 상대방 경기자들의 사적 정보 $\{t_k = (a_k, b_k)\}_{k \in N/\{i\}}$에 대해 잘 모른다. 따라서 베이지안 접근에 따르면 각 경기자 i는 상대방 경기자들의 사적 정보인 타입에 관하여 주관적인 확률분포를 형성한다. 이 확률분포를 P_i로 표시하자.

$$P_i = P_i(a_0, (a_1, b_1), \cdots, (a_{i-1}, b_{i-1}), (a_{i+1}, b_{i+1}), \cdots, (a_n, b_n))$$

분석의 편의를 위해 다음과 같은 축약된 기호를 사용한다.

$$a = (a_1, \cdots, a_n), b = (b_1, \cdots, b_n), t = (t_1, \cdots, t_n)$$
$$a_{-i} = (a_1, \cdots, a_{i-1}, a_{i+1,} \cdots, a_n), b_{-i} = (b_1, \cdots, b_{i-1}, b_{i+1}, \cdots, b_n),$$
$$t_{-i} = (t_1, \cdots, t_{i-1}, t_{i+1}, \cdots, t_n)$$

이들에 대응되는 정의역은 다음과 같이 표시된다.

$$A = A_1 \times \cdots \times A_n, B = B_1 \times \cdots \times B_n, T = T_1 \times \cdots \times T_n$$
$$A_{-i} = A_1 \times \cdots \times A_{i-1} \times A_{i+1} \times \cdots \times A_n,$$
$$B_{-i} = B_1 \times \cdots \times B_{i-1} \times B_{i+1} \times \cdots \times B_n$$
$$T_{-i} = T_1 \times \cdots \times T_{i-1} \times T_{i+1} \times \cdots \times T_n$$

여기서 P_i는 다른 경기자들에게는 그 형태가 알려져 있지 않은 것이다. 이 주관적 확률분포의 형태를 결정짓는 매개변수 벡터는 경기자 i가 다른 경기자들의 정보상황에 대해 갖고 있는 정보에 해당한다. 즉 경기자 i의 주관적 확률분포의 형태를 결정짓는 매개변수 벡터는 바로

b_i이다. 이 벡터 b_i값이 정해지면 P_i의 구체적인 형태가 결정된다. 따라서 다음과 같은 식이 성립한다.

$$P_i(a_0, t_{-i}) = R_i(a_0, t_{-i} | b_i) = R_i(a_0, a_{-i}, b_{-i} | b_i)$$

여기서 R_i는 그 수학적 형태가 모든 경기자들에게 알려져 있는 함수이고 b_i는 다른 경기자들의 모두 또는 일부에게 알려져 있지 않고 경기자 i에게는 알려져 있는 벡터 값이다.

모든 경기자들이 모르는 매개변수 a_0는 기대값을 취함으로써 경기자들의 보수함수와 주관적 확률분포를 나타내는 식에서 제거될 수 있다. 이제 $R_i(a_0 | b_i)$는 a_0에 대한 주변 확률분포라 하자: $R_i(a_0 | b_i) = \sum_{a_{-i} \in A_{-i}, \, b_{-i} \in B_{-i}} R_i(a_0, a_{-i}, b_{-i} | b_i)$. 그리고 다음과 같이 V_i를 정의하자.

$$V_i(s_1, \cdots, s_n; a \, | \, b_i) \equiv V_i(s_1, \cdots, s_n; a, b_i)$$
$$\equiv \sum_{a_0 \in A_0} V_i^*(s_1, \cdots, s_n; a_0, a) R_i(a_0 | b_i)$$
$$R_i(a_{-i}, b_{-i} | b_i) \equiv \sum_{a_0 \in A_0} R_i(a_0, a_{-i}, b_{-i} | b_i)$$

여기서 V_i는 경기자의 i의 주관적 확률분포로 평가한 기대보수를 나타낸다.

위의 보수함수 식에서 b_i를 b로 대체하고 주관적 확률분포 식에서 b_i를 t_i로 대체하면 다음과 같은 식을 얻는다.

$$V_i(s_1, \cdots, s_n; a, b) = V_i(s_1, \cdots, s_n; t)$$
$$R_i(a_{-i}, b_{-i} | b_i) = R_i(t_{-i} | t_i), \; i \in N$$

이 두 식은 어떤 특정 경기자 j의 머릿속에서 그려지는 불완비 정보의 게임상황을 묘사해준다. 여기서 각 경기자 i의 주관적 확률분포 $R_i(t_{-i} | t_i)$가 어떤 공통 사전확률 분포 $R(t_{-i}, t_i)$로부터 조건부 확률분포로 유도될 수 있다고 하자. 즉, $R_i(t_{-i} | t_i) = R(t_{-i} | t_i), \; i \in N$. 이를 하사니

의 공통 사전예상의 가설(common prior hypothesis)이라 한다. 하사니의 가설이 성립하는 경우 불완비 정보의 게임상황은 어떤 보이지 않는 손이 공통 사전확률분포 R에 따라 각 경기자들의 타입을 결정하고 그 후에 각 경기자는 자신의 사적 정보를 가지고 상대방의 타입에 대하여 사후적 예상을 형성하고 이에 기초하여 전략을 선택하는 불완전 정보의 게임으로 표현되어진다. 이 게임을 베이지안 게임이라 한다. 베이지안 게임은 수식으로 다음과 같은 구성요소를 갖는 게임으로 정의된다.

$$G^* = [S_1, \cdots, S_n; T_1, \cdots, T_n; V_1, \cdots, V_n; R]$$

베이지안 게임은 다음과 같은 두 가지 모형으로 설명할 수 있다. 첫 번째 모형에서는 이 게임에 n명의 사람이 경기자로 참여하고 각 사람은 자신의 타입만을 알고 다른 사람의 타입에 대해서는 잘 모른다고 상정한다. 다만 각 사람은 타입의 사전 확률분포에 관해 동일한 예상을 하고 있다고 상정한다(하사니의 공통 사전 예상의 가설). 이는 다음과 같은 논거에 의해 합리화될 수 있다.

사람들의 예상은 정보에 기초한다. 따라서 사람들이 동일한 정보를 가졌다면 동일한 예상을 한다고 보아야 한다. 사후 예상은 사적 정보 t_i가 주어진 후의 예상인 반면 사전 예상은 모든 사람들이 동일한 정보를 가진 상태에서의 예상이다. 그러므로 모든 사람들이 동일한 사전 예상을 가진다고 보는 것이 타당하다.

첫 번째 모형은 타입 조합의 확률 모형(random-vector model)이라 불리운다. 이 모형에 따를 때 경기자의 수는 n 명이다. 예를 들어 포커 게임을 생각해 보자. 먼저 카드딜러가 카드를 각 경기자에게 나누어 준다. 각 경기자는 자신의 카드가 어떤지 잘 모르다가 딜러로부터 카드를 받은 후 자신의 카드가 어떤 무늬와 숫자를 가졌는지 알게 된다. 여기서 카드의 무늬와 숫자는 각 경기자의 사적 정보로 타입에 해당한다. 그러므로 이 포커 게임에서는 경기자가 받은 카드에 의해 그의 타입이 결정된다. 이 경우 받은 카드(타입)가 다르다고 해서 다른 경기자라고 보기는 곤란하다.

두 번째 모형은 다음과 같은 사회적 프로세스의 상정에 기초한다.

사회 내에 많은 사람들이 살고 있다고 하자. 이들 중 n명의 사람이 우연히 만나서 게임을 하게 된다. 이러한 상황은 다음과 같이 형식화될 수 있다. 즉, 사회에는 n개의 모집단이 있다. 각 모집단으로부터 한 명씩 n명이 무작위로 뽑혀 게임을 한다. 모집단 i에서 뽑힌 사람은 경기자 i의 역할을 맡게 된다. 역할 i의 타입의 개수를 $|T_i|$로 표시하면 각 모집단 i에는 $|T_i|$개의 타입의 사람들이 존재한다. 따라서 모집단 i에서 뽑힌 사람의 타입이 t_i일 확률은 모집단 i의 전체 인구 중 t_i타입인 사람들의 인구구성비와 같다. 그리고 각 모집단으로부터 뽑힌 사람들의 타입조합이 $(t_1, \cdots, t_n)$일 확률은 각 모집단에서의 각 타입의 인구 구성비를 곱해준 것으로 확률분포 함수 $R(t_1, t_2, \cdots, t_n)$로 표시된다. 이제 모든 사람이 이러한 사회적 프로세스를 알고 있다고 하자. 각 사람은 사회 전체의 타입별 인구분포 R을 알고 있으며 자신의 타입도 알고 있다. 이러한 상황에서 경기자 i의 역할을 맡게 된 t_i타입의 사람은 다른 경기자들의 타입에 대하여 어떤 예상을 형성할까? 조건부 확률분포 $R(t_{-i}|t_i)$에 따라 예상할 것이라고 보는 것이 자연스러울 것이다. 이렇게 볼 때 각 경기자 i의 주관적 확률분포 P_i는 어떤 공통의 확률분포 $R=R(t_1, t_2, \cdots, t_n)$으로부터 조건부 확률분포로서 도출된다고 보는 것이 타당하다. 이 모형은 제비뽑기 모형(lottery model)이라고 불리운다. 이 모형에서 실질적인 경기자의 수는 각 역할 i를 맡을 수 있는 타입의 개수 $|T_i|$를 모두 더한 것이다: $\sum\limits_{i=1}^{n} |T_i|$. 이 모형은 앞에서 살펴본 노동시장에서의 학벌을 통한 신호보내기 모형에 잘 적용된다.

12.3 베이지안 내쉬균형

베이지안 게임에서 경기자들은 어떤 전략을 구사할 것이라고 예측할 수 있을까? 베이지안 게임은 불완전 정보의 게임이므로 이에 대하여 앞장에서 살펴본 여러 가지 균형개념을 적용할 수 있다. 그 중 대표적인 것이 내쉬균형이다. 내쉬균형 개념을 베이지안 게임에 적용한 것을 베이지안 내쉬균형(Bayesian Nash equilibrium)이라 한다. 베이지안 내쉬 균형의 정의는 베이지안 게임의 배경이 되는 모형을 어떤 것으로 취하느냐에 따라 달라진다.

베이지안 게임이 타입조합의 확률 모형을 나타내는 게임 형식이라고 보는 경우, 각 타입 t_i는 경기자 i의 실현가능한 한 가지 형(形)인 것으로 본다. 각 경기자 i의 전략 s_i^*은 각 타입 t_i에 대해 전략을 대응시켜 주는 함수이다: $s_i^* : T_i \rightarrow S_i$. 경기자 i의 보수함수 W_i는 각 전략조합에 대해 타입의 공통 사전확률 분포 $R(t)$에 따른 기대보수를 대응시켜 준다:

$$W_i(s_1^*, \cdots, s_n^*) = \sum_{t \in T} R(t) V_i(s_1^*(t_1), \cdots, s_n^*(t_n); t)$$

타입 조합 확률 모형에서의 베이지안 내쉬균형은 각 경기자의 전략이 상대방 경기자들의 전략에 대해 최적의 선택이 되는 그러한 전략들의 조합 $\{s_i^e(\cdot)\}_{i \in N}$을 의미한다: 모든 i에 대하여 $s_i^e \in arg\ max_{s_i} W_i(s_{-i}^*, s_i^*)$.

베이지안 게임이 제비뽑기 모형을 게임 형식으로 나타낸 것이라 보는 경우에는 경기자 i의 각 타입 t_i는 독립적인 경기자로 간주된다. 타입 t_i인 경기자 i는 상대방 경기자가 어떤 타입인지에 관하여 사전 공통예상 (prior) $R(t_{-i}, t_i)$을 가지고 있다. 이를 바탕으로 자신의 정보(타입)를 사용하여 상대방 경기자가 어떤 타입인지에 대하여 예상 $R(t_{-i}|t_i)$을 형성한다. 이를 베이지안 접근에서는 사후 예상(posterior)

이라 한다.

타입 t_i인 경기자 i는 상대방의 타입에 대한 사후 예상과 상대방의 타입별 전략 선택에 대한 예상에 기초하여 자신의 최적 전략을 선택한다. 타입 t_j인 경기자 j의 전략을 $s_j^*(t_j)$로 표시할 때, 타입 t_i인 경기자 i의 최적 순수 전략은 다음과 같은 최적화 문제의 해이다.

$$max_{s_i \in S_i} Z_i(s_{-i}^*, s_i | t_i)$$
$$Z_i(s_{-i}^*, s_i | t_i) \equiv \sum_{t_{-i} \in T_{-i}} R(t_{-i} | t_i) V_i(s_1^*(t_1), \cdots, s_{i-1}^*(t_{i-1}), s_i, s_{i+1}^*(t_{i+1}), \cdots,$$
$$s_n^*(t_n); \ t_{-i}, t_i)$$

제비뽑기 모형에서의 베이지안 내쉬균형은 각 타입의 경기자의 전략이 상대방 경기자들의 타입별 전략에 대해 최적의 선택이 되는 그러한 전략들의 조합을 의미한다. 베이지안 내쉬균형은 다음의 조건을 만족시키는 전략 조합 $\{s_i^e(t_i)\}_{i \in N, \ t_i \in T_i}$이다.[2)]

모든 i와 모든 $t_i \in T_i$에 대하여 $s_i^e(t_i) \in arg \ max_{s_i \in S_i} Z_i(s_{-i}^e, s_i | t_i)$.

베이지안 게임이 어떤 모형을 나타내는 게임 형식이든 게임의 내쉬균형은 같다. 즉, 제비뽑기 모형으로 해석할 때의 베이지안 내쉬균형 $\{s_i^*(t_i)\}_{i \in N, \ t_i \in T_i}$은 타입 조합의 확률모형으로 해석할 때의 베이지안 내쉬균형 $(s_i^*)_{i \in N}$과 일치한다. 이는 다음과 같이 증명될 수 있다.

베이지안 게임 G^*의 제비뽑기 모형에서의 베이지안 균형 $\{s_i^*(t_i)\}_{i \in N, \ t_i \in T_i}$이 타입 조합 확률 모형에서의 내쉬균형 $(s_i^*)_{i \in N}$이 되지 못한다고 상정하자. 이 경우 어떤 경기자 k가 있어 베이지안 균형 전략 s_k^*로부터 어떤 다른 베이지안 전략 $s_k^{*\prime}$으로 이탈할 유인이 존재한다: $W_k(s_{-k}^*, s_k^{*\prime}) > W_k(s_{-k}^*, s_k^*)$. 그런데 $W_k(s_{-k}^*, s_k^{*\prime}) = \sum_{t_k \in T_k} Z_k(s_{-k}^*, s_k^{*\prime}(t_k) | t_k) R(t_k)$이고 $W_k(s_{-k}^*,$

---

2) 타입이 연속변수인 경우에는 '모든 t_i에 대하여'라는 조건 대신 '거의 모든 t_i에 대하여'라는 조건이 붙는다. 여기서 '거의 모든 t_i에 대하여'라는 것은 이 식이 성립하는 경기자 i의 타입의 집합을 T_i^*라 할 때 공통 사전확률로부터 유도된 주변 확률분포 $R(t_i)$가 이 집합에 1의 확률을 부여함을 의미한다.

$s_k^*) = \sum_{t_k \in T_k} Z_k(s_{-k}^*, s_k^*(t_k) \mid t_k) R(t_k)$이므로 적어도 한 $t_k \in T_k$에 대해 $Z_k(s_{-k}^*, s_k^{*\prime}(t_k) \mid t_k) > Z_k(s_{-k}^*, s_k^*(t_k) \mid t_k)$이 성립한다. 이는 베이지안 전략 조합 $\{s_i^*(t_i)\}_{i \in N, \ t_i \in T_i}$이 제비뽑기 모형에서의 베이지안 균형이라는 데에 위배된다.

역으로 타입 조합 확률 모형에서의 베이지안 내쉬균형 $(s_i^*)_{i \in N}$이 제비뽑기 모형에서의 베이지안 균형이 되지 못한다고 상정하고 모순이 발생함을 보이자. 이 경우 어떤 경기자 k의 타입 t_k가 존재하여 제비뽑기 모형에서의 베이지안 내쉬균형으로부터 이탈하여 $s_k^*(t_k)$ 대신 s_k'를 구사할 유인이 있다:

$$Z_k(s_{-k}^*, s_k' \mid t_k) > Z_k(s_{-k}^*, s_k^*(t_k) \mid t_k)$$

이제 경기자 k의 타입이 $t_k' \neq t_k$일 때는 처음에 상정한 베이지안 내쉬균형 $(s_i^*)_{i \in N}$에 따라 전략 $s_k^*(t_k')$를 구사하고 타입이 t_k일 때는 s_k'을 구사하는 전략 s_k^{**}을 상정하자. 그러면 $W_k(s_{-k}^*, s_k^{**}) > W_k(s_{-k}^*, s_k^*)$가 성립하고 이는 $(s_i^*)_{i \in N}$가 타입 조합 확률 모형에서의 베이지안 내쉬균형이라는데 위배된다.

12.4 베이지안 게임의 예

두 명의 경기자 1과 2가 있다. 경기자들의 보수체계는 경기자 1의 육체적 특성에 따라 달라진다. 경기자 1의 육체적 특성은 연약하든지 강건하든지 둘 중 하나이다. 경기자 1의 육체적 특성에 따른 게임의 보수체계는 도표 12-1과 같다. 경기자 1이 연약한 경우에 경기자 2는 공격하는 것이 항상 유리하다. 이 경우 게임의 최소극대화 전략 균형(유일한 내쉬균형)은 경기자 1은 비공격을 선택하고 경기자 2는 공격을 선택하는 것이다.

경기자 2

		공격	비공격			공격	비공격
연약한 경기자 1	공격	24 / −24	−36 / 36	강건한 경기자 1	공격	−28 / 28	−15 / 15
	비공격	0 / 0	−24 / 24		비공격	−40 / 40	−4 / 4

경기자 1이 강건한 경우에는 경기자 2는 비공격을 선택하는 것이 항상 유리하다. 이 경우 게임의 최소극대화 전략 균형(유일한 내쉬균형)은 경기자 1은 공격을 선택하고 경기자 2는 비공격을 선택하는 것이다.

이 경우 경기자 1의 사적 정보 즉 타입은 자신의 육체적 특성에 대한 정보와 상대방의 타입에 대한 정보이다. 상대방의 타입에 대한 정보는 상대방의 타입의 확률분포에 관해 어떤 예상을 하고 있는지를 나타낸다. 분석의 편의를 위해 자신의 육체적 특성에 대한 정보와 상대방

경기자 2

		b_2	b_2'
경기자 1	w	0.01	0.00
	s	0.09	0.90

도표 12-3	경기자 1의 경기자 2의 타입에 대한 조건부 확률 $R(t_2\|t_1)$ 을 나타내는 표

<table>
<tr><td colspan="2"></td><td colspan="2" align="center">경기자 2</td></tr>
<tr><td colspan="2"></td><td align="center">$t_2 = b_2$</td><td align="center">$t_2 = b_2'$</td></tr>
<tr><td rowspan="2">경기자 1</td><td>$R = (\,\cdot\,\|\,t_1 = w)$</td><td align="center">1.00</td><td align="center">0.00</td></tr>
<tr><td>$R = (\,\cdot\,\|\,t_1 = s)$</td><td align="center">0.09</td><td align="center">0.91</td></tr>
</table>

타입에 대한 정보는 서로 상관되어 있다고 가정한다. 즉, 자신이 연약할 때 상대방에 관해 b_1의 정보를 갖고 자신이 강건할 때는 상대방에 관해 b_1'의 정보를 갖는다고 가정한다. 그러면 경기자 1의 타입은 연약하고(weak) 상대방에 대해 b_1의 정보를 갖는 타입과 강건하고(strong) 상대방에 대해 b_1'의 정보를 갖는 타입의 두 가지이다. 전자를 w 타입 후자를 s 타입이라 부른다. 경기자 2의 사적 정보 즉 타입은 상대방 경기자 1의 타입에 대해 형성하고 있는 예상이 어떤 것인가를 나타낸다. 분석의 편의상 경기자 2의 타입은 b_2, b_2'의 두 가지라고 한다. 경기자들의 타입에 대한 공동 사전예상은 결합 확률분포로서 도표 12-2로 표현된다.

이로부터 경기자 1과 2의 상대방 타입에 대한 조건부 확률 $R(t_2\|t_1)$, $R(t_1\|t_2)$은 도표 12-3과 12-4와 같이 계산해낼 수 있다.

경기자들의 상대방 경기자의 타입에 대한 조건부 확률 $R(t_2\|t_1)$, $R(t_1\|t_2)$에는 각 경기자가 갖고 있는 상대방 경기자의 정보 상태에 대한 정보가 담겨 있다. 예를 들어 타입이 b_2인 경기자 2는 상대방 경기자 1이 w 타입일 확률이 10%이고 s 타입일 확률이 90%라고 예상한다. 반면 타입이 b_2'인 경기자 2는 경기자 1이 s 타입이라고 예상한다.

경기자 2의 경기자 1의 타입에 대한 조건부 확률 $R(t_1|t_2)$ 을 나타내는 표

	경기자 2	
	$R = (\ \cdot\ \mid t_2 = b_2)$	$R = (\ \cdot\ \mid t_2 = b_2')$
$t_1 = w$	0.10	0.00
$t_1 = s$	0.90	1.00

경기자 1 (왼쪽 레이블)

타입 조합 확률 모형을 나타내는 베이지안 게임의 전략형은 도표 12-5로 표시된다. 표안의 숫자는 경기자 1의 보수를 나타낸다. 경기자 2의 보수는 경기자 1의 보수에 (−)를 붙인 값이다.

이 표에서 (,)는 각 경기자의 베이지안 전략을 나타낸다. 예를 들어 경기자 1의 베이지안 전략 (공격, 공격)은 타입이 w인 경우에는 공격을 선택하고 타입이 s인 경우에도 공격을 선택하는 전략을 표시한다. 이 전략형 게임에서 경기자 1의 최소극대화 전략은 (공격, 공격)이

도표 12-5 베이지안 게임의 전략형

		경기자 2			
		(공격, 공격)	(공격, 비공격)	(비공격, 공격)	(비공격, 비공격)
경기자 1	(공격, 공격)	39.36	15.78	26.91	15.21
	(공격, 비공격)	39.36	6.96	36.72	4.32
	(비공격, 공격)	27.72	16.02	26.79	15.09
	(비공격, 비공격)	39.96	7.20	36.60	4.20

다. 반면 경기자 2의 최소극대화 전략은 (비공격, 비공격)이다. 이는 이 전략형 게임의 유일한 내쉬균형, 즉 베이지안 내쉬균형이다. 타입 조합 확률 모형에서의 베이지안 내쉬균형은 제비뽑기 모형에서의 베이지안 내쉬균형과 일치하므로, 이것은 또한 제비뽑기 모형에서의 베이지안 내쉬균형이기도 하다.

베이지안 균형이 왜 이러한 형태를 띠는지는 다음과 같이 설명할 수 있다. 경기자 2는 타입이 b_2이든 b_2'이든 경기자 1이 s 타입일 확률이 매우 높다고 생각하므로 비공격을 선택하는 것이 최적이다. 한편 경기자 1은 s 타입인 경우에는 상대방 경기자 2가 b_2'타입일 확률이 91%라고 예상하는데, b_2' 타입의 경기자 2는 경기자 1이 s 타입이라고 예상하여 비공격을 선택할 것임을 안다. 그러므로 경기자 1은 s 타입인 경우 공격을 선택하는 것이 최적이다. 경기자 1이 w 타입인 경우에는 경기자 2가 b_2타입임을 안다. 따라서 b_2타입의 경기자 2가 경기자 1이 s 타입일 확률이 높다고 예상하여 비공격을 선택할 것임을 1은 안다. 그러므로 경기자 1은 w 타입인 경우에도 공격을 선택한다.

12.5 불완비 정보하의 경매

새로운 컴퓨터 칩의 특허권이 경매에 붙여진 경우를 생각해 보자. 입찰가격은 봉인되어 판매자에게 보내진다. 입찰은 1회로 끝나며 가장 높은 가격을 제시한 사람이 그 가격에 특허권을 소유하게 된다. 입찰하는 회사들이 이 특허의 사용으로부터 얻을 수 있는 이윤은 서로 다르다. 그리고 각 회사의 이윤의 크기는 그 회사만 아는 사적 정보이다. 이 경우 입찰자의 최적 전략은 무엇일까?

먼저 입찰기업들의 칩의 가치에 대한 평가금액이 서로에게 잘 알려져 있는 경우를 살펴보자. 이 경우 가장 높게 특허권을 평가하는 기업은 그 다음으로 높게 평가하는 기업의 평가금액보다 약간 높은 금액을 입찰가로 제시할 것이다. 그 밖의 기업은 어차피 경매에 승산이 없음을 알고 자신의 평가액을 그대로 입찰가로 써넬 것이다.

이번에는 보다 현실적인 경우로 입찰자들이 다른 경쟁자들의 평가금액을 잘 알지 못하는 경우를 생각해 보자. 이 경우 각 입찰자는 자신의 평가금액이 최고 평가액이 될 가능성을 따져보아야 한다. 그리고 이때 경쟁자들의 수와 이들의 가능한 평가금액의 범위 등을 고려해 그 다음으로 높은 평가가 어떤 값을 가질 것인지를 추정해야 한다. 입찰자는 이 추정값을 입찰가격으로 써냄으로써 기대이윤을 최대로 할 수 있다. 즉 입찰자의 최적 전략은 자신의 평가액이 최고액이 되는 경우를 상정하고 이때의 차순위 평가액의 조건부 기대치를 적어내는 것이다.

이를 좀더 구체적으로 알아보기 위해 다음의 수치 예를 생각해 보자. 각 입찰자는 자신의 평가액이 얼마인지 알지만 상대방 입찰자들의 평가액은 얼마인지 잘 모른다. 다만 입찰자들의 평가액이 0원에서 10억원 사이의 값을 갖는다는 것이 모두에게 알려져 있다. 그리고 평가액이 이 두 값 사이에 어떤 값을 가질 확률은 모두 동일하다는 사실이 알려져 있다. 이상의 상황은 주지의 사실이라고 하자. 이 경우 각 입찰자의 최적 전략은 무엇일까? 그 해답은 다음과 같다. 두 명의 입찰자가 있는 경우에는 자신의 평가액의 절반을 써내는 것이다. 세 명의 입찰자가 있는 경우에는 자신의 평가액에서 1/3을 할인한 금액을 써내는 것이다. 열 명의 입찰자가 있다면 자신의 평가액에서 1/10을 할인한 금액을 써내는 것이다. 최적 입찰가격은 참여한 입찰자의 수가 증가함에 따라 증가하며 점차 입찰자의 평가액에 가까워진다. 이를 알아보기 위해 먼저 입찰자가 두 명인 경우를 생각해 보자. 두 명의 입찰자를 각각 A와 B라고 하자. 입찰자 A와 B가 평가하는 칩의 가치를 각각 v_a와 v_b라 하자. 그리고 이들이 써내는 입찰가격을 $\hat{v}_a$, $\hat{v}_b$로 표시하자. 이제 입찰자 A는 B가 그의 평가액 v_b를 일정률 $k(0<k<1)$로 할인한 금액을 입찰가격으

로 써낼 것이라고 추측한다고 하자. 즉 $\hat{v}_b = kv_b$이라고 추측하는 것이다. 이 경우 A가 경매에서 이기는 것은 $\hat{v}_a > kv_b$일 때이다. B의 평가액 v_b가 0과 10억 사이의 값을 동일한 확률로 가지므로 A가 $\hat{v}_a$를 입찰가로 써낼 때 경매에서 이길 확률은 $\dfrac{\hat{v}_a}{k} \cdot \dfrac{1}{10억}$이다. 그러므로 A가 $\hat{v}_a$의 입찰가를 써내는 경우 얻는 기대이윤은 $(v_a - \hat{v}_a) \cdot (\dfrac{\hat{v}_a}{k} \cdot \dfrac{1}{10억})$이 된다. 따라서 기대이윤을 최대로 하는 A의 입찰가격은 $\dfrac{v_a}{2}$가 된다. 즉 A의 최적 입찰가격은 자신의 평가액을 절반으로 할인한 금액이다. 이것은 A가 B는 자신의 평가를 일정률로 할인한 금액을 입찰가로 써낼 것이라고 예상할 때의 최적선택이다. 그런데 과연 B는 A가 예측한대로 자신의 평가를 일정률로 할인하여 입찰가를 써낼까? 두 입찰자에 대해 평가액을 제외하면 주어진 상황구조가 동일하므로 두 사람은 동일한 패턴의 선택을 할 것이다. 즉 B도 A가 자신의 평가를 일정률로 할인한 금액을 입찰가로 써낼 것이라고 예측한다면 자신의 평가를 절반으로 할인한 금액인 $\dfrac{v_b}{2}$를 입찰가로 써낼 것이다. 이렇게 볼 때 두 사람 모두 자신의 평가를 절반으로 할인한 금액을 입찰가로 써내는 것은 베이지안 내쉬균형이 된다.

이번에는 입찰자가 n명인 경우를 생각해 보자. 이제 각 입찰자는 다른 입찰자들이 자신의 평가를 일정률 k로 할인한 금액을 입찰가로 써낼 것이라고 예측한다고 상정해보자. 이 경우 입찰가격 $\hat{v}_1$을 써내는 입찰자 1는 $\hat{v}_1 > kv_i$, $i = 2, \cdots, n$일 때 경매에서 이긴다. 그러므로 경매에서 이길 확률은 $(n-1)$명이 모두 $(\dfrac{v_1}{k})$보다 낮게 평가할 확률인 $(\dfrac{v_1}{k} \dfrac{1}{10억})^{n-1}$이 된다. 따라서 입찰자 1의 기대이윤은 $(v_1 - \hat{v}_1) \cdot (\dfrac{\hat{v}_1}{k} \dfrac{1}{10억})^{n-1}$이 된다. 따라서 입찰자 1의 최적 입찰가격은 기대이윤 최대화의 1계 조건으로부터 $\hat{v}_1^* = \dfrac{(n-1)}{n} v_1$임을 알 수 있다. 이 게임이 평가금액을 제외하면 대칭적이므로 다른 모든 입찰자들의 최적 입찰가격도 동일하게 결정된다. 그러므로 상대방 경기자들이 평가액을 일정률로 할인하여 입찰가를 써낸다고 예측하는 경우 각 입찰자는 자신의 평가액을 $\dfrac{1}{n}$

만큼 할인하여 입찰가를 써내는 것이 최적이다. 그러므로 입찰자들이 자신의 평가액을 $\frac{1}{n}$만큼 할인하여 입찰가를 써내는 것은 경매라는 게임상황에서의 베이지안 내쉬균형이다.

존 하사니(1920-2000)

존 하사니(John Harsanyi)는 1920년 5월 29일 헝가리의 부다페스트에서 태어났다. 그는 부다페스트 루터 짐나지움에 다녔는데 이 학교는 헝가리에서 최고의 고등학교였다. 그는 이 학교 재학시에 고교생을 대상으로 하는 수학 경시대회에서 1등을 하는 등 두각을 나타내었다.

그는 개인적으로는 수학과 철학을 좋아했지만 대학 전공으로 약학을 선택했다. 이는 그의 부모의 뜻에 따른 것이었다. 그의 부모는 부다페스트에서 약국을 운영하고 있었으며 아들이 약국을 이어 받기를 원하였던 것이다.

나찌가 1944년에 헝가리를 점령하면서 그는 오스트리아의 유태인 강제노동 수용소에 끌려가게 되었는데 오스트리아로 이송되기 직전 철도역에서 운좋게 탈출에 성공하였다. 이때 예수회 신부의 도움으로 수도원에 은둔하였다. 나찌가 물러간 뒤 부다페스트 대학 박사과정에 입학하여 1947년에 사회학과 심리학을 부전공으로 하면서 철학 박사학위를 받았다. 1947년부터 48년까지는 대학 사회학 연구소(University Institute of Sociology)에서 교수로 재직하다가 반 맑시스트라는 이유로 해임되었다. 헝가리의 공산화로 더 이상 헝가리에 머물 수 없어 1950년 4월에 헝가리를 탈출하여 오스트리아로 갔다가 여기서 호주로 건너갔다. 이때 그의 강의를 듣기도 했던 심리학 전공 여학생 앤 클로버(Anne Klauber)와 함께 탈출하였으며 둘은 1951년 1월에 결혼했다. 호주에서는 헝가리에서의 학력을 인정해주지 않았기 때문에 처음 3년 동안은 공장일을 해야 했다. 그러나 저녁때에는 시드니대학에서 경제학 과목을 수강하였다. 헝가리대학에서의 이수한 학점을 어느 정도 인정받아 2년간의 강의 수강 후 석사학위 논문을 써 1953년에 경제학 석사학위를 받앞다. 1954년에 퀸즈랜드대학 경제학과의 강사로 임명되었고 1956년에는 록펠러 장학금을 받아 미국의 스탠포드대학에서 2년간 유학하면서 경제학 박사학위를 받았다. 이때 지도교수가 케네스 애로우(Kenneth Arrow)였다. 1958년에 호주로 돌아와 호주 국립대학에서 연구직을 얻었지만 게임이론을 전공하는 사람이 하나도 없어 연구를 하기가 어려웠다. 이에 애로우에게 부탁하여 미국 디트로이트의 웨인 주립대학교 (Wayne State University) 경제학 교수 자리를 얻을 수 있었다. 1964년에 캘리포니아 주립대학 버클리 분교(버클리대학)(Uniersity of California in Berkeley)으로 옮겼다.

그는 1950-53년간에 발표된 내쉬의 일련의 논문들에 큰 자극을 받았다. 이를 계기로 1967-8년 기간에는 한 가지 주제로 세 편의 논문을 썼는데 모두 불완비 정보의 게임상황을 어떻게 게임이론의 틀로 분석할 것인가의 문제를 다룬 것이었다. 이 논문들에서 그는 불완비 정보 (incomplete information)의 상황을 정보가 완비된 그렇지만 불완전한 정보(complete but imperfect information)를 가진 게임으로 전환하는 방법을 제시하였다. 그는 1973년에 혼합전략 내쉬균형이 원래 게임에서 경기자들의 보수함수가 확률적으로 변동하는 경우의 순수전략으로 재해석될 수 있음을 보였다. 또한 젤텐(Reinhart Selten)과 함께 집필한 책 "게임에서 균형 선별의 일반이론"(A General Theory of Equilibrium Selection in Games(1988))에서는 임의의 게임에서 유일한 내쉬균형을 선별하는 방법을 제시하였다.

- 인터넷상의 노벨상 웹사이트에 실려 있는 자전적 에세이로부터 발췌함 -

| 참고문헌

Harsanyi, John C., "Games with Imcomplete Information Played by 'Bayesian' Players, I‒Ⅲ," Management Science 14, 159‒82, 320‒334, and 486‒502. Reprinted in John C. Harsanyi (ed.), *Papers in Game Theory*, D. Reidel Publishing Company, 1982.

_____, "Uses of Bayesian Probability Models in Game Theory," in D. H. Mellor (ed.), Science, *Belief and Behavior: Essays in Honour of R. B. Braithwaite*, Cambridge University Press, Cambridge, England, 1980, pp. 189‒201. Reprinted in John C. Harsanyi (ed.), *Papers in Game Theory*, D. Reidel Publishing Company, 1982.

| 연습문제

1. 2인 영합 게임의 상황에서 각 경기자는 두 가지 유형의 그룹 즉 허약한(weak) 그룹이나 힘센(strong) 그룹에 속한다. 그러므로 두 경기자의 유형의 가능한 조합은 (허약한, 허약한), (허약한, 힘센), (힘센, 허약한) (힘센, 힘센)의 네 가지이다. 여기서 첫 번째 항은 경기자 1의 타입을 두 번째 항은 경기자 2의 타입을 나타낸다.

타입분포에 관한 공통 사전확률

		경기자 2의 타입	
		허약함	힘센
경기자 1의 타입	허약함	0.01	0.00
	힘센	0.09	0.90

두 경기자가 갖는 타입 분포에 대한 공통 사전확률(common prior)
는 앞의 표와 같이 정리될 수 있다고 하자.

각 경기자는 공격과 수비 중 한 가지 전략을 선택할 수 있다. 이들
전략의 선택과 경기자의 유형에 따른 각 경기자의 보수는 다음 표와
같이 나타내진다.

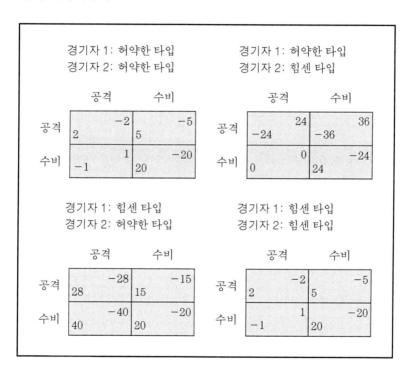

a) 경기자 1의 상대방 경기자 2의 타입에 관한 사후 예상확률은 경
   기자 1의 타입에 따라 달라지는 조건부 확률이다. 이를 수식으로
   나타내면 $R(t_{-1}|t_1)$이다. 각 경기자가 두 개의 타입을 가지는 경
   우에는 이 사후 예상확률을 다음의 표로 나타낼 수 있다. 빈칸에
   해당하는 경기자 1의 사후 예상확률을 채워 넣으라. 경기자 2의
   사후 예상확률도 같은 방식으로 구하라.

경기자 1의 상대방 타입분포에 관한 사후 예상확률

	경기자 2의 타입	
	허약한	힘센
R_1(경기자 2의 타입│경기자 1: 허약한)		
R_1(경기자 2의 타입│경기자 1: 힘센)		

b) 이 베이지안 게임을 전략형으로 나타내고 베이지안 내쉬균형을 구하여 보라.

"내 영혼아 여호와를 송축하며 그의 모든 은택을 잊지 말지어다.
그가 네 모든 죄악을 사하시며 네 모든 병을 고치시며
네 생명을 파멸에서 속량하시고 인자와 긍휼로 관을 씌우시며
좋은 것으로 네 소원을 만족하게 하사
네 청춘을 독수리 같이 새롭게 하시는 도다."

(시편 103편 2절-5절)

13

보다 정밀한 균형 개념

전개형 게임의 분석에서 경기자들이 선택하는 전략을 예측하는데 있어 내쉬균형의 개념으로는 불충분하였다. 그래서 도입된 것이 하부게임 완전균형이다. 그러나 하부게임 완전균형의 개념도 완전한 것은 아니다. 이 장에서는 하부게임 완전균형보다 더 정밀한 균형개념들을 살펴보도록 한다.

13.1 신빙성이 없는 내쉬균형

다음과 같은 게임을 생각해 보자.

철수는 집에 가는 길에 깡패를 만난다. 깡패는 철수를 건드리지 않고 그냥 지나갈 수도 있고 철수로부터 돈을 뜯어내려고 할 수도 있다.

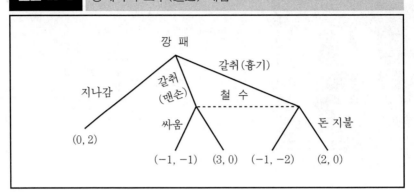

깡패는 흉기를 가지고 있을 수도 있고 맨손일 수도 있다. 철수는 깡패가 흉기를 소지하고 있는지 맨손인지 잘 모른다. 여기서 철수는 깡패가 돈을 내놓으라고 위협할 때 두 가지 중 하나를 선택해야 한다. 즉 순순히 돈을 내 주거나 깡패와 싸우거나 양자 택일해야 한다. 이러한 상황을 깡패와 철수는 모두 잘 알고 있다. 이를 게임나무로 나타내면 도표 13-1과 같다.

　이 게임의 순수전략 내쉬균형은 두 가지이다. 두 내쉬균형 모두 하부게임 완전균형이기도 하다. 왜냐하면 이 게임에는 전체 게임 이외의 하부게임이 존재하지 않기 때문이다. 한 가지 내쉬균형은 깡패가 맨손으로 갈취를 시도하고 철수는 순순히 돈을 내놓는 것이다. 다른 내쉬균형은 깡패가 갈취하려고 할 때 철수는 이에 맞서 싸우려고 하고 이를 예상하는 깡패는 그냥 지나가는 것이다. 이 중 두 번째 내쉬균형은 신빙성이 없다. 왜냐하면 철수는 일단 깡패가 돈을 내놓으라고 한 상황에서는 순순히 돈을 내놓는 것이 최선이기 때문이다. 철수가 깡패와 맞서 싸우는 것은 열등한 행동인 것이다. 두 번째 내쉬균형은 깡패가 돈을 내놓으라고 하면 깡패에 맞서 싸울 것이라는 철수의 신빙성 없는 위협에 의해 유지되는 균형이라 할 수 있다.

신빙성 없는 내쉬균형이 나타나는 이유

신빙성 없는 (행동전략) 내쉬균형이 나타나는 근본적인 이유는 어디에 있을까? 내쉬균형에서 각 경기자는 상대방 경기자들의 행동전략에 대해 최적대응 행동전략을 선택한다. 그런데 어떻게 깡패와 맞서 싸운다는 열등한 행동이 균형에서 선택될 수 있는 걸까? 앞에서 살펴본 예를 검토해보면 그 답이 나온다. 비합리적인 행동은 균형에서 도달되지 않는 정보집합에서 발생한다. 내쉬균형에서 도달되지 않는 정보집합은 균형에서는 일어나지 않는 상황이다. 그러므로 이 정보집합에서는 어떤 행동을 선택해도 게임으로부터의 보수에 영향을 미치지 못한다. 따라서 게임 전체의 시각에서 볼 때, 도달되지 않는 정보집합에서는 아무 행동이나 다 최적대응이 되는 것이다.

앞의 예에서 처음에 깡패가 그냥 지나가는 경우, 깡패가 갈취를 시도하는 상황은 발생하지 않는 상황이므로 이 정보집합에서 철수의 행동은 어느 것이나 최적대응이 된다. 따라서 철수가 깡패에 맞서 싸우는 것도 최적대응이다. 이 경우 깡패는 그냥 지나가는 것이 최적이다. 그러므로 깡패는 그냥 지나가고 철수는 깡패가 갈취하려고 하는 경우에 맞서 싸우는 것은 내쉬균형이다.

신빙성 있는 내쉬균형

그러나 일단 어떤 정보집합에서 행동을 선택해야 하는 경기자는 그 정보집합 상의 위치에 관해 예상을 형성하고 이 예상에 기초하여 최적의 선택을 한다고 보는 것이 타당하다. 이 경우 균형에서 도달되지 않는 정보집합이더라도 여기에서 선택가능한 행동들이 모두 최적의 행동이 되지는 않는다. 예를 들어 명백히 열등한 행동은 최적행동이 되지 못한다. 게임 전체의 시각에서 볼 때, 균형에서 도달되지 않는 정보집합에서는 아무 행동이나 최적대응이 되지만, 문제를 이 정보집합 이하의 게임나무에 국한시켜 볼 경우, 이 정보집합에서 취할 수 있는 행동들이 모두 최적대응이 되지는 않는다.

전개형 게임에서의 행동전략 내쉬균형은 서로 최적대응이 되는 행동전략들의 조합으로 정의된 바 있다. 이 정의를 정보집합 개념을 도입하여 재 정의하면 다음과 같다.

어떤 행동전략 조합은 다음 두 가지 조건을 만족시키면 (행동전략) 내쉬균형이다.

1. 이 전략 조합을 따를 때 정(正)의 확률로 도달되는 정보집합에서 해당 경기자는 이 정보집합 상의 위치에 관하여 예상을 형성할 때 조건부 확률을 이용한다.[1]
2. 이 전략 조합을 따를 때 정의 확률로 도달되는 정보집합에서, 1의 추측에 기초하여 해당 경기자는 최적의 행동을 선택한다.

전개형 게임에서의 행동 전략 내쉬균형의 문제점은 그것이 균형에서 정의 확률로 도달되는 정보집합에서만 경기자들이 합리적으로 행동할 것을 요구한다는 데 있다. 이를 교정하기 위해서는 균형에서 정의 확률로 도달되지 않는 정보집합에서도 경기자들이 합리적으로 행동한다는 조건을 균형 개념에 도입해야 한다. 이를 위해 우리는 하부게임 완전균형의 개념을 보다 일반화하도록 한다.

하부게임 완전균형에서는 매 하부게임에 역진 귀납법을 적용하여 경기자의 전략이 매 하부게임에서 내쉬균형을 구성하도록 요구하였었다. 우리는 여기서 한 걸음 더 나아가 매 정보집합에 대해 역진 귀납법을 적용하도록 한다. 매 정보집합에 대해 역진 귀납법을 적용하려면 정보집합 상의 위치에 관한 추측이 확률의 형태로 도입되어야 한다. 정보

---

[1] 정보집합 상의 한 점에 위치할 조건부 확률은 이 정보집합에 도달했다는 조건 하에서 정보집합 상의 한 점에 위치할 확률을 의미한다. 이를 구하기 위해서는 베이즈 규칙(Bayes rule)을 사용한다. 이에 대하여는 후술하는 순차균형 부분을 참조하기 바란다.

집합 상의 위치는 앞에서 경기자들이 어떤 행동을 선택했느냐에 의해 결정된다. 따라서 정보집합 상의 위치에 관한 추측은 경기자들의 전략과 합치하여야 한다. 이러한 예상을 합치적 추측(consistent belief)이라 한다. 합리적인 경기자들은 합치적 추측하에 매 정보집합에서 최적의 행동을 선택한다. 이를 순차적 합리성(sequential rationality)이라 한다. 신빙성 있는 내쉬균형은 합치적 추측과 순차적 합리성이 결합된 개념이다. 신빙성 있는 내쉬균형은 경기자들이 매 정보집합에서 합치적인 추측을 하고 이 추측 하에서 최적의 행동을 선택할 것을 요구한다.

어떤 행동전략 조합은 다음 두 가지 조건을 만족시키면 신빙성 있는 내쉬균형이다.

1. 각 정보집합에서 해당 경기자는 정보집합 상의 위치에 관하여 합리적인 방식으로 추측한다(합치적 추측).
2. 이 추측에 기초하여 해당 경기자는 각 정보집합에서 최적의 행동을 선택한다(순차적 합리성).

신빙성 있는 내쉬균형의 개념은 정보집합 상의 위치에 관한 추측 형성의 합리적인 방식을 어떻게 정의하느냐에 따라 달라진다. 이하에서는 신빙성 있는 내쉬균형 개념으로서 완전균형, 순차균형, 완전 베이지안 균형 개념을 살펴보도록 한다.

13.2 완전균형(perfect equilibrium)

신빙성이 없는 내쉬균형이 나타나는 원인은 균형에서 도달되지 않는 정보집합(unreached information set)이 발생할 수 있고, 이러한 정보집합에서 비합리적인 행동이 선택될 수 있기 때문이다. 젤텐(R. Selten (1975))은 신빙성 없는 내쉬균형의 문제를 해결하기 위해, 문제의 근원인, 균형에서 도달되지 않는 정보집합을 원천 봉쇄하는 방법을 생각해 내었다. 그것은 경기자들이 각 정보집합에서 최적행동을 선택할 때 아주 작은 확률로 최적이 아닌 다른 행동들도 실수로 선택할 수 있다고 상정하는 것이다.

예를 들어 깡패와의 조우게임의 두 번째 균형에서 만일 깡패가 균형전략인 그냥 지나가기 대신에 0.999의 확률로는 그냥 지나가지만 아주 작은 확률 0.001로 실수하여 갈취를 시도한다고 해보자. 이렇게 깡패가 실수할 가능성을 고려하는 경우 철수의 최적대응은 순순히 돈을 내주는 것이다. 이렇게 경기자들이 실수로 다른 행동들을 선택할 가능성이 있는 경우에는 도달되지 않는 정보집합은 발생하지 않는다. 따라서 비합리적인 행동이나 추측이 나타날 수 없고 이에 따라 신빙성이 없는 내쉬균형이 배제되게 된다.

이와 같이 각 경기자는 상대방이 각 정보집합에서 아주 작은 확률로 실수하여 균형 행동전략으로부터 이탈할 가능성을 고려한다고 상정하자.[2] 그리고 이 경우 경기자들은 상대방의 실수 가능성이 내포된 균형 행동전략에 대하여 최적의 행동전략을 선택한다고 하자. 이때 각 경기자의 행동전략을 최적 행동전략으로 합리화해 줄 수 있는 상대방 경기자들의 실수가 존재하는 경우 이러한 행동전략들의 조합을 완전균형(perfect equilibrium)이라 한다.

위의 깡패와의 조우 게임에서 깡패는 그냥 지나가고 철수는 깡패가 갈취하려고 하면 맞서 싸우는 것이 내쉬균형이었다. 이것이 완전균형인지 생각해 보자. 이것이 완전균형이려면 각 경기자의 행동을 최적행동으로 합리화해 주는 상대방 경기자의 실수가 존재해야 한다. 이제 깡패가 아주 작은 확률로 실수하여 돈을 갈취하려고 시도한다고 하자. 맨손으로 돈을 갈취하려고 할 확률이 ε_1이고 흉기를 소지하고 돈을 갈취

---

[2] 보다 엄밀하게 말하면 각 정보집합에서 해당 경기자가 실수로 균형행동 이외의 행동을 선택할 확률이 0은 아니지만 0으로 수렴해 가는 경우를 상정한다.

하려고 할 확률을 ε_2라고 하자. 그냥 지나갈 확률은 $1-\varepsilon_1-\varepsilon_2$이다. 여기서 ε_1과 ε_2는 0으로 수렴하는 매우 작은 양수이다. 이 경우 철수의 최적대응은 무엇일까?

철수가 맞서 싸우는 경우 얻는 기대보수는

$$\varepsilon_1 \cdot (-1) + \varepsilon_2 \cdot (-2) + (1-\varepsilon_1-\varepsilon_2) \cdot 2 = 2 - 3\varepsilon_1 - 4\varepsilon_2 \text{ 이다.}$$

반면 철수가 순순히 돈을 내놓는 경우의 기대보수는

$$\varepsilon_1 \cdot 0 + \varepsilon_2 \cdot 0 + (1-\varepsilon_1-\varepsilon_2) \cdot 2 = 2 - 2\varepsilon_1 - 2\varepsilon_2 \text{ 이다.}$$

따라서 깡패가 실수할 확률 ε_1과 ε_2가 어떤 값을 갖더라도 철수의 최적대응은 항상 순순히 돈을 내놓는 것이다.[3] 따라서 원래 상정한 철수의 균형전략인 '맞서 싸우는 것'은 깡패의 어떠한 실수에 의해서도 최적대응으로 합리화될 수 없다. 그러므로 깡패는 그냥 지나가고 철수는 깡패가 갈취하려고 하면 맞서 싸우는 내쉬균형은 완전균형이 아니다.

13.3 순차균형(sequential equilibrium)

제 6 장에서 동태적 게임을 분석할 때 우리는 합리적인 경기자들은 상대방의 반응을 미리 예측하고 나서 자신의 최적행동을 선택한다는 것을 살펴본 바 있다. 이러한 경기자들의 행태는 게임나무의 끝에서부터 경기자들의 최적행동을 역추적하여 얻는 행동들의 조합과 동일하다. 이렇게 게임나무의 끝에서부터 경기자들의 최적행동들을 역추적함으로써 경기자들이 취할 행동을 예측하는 방법을 역진 귀납법이라 한다. 역

---

[3] 여기서 ε_1과 ε_2가 0으로 수렴하므로 철수가 맞서 싸우는 경우의 기대보수 $2-3\varepsilon_1-4\varepsilon_2$와 순순히 돈을 내놓는 경우의 기대보수 $2-2\varepsilon_1-2\varepsilon_2$는 모두 2로 수렴한다. 그러나 두 기대보수가 똑같은 값을 갖는 것은 아니다. ε_1과 ε_2가 0으로 수렴하지만 0이 아닌 양수이기 때문에 철수가 맞서 싸우는 경우의 기대보수보다 순순히 돈을 내놓는 경우의 기대보수가 더 크다.

진 귀납법은 경기자들의 정보집합이 한 점으로 구성되어 있는 완전정보의 게임에 직접 적용될 수 있다. 한편 경기자들의 정보집합이 여러 점으로 구성되어 있는 불완전 정보의 게임에서는 역진 귀납법을 직접 적용하기는 어렵다. 각 경기자가 정보집합상의 어느 점에 위치하고 있는지가 결정되지 않기 때문이다. 그렇지만 이 경우에도 역진 귀납법의 원리를 매 하부게임에 적용할 수는 있다. 즉, 모든 하부게임에서 내쉬균형이 되는 전략조합을 찾는 것이다. 이렇게 역진 귀납법의 원리를 매 하부게임에 적용함으로써 얻는 균형이 바로 하부게임 완전균형이다.

위에서 살펴본 깡패와의 조우 게임에서는 전체 게임 이외에는 하부게임이 존재하지 않는다. 따라서 이 게임의 내쉬균형은 하부게임 완전균형이기도 하다. 이렇게 볼 때 하부게임 완전균형만 가지고 신빙성 있는 내쉬균형을 골라내는 데는 한계가 있음을 알 수 있다. 그렇지만 이 게임에서 철수의 정보집합에서 철수의 최적행동은 순순히 돈을 내놓는 것이다. 왜냐하면 철수가 순순히 돈을 내놓는 것이 명백히 우월한 행동이기 때문이다. 따라서 게임나무의 끝에서부터 경기자들의 각 정보집합에서의 최적행동을 찾아내어 거슬러 올라오는 방법을 이용하면 (철수: 순순히 돈을 내줌, 깡패: 맨손으로 갈취 시도)라는 전략조합을 골라낼 수 있다. 이것은 이 게임의 첫 번째 내쉬균형에 해당한다. 이렇게 볼 때 이 게임에 이러한 방법을 사용하여 경기자들의 전략을 예측하면 신빙성 없는 내쉬균형을 배제할 수 있음을 알 수 있다. 이러한 방식은 경기자들의 정보집합에 대해 역진 귀납법을 적용하는 것이다.

그렇지만 경기자들의 정보집합에 대해 역진 귀납법을 적용하려면 한 가지 문제가 해결되어야 한다. 일반적으로 어떤 정보집합에서의 최적행동의 선택은 정보집합상의 어느 마디에 위치하느냐에 따라 달라진다. 따라서 정보집합상의 최적행동을 결정하려면 경기자는 그 정보집합상의 어느 점에 위치하고 있는지에 대하여 어떤 합리적인 예상을 갖고 있어야 한다. 즉 정보집합상의 위치에 관한 예상 혹은 추측이 결정

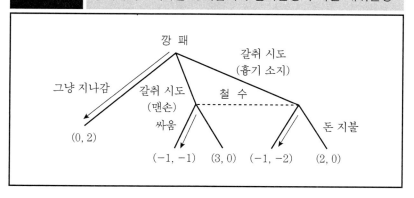

도표 13-2 깡패와의 조우(遭遇)게임에서 순차균형이 아닌 내쉬균형

깡 패

갈취 시도
(흉기 소지)

그냥 지나감   갈취 시도   철 수
(맨손)

싸움   돈 지불

(0, 2)

(−1, −1) (3, 0) (−1, −2) (2, 0)

되어야 하는 것이다. 이 추측은 어떻게 결정될까?

균형에서 도달되는 정보집합의 경우 정보집합상의 위치에 관한 추측은 이전에 경기자들이 취한 행동에 의해 결정된다.

깡패와의 조우 게임에서 첫 번째 내쉬균형, 즉 (깡패: 맨손으로 갈취 시도, 철수: 순순히 돈을 내줌)을 생각해 보자.

이 경우 철수는 균형에서 깡패가 맨손으로 갈취를 시도함을 정확히 추측하므로 자신의 정보집합상의 왼쪽에 위치함을 알 것이다. 따라서 철수의 최적행동은 순순히 돈을 지불하는 것이다. 이러한 사실을 아는 깡패의 최적행동은 맨손으로 갈취를 시도하는 것이다. 따라서 내쉬균형(깡패: 맨손으로 갈취 시도, 철수: 순순히 돈을 내줌)은 정보집합에 대해 역진 귀납법을 적용하는 경우 예측되는 경기자들의 행태이다.

그런데 균형에서 도달되지 않는 정보집합의 경우에는 경기자의 합리적인 예상이 어떤 모습을 띨지 결정하기가 쉽지 않다. 깡패와의 조우 게임에서 두 번째 내쉬균형인 (깡패: 그냥 지나감, 철수: 깡패가 돈을 갈취하려고 하면 맞서 싸움)의 경우를 생각해 보자. 여기서 깡패가 그냥 지나가는 경우 철수의 정보집합은 도달되지 않는다. 도달되지 않은 정보집합은 균형에서는 발생하지 않기로 되어 있던 예기치 못한 돌발 상황을 나타낸다. 따라서 깡패가 돈을 갈취하려고 하면 맞서 싸운다는 철수의 행동은 예기치 못한 돌발상황에서의 행동선택을 의미한다. 이러한 돌발 상황에서 철수는 자신이 정보집합상의 어디에 위치한다고 생각할까? 크 렙스와 윌슨(Kreps and Wilson (1982))은 젤텐의 완전균형에서와 비슷하게 실수의 개념을 도입하여 설명한다. 즉 철수는 균형에서 발생하지 않기로 되어 있던 돌발상황이 발생하면 그것은 깡패가 실수로 균형행동 이외의 행동을 선택했기 때문이라고 생각한다고 보는 것이다. 이 경우 정보집합상의 위치에 관한 철수의 예상(추측)은 깡패가 어떤 형태로 실수했다고 생각하는지에 따라 달라진다. 예를 들어 깡패가 실수로 갈취를 시도하는데 흉기를 소지하기보다는 맨손으로 할 가능성이 더 많다고 생각하는 경우에는 정보집합의 왼쪽에 위치할 가능성이 커질 것이다.

크렙스와 윌슨(Kreps and Wilson (1982))은 경기자들이 실수로 균형행동 이외의 행동을 선택할 가능성을 도입한 후 정보집합에 대해 역진 귀납법을 적용하였다. 이렇게 하여 예측되는 경기자들의 행동조합을 순차균형(sequential equilibrium)이라 한다.

각 정보집합상의 위치에 관한 추측은 실수할 가능성이 내포된 균형 행동전략에 의해 결정된다. 경기자 i의 균형전략을 σ_i라 하자. 그리고 각 정보집합에서 아주 작은 확률로 실수할 가능성이 고려된 경기자 i의 온전한 혼합행동전략을 σ_i^*라 하자. 우리는 각 경기자가 실수할 확률이 아주 작아져 0으로 수렴하는 경우를 상정한다.

이 경우 실수할 가능성이 고려된 경기자 i의 균형전략 σ_i^*는 원래의 균형전략 σ_i에 수렴한다. 따라서 원래 균형에서 도달되었던 정보집합의 경우 정보집합상의 위치에 관한 추측은 균형전략에 의해 결정된다. 한편 원래 균형에서 도달되지 않았던 정보집합의 경우에는, 정보집합상의 위치에 관한 추측은 실수로 균형행동 외의 행동을 선택할 확률의 상대적 크기에 의해 결정된다.

예를 들어 깡패와의 조우 게임의 두 번째 내쉬균형에서 실수할 가능성이 고려된 깡패의 균형전략은 ε_1^k의 확률로 맨손으로 돈을 갈취하려고 하고 ε_2^k의 확률로 흉기를 소지하고 돈을 갈취하려고 하며 나머지 $1-\varepsilon_1^k-\varepsilon_2^k$의 확률로 그냥 지나가는 행동전략이다. 이 경우 철수의 정보집합에 도달할 총 확률은 $\varepsilon_1^k+\varepsilon_2^k$이다. 그리고 철수의 정보집합상의 왼쪽에 도달할 확률은 ε_1^k이다. 따라서 철수의 정보집합이 도달된 상황에서 정보집합상의 왼쪽에 위치할 조건부 확률은 $\dfrac{\varepsilon_1^k}{\varepsilon_1^k+\varepsilon_2^k}$이다.

여기서 깡패가 실수할 확률 ε_1^k와 ε_2^k가 아주 작아져 0으로 수렴할 때 철수의 정보집합상의 왼쪽에 위치할 확률은 ε_1^k와 ε_2^k의 비율이 어떻게 변화하느냐에 의해 결정된다. 왜냐하면 $\dfrac{\varepsilon_1^k}{\varepsilon_1^k+\varepsilon_2^k}=\dfrac{1}{1+\varepsilon_2^k/\varepsilon_1^k}$이기 때문이다. 예를 들어 $\varepsilon_1^k=\varepsilon_2^k$인 경우에는 철수가 정보집합상의 왼쪽에 위치할 확률은 1/2이 된다. 반면 $\varepsilon_1^k=2\varepsilon_2^k$인 경우에는 철수가 정보집합상의 왼쪽에 위치할 확률은 2/3이다. 극단적으로 $\varepsilon_2^k=(\varepsilon_1^k)^2$인 경우와 같이 깡패가 흉기를 가지고 갈취하려고 할 확률이 맨손으로 갈취하려고 할 확률보다 훨씬 작은 경우에는 ε_1^k가 0에 접근함에 따라 $\dfrac{\varepsilon_2^k}{\varepsilon_1^k}$가 0으로 수렴한다. 이에 따라 철수가 정보집합상의 왼쪽에 위치할 확률은 1이 된다.

이와 같이 정보집합상의 위치에 관한 추측(belief)은 실수할 가능성이 내포된 경기자들의 균형전략에 의해 결정된다. 이렇게 결정된 정보집합상의 위치에 관한 추측(belief)을 균형전략과 합치적인 추측(consistent belief)이라 한다.

순차균형은 다음과 같이 정의된다.

어떤 행동전략조합 $\sigma=(\sigma_1,\,\cdots,\,\sigma_n)$을 상정하자. 그리고 경기자들이 실수로 이 행동전략을 따르지 않는 행동을 선택할 가능성을 도입하여 각 정보집합상의 위치에 관한 가능한 합치적 추측들을 고려하자. 이제 합치적 추측들이 주어진 하에서 매 정보집합에 대해 역진 귀납법을 적용하면 경기자들의 행동조합들을 예측할 수 있다. 이들 행동조합들이 원래 상정한 행동전략조합과 일치하도록 하는 실수가 존재하면 이때의 합치적 추측과 행동전략조합을 통칭하여 순차균형(sequential equilibrium)이라 한다.

이렇게 볼 때 순차균형은 다음의 두 가지 요건에 의해 특징지워진다.

첫째, 어떤 주어진 추측체계하에서 경기자들의 행동이 매 정보집합에서 최적 행동이어야 한다. 이를 순차적 합리성(sequential rationality)이라고 한다.

둘째, 이때 주어진 추측체계는 경기자들의 어떤 실수를 내포한 균형전략과 합치적인 추측체계이어야 한다. 즉 경기자들의 어떤 실수에 의해 합리화가 가능한 추측체계이어야 한다는 것이다. 이를 추측의 합치성(consistency of belief)이라고 한다.

전개형 게임의 전략적으로 중립적인 변형과 순차균형

순차균형의 한 가지 약점은 전개형 게임의 사소한 변형에 민감하게 반응할 수 있다는 점이다. 다음과 같은 두 전개형 게임을 생각해보자.

이 두 전개형 게임의 축약된 전략형은 동일하다. 그런 의미에서 두 번째 전개형 게임에서 경기자 1의 행동 NA가 추가되고 그 이후에 경기자 1이 L_1과 R_1사이에서 선택할 수 있도록 한 것은 전략적으로 중립적인 변형이다. 그럼에도 불구하고 두 전개형 게임의 순차 균형은 다르다.

첫 번째 전개형 게임에서 경기자 1은 A를 선택하고 경기자 2는 L_2를 선택하는 것은 순차균형이다. 이 균형에서 경기자 2의 L_2선택은 자신이 선택을 해야 할 상황이 발생했을 때 경기자 1이 실수로 L_1을 선택할 확률이 실수로 R_1을 선택할 확률보다 크다는 추측하에서 최적의 선택이다.

반면 두 번째 전개형 게임에서는 경기자 1이 L_1과 R_1 중 하나를 선택해야 할 상황에서 L_1이 열등한 행동이므로 순차균형에서 경기자 1은 R_1을 선택한다. 따라서 경기자 1이 실수로 L_1을 선택할 확률은 아주 작으므로 경기자 2는 R_2를 선택하는 것이 합리적이다. 이를 예상하는 경아래 전개형 게임에서 경기자 1의 전략 A는 순차 균형을 구성한다.

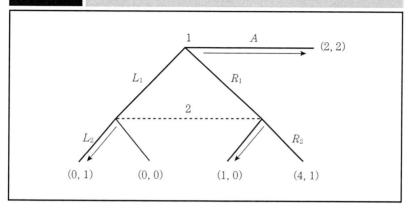

기자 1은 게임 시작시 NA를 선택한다. 경기자 1이 A를 선택하는 것은 순차균형을 구성하지 못한다.

아래 전개형 게임에서 경기자 1의 전략 A는 순차 균형을 구성하지 못한다.

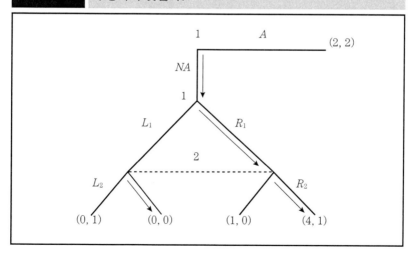

완전균형과 순차균형의 비교

완전균형과 순차균형 모두 경기자들이 정보집합에서 실수로 균형 행동 이외의 행동을 선택할 가능성이 있음을 상정한다. 완전균형에서는 정보집합상의 위치에 관한 추측이라는 개념이 명시적으로 나타나지 않는다. 반면 순차균형에서는 정보집합상의 위치에 관한 추측(belief)을 명시적으로 도입함으로써 게임상황에서 경기자들이 형성하는 예상의 역할을 살펴볼 수 있게 한다.

일반적으로 어떤 전략조합이 완전균형이면 그것은 또한 순차균형이 됨을 보일 수 있다. 그러나 그 역은 성립하지 않는다. 즉 순차균형이 항상 완전균형이 되는 것은 아니다.

다음의 예는 순차균형이지만 완전균형은 아닌 전략조합의 경우를 보여 준다.

도 표	깡패와의 조우(遭遇)게임에서 순차균형이지만 완전균형은 아닌 전략조합

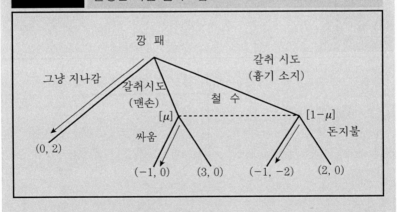

이 게임은 앞에서 살펴본 깡패와의 조우 게임에서 보수체계가 약간 변경된 것이다. 즉 깡패가 맨손으로 갈취하려고 할 때 철수가 이에 맞서 대항하는 경우의 철수의 보수가 −1에서 0으로 변경되었다. 이에 따라

철수가 돈을 순순히 내주는 것은 약하게 우월한 행동이 된다. 이 게임에서 한 내쉬균형은 깡패가 갈취하려고 할 때 철수는 이에 맞서 싸우려고 하고 이를 예상하는 깡패는 그냥 지나가는 것이다. 이 내쉬균형은 순차균형이다. 이를 체크해 보자.

이 게임에 역진 귀납법을 적용하기 위해 먼저 철수의 정보집합을 생각해 보자. 이 정보집합에서 균형전략과 합치하는 철수의 추측(consistent belief)은 무엇일까? 철수의 정보집합은 균형에서 도달되지 않는다. 이제 이 정보집합이 깡패의 실수로 도달되었다고 하자. 이때 실수로 깡패가 맨손으로 돈을 갈취하려고 할 확률은 ε_1^k이고 흉기를 소지하고 돈을 갈취하려고 할 확률은 ε_2^k라고 하자. 이 경우 철수의 정보집합이 도달된 상황에서 정보집합상의 왼쪽에 위치할 조건부 확률은 $\dfrac{\varepsilon_1^k}{\varepsilon_1^k + \varepsilon_2^k}$이다.

여기서 깡패가 실수할 확률 ε_1^k와 ε_2^k가 아주 작아져 0으로 수렴한다고 하자. 이때 철수의 정보집합상의 왼쪽에 위치할 확률은 ε_1^k와 ε_2^k의 비율이 어떻게 변화하느냐에 의해 결정된다. 왜냐하면 $\dfrac{\varepsilon_1^k}{\varepsilon_1^k + \varepsilon_2^k} = \dfrac{1}{1 + \varepsilon_2^k/\varepsilon_1^k}$이기 때문이다. 그런데 ε_1^k와 ε_2^k의 상대적 크기는 임의로 설정될 수 있다. 따라서 철수가 정보집합상의 위치에 관하여 갖는 추측으로서 균형전략과 합치하는 것은 임의로 주어질 수 있다. 즉, 철수가 정보집합상의 위치에 관하여 갖는 추측을 정보집합의 왼쪽 점과 오른쪽 점상에 설정된 확률분포 $(\mu, 1-\mu)$로 표시하면 여기서 μ가 $[0, 1]$의 값을 다 가질 수 있는 것이다.

이 중 철수의 균형행동인 맞서 싸우기를 최적행동으로 합리화시켜주는 것이 있을까? 답은 '그렇다'이다. 철수가 만약 자신이 정보집합상의 왼쪽에 위치한다고 추측한다고 하자. (즉, $\mu=1$.) 이 경우 철수는 맞서 싸우든 순순히 돈을 내주든 0의 보수를 받는다. 그러므로 철수가 맞서 싸우는 것은 최적행동이 된다. 그리고 균형에서 이러한 사실을 미리 예측하는 깡패는 그냥 지나가는 것을 택한다. 이렇게 볼 때 상기한 내쉬균형은 순차균형임을 알 수 있다.

그러나 이 순차균형은 완전균형이 되지 못한다. 이를 체크해 보자.

실수로 깡패가 맨손으로 돈을 갈취하려고 할 확률은 ε_1^k이고 흉기를 소지하고 돈을 갈취하려고 할 확률은 ϵ_3^b라고 하자. 그리고 깡패가 실수할 확률 ϵ_1^b와 ϵ_2^b가 아주 작아져 0으로 수렴한다고 하자. 이 경우 철수의 최적 행동은 항상 순순히 돈을 내주는 것이다. 이것은 상기한 순차균형에서의 철수의 행동과 일치하지 않는다. 철수는 깡패가 실수할 가능성을 염두에 두는 경우 이 균형으로부터 이탈할 유인이 있는 것이다. 그러므로 이 순차균형은 완전균형이 아니다.

순차균형의 경우에는 균형에서 도달되지 않는 정보집합에서 경기자의 추측을 유도하는데 경기자들의 실수 가능성을 사용한다. 반면 완전균형에서는 경기자들의 최적행동을 결정하는데 실수 가능성을 사용한다. 이러한 정의상의 차이가 완전균형과 순차균형간의 미세한 괴리를 가져오는 것이다.

13.4 완전 베이지안 균형

순차균형의 개념이 제시되기 전에 경제학자들은 불완비 정보를 갖는 동태적 게임을 경제적 분석에 적용하면서 이미 완전 베이지안 균형이라는 개념을 사용하고 있었다. 해리스와 타운젠드(Harris and Townsend (1981))는 그러한 대표적인 예이다. 완전 베이지안 균형은 전략조합이 순차적으로 합리적일 것을 요구한다는 점에서 순차균형과 같지만, 균형 밖 정보집합 상의 위치에 관한 추측 형성에 대해 보다 완화된 조건이 부과된다는 점에서 순차균형 보다 약한 균형 개념이다. 문헌상에 나타나는 완전 베이지안 균형에는 여러 가지 버전이 있다. 이 중 가장 약한 것은 균형 밖 정보집합 상의 추측에 아무런 제한도 가하지 않는 것이다. 후덴버그와 티롤(Fudenberg and Tirole(1991))은 실수의 개념을 도입함이 없이 균형 밖 추측이 타당하기 위해 만족시켜야 할 조건을 엄밀하게 정식화하였다. 이 제한의 주요한 내용은 경기자의 균형으로부터의 이탈이 그 경기자가 갖고 있지 않는 정보를 전달할 수 없다는 것이다(무지무신호 조건: no-signaling what you don't know). 그들은 이러한 조건을 만족시키는 추측을 합치적 추측(consistent belief)이라 하고 이러한 합치적 추측 하에서 순차적 합리성의 조건을 만족시키는 전략조합을 완전 베이지안 균형(perfect Bayesian equilibrium)이라 정의하였다.

주어진 균형에서 도달되는 정보집합에서 합치적 추측은 균형전략조합에 의해 결정된다. 예를 들어 깡패와의 조우 게임에서 깡패가 맨손으로 갈취를 시도하고 철수는 순순히 돈을 내놓는 내쉬균형을 생각해 보자. 여기서 철수의 정보집합상의 위치에 관한 합치적 추측은 무엇일까? 독자들은 게임의 균형상태는 경기자들이 다른 경기자들의 전략을 정확하게 추측하는 상태임을 상기하기 바란다. 따라서 균형에서 철수는 깡패가 맨손으로 갈취를 시도할 것임을 알며 이는 철수가 자신이 정보집합상의 왼쪽에 위치한다는 것을 앎을 의미한다. 즉 철수의 정보집합에서 이 균형과 합치하는 추측은 왼쪽에 1의 확률로 위치한다는 것이다.

균형에서 도달되지 않는 정보집합에서 합치적 추측은 어떻게 결정될까?

균형에서 도달되지 않는 정보집합은 균형에서는 발생하지 않기로 되어 있던 상황으로 일종의 예기치 못한 돌발상황을 나타낸다. 이러한 돌발상황이 발생한 때에 행동을 선택해야 하는 경기자가 어떤 특정한 추측을 해야만 한다고 볼 이유는 없다. 따라서 이 경우에는 경기자의 합치적 추측에는 특별한 제약이 주어지지 않으며 임의로 주어진다고 볼 수 있다. 예를 들어 깡패와의 조우 게임에서 깡패는 그냥 지나가고 철수는 맞서 싸우는 내쉬균형을 생각해 보자. 이 균형에서 철수의 정보집합은 도달되지 않는다. 따라서 철수가 그의 정보집합상에서 행동을 선택해야 하는 상황은 균형에서는 일어나지 않기로 되어 있던 예기치 못한 돌발상황이다. 이때 철수가 형성하는 자신의 위치에 대한 추측에는 특별한 제약이 주어질 수 없다. 깡패가 맨손일 확률이 높다고 추측할 수도 있고 흉기를 갖고 있을 확률이 높다고 추측할 수도 있는 것이다.

그러나 균형에서 도달되지 않는 정보집합상의 위치에 관한 추측이 완전히 자유롭게 결정될 수 있는 것은 아니다. 다음의 도표 13-5에 예시된 게임을 생각해 보자.

이 게임에서는 게임시작시 동전던지기의 결과에 따라 경기자 1이 직면하는 상황이 달라진다. 동전던지기는 보이지 않는 손이라는 경기자에 의해 시행되는 것으로 간주되었다. 각 경기자의 균형전략은 화살표로 표시되어 있다. 각 경기자의 정보집합상의 추측은 꺾쇠안에 표시되어 있다. 여기서 (경기자 1: L, 경기자 2: l)은 내쉬균형이다. 경기자 1의 정보집합은 균형에서 도달되며 경기자 1의 정보집합상의 추측은 보이지 않는 손의 선택을 반영한다. 반면 경기자 2의 정보집합은 이 균형에서 도달되지 않는다. 이 정보집합상의 추측 (보이지 않는 손이 앞

도표 13-5	균형에서 도달되지 않는 정보집합에서의 추측이 타당하지 못한 경우(1)

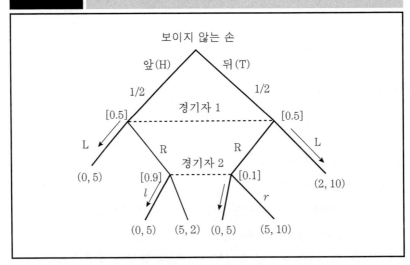

선택: [0.9], 보이지 않는 손이 뒤 선택: [0.1])하에서 경기자 2의 전략 l 은 최적대응이 된다. 그러므로 이 내쉬균형은 매 정보집합에 역진적 귀 납법을 적용하는 경우에도 배제될 수 없다. 그런데 여기에 한 가지 문 제가 있다. 이 정보집합상의 추측 ([0.9], [0.1])이 그리 타당해 보이지 않는 것이다. 경기자 2의 정보집합이 도달되는 것은 오직 경기자 1이 균형에서 이탈하여 R을 선택한 경우이다. 경기자 1은 보이지 않는 손이 어떤 선택을 했는지 알지 못한다. 따라서 그가 R을 선택하였다는 것이 보이지 않는 손의 선택, 즉 동전던지기의 결과에 관하여 어떤 정보도 전달해 줄 수는 없다. 그러므로 경기자 2가 정보집합상의 추측을 형성 함에 있어 동전던지기의 확률과 동일한 확률([0.5, 0.5])을 부여하는 것 이 합리적일 것이다.

이와 같은 정보집합상의 추측에 대한 제한을 무지 무신호(無知 無信號; no signaling what you don't know) 조건이라 한다.[4]

균형에서 도달되지 않는 정보집합상의 추측의 타당성과 관련하여 또 다른 예로서 다음의 게임을 살펴보자. 이 게임에는 잠재적 진입기업 E 와 기존기업 I가 참여한다. 잠재적 진입기업은 진입할 것인지의 여부와 진입한다면 기존기업과 공존하는 행동을 취할지 전쟁을 할지를 결정한 다. 기존기업 I는 기업 E가 진입하는 경우에 공존과 전쟁 중에서 선택해 야 한다. 각 전략의 선택에 따른 보수체계는 도표 13-6에 표시되어 있다.

이 게임에서 한 내쉬균형은 (기업 E: (비진입, 만약 진입했다면 공 존선택), 기업 I: 전쟁)이다. 이 균형이 매 정보집합에 적용한 역진적 귀 납법을 통해 배제되는지 살펴보자. 기업 I의 정보집합은 균형에서 도달 되지 않는 돌발상황에 해당한다. 이때 기업 I는 기업 E가 진입한 후에 전쟁을 벌인다고 추측한다면 같이 가격전쟁을 벌이는 것이 최적이다. 기업 E는 일단 진입한 후에는 기업 I가 전쟁을 할 것이므로 공존을 선

---

[4] 그러므로 이 게임에서 경기자 1이 L을 선택하고 경기자 2가 l을 선택하는 내쉬균형은 순차적 합리성의 조건은 만족시키지만 합치적 추측의 조건은 만족시키지 못한다.

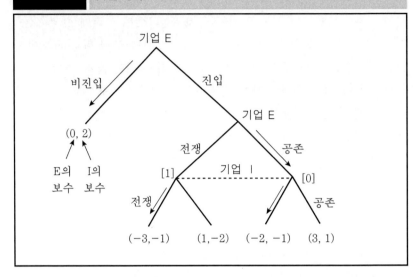

택하는 것이 최적이다. 그리고 기업 E는 게임의 시초에 비진입을 선택하는 것이 최적이다. 그러므로 이 내쉬균형은 주어진 정보집합상의 추측하에서 역진적 귀납법을 통해 배제되지 않는다.[5]

그런데 여기서 기업 I의 추측은 타당성을 가지는가? 기업 I의 정보집합상의 추측(기업 E 전쟁 확률 1, 기업 E 공존선택할 확률 0)은 타당성이 있다고 보기 어렵다. 내쉬균형을 어떤 식으로 해석하든 즉, 자기구속력이 있는 사회적 합의나 역사적 과정에서 형성된 사회적 관습, 또는 상대방의 전략 꿰뚫어 보기 등으로 해석하는 경우, 통상 균형에서 각 경기자는 상대방의 전략을 정확히 추측한다고 상정한다. 균형에서 기업 E는 공존을 선택하므로 균형전략에 따르면 일단 기업 E가 진입하였다는 조건하에서 기업 E가 공존을 선택하였을 조건부 확률은 1이다. 따라서 기업 I는 기업 E가 공존을 선택하여 정보집합상의 오른쪽에 있

---

5) 독자들은 이 균형은 하부게임 완전내쉬균형이 아님에 주의하라.

을 것이라고 추측한다고 보는 것이 타당하다. 즉 균형에서 도달되지 않는 정보집합에 대해서도 균형전략을 이용하여 조건부 확률을 계산할 수 있는 경우에는 이를 정보집합상의 추측형성에 사용하여야 하는 것이다. 이를 조건부 확률의 사용조건 또는 베이즈 규칙(Bayes' rule)의 사용조건이라 한다.

마지막으로 경기자가 세 명 이상인 경우에 어떤 두 경기자가 제3의 다른 경기자의 행동선택이나 타입에 대해 동일한 추측을 가진다고 가정한다. 예를 들어 철수와 인수 그리고 영희가 어떤 게임에 참여한다고 하자. 영희에게는 남자 친구가 있을 수도 있고 없을 수도 있는데 그것은 영희만 안다. 즉 영희는 남자 친구가 있는 타입과 없는 타입의 두 가지 타입일 수 있다. 철수와 인수는 영희가 남자친구가 있는지 없는지 잘 모른다고 한다. 이러한 상황에서 철수와 인수는 영희에게 데이트 신청을 할 것인지를 결정하려고 한다. 영희는 데이트 신청을 받으면 이를 수락하거나 거절할 수 있다. 영희가 만약 남자친구가 있다면 이를 거절하고 없으면 수락한다고 하자. 이러한 게임의 완전 베이지안 균형에서는 도달되지 않은 정보집합에서 철수와 인수가 영희의 타입에 대해 모두 동일한 추측을 한다고 상정한다. 이를 제3자에 대한 동일한 추측의 조건이라 한다.

이상에서 살펴본 바를 요약해 보면 다음과 같다.

정보집합상의 추측형성에 대해 다음의 조건이 만족되어야 한다: 첫째, 균형에서 도달되는 정보집합상의 추측형성은 경기자들의 균형전략에 의해 결정된다. 이때 각 정보집합상의 어느 마디에 위치하는지에 관한 추측은 조건부 확률의 형태로 표시된다. 둘째, 균형에서 도달되지 않는 정보집합상의 추측형성에 대해서는 무지 무신호의 조건과 조건부 확률의 사용 조건 그리고 제3자에 대한 동일한 추측의 조건이 만족되어야 한다. 이러한 조건을 만족하는 추측체계를 균형전략 조합과 합치한다는 의미에서 합치적 추측체계(consistent belief system)라 한다.

이러한 정보집합상의 추측하에서 각 정보집합에서 최적의 행동이 결정된다. 이러한 최적행동들로 구성된 전략을 순차적으로 합리적인 전략(sequentially rational strategy)이라 한다. 추측체계가 주어진 하에서 전략조합이 순차적으로 합리적이고 경기자들의 추측이 이 전략조합과 합치적인 경우에 이 전략조합과 추측을 통칭하여 완전 베이지안 균형(Perfect Bayesian Equilibrium)이라 한다.[6]

순차균형과 완전 베이지안 균형의 비교

순차균형은 항상 완전 베이지안 균형이 된다. 그러나 완전 베이지안 균형이 항상 순차균형이 되는 것은 아니다. 왜냐하면 실수 가능성으로부터 계산되는 경기자들의 추측은 완전 베이지안 균형에서의 추측에 대한 합치성 요건보다 더 강한 제약을 내포하기 때문이다. 다음의 예는 그러한 사실을 나타내 준다.

다음 도표에 나타내진 게임에서는 보이지 않는 손이 경기자 1의 타입을 t_1, t_2, t_3 중에서 무작위로 선택한다. 경기자 1은 자신의 타입이 무엇인지 알며 이 경기에 계속 참여할 것인지 퇴장할 것인지를 결정한다. 경기자 1이 퇴장하면 경기는 끝난다. 경기자 1이 계속 참여하기로 결정하면 그 다음에 경기자 1은 왼쪽, 오른쪽, 중간 가운데서 하나를 선택한다. 경기자 2는 경기자 1의 타입이 무엇인지는 잘 모르지만 그가 무엇을 선택했는지는 관측한다. 경기자 1의 선택을 관측하고 나서 경기자 2는 그의 전략을 선택한다.

이 게임에서 화살표는 경기자 1의 균형행동을 나타낸다. 경기자 1

---

6) 순차적 합리성을 만족시키는 내쉬균형 즉, 균형 밖 정보집합상의 추측은 자유롭게 결정되고 경기자들의 전략은 이 추측하에서 순차적 합리성의 조건을 만족시키는 내쉬균형은 통상 약한 완전 베이지안 균형(weak perfect Bayesian equilibrium)이라 한다. 예를 들어 도표 13-5와 13-6에 표시된 내쉬균형은 순차적 합리성을 만족시키므로 약한 완전 베이지안 균형이다. 그렇지만 이들 내쉬균형은 합치적 추측의 조건을 만족시키지 못하므로 완전 베이지안 균형이 되지 못한다. 도표 13-2의 깡패와의 조우게임에서 깡패는 그냥 지나가고 철수는 맞서 싸우는 내쉬균형은 순차적 합리성을 만족시키지 못하여 약한 완전 베이지안 균형도 되지 못한다.

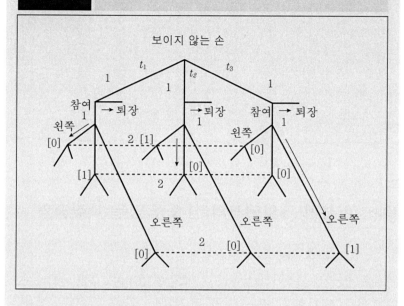

순차균형은 아니지만 완전 베이지안 균형인 경우: 화살표는 균형행동을 나타내며 [ ]안의 숫자는 경기자 2의 추측을 나타냄.

보이지 않는 손

의 보수가 적절히 주어지면 이 행동들이 균형행동이 될 수 있다. 균형에서 경기자 1은 타입이 t_1이면 왼쪽을 선택하고 타입이 t_2이면 중간을 선택하며 타입이 t_3이면 오른쪽을 선택하는 것으로 되어 있다. 꺽쇠 [ ] 안의 숫자는 경기자 2가 경기자 1의 행동을 관측하고 나서 경기자 1의 타입에 관해 갖는 추측을 확률로 나타낸 것이다. 즉 경기자 2는 경기자 1이 왼쪽을 선택하는 것을 관측하면 경기자 1이 t_2 타입일 것이라고 추측한다. 그리고 경기자 1이 중간을 선택하면 t_1 타입일 것이라고 추측하며 경기자 1이 오른쪽을 선택하면 t_3 타입일 것이라고 추측한다. 경기자 2의 이러한 추측은 완전 베이지안 균형에서의 합치적 추측의 요건을 만족시킨다. 즉 무지 무신호의 조건이나 조건부 확률의 사용조건 그리고 제 3자에 관한 동일한 추측의 조건에 위배되지 않는 것이다.

반면 이 추측은 순차균형에서 요구하는 추측과 전략의 합치성 조건을 만족시키지 못한다. 경기자 1이 참여를 선택하고 왼쪽을 선택한 것을 관측한 경기자 2가 경기자 1의 타입이 t_2일 것이라고 추측하는 것이 순차균형이 요구하는 합치적 추측이 되려면 타입 t_1이 실수로 참여를 선택할 확률이 타입 t_2가 실수로 참여를 선택할 확률보다 훨씬 작아야 한다. 따라서 경기자 1이 참여를 선택하고 중간을 선택한 것을 경기자 2가 관측한다면 경기자 1의 타입이 t_1일 확률보다는 t_2일 확률이 훨씬 더 크다고 추측하여야 한다. 이는 상기한 추측에서 경기자 1이 중간을 선택하면 그가 t_1타입일 것이라고 추측하는 것과 상치된다.

13.5 떠보기 게임에서의 신빙성 있는 내쉬균형

다음과 같은 게임을 생각해 보자.

두 경기자 1과 2가 게임을 한다. 그들은 경기자 1부터 시작하여 번갈아 가며 '사리추구' 또는 '봉사'를 선택할 기회를 가진다. '봉사'는 일종의 자기희생을 수반하는 이타적 행동이며 동시에 게임이 계속 상대방에 의해 이어지도록 한다. '사리추구'는 이타적 행동의 거부를 의미하며 게임을 종결시킨다. 만약 경기자가 '봉사'를 하면 자신의 보수는 만원이 감소하고 상대 경기자의 보수는 십만원 증가한다. 그리고 게임은 계속되어 상대방 경기자가 '봉사'를 하거나 '사리추구'를 선택해야 한다. 만약 어느 한 경기자가 '사리추구'를 하거나 두 경기자의 보수가 모두 십팔만원에 도달하면 게임은 종료된다.[7]

이 게임에 역진 귀납법을 적용하면 각 경기자의 최선의 전략은 그 자신의 차례가 되었을 때 '사리추구'를 하는 것이다. 따라서 균형에서

---

[7] 이 게임은 게임나무의 모양이 마치 지네를 닮았다고 해서 지네 게임이라고 불리운다. 게임이론가인 Rosenthal(1981)이 창안한 게임이다.

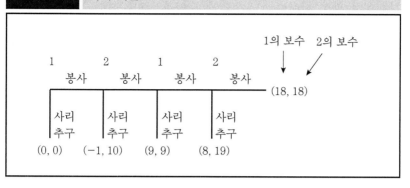

도표 13-7 지네 게임

1의 보수 2의 보수

1	2	1	2
봉사	봉사	봉사	봉사

(18, 18)

사리추구 (0, 0)　사리추구 (−1, 10)　사리추구 (9, 9)　사리추구 (8, 19)

경기자들의 보수는 0이 된다. 이를 확인하기 위해 마지막 게임 마디에서 경기자 2의 선택을 생각해 보자. 여기서 경기자 2는 사리추구를 하면 19만원을 받고 봉사를 하면 18만원을 받는다. 그러므로 그의 최적 선택은 사리추구를 하는 것이다. 이제 마지막에서 두 번째의 의사결정 마디에서 경기자 1의 선택을 생각해 보자. 경기자 1은 그 다음 마디에서 경기자 2가 사리추구를 할 것을 예상하므로 역시 사리추구를 선택하는 것이 최적이다. 이렇게 게임나무를 따라 역진적으로 귀납하여 보면 모든 의사결정 마디에서 각 경기자가 사리추구하는 것이 최적이 됨을 알 수 있다.

경기자들이 얻는 보수를 보면 균형에서 두 경기자는 매우 낮은 보수를 얻음을 알 수 있다. 이는 각 경기자가 매우 여러번 선택을 하는 경우에도 마찬가지이다. 각 경기자가 몇번의 선택을 할 수 있든지 역진 귀납법을 적용하는 경우 각 경기자는 항상 사리추구를 선택하는 것이 최적이다. 예를 들어 각 경기자가 100번의 선택을 할 수 있는 상황을 생각해 보자. 이 경우 두 경기자가 100번 모두 봉사를 계속한다면 각 경기자는 $9 \times 100 = 900$의 보수를 얻을 수 있다. 그럼에도 불구하고 역진 귀납법을 적용하는 경우 각 경기자는 항상 사리추구를 선택할 것이다. 그 결과 두 경기자 모두 0의 보수를 얻는다. 실제로 사람들이 이런 상황에서 항상 사리추구를 선택할 것인가? 몇몇 사람들이 실험을 해보니 그렇지 않았다. 많은 경우 경기자들은 사리추구를 선택하지 않고 봉사를 선택한 것이다. 이것은 어떻게 설명할 수 있을까?

한가지 설명은 각 경기자가 상대 경기자는 역진 귀납법을 따르는 사람이 아닐지도 모른다고 생각할 수 있다는 것이다. 사람들 중에는 다른 사람의 유익을 위해 행동하는 것을 좋아하는 이타적인 사람도 있을 수 있는 것이다. 만약 상대가 이타적이라면 봉사를 하는 것이 더 유리하다. 따라서 경기자는 상대방이 이타적인 사람인지 한번 시험해보고 싶을 수 있다. 그래서 한번 봉사를 해보고 상대방의 반응을 관찰해보는 것이다. 이에 대해 상대방이 봉사를 한다면 상대방이 이타적인 사람일 가능성이 매우 높다고 볼 수 있으며 따라서 그 이후 계속 봉사를 할 것이다. 반면 상대방이 사리추구를 한다면 상대방은 역진 귀납법을 따르는 합리적인 경기자라고 볼 수 있다. 그러므로 그 이후에는 사리추구를 할 것이다. 이러한 행동을 떠보기 또는 시험하기라고 한다.

떠보기 (experimenting)

앞의 지네 게임에서 경기자 1이 경기자 2가 이타적인 사람인지 아닌지 잘 모르는 상황을 상정하자. 경기자 2는 자신이 이타적인지 아닌지 잘 알고 있고 경기자 1이 이타적이 아님을 잘 안다고 하자. 이러한 상황 즉 경기자 2의 타입에 관해 불확실성이 존재하는 상황을 게임나무로 나타내면 도표 13-8과 같다.

이 게임에서 보이지 않는 손이 먼저 경기자 2의 타입을 결정한다. 경기자 2는 0.95의 확률로 역진 귀납법을 따르는 합리적인 사람이고 0.05의 확률로는 이타적인 사람이다. 경기자 2가 합리적인 경우에는 사리추구와 봉사 중 하나를 선택할 수 있지만, 경기자 2가 이타적인 사람

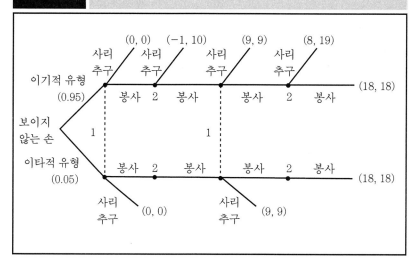

인 경우에는 이타적인 행동인 '봉사'만 할 수 있다.

그리고 두 경기자 모두 게임상황을 잘 알고 있다. 즉 경기자 1이 경기자 2의 타입에 대해 잘 모른다는 것을 경기자 2는 알고 있다. 또한 경기자 1은 경기자 2가 알고 있다는 것을 알고 있다. 이는 경기자들의 행동선택에 영향을 미친다는 점에서 중요하다. 예를 들어 경기자 2는 경기자 1이 자신의 타입을 잘 모른다는 것을 이용하려고 할 것이다. 또한 경기자 1은 경기자 2가 자신의 무지를 이용하려 한다는 것을 감안하여 최적의 행동을 선택할 것이다.

신빙성 없는 내쉬균형

경기자 2의 타입에 관해 불확실성이 존재하지 않는 게임에서 각 경기자는 사리추구를 선택하는 것이 최적이었다. 경기자 2의 타입에 관해 불확실성이 도입된 위의 게임에서는 어떨까? 각 경기자들이 항상 사리추구를 선택하는 것이 최적일까? 경기자들이 항상 사리추구를 선택하는 것이 이 게임의 내쉬균형이기는 하다. 왜냐하면 합리적인 타입의 경기자 2가 항상 사리추구를 한다면 경기자 1도 항상 사리추구를 선택하는 것이 최적이며, 경기자 1이 항상 사리추구를 선택한다면 합리적인 타입의 경기자 2도 항상 사리추구를 선택하는 것이 최적이기 때문이다.

그러나 이 전략조합은 신빙성이 없다. 예를 들어 경기자 1이 자신의 두 번째 정보집합에 놓여 있는 상황을 생각해 보자. 이 상황에서 경기자 1은 앞에서 경기자 2가 봉사를 선택했음을 안다. 왜냐하면 그렇지 않다면 이 정보집합에 도달하지 못했을 것이기 때문이다. 균형에서 이기적 타입의 경기자 2는 사리추구를 하기로 되어 있었다. 그러므로 경기자 1은 지금 상대하고 있는 경기자 2는 이타적 타입의 사람일 가능성이 높음을 깨달을 것이다. 즉 경기자 1은 자신의 두 번째 정보집합에서 아래쪽에 위치하고 있음을 알게 되는 것이다. 따라서 경기자 1은 봉사를 선택할 것이다. 왜냐하면 봉사를 선택하면 다음에 경기자 2가 봉사를 선택할 것이므로 18의 보수를 얻을 수 있고 사리추구를 선택하면 9의 보수 밖에 얻지 못하기 때문이다.

그런데 이러한 사실을 경기자 2는 추론할 수 있다. 따라서 이기적 타입의 경기자 2는 그의 첫번째 정보집합에서 사리추구를 하기보다는 봉사를 할 것이다. 왜냐하면 봉사를 하면 경기자 1이 자신이 이타적 타입이라고 생각하여 봉사를 할 것이기 때문이다.

이번에는 이러한 사실을 경기자 1이 또 추론할 수 있다. 따라서 경기자 1은 자기가 봉사를 선택하면 앞에서 살펴본 대로 경기자 2가 타입에 상관없이 봉사를 선택할 것이라는 것을 안다. 따라서 경기자 1은 봉사를 선택할 것이다.

이렇게 볼 때 경기자 1과 이기적 타입의 경기자 2가 항상 사리추구를 하는 전략을 사용하는 것이 합리적이라고 보기는 어렵다.

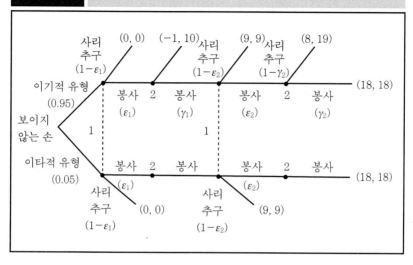

도표 13-9	떠보기 게임에서 경기자 1과 이기적 타입의 경기자 2가 항상 사리추구를 선택하는 내쉬균형은 완전균형이 아니다

이 게임에서 경기자 1과 이기적 타입의 경기자 2가 항상 사리추구를 선택하는 것은 내쉬균형이다. 그렇지만 이 균형은 완전균형이 아니다. 이를 알아보기 위해 이 내쉬균형에 따라 경기가 진행되기로 되어 있다고 상정해 보자. 그리고 이때 각 경기자는 아주 작은 확률로 균형 행동에서 벗어나는 행동을 실수로 선택한다고 하자. 경기자 1이 첫 번째 정보집합에서 실수로 봉사를 선택할 확률을 ε_1이라 하고 사리추구를 선택할 확률은 $1-\varepsilon_1$이라하자. 경기자 1이 두 번째 정보집합에서 실수로 봉사를 선택할 확률을 ε_2라 하고 사리추구를 선택할 확률은 $1-\varepsilon_2$라 하자. 또한 이기적인 타입의 경기자 2가 그의 첫 번째 정보집합에서 실수로 봉사를 선택할 확률을 γ_1이라 하고 사리추구를 선택할 확률을 $1-\gamma_1$라 하자. 이기적인 타입의 경기자 2가 그의 두 번째 정보집합에서 실수로 봉사를 선택할 확률을 γ_2라 하고 사리추구를 선택할 확률을 $1-\gamma_2$라 하자.

이러한 상황에서 각 경기자의 정보집합상의 최적행동을 찾아보자. 우선 경기자 1의 두 번째 정보집합에서 최적행동은 무엇일지 생각해 보자.

경기자 1이 그의 두 번째 정보집합의 윗쪽에 위치할 확률은 $0.95 \cdot \varepsilon_1 \cdot \gamma_1$ 이고 아랫쪽에 위치할 확률은 $0.05 \cdot \varepsilon_1$이다. 따라서 경기자 1이 두 번째 정보집합에서 봉사를 선택하는 경우 얻는 기대보수는

$0.95 \cdot \varepsilon_1 \cdot \gamma_1 ((1-\gamma_2) \cdot 8 + \gamma_2 \cdot 18) + 0.05 \cdot \varepsilon_1 \cdot 18 = \varepsilon_1 (0.9 + 7.6\gamma_1 + 9.5 \gamma_1\gamma_2)$ 이다.

반면 경기자 1이 두 번째 정보집합에서 사리추구를 선택하는 경우 얻는 기대보수는

$0.95 \cdot \varepsilon_1 \cdot \gamma_1 \cdot 9 + 0.05 \cdot \varepsilon_1 \cdot 9 = \varepsilon_1 (0.45 + 8.55\gamma_1)$ 이다.

따라서 ε_1, ε_2, γ_1, γ_2가 아주 작을 때(즉 0으로 수렴할 때) ε_1, ε_2, γ_1, γ_2 간의 상대적인 값이 어떠하든 경기자 1의 최적행동은 항상 봉사를 선택하는 것임을 알 수 있다. 그러므로 상기한 내쉬균형에서 경기자 1이 두 번째 정보집합에서 사리추구를 하는 것은 경기자들의 어떠한 작은 실수로도 합리화할 수 없다. 그러므로 상기한 내쉬균형은 완전균형이 아니다.

이번에는 상기한 내쉬균형 즉, 경기자 1과 이기적 타입의 경기자 2가 항상 사리추구를 선택하는 균형이 순차 균형이 될 수 없음을 확인해 보자.

경기자 1의 두 번째 정보집합은 내쉬균형에서 도달되지 않는 정보집합이다. 이때 이 정보집합상의 위치에 관한 경기자 1의 합치적 추측(consistent belief)은 어떤 확률적 형태를 띨까? 경기자 1의 두 번째 정보집합이 도달될 총 확률은 경기자 1이 실수로 봉사를 선택하고 이기적인 타입의 경기자 2도 실수로 봉사를 선택할 확률인 $0.95 \cdot \varepsilon_1 \cdot \gamma_1$

과 경기자 1이 실수로 봉사를 선택하고 이타적 타입의 경기자 2가 봉사를 선택할 확률인 $0.05 \cdot \varepsilon_1 \cdot 1$의 합과 같다. 한편 경기자 1의 두 번째 정보집합의 위쪽에 도달할 확률은 경기자 1이 실수로 봉사를 선택하고 이기적인 타입의 경기자 2도 실수로 봉사를 선택할 확률인 $0.95 \cdot \varepsilon_1 \cdot \gamma_1$과 같다. 따라서 경기자 1의 두 번째 정보집합이 도달한 상황에서 이 정보집합상의 위쪽에 위치할 확률은 조건부 확률로서 $\dfrac{0.95 \cdot \varepsilon_1 \cdot \gamma_1}{0.95 \cdot \varepsilon_1 \cdot \gamma_1 + 0.05 \cdot \varepsilon_1} = \dfrac{0.95 \cdot \gamma_1}{0.95 \cdot \gamma_1 + 0.05}$이다. 경기자 2가 실수로 봉사를 선택할 확률인 γ_1이 0으로 수렴하므로 위의 조건부 확률은 0으로 수렴한다. 그러므로 경기자 1의 두 번째 정보집합에서의 합치적 추측(consistent belief)은 이 정보집합의 아래쪽에 1의 확률로 위치한다고 추측하는 것이다. 이러한 합치적 추측하에서 경기자 1의 최적행동은 봉사를 선택하는 것이다. 이렇게 볼 때 원래 균형에서 경기자 1이 두 번째 정보집합에서 사리추구를 선택하는 것은 순차적 합리성을 만족시키지 못한다. 그러므로 상기한 내쉬균형은 순차균형이 아니다.

이제 떠보기 게임의 완전 베이지안 균형을 계산해 보자. 순차균형의 계산도 같은 방식으로 이루어진다. 완전 베이지안 균형을 체계적으로 계산하기 위해 지지대(支持帶; support)의 개념을 사용한다. 어떤 임의의 정보집합에서 균형의 지지대란 균형전략 조합에 따를 때 이 정보집합에서 정(正)의 확률로 사용되는 행동들의 집합을 의미한다.

완전 베이지안 균형을 계산하기 위해서는 게임의 끝에서부터 균형구성후보로서 가능한 지지대를 하나씩 상정한다. 그리고 각 지지대에 대해 이를 균형행동으로 합리화해 주는 전단계에서의 경기자들의 추측을 찾는다(순차적 합리성). 그 다음에는 이 추측과 합치하는 전단계에서의 경기자들의 행동을 찾는다(합치적 추측). 이러한 방식으로 끝에서부터 거슬러 올라가 균형행동들과 추측들을 찾아낸다. 이는 매 정보집합에 대해 역진 귀납법을 사용하는 것에 해당한다. 이상과 같은 방법을 앞에서 살펴본 바 있는 떠보기 게임에 적용하여 완전 베이지안 균형을 찾아 보자.

이제 경기자 1이 자신의 정보집합상의 위치에 관하여 예상을 형성하는데 이것이 확률로 표현된다고 하자. 그래서 자신의 첫 번째 및 두 번째 정보집합상에서 위쪽에 위치할 확률이 각각 α, β인 것으로 추측한다고 하자. 그리고 경기자 1이 첫 번째 정보집합과 두 번째 정보집합에서 봉사를 선택할 확률을 각각 p, q로 표시하자. 또한 이기적 타입의 경기자 2가 첫 번째 정보집합과 두 번째 정보집합에서 봉사를 선택할 확률을 각각 r, s로 표시하자.

먼저 이기적 타입의 경기자 2의 마지막 정보집합을 살펴보자. 이 정보집합에서 이기적 경기자 2는 사리추구를 할 것이다. 왜냐하면 사리추구를 하면 19의 보수를 얻고 봉사를 하면 18의 보수를 얻기 때문이다. 그러므로 이 정보집합에서 완전 베이지안 균형의 유일한 지지대는 {사리추구}이다. 이타적 타입의 경기자 2의 마지막 정보집합을 보자. 이 정보집합에서 이타적 경기자 2가 취할 수 있는 행동은 봉사뿐이다. 그러므로 이 정보집합에서 신빙성 있는 균형의 유일한 지지대는 {봉사}이다.

이번에는 경기자 1의 마지막 정보집합 즉, 두 번째 정보집합에서 완전 베이지안 균형의 지지대를 찾아 보자. 가능한 지지대로는 세 개가 있다. 즉 {봉사}, {사리추구}, {봉사, 사리추구}이다.

먼저 {봉사}가 완전 베이지안 균형의 지지대가 될 수 있는지 살펴보자. 경기자 1이 이 정보집합에서 봉사를 선택하는 경우, 그 다음에 이기적 타입의 경기자 2는 사리추구를 선택하고 이타적 타입의 경기자 2는 봉사를 선택한다. 그러므로 경기자 1이 봉사를 선택하는 경우의 기대보수는 $\beta \cdot 8 + (1-\beta) \cdot 18 = 18 - 10 \cdot \beta$이다. 반면 경기자 1이 사리추구를 선택하는 경우의 기대보수는 $\beta \cdot 9 + (1-\beta) \cdot 9 = 9$이다. 그러므로 {봉사}가 순차적으로 합리적인 행동이 되려면 $18 - 10\beta \geq 9 \rightarrow \beta \leq 0.9$이어야 한다. 자 그러면 β값은 어디에서 결정되는가? β는 경기자 1

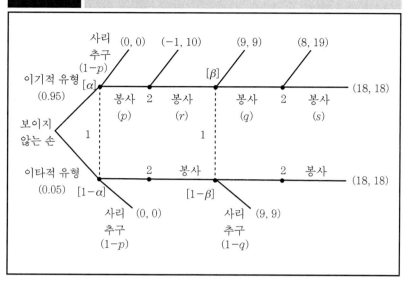

도표 13-10 떠보기 게임의 완전 베이지안 균형 계산하기

이 두 번째 정보집합에서 위쪽에 위치할 확률이다. 이 확률은 경기자 2 의 타입에 대한 경기자 1의 추측을 나타낸다. 이 추측은 경기자들의 전략과 합치하여야 한다. 따라서 이 확률은 앞에서 경기자들이 어떤 행동을 선택했느냐에 의해 결정된다. 예를 들어 이기적인 경기자 2가 그의 첫 번째 정보집합에서 사리추구를 했다면 경기자 1이 그의 두 번째 정보집합에서 위쪽에 위치할 확률은 0일 것이다. 왜냐하면 경기자 1이 그의 두 번째 정보집합에서 위쪽에 위치하려면 이기적인 경기자 2가 앞에서 봉사를 선택해야 하기 때문이다.

경기자 1의 두 번째 정보집합의 위쪽에 도달할 확률은 보이지 않는 손과 경기자 1과 2의 행동선택 확률에 의해 결정되는데 그 확률은 $0.95 \cdot p \cdot r$ 이다. 그리고 경기자 1의 두 번째 정보집합의 아래쪽에 도달할 확률은 $0.05 \cdot p \cdot 1 = 0.05p$이다. 따라서 경기자 1의 두 번째 정보집합에 도달하였다는 것을 아는 상태에서 이 정보집합의 위쪽에 위치

13.5 떠보기 게임에서의 신빙성 있는 내쉬균형 **403**

할 확률은 두 번째 정보집합에 도달하였다는 조건하에서 위쪽에 위치할 조건부 확률이다. 조건부 확률을 구하는 공식으로부터 이 확률 β는 $\dfrac{0.95pr}{0.95pr+0.05p} = \dfrac{0.95r}{0.95r+0.05}$임을 알 수 있다. 따라서 $\beta \leq 0.9$이 성립하려면 다음의 조건 $\beta = \dfrac{0.95r}{0.95r+0.05} \leq 0.9 \rightarrow 0 \leq r \leq \dfrac{9}{19}$이 성립하여 한다. 여기서 r은 이기적 타입의 경기자 2가 그의 첫 번째 정보집합에서 봉사를 선택할 확률이다.

그렇다면 이기적 타입의 경기자 2는 첫 번째 정보집합에서 실제로 어떤 행동을 취할까? 경기자 1이 두 번째 정보집합에서 봉사를 선택한다면 이기적인 타입의 경기자 2는 그의 첫 번째 정보집합에서 봉사를 선택할 것이다. 즉 $r=1$이다. 왜냐하면 봉사를 선택하면 경기자 2의 기대보수는 19이고 사리추구를 선택하면 기대보수는 10이기 때문이다. 이는 $0 \leq r \leq \dfrac{9}{19}$의 조건과 위배된다. 그러므로 {봉사}는 경기자 1의 두 번째 정보집합에서 완전 베이지안 균형의 지지대가 될 수 없다.

이번에는 {사리추구}가 완전 베이지안 균형의 지지대가 될 수 있는지 살펴보자. 경기자 1이 그의 두 번째 정보집합에서 사리추구를 하는 것이 균형의 지지대가 되려면 $18 - 10\beta \leq 9 \rightarrow \beta \geq 0.9$이어야 한다. 그런데 $\beta = \dfrac{0.95r}{0.95r+0.05}$이므로 β에 관한 조건은 r에 관한 다음의 조건으로 전환될 수 있다. 즉 $\beta = \dfrac{0.95r}{0.95r+0.05} \leq 0.9 \rightarrow r \geq \dfrac{9}{19}$이어야 한다. 이는 이기적 타입의 경기자 2가 그의 첫 번째 정보집합에서 $\dfrac{9}{19}$ 이상의 확률로 봉사를 선택한다는 것을 의미한다. 그런데 과연 경기자 1이 그의 두 번째 정보집합에서 사리추구를 선택할 때, 경기자 2는 그의 첫 번째 정보집합에서 이러한 확률로 봉사를 하려고 할까? 그렇지 않다. 그가 봉사를 선택하면 9의 보수를 얻고 사리추구를 선택하면 10의 보수를 얻기 때문이다. 그러므로 {사리추구}는 경기자 1의 두 번째 정보집합에서 완전 베이지안 균형의 지지대가 될 수 없다.

마지막으로 {봉사, 사리추구}가 완전 베이지안 균형의 지지대가 될 수 있는지 살펴보자. 경기자 1이 두 번째 정보집합에서 봉사와 사리추구를 모두 정(+)의 확률로 선택하는 것이 균형전략을 구성하려면 경기자 1이 봉사와 사리추구간의 선택에 대해 무차별해야 한다. 이는 $18-10\beta=9 \rightarrow \beta=0.9$이어야 함을 의미한다. $\beta=\dfrac{0.95r}{0.95r+0.05}$이므로 이는 다시 $r=\dfrac{9}{19}$이어야 함을 의미한다. 이는 이기적 타입의 경기자 2가 그의 첫 번째 정보집합에서 $\dfrac{9}{19}$의 확률로 봉사를 선택한다는 것을 의미한다. 그런데 과연 경기자 1이 그의 두 번째 정보집합에서 혼합행동을 취할 때, 경기자 2는 그의 첫 번째 정보집합에서 위의 확률로 봉사를 하려고 할까? 경기자 2가 첫 번째 정보집합에서 혼합행동을 사용하려면 봉사와 사리추구간에 무차별해야 한다. 이기적 타입의 경기자 2가 그의 첫 번째 정보집합에서 봉사를 하는 경우 얻는 기대보수는 $q \cdot 19+(1-q) \cdot 9=9+10q$인 반면 사리추구를 하는 경우 얻는 기대보수는 10이다. 따라서 경기자 2가 혼합행동을 구사하려면 $9+10q=10 \rightarrow q=0.1$이어야 한다.

이제 남은 것은 균형에서 경기자 1이 그의 첫 번째 정보집합에서 어떤 행동을 취할지를 결정하는 것이다. 경기자 1이 첫 번째 정보집합에서 사리추구를 선택하면 0의 보수를 얻는다. 반면 봉사를 선택하면 그의 기대보수는 $\alpha[r(q \cdot 8+(1-q) \cdot 9)+(1-r)(-1)]+(1-\alpha)[q \cdot 18+(1-q) \cdot 9]=0.95 \cdot \left[\dfrac{9}{19} \cdot (0.1 \cdot 8+0.9 \cdot 9)+\dfrac{10}{19} \cdot (-1)\right]+0.05 \cdot (0.1 \cdot 18+0.9 \cdot 9)=4.0$이다. 따라서 경기자 1은 첫 번째 정보집합에서 봉사를 선택할 것이다.

그러므로 완전 베이지안 균형은 다음과 같은 형태를 띤다. 처음에 경기자 1은 봉사를 선택한다. 그 다음에 이기적 타입의 경기자 2는 9/19의 확률로 봉사를 선택한다. 그 다음에 경기자 1은 0.1의 확률로 봉사를 선택한다. 그 다음에 이기적 타입의 경기자 2는 사리추구를 선택한다.

이 균형은 순차균형이고 완전균형이기도 함을 확인해 볼 수 있다.

이 균형은 다음과 같이 해석될 수 있다. 경기자 2는 경기자 1이 자신의 타입을 잘 모른다는 것을 이용하려고 한다. 그리하여 때때로 봉사를 함으로써 경기자 1에게 자기가 이타적일 가능성이 높다는 신호를 보내려고 한다. 이는 경기자 1에게 중요한 사실이다. 왜냐하면 장래에 경기자 2가 봉사를 한다면 처음에 경기자 1도 봉사를 하는 것이 유리하기 때문이다. 따라서 경기자 1은 게임시작시에 봉사를 함으로써 이기적인 경기자 2의 신호보내기 행동을 유도할 유인을 갖는다. 물론 이때 운이 좋아 상대방 경기자 2가 이타적인 타입이라면 봉사를 함으로써 확실하게 더 높은 보수를 얻을 수 있다.

이 균형에서 경기자 1이 처음에 봉사를 하는 것은 두 가지 목적을 가진다. 하나는 상대방 경기자가 이타적인지 아닌지를 떠보는 것이다. 다른 하나는 이기적 타입의 경기자 2의 신호보내기를 촉발시키는 것이다.

사례연구 | 핵 억지력(Nuclear Deterrence)

1960년대 냉전기간 동안 미국과 소련은 치열하게 핵무기 개발 경쟁을 벌였다. 그 결과 60년대 중반부터 양국은 상대국의 핵공격에 대해 핵잠수함을 통해 보복을 가할 수 있는 능력을 보유하게 되었다. 한 국가가 선제공격을 하면 상대국의 보복공격을 받게 된다. 선제공격을 받는 측은 큰 타격을 받게 되고 선제공격을 가하는 측도 그보다는 덜하지만 역시 상당한 타격을 입게 된다. 이에 따라 핵에 의한 선제공격은 보복의 위협에 의해 억제되게 된다. 이 상황을 게임나무를 통해 도시하면 다음 쪽의 도표와 같으며 이 게임의 유일한 하부게임 완전균형은 두 나라 모두 공격하지 않는 것이다.

위의 게임이 나타내는 상황에서는 소련이 먼저 공격을 가할 수 있는 것으로 되어 있다. 만약 두 나라 중 어느 나라가 먼저 공격을 가할 수 있는지가 불확실하다면 어떻게 될까? 이 경우 각국은 상대방 국가가 먼저 공격을 해올지 모른다는 불안감에 빠져 자국이 먼저 공격하는 것이 유리하다고 판단할 수 있다. 그리하여 상대방이 먼저 공격할 것이라는 두려움은 핵전쟁을 유발할 수 있는 것이다. 이를 게임상황으로 나타내면 다음 쪽의 도표와 같다.

이 게임나무에서 알 수 있듯이 미국과 소련은 각각 누가 먼저 움직일 수 있는지를 잘 알지 못한다. 즉 각국은 누가 먼저 공격을 할 수 있는지의 여부를 알지 못한다.

완전 베이지안 균형은 두 나라의 전략조합과 추측체계로 구성된다. 이를 다음과 같은 쌍, 즉 (소련의 행동, 미국의 행동; 소련이 자기가 선제공격을 할 수 있다고 생각하는 확률, 미국이 자기가 선제공격을 할 수 있다고 생각하는 확률)로 표현하기로 하자. 이 게임에서 ((선제)공격, (선제)공격; 1, 1) 즉, 미국이 그의 정보집합에서 자신이 선제공격을 할 수 있다고 추측하고 (선제)공격을 하고, 소련도 자신이 선제공격을 할 수 있다고 추측하고 (선제)공격을 하는 것은 완전 베이지안 균형

| 도 표 | 선제공격에 대한 보복 가능성으로 인해 평화가 유지되는 게임상황 |

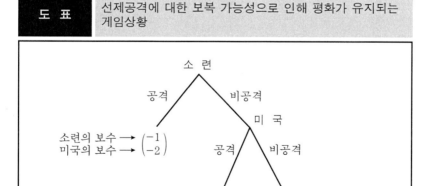

이 된다. 이를 체크해보자.

소련이 선제공격을 할 때 미국의 정보집합은 도달되지 않는다. 그러므로 균형에서 미국의 정보집합이 도달되어 의사결정을 해야 하는 상황은 미국이 선제공격을 할 수 있는 경우임을 미국은 안다. 그러므로 완전 베이지안 균형에서의 미국의 추측은 균형전략 조합과 합치적이다. 이때 미국이 비공격을 선택한다면 소련이 그 다음에 공격을 할 것이므로 미국은 공격을 하는 것이 최적이다. 소련의 경우도 마찬가지 논리로 추측이 균형전략 조합과 합치적이며 공격을 하는 것이 최적이다. 그러므로 위의 전략조합과 추측체계는 완전 베이지안 균형이다.

이 게임에는 다른 균형도 존재한다. 예를 들어 (비공격, 비공격;

도 표	누가 먼저 공격할 수 있는지 불확실한 상황에서 미국과 소련이 대치하고 있는 경우

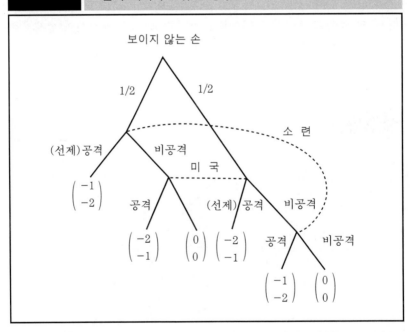

1/2, 1/2)도 완전 베이지안 균형이다. 미국은 소련이 공격을 하지 않을 것임을 정확히 추측한다. 그러므로 이 경우 미국의 정보집합은 항상 도달되고 이 정보집합 상의 어느 마디에 위치하는지는 보이지 않는 손이 선택하는 확률에 의해 결정된다. 그러므로 미국이 먼저 움직일 확률은 1/2가 된다. 그리고 이때 미국의 최적의 선택은 공격하지 않는 것이다. 소련의 경우도 마찬가지 논리로 공격을 하지 않는 것이 최적이다. 그러므로 (비공격, 비공격: 1/2, 1/2)은 완전 베이지안 균형이다.

| 참고문헌

Fudenberg, Drew and Jean Tirole, "Perfect Bayesian equilibrium and sequential equilibrium," *Journal of Economic Theory* 53 (1991), pp. 236−260.

Harris, M., and R.M. Townsend, "Resource Allocation under Asymmetric Information," *Econmetrica 49* (1981), pp. 1477−99.

Kreps, David M., "4. The successes of game theory," *Game Theory and Economic Modelling*, Oxford University Press, 1990.

Kreps, David and Robert Wilson, "Sequential equilibrium," Econometrica 50 (1982), pp. 863−894.

Morrow, James D., "Chapter Six. Beliefs and Perfect Bayesian Equilibria," *Game Theory for Political Scientists*, Princeton University Press, 1994.

Myerson, Roger B., *Game Theory: The Analysis of Conflict*, Harvard University Press, 1991.

Rosenthal, Robert W., "Games of Perfect Information, Predatory Pricing and the Chain-Store Paradox," *Journal of Economic Theory* 25 (1981), pp. 92−100.

Selten, Reinhard, "Reexamination of the perfectness concept for equilibrium points in extensive games," *International Journal of Game Theory* 4 (1975), pp. 25−55.

| 연습문제

1. 다음 게임을 생각해 보자. 세 명의 경기자 1, 2, 3이 존재한다. 경기자 1은 C와 D 중 하나를 선택한다. 경기자 1이 C를 선택한 경우에는 경기자 2가 U와 V 중 하나를 선택해야 한다. 경기자 1이 D를 선

택하였거나 경기자 1이 C를 선택하고 경기자 2는 U를 선택한 경우에는 경기자 3이 L과 R 중에서 하나를 선택해야 한다. 각 경우의 보수체계는 다음의 게임나무에 표시되어 있다.

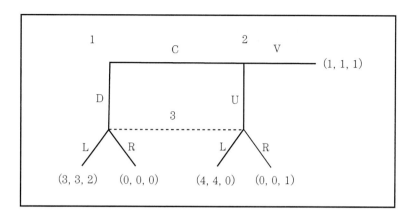

이 게임에서 내쉬균형을 구하여 보라. 그리고 완전균형과 순차균형을 찾아 보라.

2. 다음의 게임을 생각해보자. 어떤 산업에 두 기업이 있다. 한 기업은 이 산업에의 진입을 고려하는 잠재적 진입기업이고 다른 기업은 현재 이 산업을 독점하고 있는 독점기업이다. 잠재적 진입기업은 신기술을 개발하고 진입할 수도 있고 단순히 기존기업의 기술을 모방하고 진입할 수도 있다. 기존의 독점기업은 잠재적 진입기업이 신기술을 개발하였는지 또는 단순히 기존기업의 기술을 모방하는지는 알지 못한다. 기존기업은 잠재적 진입기업의 진입에 대해 가격전쟁으로 대응할 수도 있고 시장을 공유하여 평화공존할 수도 있다. 이러한 상황은 다음의 게임나무로 나타낼 수 있다.

ⓐ 이 게임을 전략형게임으로 전환시키고 내쉬균형을 구하라.

ⓑ 기존기업은 잠재적 진입기업이 어떤 식으로 진입하든 가격전쟁

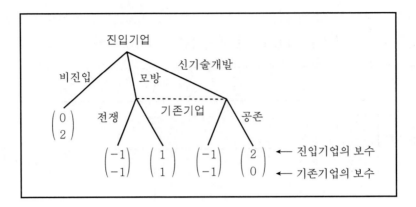

으로 대응하고 잠재적 진입기업은 이러한 위협을 두려워하여 진입하지 않는 것도 하부게임 완전균형이다. 이러한 균형의 문제점은 무엇인가?

ⓒ 하부게임 완전균형의 ⓑ에서와 같은 문제점을 해결하기 위하여 제시된 것이 완전 베이지안 균형(perfect Bayesian Equilibrium)이다. 이 게임에서 완전 베이지안 균형은 무엇인가?

3. 본문에서 다룬 떠보기 게임에서, 보이지 않는 손이 이타적 타입의 경기자 2를 선택할 확률에 변화를 준 경우에 관한 질문이다.

ⓐ 보이지 않는 손이 이타적 타입의 경기자 2를 선택할 확률이 0.1인 경우에 완전 베이지안 균형에서 경기자 1이 첫번째 정보집합에서 봉사를 선택함을 보이라.

ⓑ 보이지 않는 손이 이타적 타입의 경기자 2를 선택할 확률이 0.01인 경우에 완전 베이지안 균형을 구하여 보라. 이 경우 경기자 1이 첫 번째 정보집합에서 봉사를 선택하는 균형이 존재하는가?

4. ⓐ 다음과 같은 게임을 생각해 보자. 이 게임에서 경기자 2는 이기적 타입이거나 이타적 타입이다. 경기자 2가 이타적일 확률은 0.5이다. 본문에서 살펴본 떠보기 게임에서와는 달리 경기자 2

가 먼저 움직인다. 경기자 2는 봉사와 사리추구 중 하나를 선택하고 그 다음에 경기자 1이 봉사와 사리추구 중 하나를 선택한다. 이 게임의 내쉬균형을 구하여 보라.

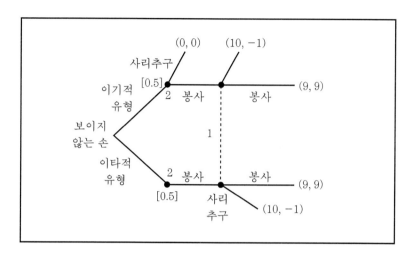

ⓑ 이번에는 위의 게임이 세 번 반복되는 경우를 생각해 보자. 이러한 게임은 다음의 게임나무로 표시된다

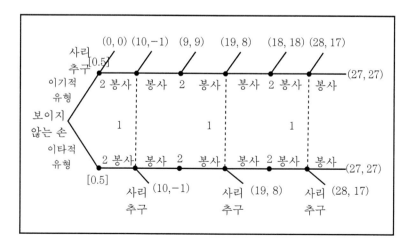

이 게임의 완전 베이지안 균형은 다음과 같음을 확인하라.

"처음에 1회 게임에서 이기적 타입의 경기자 2는 봉사를 선택한다. 이는 50%의 확률로 이타적일 것이라는 평판을 유지시켜 준다. 그 다음에 경기자 1은 상대방 경기자 2가 이타적일 확률이 50%라고 추정한다. 경기자 1은 상대방 경기자 2가 이기적이더라도 2회 게임에서 이타적인 척하려는 유인이 존재함을 알고 있다. 그래서 상대방의 이타적 행동을 촉발시키기 위해 봉사를 선택한다.

경기자 1이 봉사를 선택한 다음에 제 2 회 게임이 시작된다. 이기적 타입의 경기자 2는 계속해서 이타적이라는 평판을 유지하기 위해 봉사를 선택한다. 경기자 1은 경기자 2가 봉사하는 것을 보고 나서 경기자 2가 이타적일 확률이 여전히 50%라고 추측한다. 다음 회의 게임이 마지막이므로 3회 게임에서 경기자 2가 이기적이면 사리추구를 할 것이고 이타적이라면 봉사를 할 것이다. 이를 감안하여 기대보수를 계산해 보면 경기자 1은 봉사를 하는 것이 최적이다. 따라서 경기자 1은 봉사를 선택한다.

마지막 3회 게임에서 경기자 2는 사리추구를 선택한다. 경기자 1도 사리추구를 선택한다."

"육신의 생각은 사망이요 영의 생각은 생명과 평안이니라."

(로마서 8장 6절)

14

노동시장에서의 신호보내기와
정밀한 균형 개념

    이 장에서는 10장에서 살펴본 신호보내기 모형에 13장의 보다 정밀한 균형개념을 적용하여 본다. 또한 15장과 16장에서 살펴볼 직관적 기준과 완전순차균형의 아이디어를 간략히 소개하고 적용하여 본다.

14.1 노동시장에서의 신호보내기

    노동시장에 많은 수의 구직자와 기업이 있는 경쟁적인 노동시장을 상정하자. 분석의 단순화를 위해 두 기업이 존재하고 구직자의 유형은 생산성이 1인 타입과 생산성이 2인 타입의 두 가지이며 생산성이 1인 타입의 인구 구성비는 $p \in (0,1)$라 하자. 구직자의 타입은 간단히 1과 2로 표시할 수 있다. 구직자들은 학력, 즉 교육수준 $e \geq 0$을 가지고 자신의 생산성에 대한 신호를 보낸다. 여기서 교육수준 e는 임의의 실수값을 가질 수 있다고 가정한다. 기업들은 구직자들의 학력을 보고 생산성에 대한 예상을 한 뒤 임금 w를 제시한다.

이러한 상황은 다음과 같은 신호보내기 게임으로 정식화할 수 있다.

1. 보이지 않는 손이 구직자들의 모집단에서 무작위로 한명을 선택한다.
2. 구직자는 학력 즉 교육수준 e를 선택한다.
3. 두 기업 A, B는 구직자의 학력을 보고 임금 w를 제시한다.
4. 구직자는 취업을 할 것인지 그리고 취업한다면 어느 기업에 취직할 것인지를 선택한다.

교육은 구직자의 생산성에 아무런 영향을 못 미치고 순전히 신호로서만 기능한다고 가정한다. 교육을 받는 데는 비용이 수반된다. 교육비용에는 학자금과 같은 금전적인 비용뿐만 아니라 공부에 들어가는 시간과 노력도 포함된다. 학력 e를 갖고 w의 임금을 받는 구직자의 보수함수는 임금에서 교육비용을 뺀 것으로 정의된다.

생산성이 1인 타입의 보수함수: $u_1(e, w) = w - e$
생산성이 2인 타입의 보수함수: $u_2(e, w) = w - \dfrac{e}{2}$

취업하지 않은 구직자의 보수는 0이라 한다.

기업이 학력이 e인 타입 t의 구직자를 고용하는 경우의 보수는 구직자의 생산성에서 임금을 제한 것이다. 그러므로 이 경우 기업 i의 보수함수는 다음과 같이 표시된다.

$v_i(t, w_i(e)) = t - w_i(e)$

여기서 $i, i = A, B$는 기업을 표시하며, t는 구직자의 타입을 표시한다; $t = 1, 2$. 기업이 구직자를 고용하지 않는 경우의 보수는 0이라 한다.

순차균형에서 두 기업이 교육수준 e를 보고 형성하는 구직자의 유형에 대한 예상은 서로 동일하다. 또한 두 기업은 구직자의 노동력을 얻기 위해 서로 경쟁한다. 그러므로 두 기업은 모두 구직자의 기대 생산성과 일치하는 임금을 제시한다.[1]

기업이 구직자의 학력 e를 보고 구직자의 타입에 관해 형성하는 추측이 조건부 확률분포로 표시된다고 하고 이 조건부 확률이 $\mu(t|e)$로 표시된다고 하자. 그러면 구직자의 기대 생산성은 다음과 같이 표현된다.

$$\mu(1|e) \cdot 1 + \mu(2|e) \cdot 2 = \mu(1|e) + 2(1-\mu(1|e)) = 2 - \mu(1|e).$$

임의의 교육수준 e를 보았을 때 기업이 예상하는 구직자의 기대 생산성은 1과 2사이의 값을 갖는다.

이제 이러한 게임의 순차균형에서 경기자들이 어떤 행동을 취하는지 살펴보자. 순차균형에서 구직자의 타입에 대한 균형 외 추측(out-of-equilibrium beliefs)이 취할 수 있는 값은 한 가지로 유일하게 정해지지 않고 여러 가지 값을 가질 수 있다. 따라서 우리의 관심은 모든 순차균형을 찾아내는 것이라기보다는 균형 경로(equilibrium path) 즉, 순차균형에서 관측되어지는 균형 교육수준과 그에 따른 균형 임금을 모두 찾아내는 것이다. 이를 위해 구직자의 타입에 관한 균형 외 추측 $\mu(t|e)$의 값을 정할 때, 상정한 균형을 가장 공고하게 유지시켜 줄 수 있는 값을 선택하기로 하자. 그러한 값은 균형 외 교육수준 e' 을 보았을 때 그 구직자가 타입 1이라고 추측하는 것이다: $\mu(1|e') = 1$.[2]

---

[1] 순차균형이 아닌 내쉬균형에서는 기업들이 균형 외 학력신호를 받은 경우에 기대 생산성과 일치하지 않는 임금을 제시할 수 있다.

[2] 이 추측은 상정한 균형을 가장 공고하게 해준다. 왜냐하면, 타입 1과 2가 $\mu(1|e') < 1$의 균형 외 추측 값을 갖는 균형에서 이탈하여 e'의 신호를 보낼 유인이 없다면 $\mu(1|e') = 1$의 균형 외 추측 값을 갖는 균형에서는 이탈시의 보수가 더 낮아지므로 더더욱 e'의 신호를 보낼 유인이 없기 때문이다. 따라서 만약 어떤 순차균형이 존재하여 이 순차균형에서 어떤 균형 외 교육수준 e'에 대해서 균형 외 추측이 $\mu(1|e') < 1$이라면 동일한 균형 경로를 가지면서 $\mu(1|e') = 1$인 순차균형이 존재한다.

참고삼아 구직자의 타입이 기업에게 알려져 있는 완비 정보의 경우를 생각해 보자. 이 경우, 구직자는 자신의 타입이 알려져 있으므로 굳이 비용을 들여 신호를 보낼 필요가 없다. 따라서 타입 t 구직자의 최적 교육수준을 $e^c(t)$로 표시하면, $e^c(t) = 0$, $t = 1, 2$이다.

불완비 정보의 상황에서 기업들이 어떤 학력 신호에도 항상 구직자의 타입이 1일 것이라고 예상하더라도 타입 1 구직자는 $e = e^c(1) = 0$의 교육수준을 선택하면 적어도 1의 보수를 얻을 수 있다: $u_1(0, 1) = 1$. 이를 타입 1 구직자의 최소극대화 보수라 부를 수 있다. 타입 1 구직자가 2의 임금을 받을 때 최소극대화 보수와 동일한 보수 수준을 얻게 되는 학력 수준을 $e^*(1)$으로 표시하면 $u_1(e^*(1), 2) = u_1(e^c, 1)$이고 따라서 $e^*(1) = 1$이다: $u_1(e^*(1), 2) = 1 \rightarrow e^*(1) = 1$.

마찬가지로 타입 2 구직자의 최소극대화 보수도 1로 이는 학력수준 0을 선택하고 1의 임금을 받는 경우에 실현된다. 따라서 타입 2 구직자는 균형에서 적어도 이와 같거나 이보다 높은 보수를 얻는다. 타입 2 구직자

도표 14-1 구직자의 최소극대화 보수

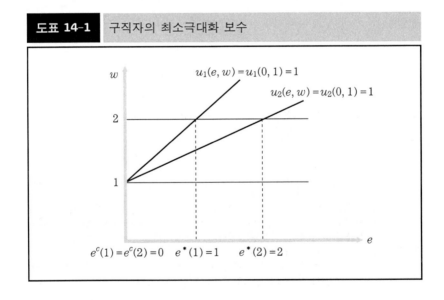

가 2의 임금을 받을 때 최소극대화 보수와 동일한 보수 수준을 얻게 되는 학력 수준을 $e^*(2)$으로 표시하면 $u_2(e^*(2), 2) = u_2(e^c, 1)$이고 따라서 $e^*(2) = 2$이다: $u_2(e^*(2), 2) = 1 \rightarrow e^*(2) = 2$.

이제 이 게임에 순차균형으로 분리균형이 존재하는지 살펴보자.[3]

i) 타입 t인 구직자가 보내는 학력 신호를 $e(t)$로 표시하면 분리균형에서 $e(1) \neq e(2)$이다. 기업들은 구직자의 학력이 $e(1)$이면 그 구직자의 타입이 1인 것을 알고, 학력이 $e(2)$이면 구직자의 타입이 2인 것을 안다. 즉, $\mu(1|e(1)) = 1$, $\mu(2|e(2)) = 1$. 따라서 기업들은 균형에서 $e(1)$을 보면 1의 임금을 주고 $e(2)$의 학력을 보면 2의 임금을 준다: $w(e(1)) = 1$, $w(e(2)) = 2$. 우리는 기업들이 균형 외 학력 신호를 보았을 때 그 구직자의 생산성이 1이라고 예상한다고 상정한다: 임의의 $e' \neq e(1), e(2)$인 e'에 대하여 $\mu(1|e') = 1$.

ii) 타입 1 구직자는 균형 학력 $e(1)$으로부터 이탈할 유인이 없어야 한다. 만약 균형 학력 $e(1)(\neq e(2))$이 0 보다 크다면 타입 1 구직자가 0의 학력으로 이탈할 유인이 생겨 $e(1)$이 균형 학력이라는 상정에 모순 된다. 그러므로 타입 1 구직자의 균형 학력 $e(1) = 0$이다. 또한 타입 1 구직자가 신호 $e(2)$를 보낼 유인이 없어야 하므로 다음이 성립한다.

$u_1(e(1), w(e(1))) \geq u_1(e(2), w(e(2)))$.
$\rightarrow u_1(0, 1) \geq u_1(e(2), 2)$

이를 위해선 $e(2) \geq e^*(1)$이어야 한다.

iii) 타입 2 구직자는 균형 학력 $e(2)$로부터 이탈할 유인이 없어야

---

[3] 이 게임에는 순차균형이 아닌 분리 내쉬균형이 존재한다. 예를 들어 기업이 학력 신호 0.2를 본 경우에는 1의 임금을 지불하고 학력신호 1.4를 본 경우에는 2의 임금을 지불하며 그 밖의 학력신호를 본 경우에는 0의 임금을 지불한다고 하자. 이 경우 타입 1 구직자는 1의 학력신호를 보내려 하고 타입 2 구직자는 2의 학력신호를 보내려 한다. 그리고 이때 기업들은 구직자들의 학력신호에 대해 최적대응을 하고 있다. 그러므로 기업들과 구직자들의 전략조합은 내쉬균형이 된다. 이 내쉬균형은 균형 외 학력신호를 받은 경우에 기업들이 0의 임금을 준다는 신빙성 없는 위협에 의해 유지된다.

한다. 타입 2인 구직자가 균형으로부터 이탈하여 얻을 수 있는 최대 보수는 $u_2(0, 1) = 1 = u_2(e^*(2), 2)$이다. 타입 2 구직자가 균형에서 얻는 보수는 이 최대 보수 1 보다 같거나 커야 하므로 $2 - \dfrac{e(2)}{2} \geq 1$ 이어야 한다. 그런데 $e^*(2)$의 정의에 의해 $1 = 2 - \dfrac{e^*(2)}{2}$ 이므로 $e(2) \leq e^*(2)$ 이어야 한다.

그러므로 (ii) - (iii)으로부터 분리 순차균형에서 다음이 성립함을 알 수 있다.

$e(1) = 0$

$e^*(1) \leq e(2) \leq e^*(2) \rightarrow 1 \leq e(2) \leq 2$

이번에는 혼성 순차균형이 존재하는지 존재한다면 어떤 것이 있는지 살펴보자.[4]

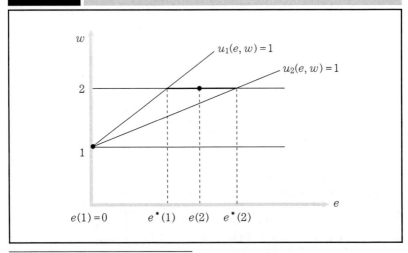

도표 14-2

분리 순차균형: 타입 1인 구직자는 $e(1)$의 학력 신호를 보내고 타입 2인 구직자는 $e(2)$의 학력 신호를 보낸다. 타입 1인 구직자는 1의 임금을 받고 타입 2인 구직자는 2의 임금을 받는다$(e^*(1) \leq e(1) \leq e^*(2))$.

---

4) 이 게임에는 순차균형이 아닌 혼성 내쉬균형도 존재한다.

i) 혼성 균형에서는 정의상 두 타입의 구직자가 동일한 학력신호를 보낸다: $e(1) = e(2) = e^*$. 그러므로 기업은 학력 신호로부터 추가적인 정보를 얻지 못한다. 따라서 학력 수준 e^*를 본 후 기업들은 구직자의 타입이 1일 확률이 타입 1 구직자의 인구구성비 p와 같다고 예상한다. 그러므로 혼성균형에서 균형임금은 $w(e^*) = 1 \cdot p + 2 \cdot (1-p) = 2 - p$이다. 우리는 기업들이 균형 외 학력 신호를 보았을 때 그 구직자의 생산성이 1이라고 예상한다고 상정한다: 임의의 $e' \neq e^*$인 e'에 대하여 $\mu(1|e') = 1$.

ii) 이 경우 각 타입의 구직자가 균형 외 학력 신호로부터 얻을 수 있는 최대 보수는 $u_1(0, 1) = 1$과 $u_2(0, 1) = 1$이다. 따라서 도표 14-3에서 $(e^*, w(e^*))$가 구직자의 무차별곡선 $u_1(e, w) = 1$과 $u_2(e, w) = 1$보다 위에 위치한다면 구직자들은 학력 e^*로부터 이탈할 유인이 없게 되며 e^*는 혼성균형 학력 신호가 된다. 도표 14-3에서 $[0, \bar{e}]$구간에 있

도표 14-3 혼성 순차균형: 타입 1과 타입 2의 구직자 모두 학력신호 e^*를 보내고 $w(e^*) = 2 - p$의 임금을 받는다($0 \leq e^* \leq \bar{e}$).

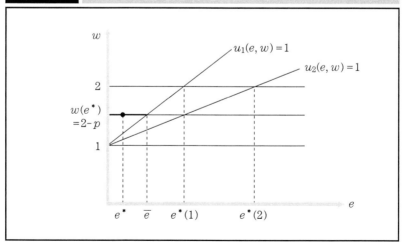

는 학력 신호는 모두 혼성균형 학력 신호가 될 수 있다.

마지막으로 이 모형에는 타입 1의 구직자가 $e(1)=0$의 학력 신호와 $e^* >0$의 학력 신호를 확률적으로 선택하고 타입 2의 구직자는 1의 확률로 e^*를 선택하는 반분리 순차균형(semi-separating equilibrium)이 존재한다. 타입 1 구직자가 $e(1)=0$의 학력 신호를 보내면 기업은 이 구직자가 타입 1임을 알게 된다. 따라서 기업은 이 구직자에게 1의 임금을 제시한다. 기업은 e^*의 학력 신호를 본 경우에는 이 구직자가 타입 1일 확률을 베이즈 규칙에 의해 다음과 같이 추정한다. 타입 1의 구직자가 e^*의 학력 신호를 보내는 확률을 s라 하면 $\mu(1|e^*) = \dfrac{sp}{sp+(1-p)}$. 여기서 s가 0과 1 사이의 값을 가지므로 $\mu(1|e^*)$는 0과 p 사이의 값을 가지며 따라서 균형임금 $w(e^*)$은 $2-p$와 2 사이의 값을 갖는다.

타입 1인 구직자가 균형에서 정의 확률로 두 학력 신호 0과 e^*를

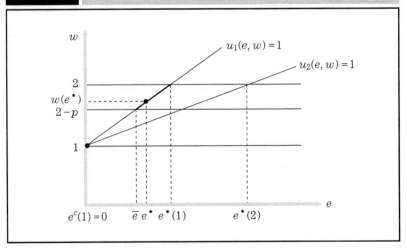

도표 14-4 반 분리균형: 타입 1의 구직자는 0과 e^*의 학력 신호 중 하나를 일정 확률로 선택하고 타입 2의 구직자는 항상 e^*의 학력 신호를 선택한다($\bar{e} \le e^* \le e^*(1)$).

보내려면 두 경우의 보수가 같아야 한다: $u_1(0, 1) = u_1(e^*, w(e^*))$.

따라서 $w(e^*)$는 $2-p \leq w(e^*) \leq 2$를 만족시키고, $(e^*, w(e^*))$는 $(0, 1)$을 지나는 타입 1의 무차별곡선 상에 놓여 있어야 한다(도표 14-4를 참조). 그러므로 e^*는 $[\bar{e}, e^*(1)]$ 구간에 위치한다. 여기서 $\bar{e}$는 $u_1(0, 1) = u_1(e', 2-p)$를 만족시키는 e' 값을 나타내며, $e^*(1)$은 $u_1(0, 1) = u_1(e', 2)$를 만족시키는 e'의 값을 나타낸다($\bar{e} = 1-p$, $e^*(1) = 1$). 이때 타입 1 구직자는 1의 보수를 얻으며 타입 2 구직자는 $w(e^*) - \dfrac{e^*}{2}$의 보수를 얻는다. 도표 14-4에서 알 수 있듯이 $w(e^*) - \dfrac{e^*}{2} \geq 2-p-\dfrac{\bar{e}}{2} = 1 + \dfrac{1}{2}(1-p) > 1$이 성립한다. 따라서 균형 외 학력 신호를 보내면 기껏해야 1의 보수를 얻으므로 구직자들은 이 균형으로부터 이탈할 유인이 없다.

구간 $[\bar{e}, e^*(1)]$ 안의 각 학력에 대해 균형임금이 $(0, 1)$점을 지나는 타입 1 구직자의 무차별곡선 상에 위치하도록 하는 s값이 존재한다. 따라서 반 분리균형은 연속체로서 무수히 많이 존재한다. 이 균형에서 타입 1 구직자는 s의 확률로 $e^* \in [\bar{e}, e^*(1)]$의 학력을 선택하고 $(1-s)$의 확률로 0의 학력을 선택한다. 타입 2 구직자는 1의 확률로 e^*를 선택한다.

14.2 보다 정밀한 균형 개념

앞의 예에서 보았듯이 신호보내기 게임의 순차균형은 매우 많다. 순차균형으로 분리균형, 혼성균형, 반 분리균형의 세 가지 유형이 존재하며 각 유형 내에서도 무수히 많은 균형이 존재한다. 위의 예에서 0부터 $e^*(2)$ 사이의 모든 학력 신호가 균형에서 나타날 수 있다. 따라서 신호보내기 상황에서 어떤 게임 결과가 나타날지 예측하는데 있어 순차균형 개념은 그리 효과적이지 못하다.

이러한 문제를 해결하는 방법 중 하나는 순차균형에서 비교적 자유롭게 설정되는 균형 외 추측에 제약을 가하는 것이다. 여기서는 앞의 예를 이용하여 조와 크렙스(Cho and Kreps)의 직관적 기준(Intuitive Criterion)과 그로스만과 페리(Grossman and Perry)의 완전 순차균형(Perfect Sequential Equilibrium) 개념을 간단히 소개하기로 한다.

앞에서 살펴 본 학력 신호보내기 게임의 분리균형 ($e(1) = 0$, $e(2)$)에서 $e(2) > e^*(1) = 1$인 경우를 상정하자. 그리고 균형 외 신호로서 1과 $e(2)$ 사이의 학력 e'가 누군가에 의해 보내졌다고 해보자(도표 14-5 참조). 우리는 기업이 이 신호를 보고 구직자의 타입이 1이라고 예상한다고 상정하였다. 그런데 과연 이러한 상정은 타당한 것인가?

순차균형 개념에서는 균형 외 신호는 누군가의 실수에 의해 보내진 것이라고 상정한다. 그런데 균형 외 신호가 실수로 보내진 것이 아니라 어떤 이득을 얻을 것으로 기대하고 보낸 의도적인 것이라면 어떤

도표 14-5	분리 순차균형 ($e(1)=0$, $e(2) > 1$)은 직관적 기준을 통과하지 못한다. 균형 외 신호 e'을 보면 기업들은 이 신호를 보낸 구직자가 타입 2라고 추측한다. 이를 아는 타입 2 구직자는 균형에서 이탈하여 e' 신호를 보내려고 한다.

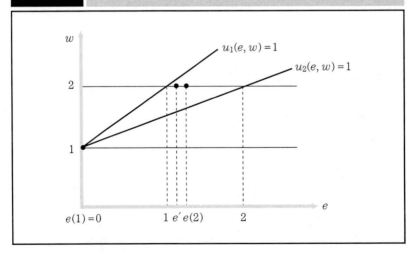

타입의 구직자가 보냈다고 추측하는 것이 합리적일까?

균형에서 타입 1의 구직자는 1의 보수를 얻고 타입 2의 구직자는 1 보다 작은 $2-\dfrac{e(2)}{2}$의 보수를 얻는다. 균형 외 신호 $e'\in[1,\,e(2))$를 보내는 경우 받는 임금은 구직자의 타입에 대한 기업의 균형 외 추측에 의해 결정된다. 구직자의 타입이 1이라고 기업이 예상하면 1의 임금을, 타입이 2라고 예상하면 2의 임금을 얻는다. 따라서 구직자가 얻을 수 있는 최대 임금은 2이다. 그러므로 타입 1의 구직자가 균형 외 신호 e'를 보낼 때 얻는 최대 보수는 $2-e'<1$로 균형에서 얻는 보수보다 작다. 반면 타입 2의 구직자가 균형 외 신호 e'을 보낼 때 얻는 최대 보수는 $2-\dfrac{e'}{2}>2-\dfrac{e(2)}{2}$로 균형에서 얻는 보수보다 크다.

그러므로 기업들은 균형 외 신호 e'을 보았을 때 이 신호를 보낸 구직자의 타입은 2라고 추측하는 것이 합리적이라고 볼 수 있다. 즉, 균형 외 신호 e'을 보았을 때 형성되는 균형 외 추측은 다음과 같은 값을 가져야 한다: $\mu(2,\,e')=1$. 이 경우 기업은 e'의 학력 신호를 보았을 때 2의 임금을 지급할 것이다. 이렇게 균형 외 추측이 설정되면 기존에 상정한 분리 균형은 더 이상 균형이 되지 못한다. 타입 2 구직자는 $e(2)$의 학력 신호 대신 e'의 학력 신호를 보내려고 할 것이기 때문이다. 분리 균형 중 $(e(1),\,e(2))=(0,\,e^*(1))$만 제외하고 다른 모든 분리균형은 이러한 균형 외 추측에 대한 제약 하에서 더 이상 균형이 되지 못한다.

이렇게 균형 외 추측에 대해 제약을 가하여 순차균형 중 타당하지 못한 균형을 걸러내는 기준을 직관적 기준이라 한다. 직관적 기준은 다음과 같이 균형 외 추측에 대해 제약을 가한다.[5]

균형에서 이탈하여 어떤 균형 외 신호를 보낼 때 얻을 수 있는 최대 보수가 균형에서 얻는 보수보다 낮은 타입과 균형에서 얻는 보수 보다 높은 타입이 동시에 존재한다면 이 균형 외 신호를 받았을

---

[5] 보다 엄밀한 정의는 다음 장을 참조하기 바란다.

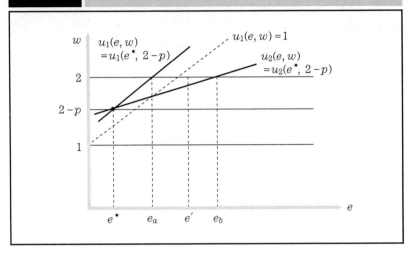

때 수신자는 전자의 타입이 이 신호를 보냈을 확률은 0이라고 추측해야 한다.

　모든 혼성균형도 이러한 균형 외 추측에 대한 제약 하에서 더 이상 균형이 되지 못한다. 이는 도표 14-6을 통해 설명할 수 있다. 타입 1이나 타입 2 구직자 모두 e^*의 학력 신호를 보내는 혼성균형을 상정하자. 도표 14-5에서 균형 외 신호 $e' \in (e_a,\ e_b)$를 보면 기업은 구직자의 타입이 1이라고 추측한다고 상정하였다. 그러나 이는 직관적 기준을 통과하지 못한다. 타입 1의 구직자는 혼성균형에서 $u_1(e^*,\ 2-p)=2-p-e^*$의 보수를 얻지만 균형 외 신호 e'을 선택하면 기껏해야 $2-e' < 2-e_a = 2-p-e^*$를 받는다. 한편 타입 2 구직자는 균형에서 $u_2(e^*,\ 2-p)=2-p-\dfrac{e^*}{2}$의 보수를 받으며, 균형 외 신호 e'을 선택할 때 기업들이 2의 임금을 준다면 타입 2 구직자는 $2-\dfrac{e'}{2}$의 보수를 얻어 균형에서보다 더 높은 보수를 얻을 수 있다. 따라서 균형 외 신호 e'을 보았을

때 기업들은 구직자가 타입 2라고 예상하는 것이 합리적이다. 이에 따라 기업들은 e'의 신호를 보내는 구직자에게 2의 임금을 줄 것이고 타입 2 구직자는 균형에서 이탈할 유인이 있게 된다.

모든 반 분리균형도 직관적 기준을 통과하지 못함을 보일 수 있다. 그러므로 학력 신호보내기 게임에서 직관적 기준을 통과하는 순차균형은 타입 1 구직자는 0의 학력 신호를 보내고 타입 2 구직자는 $e^*(1)$의 학력 신호를 보내는 분리균형뿐이다.

직관적 기준을 통과하지 못하는 균형은 다음과 같은 시나리오를 통해서도 균형에서 배제될 수 있다. 예를 들어 분리균형 $(0, e(2))$, $e(2) > e^*(1) = 1$을 다시 상정해 보자. 여기서 타입 2 구직자가 $e' \in [1, e(2))$의 균형 외 신호를 보내면서 다음과 같이 기업에게 말한다고 하자. "나는 타입 2 구직자이다. 내가 실제로 타입 2 이면 당신이 내 말을 믿고 2의 임금을 줄 때 학력 신호 e'을 보낼 유인이 있다. 반면 내가 타입 1이라면 당신이 내 말을 믿고 2의 임금을 주더라도 학력 신호 e'을 보낼 유인이 없다. 따라서 내가 타입 2라는 말을 당신은 믿을 수 있다." 이 말은 설득력이 있다. 따라서 기업은 타입 2 구직자의 말을 믿게 되고 그 결과 타입 2 구직자는 균형에서 이탈하게 된다.

이러한 기준은 직관적 기준 보다 더 강한 기준이다. 직관적 기준에서는 균형 외 추측의 값을 정할 때 기업은 가장 이탈할 가능성이 높은 타입의 구직자가 누구일지 머릿속으로 생각한다고 상정한다. 구직자와 기업 간에 대화가 가능하다면 구직자는 말을 통해 기업을 더 잘 설득할 수 있고 그 결과 균형 외 추측에 더 많은 제약이 가해질 수 있다. 이러한 아이디어에 기초하여 그로스만과 페리(Grossman and Perry)는 직관적 기준보다 더 강화된 균형 개념을 제시하였는데 이를 완전 순차균형(perfect sequential equilibrium)이라 한다.[6]

예를 들어 학력 신호보내기 게임에서 직관적 기준을 통과하는 유

---

6) 보다 자세한 내용은 16장을 참고하기 바란다.

직관적 기준을 통과하는 유일한 분리균형 $(0, e^*(1))$이 그로스만과 페리의 완전 순차균형이 되지 못하는 경우

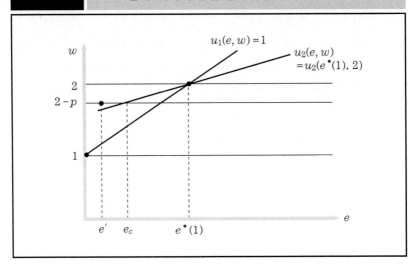

일한 분리균형은 이 강화된 기준을 통과하지 못할 수 있다. 이를 도표 14-7을 통해 설명하기로 한다. 그림에서 직관적 기준을 통과하는 유일한 순차균형은 타입 1 구직자는 0의 학력 신호를 보내고 1의 임금을 받고, 타입 2 구직자는 $e^*(1)=1$의 학력 신호를 보내고 2의 임금을 받는 두 점에 의해 표시되고 있다. 이 균형에서 구직자가 0과 $e^*(1)$ 이외의 신호를 보내면 기업들은 그 구직자의 타입이 1이라고 추측한다고 상정한다. 그러나 이러한 균형 외 추측은 다음과 같은 이유로 타당하지 않다. 타입 1 구직자가 균형 외 신호인 $e' \in (0, e_c)$ 학력 신호를 보낸다고 하자. 이 신호를 보내면서 구직자는 기업에게 다음과 같이 말할 수 있다. "이 학력 신호를 보내는 구직자의 타입은 1일 수도 있고 2일 수도 있다. 그러므로 당신은 평균 임금 $2-p$를 주어야 한다. 이 말은 정말 믿을 만하다. 왜냐하면 이 말을 믿고 당신이 평균 생산성에 해당하는 $2-p$의 임금을 준다면 실제로 타입 1과 타입 2 구직자 모두 이 학력 신호

를 보낼 것이기 때문이다." 이 말은 설득력이 있으며 이를 믿고 기업이 이 구직자에게 $2-p$의 임금을 준다면 모든 타입의 구직자들이 다 균형에서 이탈한다. 그러므로 이 분리 균형은 깨어지게 된다.[7]

그로스만과 페리의 완전 순차균형이 되려면 직관적 기준을 통과해야 한다. 완전 순차균형의 개념이 직관적 기준보다 더 강한 균형 개념이기 때문이다. 그런데 이 게임에서 직관적 기준을 통과하는 유일한 분리균형은 완전 순차균형이 되지 못한다. 그러므로 이 게임에 완전 순차균형은 존재하지 않는다.[8]

---

[7] 이 상황은 11장에서 다룬 보험시장에서의 선별하기 게임에서 로스차일드-스티글리츠 분리 균형이 깨어지는 경우와 일치한다.

[8] 만약 도표 14-7에서 타입 1 구직자의 비중이 높아 $2-p$가 낮은 값을 가져 $u_2(e^*(1), 2) = 2 - \frac{1}{2} = 1.5$ 보다 낮다면 직관적 기준을 통과하는 유일한 분리균형은 완전 순차균형이 된다.

| 참고문헌

Cho, In-Koo and David Kreps, "Signaling Games and Stable Equilibria,"
Quarterly Journal of Economics 102(1987), pp. 179-221.

Grossman, Sanford J. and Motty Perry, "Perfect Sequential Equilibrium,"
Journal of Economic Theory 39(1986), pp. 97-119.

Mas-Colell, Andreu, Michael D. Whinston and Jerry R. Green,
Microeconomic Theory, Oxford University Press (1995), pp. 450-472.

Rothchild, Michael and Joseph E. Stiglitz, "Equilibrium in Competitive
Insurance Markets: An Essay on the Economics of Imperfect
Information," *Quarterly Journal of Economics* 90(1976), pp. 629-649.

"두려워하지 말라. 내가 너와 함께 함이라.
놀라지 말라. 나는 네 하나님이 됨이라.
내가 너를 굳세게 하리라. 참으로 너를 도와주리라.
참으로 나의 의로운 오른손으로 너를 붙들리라. "

(이사야 41장 10절)

15

상대방의 의도 파악하기:
전진 귀납법(forward induction)

전개형 게임의 해 개념으로 우리가 13장에서 살펴본 완전 베이지 안균형, 순차균형, 완전균형 등은 역진귀납법의 아이디어에 기초한 것이었다. 역진 귀납법에서는 상대방이 장래에 어떤 행동을 취할지를 감안하여 각 경기자가 현재의 행동을 선택한다고 상정한다. 이와는 달리 각 경기자가 과거에 상대방이 취한 행동으로부터 그의 장래행동에 대한 의도를 추론하고 현재의 행동을 선택한다고 상정할 수도 있다. 이를 전진 귀납법이라 한다. 이 장에서는 전진 귀납법을 따른 해 개념을 살펴보도록 한다. 또한 신호게임에 전진 귀납법을 적용하여 순차균형보다 정밀한 해 개념을 얻을 수 있음을 살펴보도록 한다.

15.1 전진 귀납법의 기본 아이디어

도표 15−1과 같은 기업 진입게임을 생각해 보자.

이 게임에서 기업 I는 대학가에서 편의점과 음식점을 경영하고 있다. 기업 E는 이 시장에 진입할 것을 고려중인 잠재적 진입기업이다. 기업 E는 진입하는 경우에는 음식점이나 편의점 중의 하나를 열 수 있다. 기업 I는 기업 E가 진입하는 경우 편의점이나 음식점 중 하나는 포기하고 다른 하나만을 계속 유지할 수 있으며 어느 업종을 계속 유지할지를 결정하여야 한다.

이 게임에서 기업 I는 기업 E가 진입한다면 음식점을 열 것이라고 추측하여 편의점을 계속 유지하고 기업 E는 이를 예상하고 비진입하는 것이 순차균형을 구성한다. 그런데 과연 기업 I는 기업 E가 진입하는 경우 음식점을 열 것이라고 추측하는 것이 타당할까?

도표 15-1	기업 진입게임에서 순차균형이지만 전진 귀납법에 의해 배제되는 균형

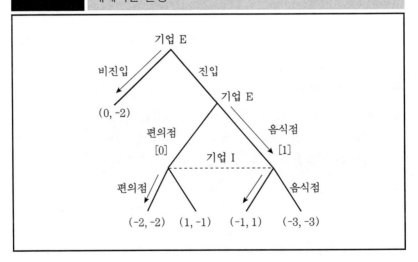

기업 E는 원래 균형에서는 진입하지 않기로 되어 있었는데 진입하였다. 돌발상황이 발생한 것이다. 돌발상황이 발생한 것이 상대방의 실수와 같은 우연한 요인에 기인한 것이 아니라 상대방이 어떤 의도를 가지고 균형에서 벗어난 행동을 선택했기 때문이라고 기업 I가 생각한다고 하자. 이 경우 기업 I는 기업 E가 도대체 왜 균형에서 이탈하여 진입하였을까 하고 그 의중을 헤아려 보려고 할 것이다. 이 게임 상황의 보수체계를 볼 때 기업 E는 균형전략인 비진입을 선택하면 0의 보수를 얻는다. 기업 E가 균형으로부터 이탈한 것은 균형에서 보다 더 높은 보수를 얻으려는 의도에서 일 것이다. 그런데 기업 E가 진입 후 음식점을 개업하면 기껏해야 −1을 얻는다. 반면 편의점을 개업하면 기업 I가 음식점을 선택할 때 균형보수 0보다 높은 1의 보수를 얻는다. 따라서 기업 E가 균형에서 이탈하여 진입하였다면 편의점을 개업할 것이라고 추측하는 것이 자연스럽다. 이는 우리가 상정한 순차균형에서의 추측과 상치된다. 그러므로 이 순차균형은 타당성이 떨어진다고 볼 수 있다.

이상과 같은 논리를 통해 균형 중 타당성이 떨어지는 것을 걸러내는 방법을 전진 귀납법(forward induction)이라고 한다. 역진 귀납법에서는 경기자가 상대방이 장래에 어떤 행동을 취할 지를 감안한 뒤 자신의 최적행동을 선택한다고 상정한다. 그리고 돌발상황이 발생하는 경우 경기자는 그것이 상대방 경기자의 실수와 같은 우연한 요인에 기인한 것이라고 본다. 반면에 전진 귀납법에서는 경기자가 주어진 게임상황의 정보에 기초하여 앞에서 상대방이 어떤 의도를 가지고 행동을 취하였는지를 감안하여 상대방이 어떤 행동을 취할지 추론한다고 상정한다. 돌발상황이 일어난 경우 경기자는 여기에 어떤 합리적인 동기나 원인이 있을 것이라고 생각한다고 본다. 따라서 상대방의 관찰된 행동은 그의 향후 행동에 대한 시그널의 역할을 한다. 예를 들어 위의 예에서 기업 E의 '진입'이라는 행동은 그 기업이 진입한 뒤 편의점을 열려고 한다는 시그널을 기업 I에게 전해준다.

도표 15-2 기업 진입 게임의 축약된 전략형

		기업 I 편의점	기업 I 음식점
	비진입	0 / 2	0 / 2
기업 E	(진입, 편의점)	−2 / −2	1 / −1
	(진입, 음식점)	−1 / 1	−3 / −3

역진 귀납법은 상대방 경기자의 장래 행태만을 고려할 것을 요구한다는 점에서 경기자에게 게임에 대한 부분적인 고려를 요구한다. 반면 전진 귀납법은 경기자로 하여금 게임 전체를 고려하여 추론할 것을 요구한다. 게임 전체를 고려하여 추론하는 것을 분석하는 데는 게임의 전략형이 적합하다. 특히 축약된 전략형이 유용하다. 앞의 예에서 기업 E가 진입하고 나서 음식점을 개업하는 전략은 비진입 전략에 비해 명백히 열등하다. 그리하여 이 전략이 기업 E가 선택하는 전략 중에서 배제되면 기업 I가 편의점을 선택하는 전략은 음식점을 선택하는 것에 비해 약 열등 전략이 된다. 이 전략이 기업 I의 전략에서 배제되면 기업 E는 진입하지 않는 것이 진입하여 편의점을 개업하는 것에 비해 명백히 열등하게 된다. 그러므로 이 게임 상황에서 약 열등전략을 연속적으로 배제하면 기업 E는 진입하여 편의점을 개업하고 기업 I는 음식점을 개업할 것이라고 예측할 수 있다. 이는 바로 전진 귀납법을 적용한 경우에 예측되는 게임의 결과와 일치한다.

15.2 자해(自害)의 가능성과 약 열등전략의 연속 배제

철수와 영희는 다음과 같은 부부간 주도권 경쟁 게임을 하려고 한다고 하자.

도표 15-3 부부간 주도권 경쟁 게임

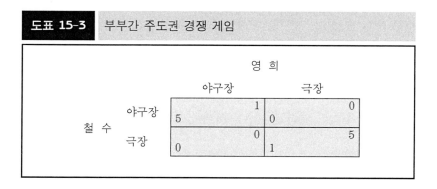

그런데 이 게임을 하기 전에 철수가 자해(自害)를 하여 2의 보수를 잃을 수 있다고 하면 이 게임은 다음과 같은 전개형 게임으로 표현될 수 있다.

도표 15-4 철수가 자해할 수 있는 경우의 부부간 주도권 경쟁 게임

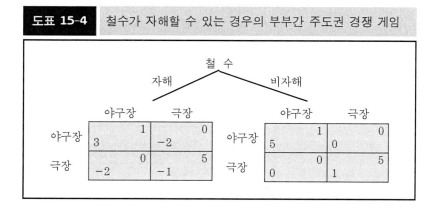

여기서 철수의 경우 자해한 뒤 극장에 가는 것은 자해하지 않고 극장에 가는 것에 비해 명백히 열등하다. 따라서 철수가 자해를 했다면 이는 그가 극장에 가지 않고 야구장에 갈 것임을 영희에게 시사해 준다. 이에 따라 영희는 철수가 자해한 경우에는 극장을 선택하지 않고 야구장을 선택할 것이다. 따라서 철수는 자해하고 야구장을 선택함으로써 적어도 3의 보수를 확보할 수 있다. 여기서 한걸음 더 나아가 우리는 철수가 자신에게 가장 높은 보수인 5를 확보할 수 있음을 비슷한 논리로 보일 수 있다. 자해를 하지 않는 경우 철수가 극장을 선택함으로써 얻을 수 있는 보수는 기껏해야 1에 지나지 않는다. 이는 철수가 자해를 함으로써 확보할 수 있는 보수 3보다 작다. 따라서 철수가 자해를 하지 않았다면 이는 그가 야구장을 선택할 것임을 영희에게 시사하게 될 것이다. 이에 따라 영희는 철수가 자해하지 않은 경우에는 야구장을 선

도표 15-5 — 철수가 자해할 수 있는 경우 부부간 주도권 경쟁게임의 전략형: 표에서 번호는 약 열등전략을 배제하는 순서를 나타낸다.

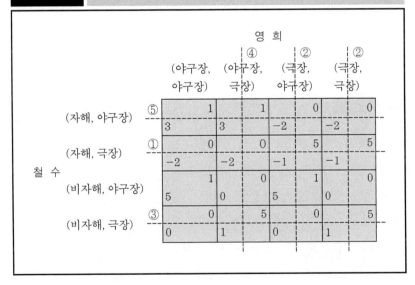

철수 \ 영희	(야구장, 야구장)	④ (야구장, 극장)	② (극장, 야구장)	② (극장, 극장)
⑤ (자해, 야구장)	1 / 3	1 / 3	0 / -2	0 / -2
① (자해, 극장)	0 / -2	0 / -2	5 / -1	5 / -1
(비자해, 야구장)	1 / 5	0 / 0	1 / 5	0 / 0
③ (비자해, 극장)	0 / 0	5 / 1	0 / 0	5 / 1

택할 것이고 이를 꿰뚫어 보는 철수는 자해하지 않는 것을 선택하여 5의 보수를 확보하게 될 것이다. 결국 철수가 자해를 할 수 있는 옵션을 갖고 있는 경우 그에게 가장 유리한 결과를 얻을 수 있게 된다. 놀라운 것은 철수는 자해를 실제로 할 필요가 없다는 것이다. 단지 자해를 할 옵션을 갖는 것으로 충분한 것이다.

앞의 논의에서 예상할 수 있듯이 전진 귀납법의 적용과 열등전략의 연속적 배제는 밀접한 관계가 있다. 실제로 이 게임에서 전진 귀납법을 적용할 때 예측되는 전략조합은 이 게임의 전략형에서 약 열등전략을 연속적으로 배제한 후 얻는 전략조합과 일치한다. 참고로 이 게임의 전략형은 도표 15-5와 같다. 여기서 영희의 전략은 쌍으로 나타나는데 앞의 것은 철수가 자해한 경우의 행동선택을 뒤의 것은 철수가 자해하지 않은 경우의 행동선택을 나타낸다. 예를 들어 (야구장, 극장)은 철수가 자해한 경우에는 야구장을 선택하고 철수가 자해하지 않은 경우에는 극장을 선택한다는 전략을 나타낸다.

완전 정보를 갖는 전개형 게임에서는 역진 귀납법을 적용하여 게

도표 15-6   완전 정보하의 기업 진입게임

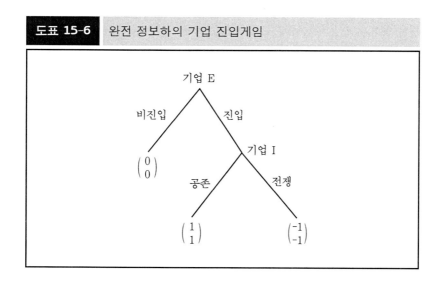

		기업 I	
		공존	전쟁
기업 E	비진입	0 0	0 0
	진입	1 1	-1 -1

임의 해를 구하는 것이 전략형 게임에서 약 열등전략을 연속적으로 배제하는 것과 동일한 결과를 가져온다. 예를 들어 도표 15-6과 같은 전개형 게임을 생각해 보자.

이 게임에 역진 귀납법을 적용하면 기업 I는 전쟁보다 공존을 선택하는 것이 유리하고 이를 예측하는 기업 E는 진입을 선택할 것이다. 그러므로 이 게임에서 기업 E는 진입하고 기업 I는 공존을 선택할 것으로 예측된다.

이제는 이 게임의 전략형 게임에서 약 열등전략을 연속적으로 배제해 보자. 전략형 게임에서 기업 I의 전략 '전쟁'은 '공존'에 비해 약 열등전략이다. 이를 배제하면 기업 E의 비진입전략은 진입전략에 비해 약 열등하다. 따라서 약 열등전략을 연속적으로 배제하면 기업 E는 진입하고 기업 I는 공존을 선택할 것으로 예측된다.

이렇게 볼 때 약 열등전략의 연속 배제는 역진 귀납법과 전진 귀납법을 동시에 구현하고 있는 해 개념임을 알 수 있다.

15.3 균형 열등전략의 배제

전진 귀납법의 아이디어는 약 열등전략의 연속 배제에 의해 모두 반영되지는 않는다. 약 열등전략이 존재하지 않는 게임에서도 어떤 균형은 전진 귀납법의 논리에 의해 배제될 수 있다. 불완전 정보를 갖는 전개형 게임에서는 여러 개의 균형이 존재하는 경우가 많다. 이는 주로 균형 외 정보집합 상의 위치에 관한 추측이 비교적 자유롭게 형성될 수 있는데 기인한다. 어떤 경우에는 전진 귀납법의 논리에 의해 이 정보집합 상의 위치에 관한 추측에 일정한 제한을 가할 수 있다. 그 결과 어떤 균형은 타당한 균형이 되지 못한다고 판정내릴 수 있다. 다음 예를 살펴보자.

　이 게임에는 두 기업이 존재한다. 기업 I는 S대 지역과 K대 지역의 시장을 독점하고 있다. 기업 E는 두 지역 중 한 지역에 진입할 것을 고려 중이다. 기업 E는 K대 지역에 진입하는 경우 편의점이나 음식점 중 하나의 업종을 선택해야 한다. 기업 I는 기업 E가 K대 지역에 진입하는 경우 편의점이나 음식점 중 하나는 포기하고 다른 하나만을 계속 유지할 수 있으며 어느 업종을 계속 유지할지를 결정하여야 한다. 기업 E가 S대 지역에 진입하는 경우에는 단독으로 진입하든지 아니면 다른 기업과 합작으로 진입하든지 할 수 있다. 이때 기업 I는 기업 E가 어떤 방식으로 진입할지 잘 모르는 상황에서 전쟁과 공존 중 하나를 택일해야 한다. 각 기업의 선택에 따른 보수체계는 도표 15-8에 표시되어 있다.

　이 게임상황에서 순차균형 중의 하나는 다음과 같다.

　'기업 E는 S대 지역의 시장에 진입하며 이때 합작방식으로 진입한다. 그리고 기업 I는 기업 E가 S대 지역에 진입한 것을 관측하고 공존을 선택한다. 기업 E가 K대 지역에 진입한 것을 관측한 경우에는 기업 I는 기업 E가 음식점을 열 것이라고 추측하여 편의점을 선택한다.'

　이제 이 균형이 전진 귀납법을 적용할 때 예측되는 전략조합이 되지 못함을 설명하기로 한다. 이를 위해 이 균형에서 어떤 논리적 문제가 발생하는지 살펴보자. 기업 E가 K대 지역에 진입하여 기업 I가 선택을 해야 하는 상황에 직면하였다고 하자. 이 경우 기업 I는 기업 E의 선

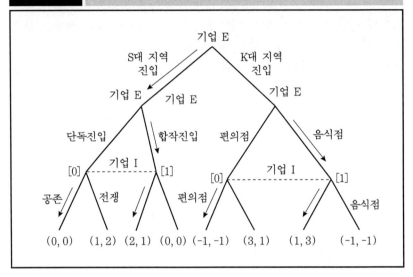

택에 대해 어떻게 추리할 수 있을까? 만약 기업 E가 균형전략을 따라 S대 지역에 진입하여 합작진입 했다면 2의 보수를 받게 되어 있었다. 그런데 그가 균형전략에서 이탈하여 K대 지역에 진입한 것이다. 이때 기업 E가 음식점을 연다면 기껏해야 1의 보수 밖에 얻지 못한다. 반면 기업 E가 편의점을 연다면 2보다 높은 3의 보수를 얻을 가능성이 있다. 그러므로 기업 I는 기업 E가 K대 지역에 진입했다면 편의점을 열 것이라고 추측하는 것이 타당할 것이다. 그러므로 기업 I는 기업 E가 K대 지역에 진입한 상황에서는 음식점을 유지할 것이다. 그리고 이러한 사실을 꿰뚫어 보고 기업 E는 균형전략을 따르지 않고 K대 지역에 진입하여 3의 보수를 얻으려 할 것이다. 따라서 앞에서 상정한 균형은 전진귀납법을 적용할 때 예측되는 전략조합이 되지 못한다.

이 예에서 기업 E가 K대 지역에 진입한 후 음식점을 열 것이라고 추측하는 것은 합리적이지 못하다. 왜냐하면 기업 E의 K대 진입 후 음식점을 개업하는 전략은 상정된 균형에서 기업 E가 얻을 수 있는 보수보다 적은 보수 밖에 주지 못하기 때문이다. 상대방이 어떠한 전략을 구사하더라도 균형에서 얻을 수 있는 보수보다 더 작은 보수 밖에 얻을 수 없는 전략을 균형 열등전략이라 한다. 각 경기자가 균형에서는 도달되지 않기로 되어 있던 자신의 정보집합이 도달된 경우 즉 일종의 돌발 상황이 발생하여 선택을 해야 하는 상황에 직면하게 되면, 상대방이 균형 열등인 전략을 선택하지는 않았을 것이라고 추측할 것이라고 보는 것이 타당할 것이다. 이는 일종의 전진 귀납법의 논리이다. 이를 균형 외 정보집합상에서 추측 형성시 균형 열등전략의 배제 또는 간략히 균형 열등전략의 배제라고 명명하기로 하자. 균형 열등전략의 배제를 통해 여러 균형 중 타당하지 못한 것을 걸러낼 수 있다.

도표 15-9 불완전 정보하의 기업 진입게임의 축약된 전략형

기업 E	기업 I			
	② (S대 공존, K대 편의점)	② (S대 공존, K대 음식점)	(S대 전쟁, K대 편의점)	(S대 전쟁, K대 음식점)
(S대, 단독진입)	0, 0	0, 0	2, 1	2, 1
(S대, 합작진입)	2, 1	2, 1	0, 0	0, 0
(K대, 편의점)	-1, -1	3, 1	-1, -1	3, 1
(K대, ① 음식점)	1, 3	-1, -1	1, 3	-1, -1

이 게임의 축약된 전략형을 보면 약 열등전략은 존재하지 않는다. 여기서 기업 E가 K대 지역에 진입하여 음식점을 선택하는 것은 약 열등전략은 아니고 다만 균형 열등전략임에 주의하자.

기업 E의 균형 열등전략 (K대, 음식점)이 배제되면 기업 I의 전략 중 K대에서 편의점을 유지하는 전략은 K대에서 음식점을 유지하는 전략에 비해 약 열등전략이 된다. 이들 약 열등전략을 배제하면 기업 E가 S대에 진입하는 전략은 K대에 진입하여 편의점을 개업하는 전략에 비해 열등한 전략이 된다.

15.4 균형 비 최적대응전략의 배제

앞 절에서는 균형 열등전략의 배제라는 전진 귀납법을 통해 비 합리적인 추측을 걸러내었다. 균형 열등전략이란 상대방이 어떤 전략을 선택하든 균형에서 보다 작은 보수를 주는 전략을 말한다. 이는 상대방의 전략 구사에 대해 불확실성이 존재하더라도 균형에 비해 항상 열등한 전략임을 의미한다.

만약 상대방이 균형전략을 구사할 것이라고 확신한다면, 상대방의 균형전략에 대해 균형에서 보다 더 작은 보수를 주는 전략을 배제할 수 있다. 그리고 나서 연속적으로 약 열등전략을 배제할 수 있다. 이러한 과정을 거쳤을 때 원래 상정한 균형이 계속 게임의 해로 남아 있다면 이 해는 전진 귀납법적인 해가 된다고 할 수 있다. 이러한 전진 귀납법적 해의 기준을 균형 비 최적대응전략(never a weak best response: NWBR)의 배제라고 한다.

도표 15-10과 같은 전개형 게임을 생각해 보자.[1]

---

[1] 이 예는 메릴랜드 주립대학교 경제학과의 크램튼(Peter Cramton) 교수의 강의안에서 가져 온 것이다.

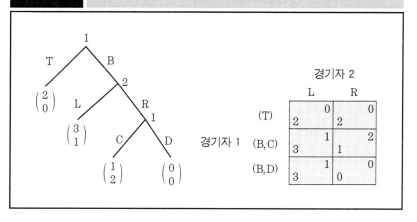

도표 15-10	역진 귀납법에 따른 해와 전진 귀납법에 따른 해가 다른 경우

이 게임에는 두 종류의 내쉬균형이 존재한다. 하나는 경기자 1은 T를 선택하고 경기자 2는 $p(\geq 0.5)$의 확률로 R을 선택하는 것이다. 다른 하나는 경기자 1은 (B, D)를 선택하고 경기자 2는 L을 선택하는 것이다.

이 게임에서 역진 귀납법을 적용할 때 얻게 되는 유일한 균형은 경기자 1이 T, C를 선택하고 경기자 2는 R을 선택하는 것이다. 이 게임의 축약된 전략형에서 전진 귀납법으로 약 열등전략의 연속 배제를 적용하면 역진 귀납법에서와 마찬가지 결과를 얻는다. 또한 내쉬균형 (경기자 1: (T, C), 경기자 2: R)에서 균형 열등전략은 존재하지 않는다. 그러므로 전진 귀납법으로서 균형 열등전략의 배제를 사용해도 이 균형은 계속 유지된다.

반면 전진 귀납법으로서 균형 비 최적대응전략의 배제를 사용하면 이 내쉬균형은 더 이상 유지되지 못한다. 이를 알아보기 위해 경기자 1이 처음에 B를 선택하였다고 하자. 이 경우 경기자 2는 이를 보고 향후 경기자 1이 어떤 식으로 행동할 것이라고 예상할까? 경기자 1이 역진 귀납법을 따르는 합리적인 경기자라면 처음에 T를 선택했어야 했다. 그런데 그가 지금 B를 선택한 것이다. 경기자 2는 경기자 1이 다음 번 의사결정시 역진 귀납법을 따라 행동할지 의심스러워할 것이다. 경기자 1이 두 번째 의사결정 마디에서 역진 귀납법에 따른 합리적인 선택을 하지 않고 D를 선택한다면 경기자 2는 지금 L를 선택하는 것이 낫다. 그리고 이를 예측하는 경기자 1은 B를 선택하는 것이 낫다. 이 논리를 따르면 경기자 1은 (B, D)를 선택하고 경기자 2는 L을 선택하는 결과가 나타날 것이다.

이러한 전진 귀납법적 논리는 전략형 게임에 균형 비 최적대응전략의 배제를 적용하는 것에 해당한다. 경기자 1의 전략 (B, C)는 상대방 경기자 2의 균형 전략 R에 대해 최적대응이 되지 못한다. 따라서 이 전략을 배제하면 경기자 2의 전략 R은 전략 L에 비해 약 열등전략이 된다. 그리하여 경기자 2의 전략 R이 배제되면 경기자 1의 최적전략은 (B, D)가 된다. 그러므로 균형 비 최적대응전략의 배제라는 전진 귀납법에 따를 경우, 이 게임의 해는 (경기자 1: (B, D), 경기자 2: L)이 된다. 그렇지만 이 내쉬 균형은 역진 귀납법과 상치된다.

이와 같이 약 열등전략의 연속 배제와 균형 비 최적대응전략의 배제 간에 갈등이 존재한다. 이러한 갈등을 해소하기 위하여 게임의 해 개념으로서 하나의 균형이 아닌 여러 개의 균형, 즉 균형의 집합을 채택할 것이 주장되기도 한다. 이러한 해 개념으로 대표적인 것이 안정적 균형(stable equilibrium)의 개념이다(Kohlberg and Mertens(1986), Mertens(1989, 1991)).[2]

---

2) 콜버그와 메르텐즈(Kohlberg and Mertens)의 안정적 균형이란 다음과 같이 정의된다. 축약된 전략형 게임과 이 게임의 어떤 내쉬균형 집합을 상정하자. 이 게임에서 경기자들이 아주 작은 실수 확률로 균형 전략 이외의 전략을 선택할 수 있고 이 확률이 임의로 주어졌을 때 형성되는 어떤 교란된 게임(perturbed game)을 상정하자. 만약 이 교란된 게임의 어떤 내쉬균형의 집합 중에 한 내쉬균형이 원래 게임의 내쉬균형의 집합 중의 한 내쉬균형의 근방에 있다면 원래 상정된 게임의 내쉬균형의 집합을 안정적이라 한다. 원래 게임의 모든 내쉬균형의 집합은 항상 이 성질을 만족시킨다. 따라서 이러한 안

역진 귀납법과 전진 귀납법간의 괴리

역진 귀납법을 이용하여 예측한 게임의 결과는 전진 귀납법을 사용하여 예측한 결과와 다를 수 있다. 다음 게임은 그러한 예를 보여준다.

이 게임에는 1국과 2국이 참여한다. 처음에 국가 1이 스톱을 하거나 고를 할 수 있다. 국가 1이 스톱을 하면 게임은 끝난다. 국가 1이 고를 하면 그 다음 단계로 넘어간다. 그 다음 단계에서 국가 2는 스톱을 하거나 고를 할 수 있다. 국가 2가 스톱을 하면 게임은 끝나며 고를 하면 그 다음 단계로 넘어간다. 그 다음 단계에서 2국은 제 3 국을 공격하거나 방어

| 도 표 | 전쟁 게임: 역진 귀납법을 통해 구한 해와 전진 귀납법을 통해 구한 해가 다른 경우 |

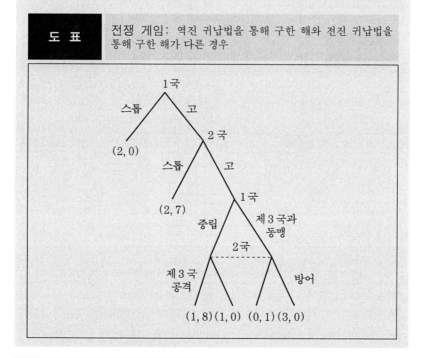

정성을 갖는 최소 크기의 내쉬균형 집합을 상정하는 것이 보다 의미가 있다. 안정성을 갖는 최소 크기의 내쉬균형 집합을 안정적 균형이라 한다. 메르텐즈(Mertens(1989, 1991))의 안정적 균형 개념은 콜버그와 메르텐즈(Kohlberg and Mertens)의 안정적 균형 개념을 개선하여 여러 가지 바람직한 성질을 갖도록 한 것이다.

하거나 할 수 있다. 1국은 중립을 지키거나 중립을 지키지 않거나 할 수 있다. 1국이 중립을 지키면 항상 1의 보수를 얻는다. 이 때 2국은 제 3 국을 공격하면 8의 보수를 얻고 방어를 하면 0의 보수를 얻는다. 한편 1국이 중립을 지키지 않고 제 3 국과 동맹을 맺는 경우에 2국이 제 3 국을 공격하면 1국은 0의 보수를, 2국이 방어하면 1국은 3의 보수를 얻는다.

이 게임에 역진 귀납법을 사용하여 게임의 결과를 예측해 보자. 이 경우 1국의 두 번째 정보집합 이하의 하부게임에서 2국에게는 제 3 국을 공격하는 것이 우월전략이다. 따라서 이를 예측하는 1국은 중립을 지키려 할 것이다. 이를 예측하는 2국은 그의 첫 번째 정보집합에서 고를 선택할 것이다. 그리고 이를 예측하는 1국은 게임 시작시 스톱을 선택할 것이다.

도 표 전쟁 게임의 축약된 전략형

	2국		
	스톱	고, 공격	고, 방어
스톱	2 　　 0	2 　　 0	2 　　 0
1국 고, 중립	2 　　 7	1 　　 8	1 　　 0
고, 동맹	2 　　 7	0 　　 1	3 　　 0

이번에는 전진 귀납법을 사용하여 게임의 결과를 예측해 보자. 이제 1국이 첫 번째 정보집합에서 고를 했다고 해 보자. 1국은 스톱을 선택하면 2의 보수를 확보할 수 있었으므로 고를 선택했다는 것은 2보다 더 높은 보수를 얻으려는 의도를 나타내는 것이라고 볼 수 있다. 이를 인식하는 2국은 1국이 그 다음 단계에서 제 3 국과 동맹을 맺으려 한다는 것을 예측할 수 있다. 왜냐하면 1국이 중립을 선택한다면 기껏해야 1의 보수 밖에 얻지 못하는 반면 제 3 국과의 동맹을 선택하면 3의 보수를

얻을 수도 있기 때문이다. 따라서 2국은 그의 첫 번째 정보집합에서 스톱을 선택할 것이다. 이러한 사실을 꿰뚫어 보는 1국은 그의 첫 번째 정보집합에서 고나 스톱에 대하여 무차별해질 것이다.

이렇게 볼 때 역진 귀납법을 사용하는 경우에는 1국은 게임 시작시 스톱을 선택하고 2국은 그의 첫 번째 정보집합에서 고를 선택할 것임을 예측한다. 반면 전진 귀납법을 사용하는 경우에는 1국은 게임 시작시 고를 선택하고 2국은 그의 첫 번째 정보집합에서 스톱을 선택할 것이라고 예측할 수 있다. 역진 귀납법을 사용하느냐 전진 귀납법을 사용하느냐에 따라 예측되는 결과가 달라지는 것이다.

15.5 신호보내기 게임에서의 전진 귀납법의 적용

직관적 기준

신호보내기 게임에 전진 귀납법을 적용하는 한가지 기준으로 조와 크렙스(Cho and Kreps) (1987)는 직관적 기준(Intuitive Criterion)이라는 것을 제시하였다. 이 기준은 앞에서 살펴본 균형 열등전략의 배제와 거의 같은 것이다. 이를 다음의 예를 통해 설명하도록 한다.

두 명의 경기자 철수와 깡패가 있다. 깡패는 철수로부터 금품을 갈취하든지 건드리지 않고 사이좋게 지내든지 할 수 있다. 철수는 유약한 성격의 사람일 수도 있고 터프한 성격의 사람일 수도 있다. 깡패는 철수가 유약한 타입인지 터프한 타입인지 잘 모른다. 깡패는 다만 철수가 0.1의 확률로 유약하고 0.9의 확률로는 터프하다는 것을 알 뿐이다. 한편 철수는 자신의 타입을 잘 안다.

철수는 일과를 시작하기 전에 아침식사를 해야 하는데 이때 우유를 마실 것인지 맥주를 마실 것인지 선택해야 한다. 철수의 아침식사 메뉴에 대한 선호는 그의 타입에 따라 다르다. 철수가 유약한 타입이라면 우유로부터 1의 보수를 맥주로부터는 0의 보수를 얻는다. 반면 철수가 터프한 타입이라면 우유로부터 0의 보수를 맥주로부터는 1의 보수를 얻는다. 아침식사를 마친 후 철수는 깡패를 만난다. 깡패는 철수가 아침식사로 무엇을 먹었는지 관찰하고 나서 철수로부터 금품을 갈취하든지 그냥 보내든지 양자택일해야 한다. 깡패는 철수가 유약하다면 갈취하는 것을 선호하고 터프하다면 그냥 보내는 것을 선호한다. 깡패는 철수가 유약한 타입일 때 갈취하면 1의 보수를 얻고 그냥 보내면 0의 보수를 얻는다. 또한 철수가 터프한 타입일 때 갈취하려고 했다면 깡패는 0의 보수를 얻고 그냥 보내면 1의 보수를 얻는다. 한편 철수는 깡패가 그냥 보내 주면 2의 보수를 추가로 얻는다. 그리고 이상의 사실은 두 사람 모두에게 주지의 사실이라고 한다.

　　이상과 같은 게임상황을 전개형으로 나타내면 도표 15-11과

도표 15-11 우유를 마실 것인가 맥주를 마실 것인가: 우유-맥주 게임

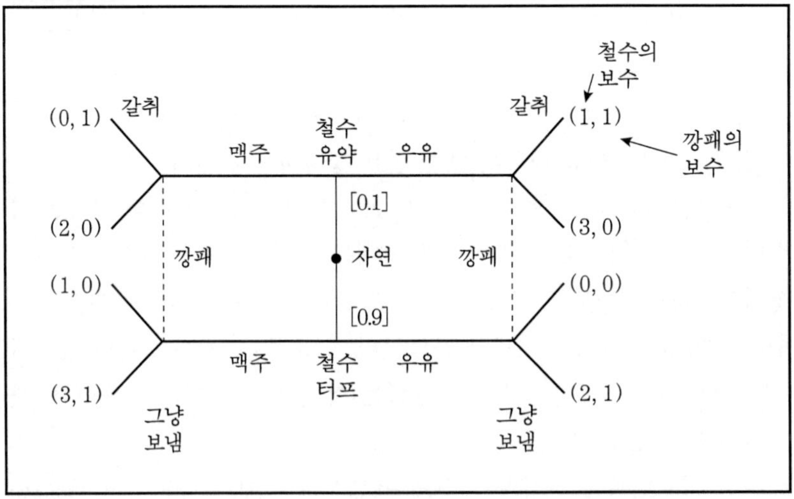

같다.

이 전개형 게임은 두 개의 혼성 순차균형을 가진다. 하나는 철수가 타입에 관계없이 항상 맥주를 마시고 이를 본 깡패는 철수를 그냥 보내는 것이다. 다른 하나는 철수가 타입에 관계없이 항상 우유를 마시고 이를 본 깡패는 철수를 그냥 보내는 것이다.

첫 번째 순차 균형에서 철수가 맥주를 마시는 것을 본 깡패는 추가적인 정보를 얻지 못한다. 왜냐하면 철수는 타입에 상관없이 항상 맥주를 마시기 때문이다. 그러므로 깡패는 철수가 0.1의 확률로 유약하고 0.9의 확률로 터프하다고 추측하고 그냥 보내는 것을 선택하게 된다.

터프한 타입의 철수는 가능한 최고의 보수를 얻으므로 이 균형으로부터 이탈할 유인이 없다. 유약한 타입의 철수가 이탈할 유인이 없으려면 철수가 우유를 마시는 것을 보면 깡패가 0.5 이상의 확률로 갈취를 선택해야 한다. 철수가 우유를 마시는 것을 본 상황은 균형에서는 도달되지 않는 깡패의 정보집합에 해당한다. 이 정보집합 상에서의 깡

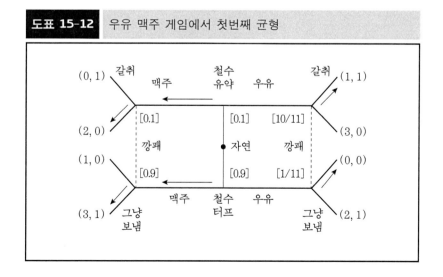

도표 15-12 우유 맥주 게임에서 첫번째 균형

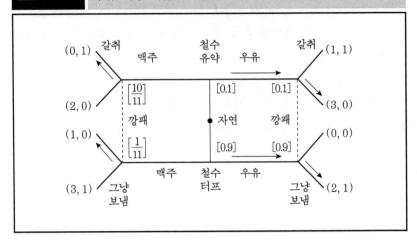

패의 갈취선택은 0.5 이상의 확률로 철수가 유약한 타입일 것이라는 그의 추측에 의해 합리화될 수 있다. 이러한 추측은 유약한 타입의 철수가 실수로 우유를 마실 확률이 높다고 생각할 때 성립한다. 예를 들어 유약한 타입의 철수가 실수로 우유를 마실 확률은 ε이고 터프한 타입의 철수가 실수로 우유를 마실 확률은 $\frac{1}{90}\varepsilon$이라고 깡패가 생각한다고 하자. 이 경우 깡패의 정보집합이 실수에 의해 도달되므로 정보집합 상의 위치에 관한 조건부확률은 실수확률을 가지고 계산될 수 있다. 즉 깡패가 정보집합 상의 윗마디(철수가 유약한 타입)에 있을 조건부 확률은 $\frac{0.1\varepsilon}{0.1\varepsilon+0.01\varepsilon}=\frac{10}{11}$이 된다.

두 번째 순차균형에서 철수가 우유를 마시는 것을 본 깡패는 철수가 0.1의 확률로 유약하고 0.9의 확률로 터프하다고 추측하고 그냥 보내는 것을 선택하게 된다. 유약한 타입의 철수는 가능한 최고의 보수를 얻으므로 이 균형으로부터 이탈할 유인이 없다. 터프한 타입의 철수가 이탈할 유인이 없으려면 철수가 맥주를 마시는 것을 보면 깡패가 0.5 이상의 확률로 갈취를 선택해야 한다.

철수가 맥주를 마시는 것을 본 상황은 균형에서는 도달되지 않는 깡패의 정보집합에 해당한다. 이 정보집합 상에서의 깡패의 갈취 선택은 0.5 이상의 확률로 철수가 유약한 타입일 것이라는 그의 추측에 의해 합리화될 수 있다. 그런데 이러한 추측은, 앞서와 마찬가지로, 유약한 타입의 철수가 실수로 맥주를 마실 확률이 높다고 생각할 때 성립한다.

그러나 위의 두 번째 균형에서 깡패의 정보집합 상의 추측은 균형열등전략의 배제라는 전진 귀납법을 적용할 경우 그리 타당해 보이지 않는다. 이 균형에서 유약한 타입의 철수는 3의 보수를 얻는다. 그리고 그가 균형에서 이탈하여 맥주를 마신다면 얻을 수 있는 보수는 기껏해야 2에 불과하다. 반면 터프한 타입의 철수는 균형에서 2의 보수를 얻으며, 균형에서 이탈하여 맥주를 마신다면 3의 보수를 얻을 수도 있다. 그러므로 깡패는 철수가 맥주를 마시는 것을 본다면 철수가 터프한 타입일 것이라고 추측한다. 따라서 깡패는 맥주를 마시는 것을 보면 그냥 지나갈 것이다. 이러한 사실을 꿰뚫어 보는 터프한 타입의 철수는 균형에서 이탈하여 맥주를 선택하고 3의 보수를 얻을 것이다. 그리하여 두 번째 균형은 깨어지게 된다.

보다 일반적으로 어떤 상정한 균형에서 어떤 타입 t가 균형 외 신호 m을 보낼 때 얻을 수 있는 최대보수가 균형에서 얻는 보수보다 낮다고 하자. 그러면 신호를 받는 경기자는 타입 t는 신호 m을 보내지 않았을 것이라고 추측한다고 볼 수 있다. 이때 다른 타입 t'이 신호 m을 보낼 때 얻는 최소보수가 균형에서 얻는 보수보다 크다면 타입 t'은 균형에서 이탈할 것이다. 이 경우 상정한 균형은 깨어진다.

이와 같이 수신자가 균형 외 신호를 받고 발신자의 타입에 관하여 추측할 때, 균형으로부터 이탈시 각 타입이 얻는 최대 보수 및 최소 보수를 균형 보수와 비교하고 이를 통해 균형 외 추측(out-of-equilibrium belief)에 제한을 가함으로써 균형으로부터의 이탈 가능성을 검토하는 기준을 직관적 기준(Intuitive Criterion)이라 한다.

신호보내기 게임에서의 순차균형과 직관적 기준을 보다 엄밀하게 정식화하면 다음과 같다.

신호 보내기 게임에는 신호를 보내는 경기자(발신자, S)와 신호를 받는 경기자(수신자, R)의 두 경기자가 존재한다. 발신자는 타입 $t \in T$로 표시되는 사적인 정보를 가지고 있다. 보이지 않는 손이 발신자의 타입을 사전 확률분포 $p(\cdot)$, $\sum_{t \in T} p(t) = 1$에 따라 선택하고 이 사실은 두 경기자 모두 주지하고 있다. 선택된 타입의 발신자는 가능한 신호들의 집합 M에서 한 신호를 보낸다. 수신자는 신호 $m \in M$을 받은 후 발신자의 타입에 관하여 추측 $\mu(t|m)$을 형성하고 가능한 행동들의 집합 $A(m)$에서 최적대응 행동을 선택한다.

경기자의 보수함수는 각 경기자의 전략뿐만 아니라 발신자의 타입에 의해서도 영향을 받는다. 발신자의 순수행동집합을 $M = \{m_1, \cdots, m_K\}$라 하고 수신자의 순수행동집합을 $A = \{a_1, \cdots, a_L\}$로 표시하자. 그리고 발신자가 m의 신호를 보내고 수신자가 a 행동을 취한 경우에 발신자의 보수는 $u_S(t, m, a)$, 수신자의 보수는 $u_R(t, m, a)$로 표시한다.

집합 A의 원소의 개수를 |A|으로 표현하고 $(k-1)$차원 심플렉스는 $\triangle_k$로 표시하자: $\triangle_k = \{x = (x_1, \cdots, x_k) \mid \sum_i x_i = 1, x_i \geq 0 \ \forall i\}$. 그러면 발신자의 전략은 발신자의 타입에 어떤 (혼합)행동을 대응시켜 주는 함수 $s: T \rightarrow \triangle_{|M|}$로 표현되며 이때 타입 t 발신자가 신호 m을 보낼 확률은 $s(m|t)$로 표시된다. 수신자의 전략은 수신자가 받은 신호에 어떤 (혼합)행동을 대응시켜 주는 함수 $r: M \rightarrow \triangle_{|A(m)|}$로 표현되며 $r(a|m)$는 신호 m을 받았을 때 행동 a를 선택할 확률을 나타낸다.

발신자가 신호 m을 보내고 수신자가 $r(\cdot|m)$의 행동을 취할 때 발신자와 수신자의 보수는 순수행동조합의 사용에 따른 보수의 기대값으로 표현된다. 이를 $u_S(t, m, r)$, $u_R(t, m, r)$로 표시하자.

$$u_S(t, m, r) = \sum_{a \in A(m)} u_S(t, m, a)r(a|m)$$

$$u_R(t, m, r) = \sum_{a \in A(m)} u_R(t, m, a)r(a|m)$$

신호보내기 게임에서 순차균형과 완전 베이지안 균형은 일치한다. 순차균형은 다음과 같은 조건을 만족시키는 발신자의 신호보내기 전략 $s(\cdot|t)$, 수신자의 발신자 타입에 대한 추측 $\mu(\cdot|m) \in \triangle_{|T|}$, 그리고 수신자의 반응전략 $r(\cdot|m)$으로 구성된다.

i) 수신자의 전략이 주어진 하에서, 발신자의 전략 $s(\cdot|t)$은 그의 기대 보수를 극대화한다.

$\forall t \in T,$

$s(m^*|t) > 0$이면

$u_S(t, m^*, r(\cdot|m^*)) = max_{m \in M} u_S(t, m, r(\cdot|m))$

ii) 수신자의 추측 $\mu(\cdot|m)$이 주어진 하에서, 수신자의 전략 $r(\cdot|m)$은 그의 기대 보수를 극대화한다.

$\forall m \in M,$

$r(a^*|m) > 0$이면

$\sum_{t \in T} \mu(t|m)u_R(t, m, a^*) = max_{a \in A(m)} \sum_{t \in T} \mu(t|m)u_R(t, m, a)$

iii) 수신자의 추측은 다음과 같은 의미에서 발신자의 신호보내기 전략과 합치한다. 발신자가 균형에서 신호 m을 보냈을 확률이 0 보다 크다면 이 신호를 받았을 때의 수신자의 추측 $\mu(t|m)$은 베이즈 규칙에 의해 결정된다.

$$\sum_{t \in T} s(m|t)p(t) > 0 \text{이면 } \mu(t^*|m) = \frac{s(m|t^*)p(t^*)}{\sum_{t \in T} s(m|t)p(t)}$$

$s(m|t) = 0$, $\forall t \in T$이면 $\mu(t|m)$은 임의의 확률 값을 가질 수 있다.

신호보내기 게임에서 직관적 기준은 다음과 같이 정식화될 수 있다.

먼저 게임에서 예측되는 균형을 상정한다. 그리고 임의의 한 균형 외 신호 m(out-of-equilibrium message)와 이에 의해 도달되는 정보집합을 상정한다.

신호를 받는 경기자(수신자)는 균형 외 신호 m을 보고 발신자의 타입에 대한 추측을 형성한다. 이 추측은 정보집합 상의 위치에 대한 확률분포 μ로 표현되며 임의의 확률분포로 표현될 수 있다. 수신자는 이 추측에 기초하여 자신의 최적대응 r을 선택할 것이다. 균형 외 신호 m을 받은 후 추측 μ하에서의 최적대응의 집합을 $MBR(\mu, m)$이라 하고, 가능한 모든 추측에 대응한 모든 최적대응의 집합을 $MBR(T, m)$으로 표시한다: $MBR(T, m) = \bigcup_{\mu:\mu(T|m)=1} MBR(\mu, m)$.

발신자는 신호를 보내기 전에 수신자의 가능한 모든 최적대응을 감안하여 받을 수 있는 보수를 계산해 볼 것이다. 타입 t가 균형 외 신호 m을 보낼 때 수신자의 가능한 최적대응으로부터 얻을 수 있는 최대 보수가 균형에서의 보수 $u_S^*(t)$보다 낮다면 타입 t는 이 신호를 보내지 않을 것이다. 따라서 수신자는 이러한 타입 t는 신호 m을 보내지 않았을 것이라고 추측할 것이다. 이러한 타입들의 집합을 $J(m)$이라 하자: $J(m) = \{t \in T \mid u_S^*(t) > max_{r \in MBR(T, m)} u_S(t, m, r)\}$.

이제 이런 타입들을 배제하고 난 뒤, 발신자의 타입에 관한 수신자의 가능한 추측과 이에 대응한 가능한 모든 최적대응을 상정하고 이들의 집합을 $MBR(T/J(m), m)$이라 표시하자. 그리고 수신자의 이러한 가능한 최적대응에 대해, 균형 외 신호 m을 보낼 때 얻을 수 있는 최소 보수가 균형에서 보다 높은 타입 $t' \neq t$가 존재하는지 살펴보자. 즉,

$$u_S^*(t') < min_{r \in MBR(T/J(m), m)} u_S(t', m, r)$$

만약 이러한 타입이 존재하지 않는다면 이 균형은 계속 유지된다. 만약 이러한 타입 t'이 존재한다면 타입 t'은 균형에서 이탈하여 신호 m을 보낼 유인이 있으므로 상정한 균형은 깨어질 것이다.

신성(神性) 균형(divine equilibrium)

뱅크스와 소벨(Banks and Sobel)(1987)은 직관적 기준보다 더 강한 기준을 제시하고 이 기준을 통과하는 균형을 신성 균형(divine equilibrium)이라고 하였다. 이를 다음의 게임을 통해 살펴보도록 하자.

이 게임에는 잘못을 저지른 피고(被告, defendent)와 이에 대해 손해배상을 요구하는 원고(原告, plaintiff)가 있다. 원고와 피고는 법원에서 문제를 해결하기 전에 법관의 중재 하에 사전조정을 거친다. 사전조정 단계에서 피고는 원고에게 합의금으로 3백만 원이나 5백만 원을 준다고 제안할 수 있다. 원고는 피고의 합의금 제안을 받고 이를 수락하거나 거부할 수 있다. 피고의 제안이 수락되면 게임은 끝난다. 만약 피고의 제안이 거부되면 이 사건은 법정으로 가서 판결을 받게 된다. 법정에서는 변호사들 간의 조사와 논박을 통해 사건의 진상이 밝혀진다. 피고의 죄가 중(重)한 것으로 판정되면 피고는 원고에게 8백만 원의 보상금을 지불해야 하고 피고의 죄가 경(輕)한 것으로 판결되면 피고는 원고에게 3백만 원의 보상금을 지불해야 한다고 한다. 그리고 원고와 피고 모두 변호사 비용을 3백만 원씩 부담하여야 한다.

한편 원고는 피고가 저지른 죄가 실수에 기인한 경미한 죄, 즉 경죄(輕罪)인지 의도적으로 저지른 중죄(重罪)인지를 잘 모른다. 반면 피고는 자신의 죄가 경죄인지 중죄인지를 안다. 이상의 상황은 원고와 피고에게 주지의 사실이다. 이러한 게임을 게임나무로 그리면 도표

도표 15-14 피고 원고간 사전 조정 게임

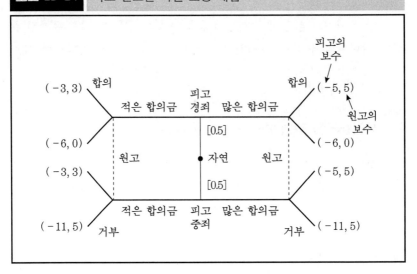

15-14와 같다.

이 게임에는 두 개의 순차균형이 존재한다. 하나는 피고가 경죄를 지었든 중죄를 지었든 관계없이 항상 적은 합의금을 제안하고 원고는 이를 수락하는 균형이다. 다른 하나는 피고가 경죄를 지었든 중죄를 지었든 항상 많은 합의금을 제안하고 원고는 이를 수락하는 균형이다. 첫 번째 균형에서 원고는 균형외 신호인 많은 합의금을 제안받았을 때 피고가 경죄를 지었을 확률(μ)이 0보다 크다고 추측하고 이 제안을 수락한다. 사실 이때 원고가 제안을 수락하는 것은 약하게 우월한 행동이다. 두 번째 균형에서 원고는 균형외 신호인 적은 합의금을 제안받았을 때 피고가 중죄를 지었을 확률($1-\nu$)이 3/5보다 크다고 추측하고 거부한다.

위의 두 균형 모두 직관적 기준을 통과한다. 첫 번째 균형에서 경죄를 지은 피고가 균형외 신호인 많은 합의금을 제안하는 경우 얻을 수 있는 최대보수는 -5로 균형에서 얻는 보수인 -3보다 작다. 또한 중죄

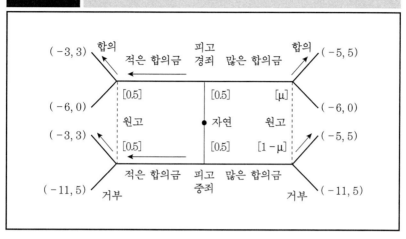

도표 15-15 피고 원고간 사전 조정게임의 첫 번째 균형

를 지은 피고도 균형외 신호인 많은 합의금을 제안하는 경우 얻을 수 있는 최대보수는 −5로 균형에서 얻는 보수인 −3보다 작다. 이렇게 볼 때 피고는 어느 타입이든 균형에서 이탈할 유인이 없다. 그러므로 직관적 기준에 의해 어느 한 타입을 배제할 수 없게 된다. 따라서 균형 외 정보집합에서의 추측은 임의로 주어질 수 있다. 두 번째 균형에서 경죄를 지은 피고가 균형외 신호인 적은 합의금을 제안하는 경우 얻을 수 있는 최대보수는 −3으로 균형에서 얻는 보수인 −5보다 크다. 중죄를 지은 피고도 균형외 신호인 적은 합의금을 제안하는 경우 얻을 수 있는 최대보수는 −3으로 균형에서 얻는 보수 −5보다 크다. 이렇게 볼 때 두 타입 모두 이탈할 유인이 있다고 볼 수 있다. 그러므로 직관적 기준에 의해 어느 한 타입을 배제할 수 없게 된다. 따라서 균형 외 정보집합에서의 추측은 임의로 주어질 수 있다.

이제 두 번째 균형을 좀더 자세히 살펴보도록 하자. 이 균형에서 원고는 균형 외 신호인 적은 합의금을 제안 받은 경우에 피고가 중죄를 지었을 확률이 3/5보다 크다고 추측하여 이 제안을 거부하는 것으로 되

| 도표 15-16 | 피고 원고간 사전 조정 게임의 두 번째 균형 |

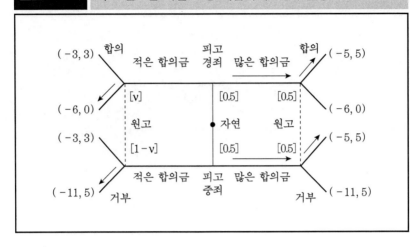

어 있다. 피고가 적은 합의금을 제안하였다면 그 사람은 중죄를 지었을 확률이 더 높다고 생각한다는 것이다. 이러한 추측은 과연 타당한가? 뱅크스와 소벨은 그렇지 않다고 본다.

피고는 왜 적은 합의금을 제안할까? 이것이 최선의 선택이 되려면 경죄를 지은 피고는 원고가 이 제안을 수락할 확률이 적어도 1/3보다 크다고 예상하여야 한다. 반면 중죄를 지은 피고는 원고가 수락할 확률이 적어도 3/4보다 크다고 예상하여야 한다. 이제 피고는 타입이 어떻든 원고의 행동선택에 관해 동일하게 예상한다고 가정하자.[3] 이 경우 중죄를 지은 피고가 적은 합의금을 제안하는 것이 최적인 때에는 항상 경죄를 지은 피고도 적은 합의금을 제안하는 것이 최적이다. 그렇지만 그 역은 성립하지 않는다. 따라서 중죄를 지은 피고가 적은 합의금을 제안할 때는 경죄를 지은 피고도 항상 적은 합의금을 제안할 것이다.

---

3) 이 가정은 수신자의 행동선택에 대하여 발신자들이 동일한 예측을 한다고 가정하는 것이다(Senders have a common conjecture on receiver's action regardless of the types of sender). 이 가정은 균형 분석에서 표준적으로 사용되는 가정이라 할 수 있다.

반면 경죄를 지은 피고가 적은 합의금을 제안할 때 중죄를 지은 피고는 적은 합의금을 제안하지 않을 수도 있다. 피고의 이러한 행태를 예측한다면 원고는 피고가 적은 합의금을 제안할 때 피고가 중죄를 지었을 확률이 사전 확률인 1/2 보다 작을 것이라고 생각할 것이다. 즉 원고는 균형 외 신호인 적은 합의금을 제안받은 경우 피고가 중죄를 지었을 확률이 1/2 보다 작다고 추측하는 것이다. 이러한 추측 하에서 원고의 최적의 행동은 피고의 제안을 수락하는 것이다. 이를 꿰뚫어 보는 피고는 적은 합의금을 제안할 것이다. 따라서 두 번째 균형은 깨어지는 것이다.

이러한 기준은 다음과 같이 정리될 수 있다.

1. 어떤 균형을 상정하자.
2. 이 균형에서 어떤 균형 외 신호 m을 경기자가 받는 경우를 생각해보자. 이 수신자는 발신자의 임의의 두 타입 t, t' 에 대해 다음과 같은 사고실험을 해본다. 타입 t인 발신자가 균형 외 신호를 보내는 것이 최적이 되려면 그는 수신자가 어떤 범주의 전략을 선택할 것이라고 예상해야 하는가? 이 범주의 전략을 $D(t)$로 표시하자.
3. $D(t)$와 $D(t')$을 비교해 본다. 이때 만약 $D(t) \subset D(t')$이고 두 타입의 발신자가 수신자의 행동선택에 대해 동일한 예측을 한다면 이는 타입 t가 균형 외 신호를 보내려 할 때에는 항상 타입 t'도 균형 외 신호를 보내려 함을 의미한다. 그리고 그 역은 성립하지 않는다. 따라서 이 경우에 수신자는 타입 t와 타입 t'이 균형 외 신호 m을 보냈을 확률의 비율 $\dfrac{\mu(t'|m)}{\mu(t|m)}$이 사전 확률의 비 $\dfrac{p(t')}{p(t)}$ 보다 더 크다고 추측해야 한다.

만약 균형 외 정보집합에서 수신자의 추측이 3의 조건을 만족시키지 않으면 이 순차균형은 신성 균형이 되지 못한다.

신성 균형을 보다 엄밀히 정식화 하면 다음과 같다.

1. 어떤 균형을 상정하고 이때 타입 t 발신자가 얻는 균형 보수를 $u_S^*(t)$라 하자.
2. 이 균형에서 어떤 균형 외 신호 m을 수신자가 받는 경우를 생각해보자. 수신자의 행동을 발신자가 정확히 예측할 때 발신자가 균형에서 이탈할 유인이 있는 그러한 (혼합)행동들의 집합을 A_D라 하자.

$$A_D = \{ r \in \triangle_{|A(m)|} \mid \exists t \in T \; s.t. \; u_S(t, m, r) \geq u_S^*(t) \}$$

수신자는 균형 외 신호 m을 보낸 발신자는 균형에서 보다 더 높거나 균형에서와 같은 보수를 얻을 것으로 기대한다고 추측한다. 즉, 수신자가 A_D안의 행동을 선택할 것이라고 발신자가 예상한다고 수신자는 추측한다.

임의의 행동 $r \in \triangle_{|A(m)|}$에 대해, 타입 t 발신자가 수신자의 행동 r을 예상할 때 (신호 m을 보내는 것과 $u_S^*(t)$를 얻는 것 사이에서) 신호 m을 선택하는 빈도를 $f(t, r)$이라 표시하면 $f(t, r)$은 다음과 같이 결정된다:

$$f(t, r) = \begin{cases} 1 & u_S(t, m, r) > u_S^*(t) \\ \in [0, 1] & u_S(t, m, r) = u_S^*(t) \\ 0 & u_S(t, m, r) < u_S^*(t) \end{cases}$$

이제 수신자가 행동 r을 취할 것으로 예상할 때 타입 t 발신자가 균형 외 신호 m을 보냈을 확률 $\mu(t \mid m)$은 $f(t, r)$의 값이 정해지면 다음과 같이 결정된다.

$$\mu(t \mid m) = \frac{p(t)f(t, r)}{\displaystyle\sum_{t \in T} p(t)f(t, r)}$$

따라서 발신자가 수신자의 행동 r을 예상하고 신호 m을 보냈을 때, 발신자의 타입에 대한 수신자의 가능한 추측은 다음의 집합에 속하게 된다.

$$B(r) = \{\mu \in \triangle_{|T|} \mid \exists f(t,\ r)\ s.t$$
$$\sum_{t \in T} p(t)f(t,\ r) \neq 0,\ \mu(t \mid m) = \frac{p(t)f(t,\ r)}{\sum_{t \in T} p(t)f(t,\ r)}\}$$

수신자의 가능한 추측의 집합 $B(r)$은 $r \in A_D$일 때 공집합이 아니다.

만약 신호 m이 행동 r을 유도한다는 것이 주지의 사실이라면, 발신자의 타입에 관한 추측은 T상에 정의된 확률분포로서 $B(r)$의 한 원소이어야 한다.

이제 $\bar{B}(A) = $볼록포($convex\ hull$)$[\bigcup_{r \in A} B(r)]$이라 하자.

만약 $\bar{B}(\triangle_{|A(m)|}) = \varnothing$이면 $u_S^*(t) > u_S(t,\ m,\ r),\ \forall t \in T,\ \forall r \in \triangle_{|A(m)|}$ 이므로 수신자는 균형 외 신호 m을 받고 깜짝 놀라게 된다. 따라서 이 경우 어떠한 추측도 가능하다고 볼 수 있다.

반면 만약 $\bar{B}(\triangle_{|A(m)|}) \neq \varnothing$이라면, 수신자가 발신자의 타입에 관하여 $\bar{B}(\triangle_{|A(m)|})$에 속하는 확률분포를 추측으로 갖는다고 상정할 수 있다.

$\bar{B}(\triangle_{|A(m)|})$에 속하는 추측은 일종의 직관적 기준을 만족시킨다: 즉, 만약 어느 한 타입 t에 대해 $u_S(t,\ m,\ r) < u_S^*(t)\ \forall r \in \triangle_{|A(m)|}$이면 타입 t에 0의 확률을 부여한다.

그리고 두 타입 $t,\ t'$이 존재하여 모든 $r \in \triangle_{|A(m)|}$에 대해 $f(t,\ r) = 1$이면 $f(t',\ r) = 1$이 성립한다면 $\bar{B}(\triangle_{|A(m)|})$에 속한 모든 추측에 대하여 $\dfrac{\mu(t' \mid m)}{\mu(t \mid m)} \geq \dfrac{p(t')}{p(t)}$가 성립한다.

만약 수신자가 $\bar{B}(\triangle_{|A(m)|})$안의 추측을 갖는다는 것이 주지의 사실이면, 발신자는 신호 m을 보내면 이 추측에 대응한 최적대응 $MBR(\bar{B}(\triangle_{|A(m)|}),\ m)$에 속한 행동을 수신자가 선택할 것임을 안다. 따

라서 다음과 같은 연속적 절차를 생각할 수 있다.

$$B_0 = \triangle_{|T|}, A_0 = \triangle_{|A(m)|}$$

$$B_1 = \begin{cases} \bar{B}(A_0) \text{ if } \bar{B}(A_0) \neq \phi \\ B_0 \quad \text{ if } \bar{B}(A_0) = \phi \end{cases}$$

$$A_1 = MBR(B_1, m)$$

$$\cdots$$

$$B^* = \bigcap_n B_n, A^* = \bigcap_n A_n$$

신호보내기 게임의 순차균형 중 B^* 안의 추측에 의해 지탱되는 균형을 신성 균형이라 한다.

신성 균형의 변형된 형태가 몇 가지 존재한다.

D1 기준

타입 t와 균형 외 신호 m을 상정하자. 발신자의 타입에 대한 수신자의 가능한 추측에 대응한 수신자의 최적대응 행동 중 타입 t가 균형 외 신호 m을 보낼 유인이 있도록 하는 수신자의 행동의 집합을 $D(t, T, m)$이라 표시하고, 타입 t가 균형 외 신호 m을 보내는 것과 균형 신호를 보내는 것 사이에 무차별해지는 수신자의 행동의 집합을 $D^0(t, T, m)$이라 표시하자.

$$D(t, T, m) = \bigcup_{\mu : \mu(T|m)=1} \{r \in MBR(\mu, m) \ s.t. \ u_S^*(t) < u_S(t, m, r)\}$$
$$D^0(t, T, m) = \bigcup_{\mu : \mu(T|m)=1} \{r \in MBR(\mu, m) \ s.t. \ u_S^*(t) = u_S(t, m, r)\}$$

만약 어떤 다른 타입 $t' \neq t$이 존재하여 $D(t, T, m) \cup D^0(t, T, m) \subset D(t')$ 조건이 성립하면 타입 t가 신호 m을 보내지 않았다고 추측한다. 이는, 어떤 다른 타입 $t' \neq t$가 존재하여 타입 t 발신자가 신호 m을 보낼 유인이 있을 때는 항상 그에 못지않게 신호 m을 보낼 유인이 있다면, 수신자는 타입 t 발신자가 신호 m을 보내지 않았을 것이라고 추측한다고 상정하는 것이다.

D2 기준

타입 t와 균형 외 신호 m을 상정하자. 만약 $D(t, T, m) \cup D^0(t, T, m) \subset \bigcup_{t' \neq t} D(t', T, m)$이 성립하면 타입 t가 신호 m을 보내지 않았다고 추측한다.

이는, 타입 t 발신자가 신호 m을 보낼 유인이 있을 때는 항상 그에 못지않게 신호 m을 보낼 유인이 있는 다른 타입 t' 발신자가 존재하면, 수신자는 타입 t 발신자가 신호 m을 보내지 않았을 것이라고 추측한다고 상정하는 것이다.

D1 조건에서 t'은 r에 상관 없이 항상 동일한 타입이지만 D2 조건에서는 r이 바뀜에 따라 t'이 바뀔 수 있다는 데 두 조건의 차이가 있다. 따라서 D1 조건이 충족되면 D2 조건도 충족되지만 그 역은 성립하지 않는다.

D1, D2 조건에서 일단 한 타입 t가 배제되면 수신자의 최적대응도 바뀌게 된다. 따라서 새로운 $D(\cdot, \cdot, \cdot)$과 $D^0(\cdot, \cdot, \cdot)$도 바뀌게 되며 재차 D1 조건과 D2 조건을 적용할 수 있다. D2 조건을 이렇게 연속적으로 적용하는 것을 보편 신성 균형(universally divine equilibrium)이라 한다.

도표 15-17의 예는 D1 기준이 어떻게 적용되는지를 보여준다.

이 게임에서 경기자 2의 최적 대응 $MBR(\mu, m')$은 다음과 같다.

$\mu(t' \mid m') > 2/3$이면 최적대응은 a
$\mu(t' \mid m') = 2/3$이면 최적대응은 a와 a'의 혼합행동
$1/3 < \mu(t' \mid m') < 2/3$이면 최적대응은 a'
$\mu(t' \mid m') = 1/3$이면 최적대응은 a'과 a''의 혼합행동
$\mu(t' \mid m') < 1/3$이면 최적대응은 a''

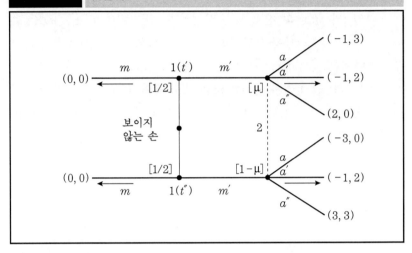

따라서 a, a', a'' 모두 최적대응이 될 수 있다. 또한 a, a'의 혼합행동과 a', a''의 혼합행동도 최적대응이 될 수 있다. 그러나 a, a''의 혼합행동은 어떠한 추측 하에서도 최적대응이 될 수 없다.

이 게임의 한가지 균형은 경기자 1의 두 타입 모두 m을 선택하고 경기자 2는 경기자 1의 타입이 1/2의 확률로 타입 t'일 것으로 추측하고 a'을 선택하는 것이다.

이 균형은 직관적 기준을 통과하며 신성 균형이기도 하다. 그렇지만 D1 기준은 통과하지 못한다. 이를 알아 보기 위해 $D(t',\, T,\, m')$과 $D(t'',\, T,\, m')$을 구해보자. $D(t',\, T,\, m')$을 구하려면 우선 타입 t' 경기자 1이 균형 외 신호 m'을 보낼 때 균형보수 0 보다 더 높은 보수를 주도록 하는 경기자 2의 행동 r의 집합을 구해야 한다. 그러고 나서 이 집합과 경기자 2의 최적대응 행동의 집합과의 교집합을 구하면 된다. $D(t'',\, T,\, m')$을 구하는 것도 마찬가지이다.

타입 t' 경기자 1이 균형 외 신호 m'을 보낼 때 균형 보수 0보다 더 높은 보수를 주도록 하는 경기자 2의 (혼합)행동 r은 다음 조건을 만족시켜야 한다: $r(a'') > 1/3$.

타입 t'' 경기자 1이 균형 외 신호 m'을 보낼 때 균형 보수 0 보다 더 높은 보수를 주도록 하는 경기자 2의 (혼합)행동 r은 다음 조건을 만족시켜야 한다: $3r(a'') > 3r(a) + r(a')$.

도표 15-18은 각 타입의 경기자 1이 균형에서 이탈하여 신호 m'을 보내도록 하는 경기자 2의 혼합행동의 영역과 함께 경기자 2의 최적 대응 행동들을 심플렉스 $\triangle = \{(r(a), r(a'), r(a'')) \mid r(a) + r(a') + r(a'') = 1\}$ 상에 나타낸 것이다. 이 심플렉스에서 아래 변과 빗변의 굵은 선은 경기자 2의 가능한 최적대응 혼합행동들을 나타낸다.

도표 15-18에서 알 수 있듯이 $D(t', T, m') \cup D^0(t', T, m')) \subset D(t'', T, m')$이 성립한다. 따라서 D1 기준에 의하면 경기자 2는 균형

도표 15-18 경기자 2의 가능한 혼합행동을 나타내는 심플렉스 상에 표시된 $D(t', T, m')$과 $D(t'', T, m')$

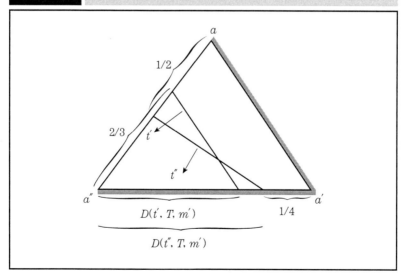

외 신호 m' 을 받았을 때 타입 t' 이 이 신호를 보내지 않았고 타입 t'' 이 보냈을 것이라고 추측하게 되고 a'' 을 선택하게 된다. 이는 균형에서 m' 의 신호를 받는 경우에 경기자 2가 1/2의 확률로 경기자 1의 타입이 t' 일 것이라고 추측한다는 것과 다르다. 그러므로 우리가 상정한 혼성 균형은 D1 기준을 통과하지 못한다.

Banks, Jeffrey S., *Signaling Games in Political Science*, Harwood Academic Publishers, 1991.

Banks, Jeffrey S., and Joel Sobel, "Equilibrium selection in signaling games," *Econometrica* 55 (1987), pp. 647−662.

Ben−Porath, Elchanan and Eddie Dekel, "Signaling Future Actions and the Potential Sacrifice," *Journal of Econmic Theory* 57 (1992), pp. 36−51.

Cho, In−Koo, and David Kreps, "Signaling Games and Stable Equilibria," *Quarterly Journal of Economics* 102 (1987), pp. 179−221.

Kohlberg E. and J.−F. Mertens, "On the strategic stabiliy of equilibria," *Econometrica*, 54 (1986), pp. 1003−1057.

Mertens, J.−F. "Stable equilibria−a reformulation. Part I. Definition and basic properties," *Mathematics of Operations Research* 14 (1989), pp. 575−625.

Mertens, J.−F. "Stable equilibria−a reformulation. Part II. Discussion of the definition and further results," *Mathematics of Operations Research* 16 (1991), pp. 694−753.

Myerson, Roger, "4.9. Forward Induction," *Game Theory : Analysis of Conflict*, Harvard University Press, 1991.

van Damme, Eric, "Stable Equilibria and Forward Induction," *Journal of Economic Theory* 48 (1989), pp. 476−496.

"스스로 지혜롭게 여기지 말지어다.
여호와를 경외하며 악을 떠날지어다.
이것이 네 몸에 양약이 되어 네 골수를 윤택하게 하리라."

(잠언 3장 7∼8절)

16

게임 중 대화와 화렐-그로스만-페리 (Farrell-Grossman-Perry) 균형

사람들간의 대화는 사람들의 행동을 조율하여 보다 높은 보수가 실현되도록 할 수 있다. 반면 사람들간의 이해의 상충 정도가 큰 경우에는 균형을 불안정하게 만들 수 있다. 이 장에서는 경기자들간의 대화가 명시적으로 게임 내에 도입되는 경우 어떠한 결과가 나타나는지 살펴본다. 이를 위해 경기자들이 균등한 정보를 가진 경우와 그렇지 않은 경우로 나누어 살펴보도록 한다.

16.1 경기자들이 균등한 정보를 가진 경우의 대화

업계 표준 설정 게임의 예

소프트웨어 산업의 두 간판 기업인 마이크로소프트사와 썬마이크로시스템사가 차세대 운영체제의 표준 결정을 놓고 경쟁하고 있다. 마이크로소프트사는 NET이라는 운영체제를 개발하려 하고 있고 썬사는 ONE이라는 운영체제를 개발하려 하고 있다. 각 기업은 자사가 개발하는 운영체제를 업계 표준으로 한다고 고집하거나 다른 회사의 제품을 표준으로 수용하고 따라갈 수 있다. 각 기업이 자신의 제품을 표준으로 고집하는 경우 두 기업은 시장을 나눠가져야 하고 치열한 경쟁을 해야 한다. 따라서 이 경우 거의 이윤을 얻지 못한다. 반면 두 기업이 어느 한 제품을 표준으로 설정하는데 합의한다면 시장이 분할되지 않으면서 보다 많은 소비자를 끌어들여 시장이 급속히 성장할 수 있다. 그리하여 표준으로 선정된 제품을 개발하는 회사는 큰 이윤을 올리게 되고 다른 회사는 그 보다는 작지만 역시 이윤을 얻게 된다. 이러한 게임 상황은 도표 16-1과 같이 표현될 수 있다.

이 게임의 내쉬균형은 세 가지이다. 하나는 마이크로소프트사와 썬사 모두 NET를 업계 표준으로 선택하는 것이다. 다른 하나는 마이크로소프트사와 썬사 모두 ONE을 업계 표준으로 선택하는 것이다. 나머지 하나는 혼합전략 균형으로 마이크로소프트사는 2/3의 확률로 NET를 표준으로 선택하고 1/3의 확률로는 ONE을 선택하는 것이다. 그리고 썬사는 2/3의 확률로 ONE을 선택하고 1/3의 확률로 NET를 선택하

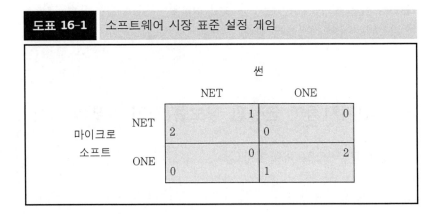

도표 16-1 소프트웨어 시장 표준 설정 게임

		썬	
		NET	ONE
마이크로 소프트	NET	2 / 1	0 / 0
	ONE	0 / 0	1 / 2

는 것이다.

이 게임에서 마이크로소프트사와 썬사가 처한 상황은 동일하다. 각 기업이 취할 수 있는 전략이 동일하며 각사의 전략은 보수체계와 관련하여 대칭적이다. 예를 들어 마이크로소프트사의 NET 전략에 대응하는 썬사의 전략은 ONE이다. 이러한 게임을 대칭적 게임(symmetric game)이라 한다. 이 경우 두 경기자는 대칭적인 전략을 선택할 것이라고 볼 수 있다. 두 경기자가 대칭적 전략을 선택하는 균형을 대칭적 균형(symmetric equilibrium)이라 한다. 따라서 앞으로는 대칭적 균형에 초점을 맞추어 살펴보기로 한다. 표준 설정 게임에서의 대칭적 균형은 마이크로소프트사와 썬사가 각각 자사가 개발하는 운영체제를 2/3의 확률로 선택하는 혼합전략을 사용하는 것이다. 이때 마이크로소프트사와 썬사가 얻는 기대보수는 2/3이다.

이제 표준설정 게임에 앞서 마이크로소프트사와 썬사가 대화를 할 수 있는 기회가 주어진다고 하자. 즉 먼저 마이크로소프트사와 썬사가 동시에 이야기를 나눈 후 그 다음에 표준설정 게임이 시행된다고 하자. 분석의 편의를 위해 마이크로소프트사와 썬사가 할 수 있는 말은 '나는 NET를 선택할 것이다'와 '나는 ONE을 선택할 것이다'의 두 가지 뿐이라고 하자. 이러한 상황을 게임나무로 나타내면 도표 16-2와 같다.

이 게임은 두 단계로 구성되어 있다. 즉 게임의 1단계는 마이크로소프트사와 썬사가 대화를 하는 단계이다. 게임의 2단계는 표준설정 하부게임을 수행하는 단계이다. 이러한 게임에서 1단계의 대화가 2단계의 표준선택 행동에 영향을 미칠 수 있을까?

이 게임에는 매우 다양한 하부게임 완전균형이 존재한다. 그 중 한 가지 대칭적인 균형은 1단계에서 어떤 대화가 오고 갔든 상관없이 2단계에서는 마이크로소프트사와 썬사가 각각 자사 제품을 2/3의 확률로 선택하는 혼합행동을 구사하는 것이다. 이 균형의 특징은 대화 단계에서의 대화가 게임의 균형에 아무런 영향을 미치지 못한다는 것이다.

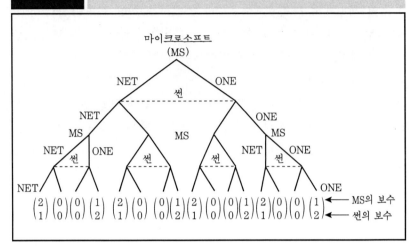

이는 경기자들이 상대방 경기자의 얘기를 무시하기 때문에 발생하는 현상이라 볼 수 있다. 예컨대 상대방이 NET를 선택하겠다거나 ONE을 선택하겠다는 얘기를 하면 이를 단순히 전략적인 언행이라고 보아 무시해 버리는 것이다. 이와 같이 대화단계의 대화가 표준선택 단계에 아무런 영향을 미치지 못하는 균형을 무의미한 소리만 내는 떠들기 균형(babbling equilibrium)이라 한다.

　　떠들기 균형에서와 같이 대화가 항상 아무런 영향을 미치지 못한다고 보는 것이 과연 타당할까? 예를 들어 위의 게임의 대화 단계에서 마이크로소프트사와 썬사가 NET를 표준으로 선택하겠다고 말하였다고 하자. 이 경우 표준설정 단계에서 썬사는 마이크로소프트사의 NET를 선택하겠다는 말을 무시해 버릴 수 있을까? 그렇지 않을 것이다. 대화 단계에서 마이크로소프트사와 썬사가 모두 NET를 표준으로 선택하겠다고 말한 상황에서 마이크로소프트사와 썬사가 상대방의 말을 진지하게 받아들인다면 실제로 모두 NET를 선택하는 것이 최적이기 때문이다. 그리고 이 경우 마이크로소프트사와 썬사는 상대방의 말을 진지하게 받아들이지 않을 이유가 없기 때문이다.

이렇게 볼 때 대화 단계에서 마이크로소프트사와 썬사가 모두 NET를 선택하겠다고 한 경우 표준선택 하부게임에서 실제로 두 회사 모두 NET를 선택할 것이라고 예측할 수 있다(이 행동조합은 하부게임에서 내쉬균형이다). 또한 대화 단계에서 두 기업이 모두 ONE을 선택하겠다고 말한 경우에도 표준선택 하부게임에서 두 기업 모두 실제로 ONE을 선택할 것이라고 예측할 수 있다. 한편 대화 단계에서 마이크로소프트사는 NET를 선택하겠다고 하고 썬사는 ONE을 선택하겠다고 하거나 그 반대로 마이크로소프트사는 ONE을 선택하겠다고 하고 썬사는 NET를 선택하겠다고 한 경우에는 표준선택 하부게임에서 두 기업 모두 상대방의 말을 믿기 어려울 것이다. 왜냐하면 서로 상대방의 말을 액면 그대로 받아들이는 경우 표준설정 단계에서 서로 자기가 한 말을 지키지 않는 것이 최적이기 때문이다. 따라서 이 경우에는 하부게임에서 두 기업이 2/3의 확률로 자사 제품을 선택하는 혼합전략 내쉬균형이 실현될 것이라고 예측할 수 있다. 왜냐하면 이것이 하부게임에서 유일한 대칭적 균형이기 때문이다.

이제 이 게임의 대칭적인 하부게임 완전균형은 어떤 모습을 가질지 생각해보자. 표준선택 단계의 행동선택에 대해서는 앞에서 살펴본 대로 행동한다고 하자. 이러한 경우 대화 단계에서 각 기업은 어떤 말을 선택할까? 대화 단계에서 마이크로소프트사와 썬사가 모두 NET를 선택하겠다고 말하는 것은 대칭적인 전략을 구성할 수 없다.[1]

대화단계에서 대칭적인 전략을 구성하는 것은 확률적으로 선택하는 것이다. 즉 마이크로소프트사는 4/5의 확률로 NET를 선택하겠다고 말하고 썬사는 4/5의 확률로 ONE을 선택하겠다고 말하는 것이다.

이 확률은 다음과 같이 결정된다.

마이크로소프트사가 NET를 선택하겠다고 말할 확률을 p라 하고

---

[1] 우리는 전체 게임을 전략형으로 나타낸 경우의 대칭적인 균형을 찾고 있다.

ONE을 선택하겠다고 말할 확률은 $1-p$라 하자. 이 경우 썬사가 NET를 선택하겠다고 말하는 경우 얻을 것으로 기대되는 보수는 $p \cdot 1 + (1-p) \cdot \frac{2}{3} = \frac{2}{3} + \frac{1}{3}p$이고 ONE을 선택하겠다고 말하는 경우 얻을 것으로 기대되는 보수는 $p \cdot \frac{2}{3} + (1-p) \cdot 2 = 2 - \frac{4}{3}p$이다. 썬사가 확률적으로 선택하는 것이 최적의 선택이 되려면 두 경우의 보수가 같아야 한다. 즉 $\frac{2}{3} + \frac{1}{3}p = 2 - \frac{4}{3}p$. 이로부터 $p = \frac{4}{5}$를 얻는다.

즉 이 게임의 대칭적 하부게임 완전균형으로 유일한 것은 다음과 같다.

'1단계에서 각 기업이 4/5의 확률로 자사가 개발 중인 제품을 표준으로 선택한다고 말한다. 2단계에서는 만약 1단계에서 동일한 제품을 표준으로 선택한다고 말했으면 실제로 그 제품을 표준으로 선택한다. 그렇지 않으면 2/3의 확률로 자사제품을 선택하는 혼합행동을 취한다.'

이 균형으로부터 마이크로소프트사와 썬사가 얻는 기대보수는 14/15이다. 이는 대화단계 없이 직접 표준선택 게임을 하는 경우의 대칭적 균형에서 얻는 기대보수 2/3보다 높다. 이는 대화를 도입하는 경우 대화단계에서 마이크로소프트사와 썬사가 동일한 표준을 선택한다고 말하는 경우 표준선택 하부게임에서 실제로 그렇게 표준을 선택하기 때문이다. 즉 대화를 통해 의사결정상의 조정(coordination)이 부분적으로 이루어지기 때문이다.

대화는 경기자들의 전략상의 조율 및 조정을 가능하게 한다. 이를 통해 경기자들이 균형에서 얻는 보수를 증가시킬 수 있다.

16.2 경기자들이 불균등한 정보를 가진 경우의 대화: 말하기 게임

다음과 같은 게임을 생각해 보자. 두 명의 경기자 철수와 인수가 있다. 철수는 똑똑한 타입이거나 멍청한 타입이거나 둘 중의 하나이다. 철수가 똑똑한 타입일 확률은 0.5라고 하자. 철수는 자신의 타입이 무엇인지 알지만 인수는 철수가 어떤 타입인지 잘 모르고 다만 0.5의 확률로 철수가 똑똑하다는 것은 안다고 하자.

인수는 철수가 똑똑하면 같이 협력하여 동업하기를 원하고 철수가 멍청하면 사기를 치려고 한다. 그리고 철수가 똑똑한지 멍청한지를 잘 모르면 현재의 상태를 유지하려고 한다. 한편 철수는 인수가 행동을 선택하기 전에 인수에게 자신의 타입에 관해 말을 할 수 있다. 철수는 '나는 똑똑하다', '나는 멍청하다' 라는 두 가지 말을 할 수 있다고 하자. 그리고 이러한 상황은 주지의 사실이라고 한다.

이러한 게임을 말하기 게임(cheap talk game)이라고 하며 이 게임을 게임나무로 나타내면 도표 16-3과 같다.[2]

이 게임에는 혼성균형과 분리균형의 두 가지 유형의 완전 베이지

도표 16-3 말하기 게임의 예

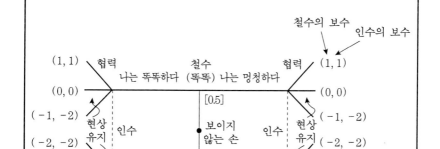

----
2) 이러한 말하기 게임에서 발신자의 말은 경기자들의 보수에 아무런 영향을 미치지 않는다. 경기자들의 보수는 발신자의 타입과 수신자의 반응에 따라 달라진다.

안 균형(순차균형)이 존재한다. 혼성균형에는 두 가지가 존재한다. 하나는 철수는 타입과 관계없이 항상 똑똑하다고 말하고 인수는 똑똑하다는 말을 듣고 0.5의 확률로 철수가 똑똑하다고 추측하고 현상유지를 선택하는 것이다. 다른 하나는 철수는 타입과 관계없이 항상 멍청하다고 말하고 인수는 이 말을 듣고 0.5의 확률로 철수가 똑똑하다고 추측하고 현상유지를 선택하는 것이다.[3]

말하기 게임에서는 지금까지 살펴본 전진 귀납법에 따른 정밀한 균형 개념이 균형결과 예측의 정밀도를 높이는데 아무 도움이 되지 못한다. 임의의 완전 베이지안 균형에서 발신자가 메시지 m^*를 보낸다고 하자. 그리고 수신자는 어떤 균형 외 메시지를 받든 발신자의 타입에 대하여 동일한 추측을 한다고 상정해 보자. 이는 발신자의 모든 메시지는 동일한 의미를 갖게 됨을 의미하며 따라서 발신자의 메시지가 아무런 의미가 없다고 수신자가 생각하는 경우에 해당한다. 이러한 상황은 전진 귀납법적인 균형 개념의 견지에서 볼 때 전혀 하자가 없다. 왜냐하면 말하기에는 아무 비용이 들지 않으며 발신자와 수신자의 보수에 아무런 영향을 주지 못하는데, 전진 귀납법적인 균형 개념에서는 발신자의 신호보내기가 보수체계에 미치는 영향에 기초하여 정보집합 상의 추측에 제약을 가하기 때문이다. 그러므로 완전 베이지안 균형의 결과는 전진 귀납법에 따른 정밀한 균형의 결과이기도 하다. 예를 들어 앞의 게임에서 첫 번째 유형의 혼성균형을 생각해 보자. 철수는 타입에 상관없이 항상 똑똑하다고 말하고, 인수는 철수가 어떤 말을 하거나 항상 0.5의 확률로 철수가 똑똑하다고 추측하고 현상유지를 선택한다. 이 혼성균형은 지금까지 살펴본 전진 귀납법적 균형 개념과도 부합한다.

---

[3] 이 혼성균형에서 인수에게 도달되지 않는 정보집합은 철수가 '나는 똑똑하다' 라고 말하는 경우에 도달된다. 이 정보집합에서 인수가 1/3과 2/3 사이의 확률로 철수가 똑똑하다고 추측한다면 인수는 현상유지를 선택하는 것이 최적이다. 인수가 이 정보집합에서 현상유지를 선택하는 경우, 철수가 타입에 상관없이 멍청하다고 말하는 것은 최적대응이 된다. 철수의 선택과 상관없이 인수는 항상 현상유지를 선택하기 때문이다.

한 걸음 더 나아가 우리는 임의의 완전 베이지안 균형 결과에 대하여 이와 동일한 결과를 가지면서 모든 메시지들이 정(+)의 확률로 사용되는 혼합 메시지 균형을 구성할 수 있다. 이를 알아보기 위하여 임의의 완전 베이지안 균형을 상정하자. 이 균형은 타입 t에 메시지 m을 대응시키는 신호함수와 각 메시지 m에 행동 a를 대응시키는 반응함수로 구성된다. 이 균형에서 사용되지 않는 메시지들이 있을 수 있다. 이들 메시지들의 집합을 M_0라 하자. 이제 동일한 결과를 갖는 또 다른 균형을 구성하여 보자. 균형에서 사용되는 임의의 메시지 $m^* \in M/M_0$를 취하고 발신자가 다음과 같이 행동한다고 하자. "내가 어떤 타입이든 기존 균형에서 메시지 m^*를 보냈다면 이제는 $M_0 \cup \{m^*\}$ 안에 있는 모든 메시지 m'가 일정 확률로 보내지도록 혼합 메시지를 보낸다." 그러면 임의의 메시지 $m' \in M_0 \cup \{m^*\}$ 을 받았을 때의 수신자의 추측은 균형 메시지 m^*를 받았을 때의 추측과 동일하게 되므로 수신자는 모든 메시지 $m' \in M_0 \cup \{m^*\}$에 대해 기존 균형에서 메시지 m^*를 받았을 때와 동일하게 반응하는 것은 균형이 된다. 그리고 수신자가 이렇게 반응할 때 발신자가 상기한 혼합 메시지를 사용하는 것은 그의 최적대응이다. 따라서 발신자의 혼합 메시지 신호함수와 수신자의 반응함수는 균형을 구성한다. 이 혼합 메시지 균형에서는 사용되지 않는 균형 외 메시지가 존재하지 않으므로 지금까지 살펴본 전진 귀납법적 균형 개념으로도 배제될 수 없다.

예를 들어 앞에서 살펴본 첫 번째 혼성균형에서 철수가 똑똑한 타입이든 멍청한 타입이든 0.1의 확률로 멍청하다고 말하는 혼합 메시지를 사용한다고 해보자. 이 경우 인수는 똑똑하다는 말을 들었을 때 0.5의 확률로 철수가 똑똑하다고 추측하며 멍청하다는 말을 들었을 때에도 0.5의 확률로 철수가 똑똑하다고 추측한다. 그리고 인수는 항상 현상유지를 선택한다. 이 경우 나타나는 게임의 결과는 앞의 혼성균형의 결과와 동일하다.

화렐은 여기서 혼합 메시지 균형이 항상 타당한 것은 아니라고 주장한다. 예를 들어 두 사람이 같이 식사하기 위해 식사장소를 정하는 순수 조정 게임에서 혼합 메시지 균형을 생각해 보자. 이 균형에서 발신자는 사실은 어떤 레스토랑에 있을 줄 알면서 정(+)의 확률로 "나는 집에 있겠다"라고 말할 수 있다. 따라서 발신자의 "집에 있겠다"는 말은 수신자에게 발신자의 계획에 대해 아무런 정보도 전달해주지 못한다. 그런데 서로 합치하는 공통의 이익을 가진 경기자들이 이런 식으로 행동한다는 것은 그럴듯하지 않다.

또한 종종 사용 가능한 메시지의 집합은 열려 있는(open-ended) 경우가 많다. 그래서 균형에서 모든 메시지를 다 사용한다는 것은 불가능할 수 있다. 화렐은 균형에서 사용되지 않는 메시지가 항상 많이 존재하고 그 메시지들이 자연 언어이기 때문에 그 자신의 고유한 의미를 가지고 있다고 본다.

화렐(Farrell)은 기존의 어휘와 용례가 매우 풍부하여 균형에서 사용되지 않은 말이 무수히 많이 있다고 본다. 그리고 말하는 사람은 이러한 말을 이용하여 자신이 어떤 타입이라는 의미를 항상 전달할 수 있다고 상정한다. 예를 들어 위의 말하기 게임에서 '똑똑하다'는 단어 대신 '명민하다', '기민하다', '영리하다', '영특하다' 등 매우 많은 표현이 사용될 수 있다. 이러한 말, 즉 균형에서 사용되지 않지만 발신자의 타입을 표현할 수 있는 말을 신조어(neologism)라 한다.[4]

이제 앞에서 살펴본 말하기 게임에서 철수는 타입에 관계없이 항상 '똑똑하다'고 말하고 인수는 무슨 말을 듣든 항상 0.5의 확률로 철수가 똑똑한 타입이라고 추측하는 균형을 생각해 보자. 이 게임에서 철수가 임의의 신조어 예컨대 '나는 영리하다'는 말을 하였다고 하자. 이러한 상황을 간략한 게임나무로 표현하면 도표 16-4와 같다.[5]

---

[4] 엄밀하게 보면 신조어라는 말은 적절치 못하다. 화렐의 신조어라는 개념은 새로 만들어 낸 말을 의미하는 것이 아니라 동일한 의미를 갖는 다른 어휘나 어구를 의미하기 때문이다. 신조어라는 표현보다는 유사 동의어라는 표현이 더 적절할 것이다.

이 상황은 균형에서는 일어나지 않기로 되어 있던 돌발 상황이다. 이 상황에서 인수는 과연 철수의 말을 듣고 철수가 0.5의 확률로 똑똑한 타입이라고 추측할까?

균형에서 철수와 인수는 모두 0의 보수를 얻는다. 이 상황에서 똑똑한 타입의 철수는 자신이 똑똑하다는 것을 알리고 싶어 한다. 왜냐하면 자신이 똑똑하다는 것이 밝혀지면 인수는 자신과 협력을 할 것이고 그렇게 되면 1의 보수를 얻기 때문이다. 한편 멍청한 타입의 철수는 자신이 멍청하다는 것을 알리고 싶지 않다. 왜냐하면 자신이 멍청하다는 것이 알려지면 인수가 자신을 사기 쳐 −1의 보수를 얻을 것이기 때문

도표 16-4 신조어(新造語)가 도입된 말하기 게임

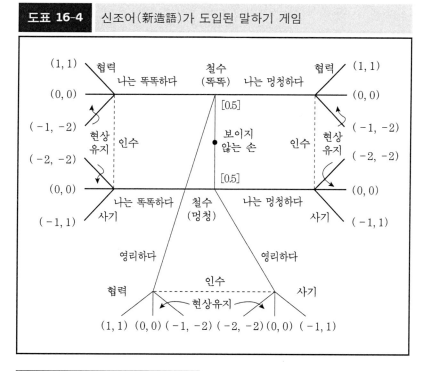

---

5) 이 게임 나무는 정확한 것은 아니다. 가능한 신조어는 '영리하다' 외에도 무수히 많이 있기 때문이다.

이다. 또한 멍청한 타입의 철수는 자신이 똑똑하다고 인식되는 것도 원하지 않는다. 왜냐하면 이 경우에는 인수가 자신과 협력하게 되고 그 결과 −2의 보수를 얻기 때문이다. 이렇게 볼 때 똑똑한 타입은 자기가 똑똑한 타입이라는 의미의 말을 할 유인이 있지만 멍청한 타입은 자기가 똑똑한 타입이라는 의미의 말을 할 유인이 없다. 따라서 인수는 철수가 '나는 영리하다'라고 말한다면 그가 똑똑한 타입일 것이라고 추측하는 것이 합리적일 것이다. 인수가 '나는 영리하다'는 철수의 말을 듣고 이를 믿는다면, 실제로 철수는 자신이 똑똑한 타입인 경우에만 영리하다고 말할 유인이 있기 때문이다. 그러므로 신조어 '나는 영리하다'라는 말은 '내가 똑똑한 타입이다'라는 의미를 신빙성 있게 전달한다고 볼 수 있다. 이렇게 신빙성 있는 의미를 전달하는 신조어를 자기신호적 신조어(self−signaling neologism)라 한다.

발신자에게 상정한 균형에서 보다 더 높은 보수를 주는 자기 신호적 신조어가 존재하는 경우 기존의 균형은 유지되기 어렵다. 왜냐하면 어떤 특정 타입의 경기자가 이 균형으로부터 벗어나기 위해 신조어를 만들어 메시지를 보낼 것이기 때문이다. 예를 들어 철수가 타입과 상관없이 항상 똑똑하다고 말하는 혼성균형은 유지되지 못한다. 철수가 이 균형으로부터 이탈하여 신조어 "나는 영리하다"라는 말을 할 유인이 있기 때문이다. 자기신호적 신조어가 존재하지 않는 완전 베이지안 균형을 신조어(新造語) 방비(防備)균형(neologism−proof equilibrium)이라 한다.

무수한 신조어가 가능한 말하기 게임에서는 말하는 사람이 사용할 수 있는 말이 무수히 많다. 따라서 게임 나무로 표현하기가 곤란하다. 그렇지만 말하는 사람의 말은 경기자의 보수에 영향을 미치지 못한다. 경기자의 보수는 말하는 사람의 타입과 듣는 사람의 반응이 무엇이냐에 따라 달라진다. 따라서 철수와 인수 간의 말하기 게임은 다음과 같은 표로 요약될 수 있다.

도표 16-5	신조어가 도입된 말하기 게임: 말하기 게임에서는 신조어가 무수히 많기 때문에 게임 나무를 그리기가 곤란하다. 그렇지만 말하기가 경기자의 보수에 영향을 미치지 못하므로 표로 나타낼 수 있다.

철수가 똑똑한 타입일 사전 확률: 1/2

철수(話者)의 보수

		똑똑한 타입	멍청한 타입
인수의 행동	협력	1	−2
	현상유지	0	0
	사기	−1	−1

인수의 보수

		똑똑한 타입	멍청한 타입
인수의 행동	협력	1	−2
	현상유지	0	0
	사기	−2	1

이 게임에서 혼성균형은 신조어 방비균형이 되지 못한다. 반면 분리균형은 신조어 방비균형이 된다. 예를 들어 말하는 사람은 똑똑한 타입이면 똑똑하다고 말하고 멍청한 타입이면 멍청하다고 말한다고 하자. 듣는 사람은 똑똑하다는 말을 들으면 말하는 사람이 똑똑한 타입이라고 추측하고 협력을 선택하고, 멍청하다는 말을 들으면 말하는 사람이 멍청하다고 추측하여 사기를 선택한다고 하자. 이 경우 상정한 균형에서 보다 더 높은 보수를 주는 자기신호적 신조어는 존재하지 않으며 따라서 이 균형은 신조어 방비균형이 된다.

이상에서 경기자들이 새로운 말을 만들어 사용할 수 있는 경우를 살펴보았다. 신조어는 게임의 균형에서 사용되지 않은 말로 경기자의 타입을 의미할 수 있는 말에 해당한다. 이 신조어가 신빙성을 갖고 경기자의 타입에 관한 의미를 전달하게 되는 경우 이 말을 자기신호적인 신조어(self-signaling neologism)라고 한다. 이러한 신조어에 의해 깨지지 않는 완전 베이지안 균형을 신조어(新造語) 방비(防備) 균형(neologism-proof equilibrium)이라 한다. 신조어 방비균형은 지금까지 살펴본 균형 개념보다 더 정밀한 균형 개념이라고 볼 수 있다. 왜냐하면 이들 균형 개념들로는 배제할 수 없었던 신빙성 없는 균형들을 배제할 수 있도록 해주기 때문이다.

신조어 방비균형은 다음과 같이 정식화될 수 있다.

어떤 완전 베이지안 균형을 상정하고 '$t \in X$'라는 의미를 갖는 신조어 m'을 상정하자.

이 신조어를 들은 경기자는 말하는 사람의 타입이 무엇인가에 관해 추측할 것이다. 신조어를 들은 경기자가 말한 사람의 가능한 타입이 집합이 $X \subseteq T$에 속한다고 추측한다고 해보자. 그리고 $\mu(t|X)$는 사전 확률 분포 $p(\cdot)$를 X에 제한하여 얻는 타입의 확률 분포라 하자. 즉,

$$\mu(t|X) = \begin{cases} \dfrac{p(t)}{\displaystyle\sum_{\tau \in X} p(\tau)} & t \in X \\ 0 & t \notin X \end{cases}$$

그리고 이러한 추측 하에서의 듣는 사람의 최적 행동을 $a^*(X)$라 하고 $a^*(X)$이 유일하다고 하자:

$$a^*(X) = argmax_{a \in A} \sum_{\tau \in X} \mu(t|X) u_R(t, a) \text{[6]}$$

---

[6] 말하기 게임에서 말하는 사람의 말은 경기자의 보수체계에 직접적인 영향을 미치지 못한다. 따라서 각 경기자의 보수함수는 말하는 사람의 타입 t와 듣는 사람의 행동 a만의 함수가 된다. 즉 말하는 사람과 듣는 사람의 보수함수는 각각 $u_S(t, a)$, $u_R(t, a)$로 표시된다.

이때 말하는 사람이 얻는 보수 $u_S(t, a^*(X))$가 균형 보수 $u_S^*(t)$보다 큰 타입의 집합을 $K(X)$라 하자:

$$K(X) = \{t \in T \,|\, u_s(a^*(X), t) > u_S^*(t)\}$$

집합 $K(X)$는 '$t \in X$'의 의미를 갖는 신조어를 들은 사람이 이 말을 믿고 최적대응행동을 선택하는 경우 실제로 이 신조어를 말할 유인이 있는 타입들의 집합을 나타낸다. 만약 $K(X) = X$이면 신조어 "$t \in X$"는 자기신호적이며 신빙성이 있다고 한다. 그리고 상정한 균형은 자기신호적인 신조어에 의해 깨어지게 된다.

신조어 방비균형은 지나치게 정밀한 균형 개념이라고 볼 수도 있다. 왜냐하면 신조어 방비균형이 존재하지 않을 수도 있기 때문이다. 다음의 예는 그러한 경우를 예시하여 준다.

도표 16-6 신조어 방비균형이 존재하지 않는 게임의 예

말하는 사람의 타입이 t_1일 사전 확률: 1/2

말하는 사람(話者)의 보수

		t_1	t_2
듣는 사람의 행동	a_1	2	-1
	a_2	-1	-2
	a_3	0	0

듣는 사람(聽者)의 보수

		t_1	t_2
듣는 사람의 행동	a_1	3	0
	a_2	0	3
	a_3	2	2

이 게임에서 듣는 사람은 말하는 사람의 타입이 t_1이면 a_1을 선택하려 하고, 타입이 t_2이면 a_2를 선택하려 한다. 반면 말하는 사람은 자신의 타입이 t_2인 경우에는 자신의 타입을 감추려할 유인을 갖는다. 그러므로 분리균형은 성립하지 못한다. 반 분리균형도 성립하지 못한다. 완전 베이지안 균형으로 가능한 것은 오직 혼성균형이다. 그런데 혼성균형은 신조어 방비균형이 될 수 없음을 다음 문단에서와 같이 확인할 수 있다. 그러므로 이 게임에는 신조어 방비균형이 존재하지 않는다.

이 게임의 혼성균형에서 말하는 사람은 타입에 관계없이 동일한 말을 하고, 듣는 사람은 1/2의 확률로 말하는 사람의 타입이 t_1일 것이라고 예측하고 a_3를 선택한다. 그런데 이 혼성균형은 신조어 방비 균형이 되지 못한다. 타입이 t_1인 사람이 자신의 타입이 t_1이라는 신조어를 말한다고 하자. 이 경우 듣는 사람이 이 말을 믿는다면 a_1을 선택할 것이다. 따라서 타입 t_1은 2의 보수를 얻어 혼성균형 보수 0 보다 높은 보수를 얻는다. 반면 타입 t_2는 자신의 타입이 t_1이라는 신조어를 말하면 -1의 보수를 얻어 혼성균형 보수 0 보다 낮은 보수를 얻는다. 따라서 타입 t_1만이 이 신조어를 말할 유인이 있으므로 이 신조어는 자기신호적이다. 그러므로 이 혼성균형은 신조어 방비균형이 되지 못한다.

16.3 신호보내기 게임에서의 게임 중 대화

말하기 게임(cheap-talk game)에서는 사적 정보를 가진 경기자가 먼저 말을 하고 그 다음에 이 말을 들은 경기자가 자신의 행동을 선택한다. 신호보내기 게임(signaling game)도 이와 같은 구조를 가지고 있다. 다만 신호보내기 게임에서는 사적정보를 가진 경기자가 말을 하는 대신 행동을 취한다. 말하기 게임에서는 말하는 경기자의 말은 경기자의 보수에 아무런 영향을 미치지 못한다. 반면 일반적인 신호보내기 게임에서는 사적정보를 갖는 발신자가 신호를 보낼 때 신호비용이 수반되어 발신자의 보수에 영향을 미친다.

이렇게 볼 때 말하기 게임은 신호보내기 게임의 특수한 한 형태이다. 즉 말하기 게임은 신호비용이 0인 신호보내기 게임인 것이다. 그러므로 말하기 게임에 적용되었던 신조어 방비균형의 개념이 신호보내기 게임에도 일반화되어 적용될 수 있다. 다음과 같은 게임을 생각해보자.

이 게임에는 두 명의 경기자 Ⅰ과 Ⅱ가 있다. 경기자 Ⅱ는 경기자 Ⅰ이 어떤 타입인지 잘 모르며 다만 각각 1/3의 확률로 t_1, t_2, t_3 타입임을 알고 있다. 경기자 Ⅰ은 자신이 어떤 타입인지를 알고 있으며 먼저 신호보내기 행동(메시지: message)으로 l이나 r 중 한 가지를 선택할 수 있다. 경기자 Ⅰ이 신호행동 l을 보낸 경우에는 게임이 끝난다. 한편 경기자 Ⅰ이 신호행동 r를 보낸 경우에는 경기자 Ⅱ는 이 신호를 받고 나서 세 가지 행동 u, m, d 중 한 가지 행동을 취할 수 있다. 두 경기자의

도표 16-7	순차균형과 완전 베이지안 균형이지만 자기신호적 행동에 의해 균형이 깨어지는 경우

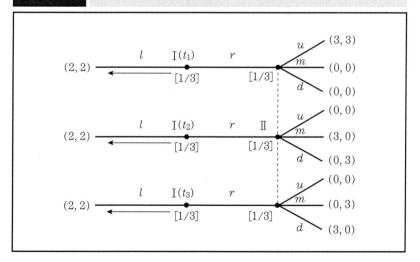

행동 선택에 따른 보수체계는 도표 16-7에 표시되어 있다. 그리고 이러한 상황은 두 경기자에게 모두 주지의 사실(common knowledge)이다.

이 게임에는 혼성균형과 분리균형으로 대별되는 두 가지 유형의 순차균형(완전 베이지안 균형)이 존재한다. 혼성균형은 경기자 I은 타입에 관계없이 항상 l을 선택하고, 경기자 II는 그가 행동을 선택해야 하는 상황에서 경기자 I의 타입이 t_1, t_2, t_3일 확률이 각각 1/3이라고 추측하고 u, m, d를 혼합하여 확률적으로 선택하되 각각을 2/3 보다 작은 확률로 선택하는 것이다. 분리균형은 경기자 I은 타입이 t_1이면 r을 선택하고 t_1이 아니면 l을 선택하고, 경기자 II는 r을 관측하면 경기자 I의 타입이 t_1일 것이라고 추측하고 u을 선택하는 것이다.

그로스만과 페리(Grossman and Perry)(1986)는 혼성균형은 다음과 같은 이유로 신빙성이 없다고 주장한다. 이 혼성균형이 성립하는 상태를 상정하자. 이 상태에서 타입 t_1인 경기자 I은 균형에서 벗어나 행동 r을 선택할 수 있다. 그리고 이 행동을 선택하면서 다음과 같이 말한다고 해보자.

'나는 타입 t_1이다. 내 말은 믿을 만하다. 생각해 봐라. 내가 t_1 타입이라는 말을 네가 믿는다면 너는 u를 택할 것이다. 이 경우 내가 t_2나 t_3 타입이면 나는 0밖에 못 얻는다. 반면 내가 t_1타입이면 3의 보수를 얻게 된다. 그러므로 나는 내가 t_1타입일 때만 t_1타입이라고 말할 유인이 있다.'

이러한 말과 함께 행동 r이 선택되면 경기자 II는 이 말을 믿게 되고 경기자 I이 t_1 타입일 것이라고 생각하는 것이 자연스럽다. 이러한 추측은 우리가 상정한 혼성균형에서의 추측과 다르다. 그러므로 우리가 상정한 혼성 순차균형은 타당성을 잃는다.

일반적으로 혼성균형에서는 신호를 보내는 사람이 선택하지 않은 신호행동이 있다. 이와 같은 행동 중 위의 예에서와 같이 자신이 어떤 타입 '$t{\in}K{\subset}T$'이라는 말을 덧붙일 때 이 말을 믿고 수신자가 최적대응을 한다면, 실제로 K에 속한 타입만이 이 신호를 보낼 유인이 있는 경우 이러한 행동을 자기신호적 행동(self-signaling message)이라 한다. 수신자가 관측한 행동이 자기신호적이라면, 그는 발신자의 타입에 관하여 추측을 형성할 때, 이 신호 행동을 보낼 유인이 있는 타입만이 이 행동을 하였을 것이라고 추정할 것이다. 균형 외 정보집합에서 이와 같은 방식으로 형성되는 추측을 자기확인적인 추측(self-confirming belief)이라 한다. 순차균형에서 균형 외 정보집합 상의 추측이 자기확인적이면 이 균형은 완전 순차균형(perfect sequential equilibrium)이라 한다.

내쉬균형에서는 균형에서 도달되는 정보집합에서 추측이 자기 확인적이고 경기자는 최적대응 행동을 선택할 것을 요구한다. 균형에서 도달되지 않는 정보집합에서는 추측이 자기 확인적일 필요가 없으며 경기자들이 어떤 추측하의 최적대응에 해당하는 행동을 선택할 필요도 없다. 순차균형에서는 균형에서 도달되지 않는 정보집합에서도 경기자가 어떤 추측에 대해 최적대응이 되는 행동을 선택할 것을 요구한다. 그렇지만 이 추측은 자기 확인적일 필요는 없다. 반면 완전 순차 균형은 균형에서 도달되는 정보집합뿐만 아니라 균형 외 정보집합 상에서도 추측이 자기확인적일 것을 요구한다. 그리고 이러한 추측 하에서 최적대응 행동을 선택할 것을 요구한다.

그로스만과 페리의 완전 순차균형은 다음과 같이 정식화될 수 있다. 순차균형에서 발신자가 얻는 균형 보수를 $u_S^*(t)$라 하자.

발신자가 균형 외 신호 행동 m'을 선택했다고 하자. 그리고 이 행동이 $t \in X$라는 의미를 전한다고 발신자가 수신자에게 귀띔하였다고 하자. 수신자는 균형 외 신호 행동 m'을 관측하고 발신자의 타입이 X안의 하나일 것이라고 추측한다고 하자. 그리고 이 추측은 타입의 사전확률분포 $p(\cdot)$와 신호 m'으로부터 유도되는 X상의 사후 확률분포

$\mu_X(\,\cdot\,|\,m')$의 형태를 띤다고 하자.

이 추측 하의 수신자의 최적대응 행동을 $\sigma{\in}MBR(\mu_X,\,m')$라 하자. 수신자의 이러한 최적대응 행동에 대해 균형 신호보다 균형 외 신호 m'을 더 선호하는 발신자 타입의 집합을 $K^s(m',\,\mu_X,\,\sigma)$로 표시하자: $K^s(m',\,\mu_X,\,\sigma)=\{t{\in}T\,|\,u_S(t,\,m',\,\sigma)>u_S^*(t)\}$

그리고 균형 신호와 균형 외 신호 m'간에 무차별한 발신자 타입의 집합을 $K^w(m',\,\mu_X,\,\sigma)$로 표시하자: $K^w(m',\,\mu_X,\,\sigma)=\{t{\in}T\,|\,u_S(t,\,m',\,\sigma)=u_S^*(t)\}$

이 두 집합의 합집합을 $K{\equiv}K^s{\cup}K^w$라 하자.

발신자가 균형 외 신호 m'을 보냈으며 수신자가 이에 대해 최적대응 행동 σ를 취할 것으로 기대하고 있음을 수신자 자신이 알고 있다고 하자. 이 경우 수신자는 K^s에 속한 타입의 발신자들은 $f(t)=1$의 빈도로 균형 외 신호 m'을 보냈을 것이라고 추측하고 K^w에 속한 타입의 발신자들은 $f(t){\in}[0,\,1]$의 빈도로 균형 외 신호 m'을 보냈을 것이라고 추측할 것이다. 따라서 신호 행동 m'을 받은 뒤의 발신자의 타입에 대한 사후 추측은 다음과 같은 값을 가져야 할 것이다.

$$c(t)=\begin{cases} \dfrac{p(t)f(t)}{\displaystyle\sum_{\tau\in K}p(\tau)f(\tau)} & t{\in}K \\[4mm] 0 & t{\in}K \end{cases}$$

위와 같은 집합 K가 존재하여 $K=X$이고 $\mu_X(\,\cdot\,|\,m')=c(\,\cdot\,)$이면 신호 행동 m'은 자기신호적인 행동이라 한다. 균형 외 신호 행동이 자기신호적이면 수신자의 추측이 $c(\,\cdot\,)$와 같다는 제약조건을 만족시키는 수신자의 추측체계(belief system)를 자기확인적인 추측체계(self-confirming belief system)라 한다. 왜냐하면 수신자가 이 추측 하에서 이탈할 것으로 상정하는 발신자 타입들이 균형으로부터 이탈할 유인이 있는 발신자 타입들과 일치하기 때문이다. 순차균형에서 수신자의 추

측체계가 자기 확인적인 추측체계이면 이 순차균형을 완전 순차균형이라 한다.

그로스만과 페리의 완전 순차균형과 화렐의 신조어 방비균형은 유사한 개념이지만 완전히 같은 것은 아니다. 그로스만과 페리의 완전 순차균형은 수신자의 추측체계가 자기 확인적인지에 초점을 맞춘다. 반면 화렐의 신조어 방비균형은 상정한 균형을 깨뜨릴 수 있는 자기 신호적 신호 행동이 존재하는지에 초점을 맞춘다. 다음 게임은 이를 예시하여 준다.

이 게임에는 두 명의 경기자 Ⅰ과 Ⅱ가 있다. 경기자 Ⅱ는 경기자 Ⅰ이 어떤 타입인지 잘 모르며 다만 0.5의 확률로 t_1 타입이고 나머지 0.5의 확률로 t_2 타입임을 알고 있다. 경기자 Ⅰ은 자신이 어떤 타입인지를 알고 있으며 먼저 신호보내기 행동(메시지: message)으로 m_1이나 m_2 중 한 가지를 선택할 수 있다. 경기자 Ⅰ이 신호행동 m_1을 보낸 경우에는 게임이 끝난다. 한편 경기자 Ⅰ이 신호행동 m_2를 보낸 경우에

도표 16-8 균형 외 정보집합에서 자기 확인적인 추측이 여러 개 있는 경우

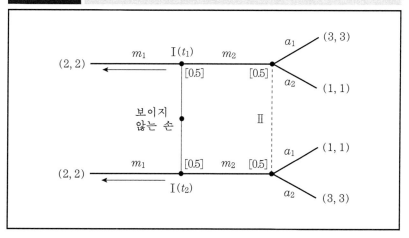

는 경기자 II는 이 신호를 받고 나서 두 가지 행동 a_1과 a_2 중 한 가지 행동을 취할 수 있다. 두 경기자의 행동 선택에 따른 보수체계는 도표 16-8에 표시되어 있다. 그리고 이러한 상황은 두 경기자에게 모두 주지의 사실(common knowledge)이다.

이 게임에는 분리균형과 혼성균형으로 대별되는 두 가지 유형의 순차균형이 존재한다. 이 게임의 분리균형은 두 가지 이다. 하나는 경기자 I이 t_1 타입이면 m_1 신호를 보내고 t_2 타입이면 m_2 신호를 보내는 것이다. 그리고 경기자 II는 신호 m_2를 받으면 경기자 I의 타입이 t_2일 것으로 예측하고 a_2 행동을 선택하는 것이다. 다른 하나는 경기자 I이 t_1 타입이면 m_2 신호를 보내고 t_2 타입이면 m_1 신호를 보내는 것이다. 그리고 경기자 II는 신호 m_2를 받으면 경기자 I의 타입이 t_1일 것으로 예측하고 a_1 행동을 선택하는 것이다.

이 게임의 혼성균형은 경기자 I이 타입에 관계없이 항상 행동 m_1을 선택하고 경기가 끝나는 것이다. 이때 경기자 II의 정보집합은 균형에서 도달되지 않는다. 경기자 I이 행동 m_2를 선택하여 경기자 II의 정보집합이 도달된다면 경기자 II는 경기자 I이 타입 t_1일 확률 즉, 자신이 정보집합 상의 위쪽에 위치할 확률이 0.5 라고 추측한다. 이때 경기자 II는 두 행동 a_1과 a_2에 대해 무차별하며 a_1과 a_2를 확률적으로 선택한다. 경기자 I이 균형 신호 m_1 으로부터 이탈할 유인이 없으려면 경기자 II가 1/3과 2/3 사이의 확률로 a_1을 선택해야 한다.

이러한 혼성균형에서 수신자가 균형 외 신호 m_2를 받은 경우에 가질 수 있는 자기확인적인 추측은 세 가지 이다.

하나는 발신자의 타입이 1의 확률로 t_1일 것이라고 추측하는 것이다($\mu(t_1) = 1$). 이 추측 하에서 수신자는 a_1을 선택한다. 이때 발신자의 타입 중 t_1타입만이 균형 외 신호 m_2를 보낼 유인을 갖는다. 즉 $K(m_2, \mu, a_1) = K^s(m_2, \mu, a_1) = \{t_1\}$ 이다. 이 경우 $c(\cdot)$은 $c(t_1) = 1$로서 $\mu(\cdot)$와 일치한다.

다른 하나는 발신자의 타입이 1의 확률로 t_2일 것이라고 추측하는 것이다($\mu(t_2)=1$). 이 추측 하에서 수신자는 a_2를 선택한다. 이때 발신자의 타입 중 t_2 타입만이 균형 외 신호 m_2를 보낼 유인을 갖는다. 즉 $K(m_2, \mu, a_2)=K^s(m_2, \mu, a_2)=\{t_2\}$이다. 이 경우 $c(\cdot)$은 $c(t_2)=1$로서 $\mu(\cdot)$와 일치한다.

또 다른 하나는 발신자의 타입이 0.5의 확률로 t_1일 것이라고 추측하는 것이다($\mu(t_1)=\mu(t_2)=0.5$). 이 추측 하에서 수신자는 0.5의 확률로 a_1을 선택한다. 이때 발신자의 타입 중 t_1과 t_2유형이 모두 약하게 균형 외 신호 m_2를 보낼 유인을 갖는다. 즉, $K(m_2, \mu, 0.5a_1+0.5a_2)=K^w(m_2, \mu, 0.5a_1+0.5a_2)=\{t_1, t_2\}$이다. 이 경우 $c(\cdot)$은 $c(t_1)=0.5$로서 $\mu(\cdot)$와 일치한다.

따라서 혼성균형 중 균형 외 신호 m_2를 받았을 때 발신자의 타입이 t_1일 확률이 0.5일 것이라고 수신자 I이 추측하는 경우는 자기 확인적인 추측 중 세 번째 추측에 의해 뒷받침된다. 그러므로 이 혼성균형은 완전 순차균형이다.

그러나 이 혼성 균형은 화렐(Farrell) 식의 신조어 방비균형과 같은 기준에 따르면 신빙성 있는 균형이 되지 못한다. 화렐식 정의에 따르면 수신자의 추측체계가 자기확인적인 것보다는 상정한 균형을 깨뜨릴 수 있는 자기신호적인 행동이 존재하느냐에 초점을 맞춘다. 이 게임에서는 상정한 혼성균형을 깨뜨릴 수 있는 자기 신호적 행동이 존재한다. 이 혼성균형에서 타입 t_1발신자가 균형에서 이탈하여 신호 m_2를 보내는 것은 자기신호적 행동인 것이다.

최근에는 말하기 게임에서의 신조어 방비균형과 신호보내기 게임에서의 완전 순차균형이 개념 상 대동소이하다고 하여 이 두 가지를 통칭하여 화렐-그로스만-페리(Farrell-Grossman-Perry) 균형이라고 하기도 한다.

화렐-그로스만-페리(Farrell-Grossman-Perry) 균형은 완전 베이지안 균형이나 순차균형, 완전균형, 조-크렙스(Cho-Kreps)의 직관적 기준 등 보다 더 정밀한 균형 개념임을 보일 수 있다. 즉 화렐-그로스만-페리(Farrell-Grossman-Perry) 균형은 자동적으로 조-크렙스(Cho-Kreps)의 직관적 기준을 통과하는 순차균형이다. 그렇지만 그 역은 성립하지 않는다. 예를 들어 도표 16-7에 표시된 게임에서 살펴본 혼성 균형은 조-크렙스의 직관적 기준을 통과하는 순차균형이지만 화렐-그로스만-페리 균형은 아닌 것이다.

화렐-그로스만-페리 균형이 존재하지 않는 게임

화렐-그로스만-페리 균형 개념은 지나치리 만큼 정밀하다고도 볼 수 있다. 왜냐하면 어떤 경우에는 이 균형이 존재하지 않을 수도 있기 때문이다. 다음의 게임은 그러한 예를 보여 준다.

도 표	화렐-그로스만-페리 균형이 존재하지 않는 경우: 여기서 +는 +3/16을 나타내며 -는 -1/4를 나타낸다. 그리고 화살표는 이 게임의 유일한 완전 베이지만 균형 경로를 나타낸다.

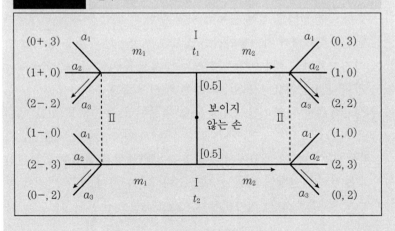

이 게임의 보수체계에서 +는 +3/16을 나타내며 -는 -1/4를 나타

낸다. 이 게임에서 경기자 II는 경기자 I가 t_1 타입일 가능성이 높으면 a_1을 선택하는 것이 최적이고 경기자 I이 t_2 타입일 가능성이 높으면 a_2를 선택하는 것이 최적이다. 그리고 경기자 I이 t_1 타입일 확률이 1/3과 2/3 사이이면 a_3를 선택하는 것이 최적이다.

이러한 경기자 II의 행동선택에 대하여 경기자 I은 어떤 식으로 대응할까? 타입 t_1인 경기자 I은 자신의 타입을 경기자 II가 알면 a_1을 선택할 것이므로 0 또는 0+의 보수를 얻는다. 반면 경기자 II가 타입 t_2인 것으로 오해하면 a_2를 선택할 것이므로 1이나 1+의 보수를 얻는다. 그리고 경기자 II가 타입이 t_1인지 t_2인지 확신을 갖지 못하는 경우에는 a_3를 선택할 것이므로 2나 2−의 보수를 얻는다. 그러므로 타입 t_1인 경기자 I은 자신의 타입이 밝혀지지 않기를 원한다.

한편 타입이 t_2인 경기자 I은 자신의 타입을 경기자 II에게 알리고 싶어한다. 왜냐하면 경기자 II가 I의 타입이 t_2인 줄 알면 a_2를 선택할 것이고 이에 따라 t_2 타입이 가장 높은 보수를 얻는 반면, 경기자 II가 경기자 I의 타입을 확신할 수 없어 a_3를 선택하거나 경기자 I의 타입이 t_1인 것으로 오해하여 a_1을 선택하면 그보다 낮은 보수를 얻기 때문이다.

이러한 상황에서 타입 t_1인 경기자는 항상 타입 t_2의 행동을 모방하여 자신의 정체를 숨기려 할 유인을 갖는다. 이에 따라 이 게임에서는 분리균형이 존재하지 않는다. 반면 혼성균형은 존재한다. 혼성균형에는 두 가지가 있을 수 있다. 하나는 타입 t_1, t_2 모두 m_1의 신호행동을 선택하는 것이고 다른 하나는 타입 t_1, t_2 모두 m_2의 신호행동을 선택하는 것이다. 이 중 타입 t_1, t_2 모두 m_1의 신호행동을 선택하는 것은 균형이 되지 못한다. 왜냐하면 이 경우 경기자 II가 경기자 I의 타입이 0.5의 확률로 t_1일 것이라고 추측하여 a_3를 선택할 것이므로 t_2 타입의 경기자 I은 최악의 보수인 0−를 얻는데, 만일 그가 m_2를 선택한다면 적어도 0의 보수를 얻을 수 있기 때문이다.

두 타입 t_1과 t_2 모두 m_2의 신호행동을 선택하는 것은 완전 베이지안 균형을 구성한다. 이 경우 경기자 II는 신호행동 m_2를 보고 경기자 I의 타입이 0.5의 확률로 t_1일 것이라고 추측하고 a_3를 선택한다. 그리고 균형 외 신호행동 m_1을 본 경우에는 1/3과 2/3 사이의 확률로 t_1타입일 것이라고 추측하고 a_3를 선택한다. 이러한 경기자 II의 행동에 대해 타입 t_1인 경기자 I이나 타입 t_2인 경기자 I은 m_2를 선택하는 것이 최적이다. 이 균형에서 t_1타입의 경기자 I은 2의 보수를 얻고 t_2타입의 경기자 I은 0의 보수를 얻는다. 그리고 경기자 II는 2의 보수를 얻는다.

이 균형에서 균형 외 신호행동 m_1은 자기신호적 행동이 된다. 예컨대 경기자 I이 행동 m_1을 선택하면서 '내가 타입 t_2이다'라는 말을 덧붙인다고 상정해 보자. 이 경우 이 말이 실제로 받아들여져 경기자 II가 행동 a_2를 선택한다면 실제로 t_2타입만이 이러한 말을 덧붙일 유인이 있다. 왜냐하면 t_1타입은 이때 1+의 보수를 얻는데 이는 균형보수 2보다 작은 반면 t_2타입은 균형보수 0보다 큰 2-의 보수를 얻을 수 있기 때문이다. 따라서 이 균형에서 타입 t_2인 경기자 I이 균형으로부터 이탈할 유인이 있으며 이 균형은 깨어지게 된다. 이 균형은 화렐-그로스만-페리 균형이 되지 못한다.

이 게임에 다른 화렐-그로스만-페리 균형이 존재할 수 있을까? 화렐-그로스만-페리 균형은 완전 베이지안 균형의 부분집합이다. 즉 화렐-그로스만-페리 균형이 되려면 완전 베이지안 균형이 되어야 한다. 그런데 앞에서 상기한 혼성균형 외에는 다른 완전 베이지안 균형이 존재하지 않음을 보일 수 있다. 그러므로 이 게임에서 화렐-그로스만-페리 균형은 존재하지 않음을 알 수 있다.

이하에서는 상기한 혼성균형 외에 다른 완전 베이지안 균형이 존재하지 않음을 설명하도록 한다.

이 게임에는 분리균형, 혼성균형 외에 다른 유형의 균형도 성립할 수 있다. 그것은 경기자들이 혼합행동을 선택하는 것이다. 그 중 하나는 타입 t_2의 경기자 I이 어떤 행동을 선택하고, 타입 t_1인 경기자 I은 일부 확률로는 타입 t_2의 행동을 따라하고 나머지 확률로는 타입 t_2의 행동을 따라하지 않는 것이다. 이러한 유형의 균형을 반(半) 혼성균형(semi-pooling equilibrium) 또는 반(半) 분리균형(semi-seperating equilibrium)이라고 한다.

타입 t_2는 신호행동 m_2를 선택하고, 타입 t_1은 p의 확률로 m_2를 선택하며 $(1-p)$의 확률로는 m_1을 선택하는 경우를 생각해 보자. 이 경우 경기자 II는 신호행동 m_1을 보면 경기자 I의 타입이 t_1임을 알게 된다. 한편 신호행동 m_2를 보았을 때에는 다음의 조건부 확률로 경기자 I의 타입이 t_1일 것이라고 추측한다.

$$P(\text{타입 } t_1 \mid m_2) = \frac{0.5p}{0.5p + 0.5} = \frac{p}{1+p}$$

이 확률은 0과 0.5 사이의 값을 가지며 타입 t_1이 m_2를 선택할 확률 p가 커짐에 따라 커진다. 이 조건부 확률이 1/3 보다 같거나 크면 경기자 II는 a_3를 선택하는 것이 최적이다. 그리고 이 확률이 1/3 보다 같거나 작으면 경기자 II는 a_2를 선택하는 것이 최적이다.

그런데 타입 t_1이 혼합행동을 취하는 것이 최적 행동이 되려면 m_1을 선택할 때의 기대보수와 m_2를 선택할 때의 기대보수가 같아야 한다. 타입 t_1이 m_1을 선택하는 경우 경기자 II는 경기자 I의 타입이 t_1임을 알고 a_1을 선택할 것이므로 타입 t_1은 0+의 보수를 받는다. 반면 타입 t_1이 m_2를 선택하는 경우, 경기자 II는 경기자 I의 타입이 t_1일 확률이 얼마라고 추측하느냐에 따라 a_3나 a_2를 선택할 것이므로, 타입 t_1은 1이나 2의 보수를 받는다. 따라서 타입 t_1의 경기자 I은 m_2를 선택하는 것이 더 유리하고 이에 따라 혼합행동을 취할 유인이 존재하지 않는다. 그러므로 앞에서 상정한 반 혼성균형은 성립하지 않는다.

마찬가지 방식으로 다른 반 혼성균형 즉, 타입 t_2가 신호행동 m_1을 선택하고, 타입 t_1은 p의 확률로 m_1을 선택하며 $(1-p)$의 확률로는 m_2를 선택하는 것도 균형이 될 수 없음을 확인할 수 있다. 이상에서 타입 t_2는 순수행동을 선택하고 타입 t_1은 혼합행동을 선택하는 경우는 균형이 될 수 없음을 살펴보았다. 타입 t_1은 순수행동을 선택하고 타입 t_2가 혼합

행동을 선택하는 경우도 균형이 될 수 없음을 확인할 수 있다.

이번에는 타입 t_1과 타입 t_2 모두 혼합행동을 취하고 경기자 II는 순수행동을 취하는 경우를 생각해 보자. 타입 t_1은 p의 확률로 m_1을 선택하고 $(1-p)$의 확률로 m_2를 선택하며, 타입 t_2는 q의 확률로 m_1을 선택하고 $(1-q)$의 확률로 m_2를 선택한다고 상정하자. 이 경우 경기자 II는 m_1을 보면 경기자 I의 타입이 t_1일 확률이 $\dfrac{0.5p}{0.5p+0.5q} = \dfrac{p}{p+q}$라고 추측하며 m_2를 보면 경기자 I의 타입이 t_1일 확률이 $\dfrac{0.5(1-p)}{0.5(1-p)+0.5(1-q)} = \dfrac{1-p}{2-p-q}$이라고 추측한다.

그러므로 경기자 II는 m_1을 본 경우, $q \geq 2p$이면 경기자 I의 타입이 t_1일 확률이 1/3보다 작다고 추측하여 a_2를 선택하는 것이 최적이며 $q \leq (1/2)p$ 이면 경기자 I의 타입이 t_1일 확률이 2/3 보다 크다고 추측하여 a_1을 선택하는 것이 최적이다. 그리고 $(1/2)p \leq q \leq 2p$ 이면 경기자 I의 타입이 t_1일 확률이 1/3과 2/3 사이라고 추측하여 a_3를 선택하는 것이 최적이다.

경기자 II가 m_2를 본 경우에는, $q \leq 2p-1$이면 경기자 I의 타입이 t_1일 확률이 1/3 보다 작다고 추측하여 a_2를 선택하는 것이 최적이며, $q \geq (1/2)(1+p)$이면 경기자 I이 t_1일 확률이 2/3 보다 높다고 추측하여 a_1을 선택하는 것이 최적이다. 그리고 $2p-1 \leq q \leq (1/2)(1+p)$이면 경기자 I의 타입이 t_1일 확률이 1/3과 2/3 사이라고 추측하여 a_3를 선택하는 것이 최적이다.

경기자 II의 최적대응을 (p, q) 평면상에 나타내면 다음의 도표와 같다.

이러한 경기자 II의 최적대응에 대하여 타입 t_1과 t_2가 모두 혼합행동을 선택하는 것이 최적이 되는지를 체크해 보면 그렇지 못함을 확인할 수 있다. 그러므로 타입 t_1과 타입 t_2 모두 혼합행동을 취하고 경기자 II는 순수행동을 취하는 것은 균형이 되지 못한다.

경기자 II의 최대적응: 여기서 p는 타입 t_1인 경기자 I이 m_1을 선택할 확률을 나타내며 q는 타입 t_2인 경기자 I이 m_1을 선택할 확률를 나타낸다.

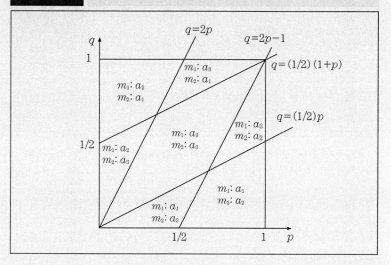

마지막으로 t_1타입과 t_2타입의 경기자 I이 모두 혼합행동을 선택하고 경기자 II도 혼합행동을 선택하는 경우를 체크해 보면 이 경우에도 균형이 성립할 수 없음을 확인할 수 있다.

예를 들어 경기자 II가 두 정보집합에서 모두 혼합행동을 선택하는 경우를 생각해 보자. 경기자 II가 m_1을 본 경우에는 r의 확률로 a_2을 선택하고 $(1-r)$의 확률로 a_3를 선택하며, m_2를 본 경우에는 s의 확률로 a_1을 선택하고 $(1-s)$의 확률로 a_3를 선택하는 경우를 상정해 보자. (이는 위 도표에서 $q=2p$이고 $q=(1/2)(1+p)$를 나타내는 두 선이 만나는 점 $(p=1/3, q=2/3)$에 해당한다.) 이 경우 타입 t_1의 경기자 I이 혼합행동을 선택하는 것이 최적행동이 되려면 m_1과 m_2로부터 얻는 기대보수가 서로 같아야 한다. 이를 수식으로 나타내면 다음과 같다.

$$r \cdot (1+3/16) + (1-r) \cdot (2-1/4) = s \cdot 0 + (1-s) \cdot 2 \rightarrow r = (32/9) \cdot s$$

한편 타입 t_2의 경기자 I이 혼합행동을 선택하는 것이 최적행동이 되려면 m_1과 m_2로부터 얻는 기대보수가 서로 같아야 한다. 이를 수식으로 나타내면 다음과 같다.

$$r \cdot (2-1/4) + (1-r) \cdot (0-1/4) = s \cdot 1 + (1-s) \cdot 0 \rightarrow r = 1/8 + 1/2 \cdot s$$

위의 두 식을 만족시키는 r과 s의 값은 $r=128/55$, $s=36/55$이다. 여기서 r의 값이 1보다 크므로 상기한 경기자 I과 II의 혼합행동은 균형이 될 수 없다.

| 참고문헌

Grossman, Sanford J. and Motty Perry, "Perfect Sequential Equilibrium,"
  Journal of Economic Theory 39 (1986), pp. 97 − 119.

Farrell, Joseph, "Cheap Talk, Coordination, and Entry," *Rand Journal of*
  Economics 19 (1987), pp. 34 − 39.

_____, "Meaning and Credibility in Cheap − Talk Games," Games and
  Economic Behavior 5 (1993), pp. 514 − 531.

"사랑은 모든 것을 믿으며 모든 것을 바라며 모든 것을 견디느니라"

(고린도전서 13장:7절)

주요 연습문제 해답

제 3 장

1. 키커의 최소극대화 전략은 0.4의 확률로 좌측으로 차는 것임. 골키퍼의 최소극대화 전략은 0.4의 확률로 좌측을 막는 것임.

제 4 장

1. 내쉬균형이 존재한다고 가정하고 모순이 생김을 보이자.

전략조합 (s_1, s_2)가 내쉬균형이라고 하자, 여기서 $s_1 > s_2$라면 이는 내쉬균형이 아니다. 왜냐하면 경기자 2는 s_1보다 큰 s_2'을 선택하는 것이 최적대응이기 때문이다. $s_1 = s_2$인 경우도 내쉬균형이 될 수 없다. $s_1 < s_2$인 경우도 내쉬균형이 될 수 없다. 그러므로 순수전략 내쉬균

501

형이 존재하지 않는다.

혼합전략 내쉬균형도 존재할 수 없음을 유사하게 보일 수 있다.

2. 약 열등전략이 존재한다.

3. ⓑ 순수 전략 내쉬균형은 (a, a, a), (b, b, b), (c, c, c), (a, b, b) (a, a, c)의 다섯개이다.

ⓒ 경기자 1이 b와 c를 선택하는 것은 a를 선택하는 것에 비해 약 열등전략이다. 그러므로 경기자 2와 3은 경기자 1이 a를 선택할 것이라고 예상하고 b를 선택한다. 즉 전략조합 (a, b, b)가 약 열등전략을 연속배제할 때 예측되는 결과이다.

4. ⓐ명백 열등전략이나 약 열등전략은 존재하지 않는다.

ⓑ 순수전략 내쉬균형은 (L, L), (L, H), (H, L), (H, H)이다. 혼합전략 내쉬균형은 기업 A는 임의의 확률 p로 L을 선택하고 기업 B도 임의의 확률 q로 L을 선택하는 것이다.

5. 순수전략 내쉬균형은 (평화공존, 평화공존), (평화공존, 가격전쟁), (가격전쟁, 평화공존)이다.

6. 경기자 1이 A, B, C 전략을 구사할 확률을 $p_1, p_2, 1-p_1-p_2$라 하자. 경기자 2가 a, b, c 전략을 구사할 확률을 $q_1, q_2, 1-q_1-q_2$라 하자.

경기자 1이 A, B 전략을 혼합하여 쓰는 경우는 두 전략을 쓸 때의 보수가 동일한 경우이다. A, B 전략의 보수가 동일하려면 경기자 2가 a, b 전략을 동일한 확률로 구사해야 한다. 이 경우 경기자 1이 A, B 전략으로부터 얻는 보수는 $-q_1$이 된다. 반면 전략 C를 구사하면 0보다 큰 보수를 얻는다. 따라서 경기자 1은 A, B, C를 혼합하여 쓰지 않는다.

마찬가지 비슷한 논리로 경기자 2도 a, b, c를 혼합하여 쓰지 않음을 보일 수 있다.

경기자 1은 전략 A, C를 혼합하여 쓰지 않는다.
경기자 1이 전략 A, C를 혼합하여 쓰는 것이 균형이라면 두 전략을 쓸 때의 균형보수가 같아야 한다. 전략 A를 쓸 때의 보수는 $q_1 - 2q_2$이고 전략 C를 쓸때의 보수는 $1 - q_1 - q_2$이다. 이 두 보수가 같다는 조건으로부터 $q_1 = (1 + q_2)/2 > 0$. 그런데 경기자 1이 A, C를 혼합하여 쓸 때는 경기자 2의 전략 a는 c에 비해 강 열등전략이고 b에 비해 약 열등전략이다. 따라서 a를 사용하는 것이 최적이 아니다. 이는 모순! 그러므로 경기자 1이 전략 A, C를 혼합하여 쓰는 것은 균형이 될 수 없다.

비슷한 논리로 경기자 1은 전략 B, C도 혼합하여 쓰지 않음을 보일 수 있다. 비슷한 논리는 경기자 2에게도 적용된다.

7. ⓐ 이 게임의 순수전략 내쉬균형은 두 사냥꾼 모두 사슴을 사냥하는 것과 두 사냥꾼 모두 토끼를 사냥하는 것의 두 가지이다.
   ⓑ 두 사냥꾼 모두 사슴사냥을 선택한다.
   ⓒ 두 사냥꾼 모두 토끼사냥을 선택한다.

8. 다음과 같은 시장 진입 게임을 상정하자.

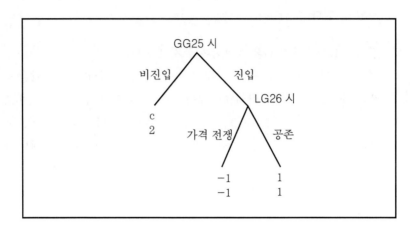

ㄱ) 이 게임의 전략형을 표로 나타내시오.

LG26

		가격전쟁	공존
GG 25	진입	-1 / -1	1 / 1
	비진입	2 / 0	2 / 0

ㄴ) 이 게임의 순수전략 내쉬균형을 구하시오.

(GG25 진입, LG25 공존), (GG25 비진입, LG25 가격전쟁)

ㄷ) 이 게임의 혼합전략 내쉬균형을 구하시오.

(GG25 비진입, LG25 q가격전쟁+$(1-q)$공존), $q \geq 1/2$

제 6 장

1. 역진귀납법을 이용하면, 이 게임에서 세 사람이 각각 1/3씩 나누어 갖는 것이 예측된다.

2. 이 게임의 게임나무는 다음과 같다.

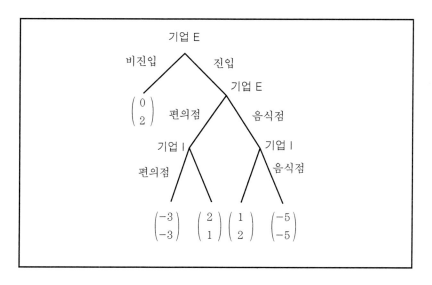

이 게임의 전략형은 다음과 같다. 각 기업의 정보집합이 두 개이므로 각각의 전략은 쌍으로 나타낼 수 있다. 기업 I의 전략에서 첫항은 기업 E가 편의점을 선택한 경우의 행동선택을 나타내며 두번째 항은 기업 E가 음식점을 선택한 경우의 행동선택을 나타낸다.

이 게임의 하부게임 완전균형은 기업 E는 진입하여 편의점을 선택하고 이를 본 기업 I는 음식점을 선택하는 것이다. 즉 전략조합 ((진입, 편의점) (음식점, 편의점)) 이다.

기업 E	(편의점, 편의점)	(편의점, 음식점)	(음식점, 편의점)	(음식점, 음식점)
진입, 편의점	-3 / -3	-3 / -3	1 / 2	1 / 2
진입, 음식점	2 / 1	-5 / -5	2 / 1	-5 / -5
비진입, 편의점	2 / 0	2 / 0	2 / 0	2 / 0
비진입, 음식점	2 / 0	2 / 0	2 / 0	2 / 0

3. ⓐ 기업 1이 0보다 크고 $\frac{a}{2}$보다 작은 가격 p_1을 선택한 경우에는 기업 2의 최적대응은 존재하지 않는다. 왜냐하면 p_1보다 작으면서 가장 높은 가격이 존재하지 않기 때문이다. 한편 기업 1이 0의 가격을 선택한 경우에는 기업 2의 최적대응은 시장에 진입하지 않거나 시장진입 후 아무 가격이나 선택하는 것이다. 기업 1이 $\frac{a}{2}$보다 높은 가격을 선택한 경우, 기업 2는 시장에 진입하여 $\frac{a}{2}$의 가격을 설정하는 것이 최적이다.

ⓑ 기업 1은 어차피 이윤을 얻지 못한다. 기업 1이 0보다 큰 가격을 선택한 경우에는 기업 2가 그것보다 낮은 가격을 설정하여 시장 수요를 전부 차지할 것이므로 이윤이 0이 된다. 그리고 0의 가격을 선택한 경우에도 이윤이 0이 된다. 그러므로 기업 1의 최적대응은 아무 가격이나 선택하는 것이다.

ⓒ 이 게임의 내쉬균형에서 기업 1은 0의 가격을 선택한다. 기업 2는 기업 1이 0의 가격을 책정하면 시장에 진입하지 않고 기업 1이 0보다 높고 $\frac{a}{2}$보다 낮거나 같은 가격 p_1을 선택한 경우에는 $p_2 = p_1 - \varepsilon$의 가격을 선택한다. 기업 1이 $\frac{a}{2}$보다 높은 가격을 선택한 경우 $p_2 = \frac{a}{2}$의 가격을 선택한다. 여기서 ε은 작은 양수이다.

ⓓ 하부게임 완전균형은 존재하지 않는다. 왜냐하면 기업 1이 0 보

다 높고 $\frac{a}{2}$보다 낮거나 같은 가격을 선택한 이후의 하부게임에
서 내쉬균형이 존재하지 않기 때문이다.

4. 철수의 내쉬균형(최소극대화) 전략은 1이 적힌 카드를 받았을 때는
고를 하고 1이 적힌 카드를 받지 않았을 때는 1/10의 확률로 고를
하는 것이다. 영희의 내쉬균형(최소극대화) 전략은 1/2의 확률로
고를 하는 것이다. 최소극대화 보수는 두 사람 모두 0이다.

제 8 장

1. ⓐ $\delta \geq 1/\sqrt{3}$

   ⓑ 50

2. 합의문은 다음과 같다.

   ㉠ 제 1 회 게임에서 두 경기자 모두 회피를 선택한다.

   ㉡ 제 1 회 게임에서 두 경기자 모두 회피를 선택하면 2회 게임에서
   철수는 직진을 선택하고 영희는 회피를 선택한다. 그리고 3회 게
   임에서 철수는 회피를 영희는 직진을 선택한다.

   ㉢ 제 1 회 게임에서 철수가 이탈하여 직진을 선택한 경우에는 2회
   게임과 3회 게임에서 철수는 회피를 선택하고 영희는 직진을 선
   택한다.

   ㉣ 제 1 회 게임에서 영희가 이탈하여 직진을 선택한 경우에는 2회
   게임과 3회 게임에서 철수는 직진을 선택하고 영희는 회피를 선
   택한다.

   ㉤ 제 1 회 게임에서 철수와 영희 모두 이탈하여 직진을 선택한 경우
   에는 2회 게임과 3회 게임에서 ㉡에서와 같이 행동한다.

4. $\delta \geq 1/\sqrt{3}$

5. ⓔ $\dfrac{8}{15}$

제10장

1. ⓐ 분리균형이 존재하지 않는다.

ⓑ 분리균형이 존재한다. 모든 사람이 교육을 받지 않는 혼성균형도 존재한다.

ⓒ 교육비용 c가 $1 \le c \le 2$일때 똑똑한 사람이 교육을 받는 분리균형이 존재한다. 그리고 모든 $q(0 \le q \le 1)$와 $c(c \ge 0)$에 대해 두 타입의 구직자 모두 교육을 받지 않는 혼성균형이 존재한다. 이 혼성균형에서 고용주는 교육을 받은 구직자를 보면 평범한 사람이라고 예상한다.

제12장

1. ⓐ 경기자 1의 사후 예상확률

ⓑ 이 게임의 베이지안 내쉬균형은 다음과 같다.

경기자 1은 허약한 타입일 때 강공을 선택하고 힘센 타입일 때 약공을 선택한다. 경기자 2의 경우도 허약한 타입일 때 강공을 선택하고 힘센 타입일 때 약공을 선택한다.

	경기자 2의 타입	
	허약한	힘 센
표 **경기자 1의 상대방 타입분포에 관한 사후 예상확률**		

	경기자 2의 타입	
	허약한	힘 센
R_1(경기자 2의 타입 | 경기자 1: 허약한)	1.00	0.00
R_1(경기자 2의 타입 | 경기자 1: 힘센)	0.09	0.91

제13장

1. 이 게임의 내쉬균형으로는 다음의 두 가지 유형이 있다. 하나는 경기자 1이 D를 선택하고 경기자 2는 V를 1/3과 1 사이의 확률로 선택하며 경기자 3은 L을 선택하는 것이다. 다른 하나는 경기자 1이 C를 선택하고 경기자 2는 V를 선택하며 경기자 3은 3/4과 1 사이의 확률로 R을 선택하는 것이다. 이 중 첫번째 유형의 내쉬균형은 순차균형이 되지 못한다. 왜냐하면 경기자 2의 선택이 순차적으로 합리적이지 못하기 때문이다.

2. ⓐ 이 게임의 내쉬균형은 다음의 두 가지이다. 하나는 기존기업은 전쟁을 선택하고 이를 예상하는 진입기업은 비진입을 선택하는 것이다. 다른 하나는 진입기업이 신기술을 개발하여 진입하고 기존기업은 공존을 선택하는 것이다.

   ⓒ 이 중 첫번째 균형은 완전 베이지안 균형이 되지 못한다. 두번째 균형은 완전 베이지안 균형이 된다.

3. ⓐ 이 게임의 유일한 완전 베이지안 균형은 다음과 같다. 처음에 경

기자 1은 봉사를 선택한다. 그 다음에 이기적 타입의 경기자 2는 1/11의 확률로 봉사를 선택한다. 그 다음에 경기자 1은 0.1의 확률로 봉사를 선택한다. 그 다음에 이기적 타입의 경기자 2는 사리추구를 선택한다.

ⓑ 이 게임의 유일한 완전 베이지안 균형은 다음과 같다. 처음에 경기자 1은 사리추구를 선택한다. 그 다음에 이기적 타입의 경기자 2는 1/111의 확률로 봉사를 선택한다. 그 다음에 경기자 1은 0.1의 확률로 봉사를 선택한다. 그 다음에 이기적 타입의 경기자 2는 사리추구를 선택한다.

찾아보기

511

저자 약력

1985년 서울대학교 경제학과 졸업(경제학사)
1987년 서울대학교 경제학과 대학원 졸업(경제학 석사: 화폐금융론 전공)
1995년 University of Rochester(미국) 졸업(경제학 박사: 게임이론 전공)
에너지경제연구원 에너지 · 환경정책 연구팀장 역임
현재 서울시립대학교 경제학부 교수

제 3 정정판
게임이론 길라잡이

초판발행	2003년 1월 30일
개정판발행	2006년 10월 25일
제3판발행	2014년 3월 1일
제3정정판발행	2024년 10월 18일

지은이	신성휘
펴낸이	안종만 · 안상준
편 집	배근하
기획/마케팅	장규식
표지디자인	BEN STORY
제 작	고철민 · 김원표

펴낸곳   (주) **박영사**
서울특별시 금천구 가산디지털2로 53, 210호(가산동, 한라시그마밸리)
등록 1959. 3. 11. 제300-1959-1호(倫)

전 화	02)733-6771
f a x	02)736-4818
e-mail	pys@pybook.co.kr
homepage	www.pybook.co.kr
ISBN	979-11-303-2128-8 93320

정 가   30,000원